# 媒介批评

## 立场 范畴 命题 方式

李岩 著

国家社会科学基金资助项目
浙江省社科联省级社会科学学术著作出版资助出版

浙江大学出版社

**图书在版编目（CIP）数据**

媒介批评：立场、范畴、命题、方式／李岩著. —杭州：浙江大学出版社，2005.5(2024.2 重印)
（求是文库）
ISBN 978-7-308-04120-1

Ⅰ.媒…　Ⅱ.李…　Ⅲ.传播媒介—批评　Ⅳ.G206.2

中国版本图书馆 CIP 数据核字（2005）第 016287 号

**媒介批评：立场、范畴、命题、方式**
李　岩　著

**丛书主持**　陈晓嘉　李海燕
**责任编辑**　李海燕
**装帧设计**　氧化光阴
**出版发行**　浙江大学出版社
（杭州市天目山路 148 号　邮政编码 310007）
（网址：http://www.zjupress.com）
**排　　版**　杭州青翊图文设计有限公司
**印　　刷**　浙江全能印务有限公司
**开　　本**　787mm×1092mm　1/16
**印　　张**　17.25
**字　　数**　328 千
**版 印 次**　2005 年 5 月第 1 版　2024 年 2 月第 12 次印刷
**书　　号**　ISBN 978-7-308-04120-1
**定　　价**　26.00 元


浙江大学出版社市场运营中心联系方式：0571－88925591；http://zjdxcbs.tmall.com

# 目录
# CONTENTS

# 批评理论的选择和批评的责任(代序)

## 一

法国哲学家让-佛朗索瓦·利奥塔(Jean-Francois Lyotard)在《后现代状况——关于知识的报告》中,着重研究知识在社会中所处的位置,以此判定知识的功能。这种研究首先向我们说明了知识的社会性,他认为对一个社会的建构来自于知识,对一个社会的反思也来自于知识。"如果我们对知识所处的社会一无所知,我们就无法知道什么是知识,即无法知道它的发展和传播今天遇到了什么问题……我们只有判定社会是一台大机器,才能判定知识的主要角色是充当社会运转不可缺少的因素,才能在知识问题上采取相应的行动。"❶其次,利奥塔阐释了知识的两种功能:"一种是实证主义的知识,它很容易应用在有关人和材料的技术中,很适合成为系统不可缺少的生产力;另一种是批评的、反思的或者阐释的知识,它直接或间接地审视价值与目标,抵制任何'回收'(recuperation)。"❷实证主义的知识与批判的知识犹如人的肉体与精神一样,难分孰轻孰重。相对于实证主义知识的应用性而言,批判的知识是整体性的,涉及思想、观念、价值和认识方式的知识。

批评的立场认为有必要在每一个意义生成过程的背景中理解人们经历过的经验。经验的个人性和经验过程的被限制,像行走和路的关系一样。走是个人的行为,而走永远在路上。行走的经验是在走与路的关系中被体验的。揭示隐藏在日常生活中的成规也是如此。这些成规不是直接表现出来的,但是,我们找不到没有成规的过程,哪怕是颠覆性的过程。犹如标尺在制作过程中起着至关重要的作用,但是,在成品中它是隐藏的。

批评的社会意义就在于它的揭示与反思。社会就像是人的肌体,我们每天需要摄入大量的维他命以维持其存在和生长。同时,我们也要不时地检查身体,医治疾病。媒介批评的角色就像是医院的一台透视仪器,探视媒介——社会的机理以及各部分之间的关系网络,并且用一套批评的话语给探视结果以描述,提供反思和思考的问题。如果说从事人文学科研究的知识分子对社会是有价值

❶❷让-佛朗索瓦·利奥塔著,车槿山译:《后现代状况——关于知识的报告》,生活·读书·新知三联书店 1997 年 12 月版,第 26—30 页。

的，没有比提供批评的思想更能说明问题的了。因此，可以说批评是知识分子的社会良心和责任，也是知识分子生存的理由。在“巴金百岁寿诞纪念文丛”的献词中这样写到：“以此向有‘我们时代和社会良心’之誉的作家致敬。”当德国作家君特·各拉斯(Gunter Grass)获得诺贝尔文学奖时，德国总理向他发出的祝贺信第一句话是：你是一位称职的社会批评学家。批评家与哲学家、思想家、文学家一样，他们虽然没有给社会提供可以直接应用的财富，但是，他们给人类意识的进步提供的思考作为一种积累，一直延续着。尤其是在技术迅速发展的今天，技术创造物质的没完没了的可能与人对物质需求的永无止境一拍即合，对物质的崇拜扩展到对一切技术或者体现技术精神的成规的就范和反思功能的丧失。面对集体在物质变化规律中不断失忆的现实(城市的发展和建设造成的千篇一律，历史的痕迹不断被新的款式和材料掩盖甚至销蚀。住宅、交通工具、通信工具、饮食都已经不再是单纯的解决生活问题的工具，它们被追求商业利益的活动赋予了越来越多的附加值，让它们与身份、地位、时尚、富有发生越来越多的关系，不断掏空原来的意义——实用性，让附加意义入住，再入住。新入住的概念是当下被人们普遍接受的。人们对于物的实用性的需求逐渐转变成对物的附加值的追求，追求与丢弃几乎同时发生着。商品的利益、目的有效地被掩饰了。大众媒介不论是作为一种传播工具为这种物化过程服务，还是作为一个有着自己的利益的存在，都是这种社会活动的“主谋者”)，如何使每一个生活在其中的人都正视媒介，反思媒介，正是媒介批评所要追求的，其全部价值也在于此。

今天知识分子的学术研究至少是有两种类型。一种是为了追求被各种考核制度认可的研究数量。这种数量与奖赏挂钩，成为日常生活的一部分。它是时髦的、及时的、零碎的。研究与个人的价值、观念、责任准则可以完全没有关系。这种研究在一些新的提法和问题上兜圈子，实际上是没有灵魂的。另一种类型是与知识分子自己的最高追求相一致的。犹如演员表演到极至一样，戏里戏外不分。研究中有自己守护着的精神思想，任何外界的干扰都是无力的。批评理论同样坚守了一种研究立场，坚守了一份社会责任。这份责任的不可推脱，是知识分子存在的最合理的解释。选择媒介批评理论研究，首先源于被批评理论中对社会永不放弃的责任感。其次，自己在尚未接触符号学之前，对语言符号为什么能够代表另一个里里外外没有丝毫相似之处的意义深惑不解。而语言与我们的生活意义又是如此的不可分离。当我走进符号学的视野时，分享到答疑解惑般的惊喜。一路走下来，越来越多的思想对我产生启蒙的作用。这时候自己的思想也成熟起来。虽然，本书在理论阐释方面不可能离开批判学派理论家们的原则和基本概念，但是，当这些理论在本书中出现的时候，它们表达了我对这些理论的理解和我的思考方式，因此写这本书也成了对自己立场、观点、原则的确认过程。

以上这些理论提供一个新的看事物的立场和阐释的话语。如哲学家库恩所说：在看等高线时，一般人看到的是纸上的线条，测绘员看到的是一幅地图。在看气泡室照片时，一般人看到的是乱七八糟的线条，而物理学家看到的是亚核反映的记录。媒介批评使人们看到的是媒介制造意义的过程和这个过程的成规。

## 二

媒介批评所关注的领域与传统媒介研究的主要区别可以从研究立场、范畴、命题、方式四个方面论述。媒介批评的研究立场是一种揭示的、反思的、自我反省的立场❶，它不对文本的质量高低或者提高质量的要素进行经验式的阐述。传播媒介不但传播各种信息，传播本身也制造新的意义。这些意义附着于信息本身，与信息一起游走在社会的空间，留下记忆，变成知识，指导消费，形成习惯，建构我们对社会的认知话语，重组我们的生活。这些现实都会在批评理论的审视下被揭示和分析。传统的传播学没有提供我们揭示这种现象的思路，主要是当它发现传播是一种社会结构的整合力量、有利于达成社会共识的媒介时，就将其作为一切的开始和终结，从传播者到接受者——阅听人之间的关系形成的视野同时也成为一个“频道”，不断播放聚焦于效果方面的研究成果，为大众传播媒介提供改进与提高传播质量的数据；传统的传播学理论使我们把传播作为一个自立的信息交流过程，从一切社会活动中抽离出来，形成自己的研究体系，传播的重要性才被我们充分认识，传播的实践也一再补充着这种认识。通过实证研究得出结论，推广结论。这种功利的研究维护已有的秩序，为既得利益集团服务，它已经很难提供体现学术独立性的思考和反思了。

媒介批评的范畴是透过媒介文本和与产生文本有关的一切活动，甚至包括在科学、审美、道德三大范畴中对媒介生存和媒介生存关系结构的审视和揭示。这种研究没有功利目的，只为社会提供新的思考和认识；与上述研究立场和研究范畴紧密相关的就是媒介批评的命题。媒介批评的命题与批评理论相辅相成，是直接将这些理论涉及的问题应用到媒介批评方面后产生的。例如，意识形态批评理论对应于媒介意识形态分析等（后面将对本书的内容做更详细介绍，在此不赘述）。

---

❶ 批评这一概念，一般来说，具有两种含义：其一指对诗或文学文本的直接审美反映（也可以说指对媒介各种文本——电视、广播、报纸、网络版等），或者对其所做的陈述即话语；其二指对这种反映、陈述或话语在理论上所做的阐述。前者是对诗或文本的赏析，是心灵深处各种感情的投射，也是一种应用或实践批评。后者则是基于哲学、心理学、社会学等学科之上所进行的一种理智的或理性的审视，是对批评陈述的理论陈述。本书所言批评是指后一种批评。参见莫瑞·克里格著，李自修等译：《批评旅途：六十年代之后》，中国社会科学出版社 1998 年版，第 8～9 页。

大众传播媒介有两个主要特征:媒介的组织化与商品化。大众媒介作为有组织、有目标和自身利益的、专门化的从事信息传播的机构,其传播的“产品”包含两个部分:“纯”信息部分和实现机构的目标与利益的部分。纯信息部分从理论上讲是无条件满足大众获取信息的自由。但是,无条件满足只能是一种理想,或者说衡量媒介行为的标尺。机构的目标和利益往往是隐藏在信息选择、编辑、传播方式中的。政府控制的传播机构、商业传播机构、团体和公共传播机构,它们都有各自不同的目标和实施目标的方式、手段,信息也就有了附加值;商品化对传播内容的支配也表现在两级传播目标方面,即传播信息,通过信息传播制造阅听人。阅听人一旦被视为大众市场的消费群体,传播文化产品——消费文化立即受到商业的支配,大众被作为一种“市场份额”成为理所当然的事情。商品化还包括媒介自身的商业利益,媒介影响大众生活的方式的特点是日常性、随意性和反复性,媒介在反映大众意见的同时充分发挥其特点,也把自己的意见放置其中一同传播,影响大众的观念。

任何一种理论都通过话语的方式存在着,话语包括了理论中的核心观点,这些观点的合法性阐述,对所讨论问题的特殊表述——词汇、句式,包括分析案例的特殊方面。这些话语形成了一种知识体系,丰富我们的观察视点、开拓研究视域、提供新的思想。

如上所述,媒介批评是直接用批评理论分析研究媒介,本身并没有提供另外一套理论体系。但是,这并不等于媒介批评是在做装配式的工作,把一个工件与另一个合适的工件套在一起。当作者进行媒介批评研究时,首先要懂得什么问题是在媒介批评理论关照下被揭示出来的,而这些问题在传统的媒介研究中是无法看到的。如何提供新的话语——批评的话语,并且使这些话语具有知识的功能,为每一位对媒介批评感兴趣的读者提供可以共享的思考,更重要的是如何用本土的话语方式给这些问题以阐释,这是本书的使命。

也许有人会认为,媒介批评岂不是用西方的瓶子装中国的酒吗?如果说西方的瓶子能装中国的酒,并非坏事情,只要不欺骗。本人一直认为,不管是西方,还是东方,既然同属于人类,必有其共同之处。例如,东西方共同认可的对生命的尊重、真善美的道德价值、对自然的正确态度、协商合作的处世方式等等。在善待自然方面,人类越来越多的共识是地球是属于人类的,人类只有一个地球。这种认识表明在参与任何保护地球环境的活动中,人类需要携手并进。至于在经济方面广泛的全球合作更是经济活动孜孜追求的。同理,思想、智慧、知识也是属于人类共同享用的。

尤其是随着现代通讯工具的迅速发展,地域的距离已经逐渐弱化,地域差异在经济一体化、市场全球化的过程中被相同的问题所打扰,使同质性与差异性共存。起源于西方的批评理论,所关注的问题在东方的社会发展中也同样产生。

因此，对这些问题的研究话语也可以用来描述中国问题，这种描述不仅仅是一种借用，同时也在丰富这些话语，一种新的知识进入或者补充来自西方的批评话语，使人类能够共同享用。关键的问题不是理论来自何方，而是理论关照本土问题时是否有效。众所周知，传播学理论也是源自于西方的，当它的普遍性为我们提供了新的观看视野后，便迅速蔓延，今天似乎已经没有人再去强调西方的传播学理论是否适合中国的问题了。

如果说之前关于媒介的理论研究，基本上是在为从事媒介工作，或者准备将媒介知识作为今后职业技能的学生们设置的实用性的系统知识的话，媒介批评作为一种知识，则是为了使所有与媒介发生联系的人们，能够审视这个日益影响我们的日常生活和社会的媒介，了解我们与它的交往过程，了解它如何改变着我们日常生活的经验性内容，并且又成为我们经验的部分。所以媒介批评也是一种媒介教育运动。在媒介批评的视窗中，我们将看到新的媒介研究目录。

随着社会的发展，传播媒介不论在政治力量和经济力量，甚至社会的第三种力量的形成中，都发挥了举足轻重的作用，有时甚至是支配性的作用。从大众传播媒介出发，所引发的一系列传播与社会的关系问题，都已经超出单纯传播信息阶段所导致的直接结果。

## 三

本书由两个部分共九章构成。它们将为读者提供从批评理论到批评实践的知识和有关这些知识形成的路数，还讨论了普及这些知识的社会实践及社会意义。

第一部分涉及到当代批评理论的主要方面：符号学、意识形态分析、叙事理论、解构主义、读者反映理论、女性主义研究和大众文化研究等。

将符号学放在首位，缘于作者本人对符号学理论的最早接触，符号学探讨一切意义承载之物质——符号的本质。从索绪尔开始的语言学到罗兰·巴尔特的文化符号研究，首先向人们讲了一句真话，我们使用的任何一种能够表达意义的符号，对于所言之事物都是遮蔽的，遮蔽来自符号本身的规则。语言中能指与所指的约定俗成意味着所指的不确定性和顽固性。不确定性设计了探讨符号中能指与所指如何延异的研究领域，文化之于符号和符号之于文化的问题都可以放在这个领域被关注。顽固性揭示了符号的历史因素和集体因素，这是符号规则能够支配所有使用它的人的重要方面。人对于符号的万般依赖，使得符号学所提供的概念也因此延宕到一切理论范畴。本书选用“9·11”三幅照片和其他人们熟悉的实例，有针对性地解释了符号意义生成的三个层次，使读者能够通过对熟悉照片的陌生化解读，理解符号文化——神话化的过程。

意识形态分析展示的社会中不同阶层、社会与个人之关系体系中的统治与被统治、支配与被支配的现状，几乎囊括全部可以被表示出来的二元组合项彼此对应的原则。从马克思主义关于基础/上层建筑理论开始，到西方马克思主义关于人的主体性、文化霸权的概念，我们获得的是一种分析社会的方式，这种方式认定了社会中的不平等和差异。马克思主义与西方马克思主义针对社会不平等状况如何共存的解释是不同的，尤其是西方马克思主义关于"文化霸权"的概念，更具有现代的针对性。这种研究方式和提出方式的基本思考，应用于大众传播媒介在传播意识形态的同时，又如何参与建构的过程分析，获得的关于媒介意识形态的知识。第二章有许多充满实证活力的个案分析，将使读者因为感知的激活而对形而上的理论获得知解。

叙事理论告诉我们一切的故事都是遵循讲故事的规则才成其为故事的，不论是故事的结构，还是说故事的方法和故事的时间架构。叙事理论研究故事的规则是如何支配故事的情节并根据故事规则安排它们的出场秩序的。在探讨故事的形式时提供出的思想足以让我们把社会的内容当作超级叙事，并且获得研究社会日常生活叙事的经验。研究社会叙事规则，可以看到社会意义组成的新景观。例如，来自社会的"英雄——失败者"的传说，以及说故事的规则。尤其是大众传播媒介这个说故事的高手所编织的一切故事，它掌握以规则选择和整理的事件后，又以真实的而非虚构的方式安排在大众传播媒介信息发布的平台上，使这些故事获得代表真实的合法性位置。在做个案分析时，读者会发现主要的个案来自电视文本。原因是电视文本在大众传播媒介中占据着重要位置，无论是影响面还是渗透性都是如此。况且，读者阅读中"举一反三"之经验，可以将部分延至其他媒介。

解构主义理论的出现在西方社会引起巨大反响，尤其在美国，不论是来自法国的德里达所代表的解构主义理论，还是米勒代表的美国解构主义，都曾经成为美国大学文科学生必读的理论著作。解构主义之所以在理论界和对大学生群体产生如此大的影响，主要的原因之一是解构主义对西方传统的逻各斯中心主义的破坏。德里达则认为解构是对于存在的一种思考，是对形而上学的一种思考。解构主义表现为一种对存在的权威或本质的权威的讨论。解构的关键不在于把人们从这个过程中移开，而是赋予"解构"被思考的可能性。这样说来，解构相对于结构而言，是在结构主义建构的符号内部能指与所指关系的基础上继续的提问。不过这个提问不是以结构主义为起点继续往前走，而是一条"之"字行线路，是一条走向反方向的路。由于解构主义对于逻格斯中心的怀疑，指出过去所谓的"中心"在不断滑动，也就没有真正的"中心"。那么没有了中心，一切意义又是根据什么得出的呢？对这个问题的思考，自然会引出读者对于文本意义产生的作用这个话题的多重关注。所以，可以说读者反映理论是解构主义的产品。

在读者反映批评理论中，关于文本的“填补式阅读”、“解释团体阅读”的概念不仅分析了作品与阅读者之间的期待和达成阅读默契的原因，推论出阅读者何以能够参与文本意义建构的理由，同时还指出个人的解读往往是有文化身份的个人解读，同一种文化身份或者相似者形成一个解释团体，因此解读是带有文化“偏见”的，形成解读的文化差异。

女性问题的提出和随之产生的思考与解释无疑丰富了我们的知识，它给我们指出了一条通往另一个方向的路。否则，我们会以为世界只有我们已经知道的可以到达的一个方向。如果我们知道的只是“右手型”文化的话，那么，我们也需要知道“左手型”文化。在关于女性主义与媒介批评一章中，主要回顾了女性主义批评理论的沿革，哲学和政治层面上的女性话题以及媒介实践的女性主义解读。分析电视节目、广告等媒介作品，探讨女性坚持平等，反对对女性的压迫和歧视，反对父权制度等社会实践，揭示性别差异中的歧视问题，以及谈论后结构主义的女性主义立场提供的新思想。

关于大众文化批评理论的重要部分是大众传播媒介文化的研究。它的关注对象是影视文化以及受到这种文化传播影响的社会的各个方面。大众媒介文化不仅仅是一种社会文化的表征，同时它也参与制造和影响社会文化方面的实践。所以，这种传播也起到了塑造社会主体的作用。对大众传播媒介依赖越多，我们的文化中媒介的支配性越大。大众文化这个概念至少包括了以下的词义：媒介、大众、文化。关于大众文化中存在着的两种截然不同的态度——强调大众文化在颠覆统治性的、主导性的文化方面，为大众制造的享受空间——“快感”；基于大众文化的商业性——工业化的产品，否定式大众文化研究。在这样两种不同的立场中，我们都可以获得对于大众文化的深层认识。本章对于斯图亚特·霍尔三种解码方式的解读既是对于符号学一章中“主体间性”问题的延伸，也是在符号学层面对大众文化的揭示。最后，通过对汉城足球世界杯大众狂欢的分析，为本章，也是第一部分画上句号。

第二部分主要是探讨媒介批评的实践活动。与第一部分相比较，侧重对被批评的对象的研究。试图勾勒出批评对象和这些对象所在位置以及其他相关事宜共同生存的面貌。这一部分几乎全部需要想像和重新组织。它由两个章节构成：媒介批评对象研究与批评活动、媒介批评工具与操作。第七章包括了媒介产品、媒介表现、媒介效果、媒介组织、媒介制度、媒介批评环境等内容。第八章节包括：媒介批评文本工具、媒介批评机制、媒介批评操作等。

第二部分第九章是对媒介批评知识普及的必要性与可行性进行的讨论。正如一开始就谈及的关于媒介批评选择的合理性与知识分子的责任感是本书坚持写上这一章的理由。传媒教育在媒介发达的国家已经形成势头，传媒教育类似我们展开的科学普及教育，成为新的非政府组织和经济组织的第三部门的一项重要工作。因此在这一章中首先讨论了作为新社会运动的传媒教育兴起的背景和它的目标。接下来介绍传媒教育的意义和内容。新社会运动的特点在于它不是争取政治、经济利益,而是个人生活方式和价值观的自主权,例如,环保运动、消费者权益运动、绿色和平组织和国际医生救援组织等。新社会运动是主题性的,完成一个主题运动自然结束。带有新社会运动特色的传媒教育工作,它的基调等同于公民教育,目的是提高公众的媒体素养,掌握正确使用媒介的方法。形成多元独立的批判思维和价值标准,来监督媒介,争取传媒制度和媒介表现的改善。这一部分还向读者提供了传媒教育实践的经验,包括教育模式、传媒教育的可行性讨论、传媒教育设想等。

# 第1部分

# 批评理论与媒介批评

符号学分析与媒介批评

意识形态分析与媒介批评

叙事理论与媒介批评

解构主义、读者反应理论与媒介批评

女性主义理论与媒介批评

大众文化批评理论与实践

# 第1章 符号学分析与媒介批评

当汽车行驶在高速公路上,迎面而来的路边告示牌提醒你注意与前面车辆的距离,或者告之开往另一条路的岔路口;当你步行在都市的大街上,高高的路牌广告上红色的"K"与"M"告诉你美国的快餐在这里。路牌上的文字、广告牌上的字母都不是实物,却有与实物一样的告之功能。这就是符号存在的理由。符号可以代替任何一种存在实体,也能够代替观念等存在着的非实体。有人曾经对符号的意义做了幽默的描述:在没有符号的世界里,人们要表达思想需要经常背负硕大无比的口袋,讲到什么就从口袋中掏出什么。掏出麦子、稻子、衣服、鞋袜,掏出房子、河流、山川?这是不可能的。发明一种物的另一种替代品,而且没有任何自然连带关系的替代品,的确是人的最大智慧。但是,当人们为一个又一个实物找到替代物以后,人们又从不自觉到自觉地创造了替代的规则。这种规则限制和规范着人们的替代行为,使替代成为可能。尽管后来的替代已经不是最初的样子了,依据规则,替代一直有效。今天的符号可以替代什么,谁来判断这种替代的合理性呢?在什么样的情况下人们认可这种替代并且形成规则?符号学研究承接了针对这些问题寻找答案的任务。

符号学(semiotics)的术语是由美国哲学家C.S.皮尔斯(Peirce,C)提出来的。创立符号学研究领域的是瑞士语言学家F.D.索绪尔(Ferdinand De Saussure)。对于符号学研究者来说,都会记得索绪尔在《普通语言学教程》[1]中的一句话:"我们可以设想有一门研究社会生活中符号生命的科学……我们称之为符号学。"[2] 从符号学研究范畴看,它以所有符号系统为研究对象。包括文字、图像、动作、乐音、物品,日常生活中的礼仪、仪式或表演,在更大的范围理解,一个

---

[1] 索绪尔是20世纪最出名、影响最深远的语言学家之一。《普通语言学教程》是索绪尔的学生在他去世后的第三年,根据学生们的课堂笔记和索绪尔的一些手稿以及其他材料编辑整理的。1916年第1版在法国巴黎出版。

[2] 索绪尔著,高明凯译:《普通语言学教程》,商务印书馆1999年版,第38页。

事件被赋予另外的所指意义后，这个事件也成为一个符号。因此，符号学的研究涉及到意义表达的一切领域。在大众传播日益发展和广泛渗透到日常生活的所有项目的今天，由大众传播媒介的符号性和用各种符号建构意义的方方面面，已引起人们的充分关注。总之，一切可以用来表达一个意义的物质都具有符号的功能，因此也能够放置于符号学的视野中进行阐释。

索绪尔不仅预见到有一门比语言学范围更广的符号学的产生，他在语言学研究方面的范围广泛和原创性的思想，使近100年间欧美各国语言学界所论及的各种原理和方法的问题，都逃不过他的视野。索绪尔研究语言学的基本方法和主要思路对后来的符号学研究而言，是基础性的。索绪尔关于语言/言语、能指/所指、历时性/共时性、组合/联想等概念在哲学、人类学、社会学这些基础理论方面和电影、电视、广告等应用性方面的意义都是显而易见的。

因此，当我们讨论符号学时，仍然需要进入到索绪尔的语言学领域。正如罗兰·巴尔特所言，在我们这个时代的社会生活中还不敢肯定除了人类语言之外是否存在着其他具有某种广泛性的符号系统……所有的符号系统都与语言纠缠不清。❶

也许当符号学成为一门成熟的学科时，自然又会回到语言学的关照之中。因此，当我们讨论符号学时，首先了解索绪尔语言学的基本原则和主要概念是必要的。

## 一、索绪尔语言学基本概念

**1.语言/言语**(Language/Parole)

正如罗兰·巴尔特(Roland Barthes)所言，语言/言语这一对二元组合概念是索绪尔语言学的中心思想，在语言学历史上有创新意义❷。语言是一切言语活动的表现的准则。语言是一个整体，一个分类原则，是言语机能的社会产物，是社会集团为了使个人有可能行使这种机能所采用的一整套必不可少的规约。正是语言的原则性、社会性、集体性，才保证了言语活动的有效性。

言语是指人们所说的话。与语言相比，言语活动基本是个人选择和实践的结果。言语是根据语言规则形成的有差异的个人的表达。从历史上看言语先于语言存在。但是，今天我们却找不到不符合任何语言规则的言语。所以，关于先有语言还是先有言语的讨论类似先有鸡还是先有蛋的讨论，可以被搁置起来。

---

❶ 罗兰·巴尔特著，王东亮等译：《符号学原理》，三联书店1999年版，第2—4页。

❷ 罗兰·巴尔特著，王东亮等译：《符号学原理》，三联书店1999年版，第1—2页。

言语的多样性不能改变语言的规则,否则言语无法交流。而语言存在的合法性,要依赖言语的实践需要。

索绪尔在论述语言/言语的关系时把语言比作发给每个人使用的词典。因此,语言是每个人都具有的东西,同时对任何人又都是共同的。言语在这个共同的"集体中"❶是指人们的语言实践——所说的话。言语本身却又是以说话人的意志为转移的个人组合,它的表现总是个人的和暂时的,❷没有"集体"的东西,因此它的整体活动没有办法认识。言语的个人性和语言的集体性使它们必须分开两路走。

这样,二者通过区别和归附关系阐明一切。索绪尔的研究就是对这种语言关系的创造性的陈述。

**2. 能指/所指**(signifier/signified)

语言/言语这对范畴所给出的意义可以延伸到所有意指❸(signification)系统。索绪尔提出的能指/所指二元组合概念,可以看作是语言/言语范畴的内容。

索绪尔认为每一个语言都是由能指/所指两个部分构成,也就是说任何一个符号是由能指与所指构成。能指是符号的物质形式,由声音—形象两部分构成。这样的声音—形象在社会的约定俗成中被分配与某种概念发生关系,在使用者之间能够引发某种概念的联想。这种概念—意义就是所指。例如,中国汉字的"人"字的字形是能指,所指即字典中关于"人是一种能够制造和使用工具的高级动物"这个概念。这个概念在西语中与作为能指的"human"声音—形象相对应。从这个例子中我们看到能指与概念、所指之间的关系是自由选择的。对于使用它的语言社会来说,又是强制的。虽然中国汉字造字与西方拼音文字不同。在"六艺"之说中,"人"字可以归为象形字。也就是说,"人"字取自人之大形。但是,既使象形字,也与图像符号造型原则相同。况且大部分汉字符号的能指与所指没有必然联系。

索绪尔进一步指出能指与所指对应关系的建立是武断的、随意的、约定俗成的。既有可变性,又有不可变性。这是一个容易令人费解的陈述,它证明了语言现象的复杂程度。就可变性而言,语言是变化的,这是一个常识。每一位使用语

---

❶ 索绪尔用如下方式表示语言的存在公式:1+1+1+……=1(集体模型)。参见《普通语言学教程》第41页。

❷ 索绪尔用如下方式表示言语的存在公式:1+1'+1''+'''……参见《普通语言学教程》第42页。

❸ 意指系统可以理解为一个过程,它是将能指/所指结成一体的行为。参阅罗兰·巴尔特著,许蔷蔷译:《神话——大众文化诠释》,上海人民出版社1999年版,第180—187页;参阅索绪尔著,高明凯译:《普通语言学教程》,商务印书馆1999年版,第38页。

言的人都能够在语言的历史过程中找到变化的例子。例如,中国古代汉语中“去”是离开的意思[1],在现代汉语中“去”可以指从所在地到别的地方,例如“去不去?”词意已经发生了变化。不可变性首先强调了语言的约定俗成。在任何语言使用的社会环境中,语言具有不可变性。因为任何个人不能改变语言。因为语言被绑在了集体的镇石上,任何的变动必须经过集体的认可,集体的惰性往往拒绝任何的变动;其次,语言在使用中也决定了它的无法改变。改变必须有停止使用的机会,即中断语言符号的使用,但这几乎是不可能的事情。

语言能指与所指的关系是非自然的,是可以改变的。但是,个人无法改变,改变是在集体约定的基础上发生的。这个重要概念势必吸引我们对语言的成规如何形成,个人如何在成规下进行语言实践产生浓厚兴趣。稍后我们讨论到罗兰·巴尔特的符号学研究将从文化角度展开这些问题。

**3. 组合/联想(syntagme/associations)**[2]

索绪尔认为在语言状态中,一切都是以关系为基础的。组合/联想是在两个不同的范围展开的语言各要素之间的关系。组合构成了以语言的线条特征为基础的关系。在话语中,一个词语和一个词语连接在一起,构成一个完整的意义。意义就产生于言语的链条之中。每一个词语是在与排列在前或者排列在后的两个词语相对立,才获得意义价值的。例如:“如果不下雨,我们就去游泳”;“爱是需要珍惜的”等符号构成的句子被拆解开放在字典中,变成“如果”、“不”、“下雨”、“我们”、“游泳”等单个的词语,它们就没有句子表达的意义了。

另外,在具体话语之外,许多词语都可以归放到和自己有某种共同点的一类词中。如教师这个词与“老师”、“先生”等联系起来。这种联想的关系是在人们的记忆中发生的,也就是说这些有共同点的词语不是以句子的长度为支柱的,它们属于每个人内部的语言词典。关于组合关系和联想关系索绪尔用下列比喻描述:

每一个可以被组合的语言单位——如一个词“孩子”,又如一座建筑物——一根柱子。柱子跟该建筑的其他部分——轩、椽有着现实[3]的组合关系。柱子、轩、椽三个物在同一个空间排列关系犹如句段关系。另外,如果这根柱子是中国式的(故宫大殿中的立柱),它会使人想到壮族的吊角楼的立柱,傣族竹楼的立柱等。也许会联想到帕特农神庙的立柱。在联想空间出现的只有一种柱子——故

---

[1] 参阅王力主编:《古代汉语·烛之武退秦师》:“亦去之。”中华书局1981年版,第22页。

[2] 也有学者将这一对概念解释成组合/聚合。用轴线表示两者的关系:横向是组合,纵向是聚合。

[3] 罗兰·巴尔特将其解释为“真实”的关系。作者用“现实”替代,意在强调这种组合的规则已经存在,规则不是自然存在。

宫大殿的立柱,能够由此联想到的柱子很多。这些不在空间出现的要素,与在场的柱子的关系就是联想关系。依此类推,孩子与游戏、睡觉看动画片有着组合关系。同时,又与儿童、小朋友、小伢儿等有联想的关系。

## 二、结构主义符号学

符号学研究的对象包括各种用以进行表达、交流、沟通的符号,即所有符号系统。如文字、影像、话语、音乐、标志、动作、物品这些可以构成"语言"的符号系统;也包括在礼仪、仪式或演出中使用的由不同质料组成的复合体——符号。包括表征超出本身自然存在意义的各类事物,如颜色、鲜花、石头等,不论它们有着怎样的质料和界限。例如,"蓝色妖姬"作为情人节中最受青睐的花,与情人节建立了关系,"蓝色妖姬"的所指与情人节有关,已经超出了本身自然存在的意义。其价格在情人节的在场就是说明。符号学家艾科(Eco. U)将符号定义为:在既定的社会成规下形成,能以某事物代替其他事物的,就是符号。在这个意义中,符号包含了符号本身和它的文化的因素:例如,"山雨欲来风满楼"这句话道出了山雨的前兆是风满楼,这是我们从社会成规中学到的。进一步分析,当舞台上的人物连连说,这天气太闷了,或观众听到雷声隆隆响起(如话剧《雷雨》),我们认为这是雷雨的前兆。同时,雷雨又成了《雷雨》悲剧的前兆。尤其是后一种理解,是我们通过许多艺术作品积累起来的,文化的因素显而易见。

符号学研究针对的问题是每一种文本的符号系统,以及不同符号系统沟通交流的方法、符号使用的规则等。

因此"文本的意义如何被创造出来"而不是"文本的意义是什么",成为符号学阐释的焦点。

符号学有自己的一套描述符号和符号功能的话语方式。这套方式使我们能够更加精确地描述作为文化传播符号的运作真相,扩大我们对文化成规的知识。

我们从索绪尔的语言学研究中将语言看成是一个独立的意义系统,认识语言符号与指涉物之间关系的非自然性。作为能指与所指的结合同样是约定俗成的、任意的,表达也是非自然的过程。任何一个图像或者声音都可以成为社会出于意指目的而衍义的实用物品,衍义行为本身体现出文化的含义,语言就已经不再是一个承载意义的容器——工具,过去我们从来不怀疑语言符号和它的指涉物之间的关系,因为我们把这种已有的关系看成是自然的关系。在符号学领域里,对这种自然关系的挑战是使我们获得不同以往的新的认知实践。

由于符号学的最大优点在于它从不同的学科获得研究的理念,不拘泥于任意分门别类的概念,这特别适合于对大众传播媒介的研究。

### 1. 皮尔斯关于符号的分类

任何研究着手之初,需要对研究对象进行分类。分类便于研究,但是也会取消差异。尤其是为了归类的需要,勉强将某个符号放置于某类,合理性并不充足。但这似乎又是难以避免的。在诸多关于符号的分类中,皮尔斯的分类被普遍接受,不是由于他的分类特别多,而是因为少,这样既便于研究,又较好地避免了对差异性的伤害。另外这种分类可以包括使用中的符号类型。

皮尔斯把符号分成三类:象征的、图像的、指示的。皮尔斯是按照符号和其对象的关系进行分类的,这种分类法所关心的不是把什么当作符号,而是考察使其成为该种符号的方式。

(1)象征符号

象征的符号具有指称功能,通俗讲可以代表对象。但是这种代表的资格却具有任意性,这种随人意而决定的典型例子就是语言符号。因为这种符号与对象既无相似性,也无存在性的关联,指称的关系完全是武断的、任意的,是根据人为的规则确定的。不过,语言常常会戏弄我们,让我们觉得其能指与所指之间的关系本应如此。其实"树"(能指)与我们所认识的"树"的概念(所指)的那些植物之间的关系不是必然的。我们把语言归入象征符号类中,就是因为语言符号能指与所指关系的这种任意性。由于我们与语言符号的关系太密切,我们从一开始说话时就接触这种象征符号,它的象征性在习惯中才逐渐成为必然。

除了语言之外,物体和物体发出的声音也可以归入象征符号类。如,玫瑰象征爱情,香槟象征庆祝,鸟鸣象征寂静,公鸡叫象征黎明等。这些象征符号往往带有强烈的感情色彩,使得能指和所指之间的约定性不易被察觉,如,能指——大红灯笼、红色旗袍和所指——喜事之间的关系。这种带有感情色彩的象征符号会因为编码人与解码人文化背景的不同,造成所指的很大差别。如,以红色为背景的构图,在西方许多国家是与红灯区(所指)联系在一起的。在我国红色(能指)常常与火、革命联系在一起(如电影《火红的年代》、《红色电波》、《红嫂》、《红苗》)。类似的能指如果使用不当的话,可能会被认为是对所指的直接攻击。当然,象征符号中也有较少感情因素介入的,其能指和所指的关系让人感觉到十分自然:十字路口的红绿灯(能指)分别代表停止、行进、准备等;斑马线则代表人行道;箭头表示方向。

(2)图像符号

图像符号与指称的对象有共同的性质,其能指与所指之间有一种自然的关系,二者在某些方面有相似性。从结构上讲,其能指与所指相似处颇多。例如,屏幕中的曼德拉与曼德拉本人的形象关系。但是,有许多图像符号并非直接来源于其所指的外在形象(线条和轮廓)。如,地图作为图像符号,除了具有大致的

地形外貌(中国地图像一只大公鸡),我们要读懂它,还必须学会辨认拟似符号❶,即:

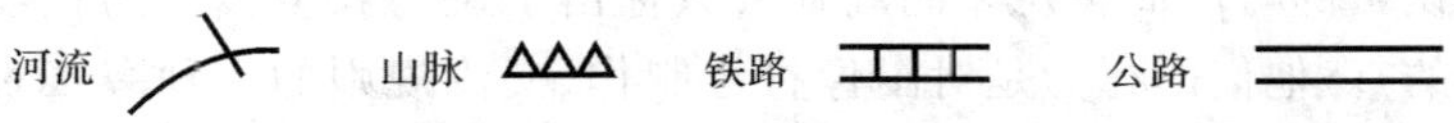


当我们从一幅图画中看到猫的肖像时,首先是根据画中物(图像符号)与所指的猫之间的对应关系确认其为猫的,其次我们也必须知道关于画猫的原则。例如,儿童画猫,需要掌握这样的一些原则:猫是有胡须的、猫的耳朵是三角形的、猫是有尾巴的等。实际上图像符号与对象之间并不完全等同,只是存在一种相似性的程度,大部分的画是根据一定的原则画出来的。这种原则的制定,在一定程度上维护着相似的基础。如果一幅画是以猫爪的底部作为中心完成的,那么,这幅画很少有人能够看懂它。

图像符号可以分成三种:

第一种是图画,它与对象在一些特征上相同。例如照片与本人的对应关系。

第二种是图表,它反映出对象诸部分之间的对应关系。如中国地图像只大公鸡,是根据地质测量的数据,按照绘制地貌的规则绘制出来,制成图形。

第三种是具有转喻意义的图画,它与对象存在一般的相似形关系。例如,天安门象征北京,长城象征中国,维多利亚港象征香港。

图像作为交流的符号需要具备以下的条件:

1)按照某些公认的特征给予识别。如,用两只长耳朵和一个兔唇的图像对应兔子。

2)按照习惯中认可的可以简化对象的规则,只标示出对象的特征。如,斑马只用条纹图形,无须用斑马的四足和黑白色即可表示。例如,人行道因为采用了黑(灰)白相间的条纹,被称作斑马线。其中,所谓斑马线就是公认的斑马特征。在生理方面,人们习惯把先天性上唇裂开现象叫作兔唇等。

3)按照惯例在对象特征与图形记号之间规定一种相互符合的方式。如,按照透视法画一座房子,先要掌握透视的原则,即近大远小原则,以表示在一个场景中不同物体之间、物体与观看者之间的空间关系。

4)在一定的文化背景中被人们赋予特殊意义并被广泛认可的标志物。如,天安门作为北京的象征;凯旋门作为巴黎的象征;白宫作为美国政府的象征等。

有一幅名为《礼尚往来》的漫画对图像符号的意义作了生动的解释:侍从牵来一匹布拉鲁王献给国王的斑马,国王命令侍从用水冲洗斑马,没料黑白条纹全

---

❶ 这种拟似符号是根据其外形特征简化勾勒而成的,类似简笔画。但是,这种用于绘图的符号必须是符合成规的。

部被冲干净后，斑马原来是条驴。于是，国王又命令侍从牵来一头牛，在牛身上画上金钱豹的豹斑，命令侍从将其送给布拉鲁王。这幅漫画中的两位国王是"按照习惯中认可的可以简化对象的规则"，只标出了斑马和金钱豹的花纹特征（被习惯认可的）。他们的行为是对图像符号制作、交流规则的一种夸张表现，同时也给我们某种启示，规则一旦抽离于原物后，规则附着于任何一个物，就可以改变它的面貌了。在中国的谚语中有"披着羊皮的狼"一说，其中羊皮既是羊本身的一部分，也是羊的符号。一旦狼把羊皮裹在了身上，狼也"成了羊"。

电视中的画面符号与其所指的对象非常相似逼真，除了成像技术外，在很大程度上是按照电视构图的成规行使的结果。如果违反了这些成规：传统的比例尺度、色彩、灯光、透视法、摄影角度、镜头焦距，那么，即使是出现在电视镜头上的一只鸡，也是难以辨认的。反过来，如果它采用了某种成规（如驴身上画黑白条纹），我们也是极容易受愚弄的。

在电视中，许多图像既可以作为图像符号使用，也可以作为象征符号使用。如，占据画面的红高粱，既是红高粱本身，也可以象征丰收，象征一种激情。又如，皇帝的龙袍，既是龙袍本身（一种服装样式），也象征着皇帝的权力。还有音乐（小调和慢节奏意味着忧郁）、画面的技术处理（诸多银星的闪烁意味着梦想、云蒸雾腾意味着天上宫阙）、手提摄像机意味着现场拍摄（我们看到许多新闻类节目的片头中出现这种画面）等。这些符号能指与所指的对应关系都是经过约定俗成和反复使用才被确定下来的。

了解图像符号中能指与所指结构上的相似性十分重要，这是图像映现实物的规则。其表达程度的高低，由能指再现所指的程度决定，二者成正比关系。而能指表达所指的程度与成规化的程度成反比。也就是说一张愈接近实物的图像，成规化的程度愈底，因为它必须在我们对原物的直接经验中体现表达的功能。我们能够认识一张照片，是因为我们对这一类实物是熟悉的。如果一张照片与原物的相似性极差，我们仍然立即把照片符号与原物联系起来，是因为我们已经在确认了二者的关系的基础上（对应的规则上）理解的。就此而言，图像符号的能指对于所指的影响和限制都是深远的。

符号的所指主要是由符号规则决定。作为被摄物影像或被临摹画像的图像符号受社会成规影响程度较小（图像符号的第 1、2 种），与对象有相似关系的图像符号（图像符号第 3 种）受社会成规影响程度比前一种要大。如一条河流照片的模样，由这条河的地貌特征决定，而出现在地图上概括性河流的图形，完全由这类符号的使用者之间的成规约定。

图像符号在映现物体时给我们造成的印象是符号（能指）与所指对象是合而为一的，我们容易视之为自然结果，这时候符号的构图规则就被我们忽略了。即使是照片式图像符号在使用的过程中也会包含象征性，只要使用者认可。因此，其象征性同样是任意的。

(3)指示符号

作为指示符号能指与所指之间既有存在性关系,即物理性的联系,同时还依赖其符号的能指与所指在时间上的共存性。所谓物理性的而不是形似性的联系在很多情况下都是来自于我们的经验或者获得的知识,例如,烟的所指是火;脚印的所指是有人经过;泡沫的所指是洗衣粉;婴儿啼哭声的所指是新生儿的降临;风帆鼓起的所指是有风等等。中国宋代文学家欧阳修在《秋声赋》中三喻秋风:“初淅沥以萧飒,忽奔腾而砰湃,如波涛夜惊,风雨骤至;其触于物也,鏦鏦铮铮,金铁皆鸣;又如赴敌之兵,衔枚疾走,不闻号令,但闻人马之行声。”❶“淅沥、萧飒,奔腾、砰湃、波涛夜惊,风雨骤至;金铁皆鸣;衔枚疾走人马之行声”皆对应“秋声”,也就是与“秋声”建立关系。这种关系的基础首先来自秋风的物理性——由于气压分布不均匀而产生的跟地面大致平行的空气流动,继而导致波涛声、金铁声、人马之行声。“三喻”中的三种现象都是风的物理性存在的证实,也就是内在关联性;其次,作家的观察经验使其能够把这些声音与秋风所至联系起来。但是,当指示符号中能指与所指在物理性联系的条件下建立了关系基础后,接着寻找到的对应关系往往不再顾及物理性了。例如,事实上并非秋风导致的“金铁皆鸣”,却可以被解释成缘故于秋风,这是我们常常做的事情。

由摄像机产生的属于指示符号的影像,其所指是由这个影像所在位置的前后影像确定的,有表达意义的特定时空。如,当一位留有披肩长发,身着连衣裙,足登高跟鞋,涂抹口红并且描眉、画眼影且胸部丰满的人出现时,你会根据女人与长发、丰满胸部之间的存在性关系为认识基础,将此人确定为女性。实际上是男性还是女性已经不那么重要,只要符号提供可视的部分具有社会确认女性之特征,就可以了。所以,指示符号关于影像的真实有时是很难证实的,而影像会“说谎”,如摄影采用特殊的技巧、特殊效果、电脑绘图、多重曝光和动画影像等等,使能指与所指之间的物理性关系虚假。本来冒烟是因为着火,现在可以制造冒烟的效果,让你误以为是着火了。男人也可以将自己的胸部用半圆状物装饰起来,再穿上女式服装,就可以扮作女人了。尤其是数码技术在声音、画面制作上的应用,可以随其主观意图对处在一个画面空间的物体的位置进行置换。如:改变汽车原来的位置;对其声音进行修饰;过滤原来的杂音;模拟著名主持人声音的电脑主持人(非真人)可以以假乱真(至少在声音方面)。演播室采用抠像技术制造虚拟演播背景等。现代科技应用于影像和声音符号的制作后,“说谎”的可能性更大了。我们还发现电影中的蒙太奇剪辑正是利用了符号的指示功能。

---

❶ 欧阳修著:《秋声赋》,引自朱东润主编:《中国历代文学作品选·下册》,上海古籍出版社,1981年版,第86页。

反过来说，蒙太奇作为一种手段它也能够改变原物的性质，制造假像。

**2. 罗兰·巴尔特❶ 的符号学概念**

(1)符号的能指/所指

和语言符号一样，任何一个符号都包括了能指/所指两个部分。罗兰·巴尔特从意义建构过程将两个部分分成了表达层面(plan d'expression, E)和内容层面(plan de contenu, C)，有时候这一对概念也可以用直接意指/含蓄意指替代。意指行为(R)相当于两个层面之间的关系用ERC表示。这种表达被制成下列表：

| | | | |
|---|---|---|---|
| 符号(ERC)1. | 能指 $E_1$ | 所指 $C_1$ | |
| 符号(ERC)2. | 能指 $E_2$ | | 所指 $C_2$ |

这个表说明当我们进入使用符号的实践过程后，有一些符号早已在使用之前就建立了对应的关系(能指 $E_1$ + 所指 $C_1$ = 能指 $E_2$)，例如，在各种字典或者词典中一个字或者词语具有的基本意思(本意，延伸意等)。在进入第二层表意活动后，符号学研究不是要对这些已经形成的原始对应关系采取拆解工作，当它发现了原始对应关系建立的规则后，告诉我们今天正在使用的符号大部分已经不在原始对应的关系中心，它们已经离开中心很远，有了距离。有些词还保留回去的路，有些已经对过去的样子模糊不认了(能指 $E_2$ + 所指 $C_2$)。不论它们现在是哪一种，它们又都可能成为新的对应关系建立的原始基础。依次继续，不会完结。

例如，"9·11"事件有一个经典的镜头：由恐怖分子操纵的飞机正撞向世贸中心大楼。这个镜头在第一时间播放时，新闻价值是最突出的，它传达的主要信息是由恐怖分子劫持的飞机正撞向世贸中心的大楼。这个镜头被新闻报道语境召唤的信息元素有：时间——2001 年 9 月 11 日；地点——美国纽约世贸中心；事件——一架飞机(图 1 是第二架飞机撞击大楼的情形)正向世贸中心大楼撞去；原因不明。当原因调查清楚并且公布于世以后，这个镜头的反复播放就会使其能指——矗立在纽约的一座高达 427 米有 110 层的建筑物，由于和"9·11"具体事件的关系转移到"反对恐怖行为"这个概念上。在图 2 中我们看到人们在倒塌的废墟上竖起两个光柱，加上自由女神像、美国国旗和象征和平的美国儿童，它既表达了人们对两座被撞毁的大楼的怀念，也表达了美国人对恐怖行为的一种挑战和谴责。如果说两根光柱已经不是新闻意义上的真实，那么就意味着它是"符号(ERC)2"，这个符号作为新的"能指 $E_2$"与"所指 $C_2$"相遇，又构成一个新的

❶ 法国符号学家。主要贡献在于文化符号学研究。将索绪尔语言学研究的主要观点成功地运用到文化符号研究方面，并且有进一步发展。影响到后来的结构主义符号学等。

能指“符号”(见图 3)。图 3 已经让图 1、图 2 的意义进入到自身,图 3 从真实性讲已经离开图 1 很远了。图 3 完全是一个象征符号,一个用于纪念的标志。

图 1

从图 1 的直观(记录)到图 2 的记忆,再到图 3 的表征,非常巧合地可以用来说明巴尔特关于意指行为过程的解释。当然,恐怖分子选择世贸中心作为轰炸

图 2

图 3

照片资料来自“搜索”网站。本书不再注明出处的照片均来自“google”。

目标，也是因为世贸中心是美国的一个象征，轰炸世贸中心就是对美国的恐怖行为。这一个镜头——能指会在相当长的时间内被“恐怖”意义占据，甚至像历史一样占据。在纪念“9·11”一周年、两周年……一直延续下去,这个镜头中冒烟的世贸中心大楼永远成为象征(图1),不再只是一座建筑的影像。因为它可以被放在其他的图片中成为构成另外意义的一个元素。甚至被模仿、改变——这种所指的转移恰恰是任意性与成规性导致。它告诉我们,任何被视为自然的象征符号,是有历史积累和文化积累的,而且也是多变的。

(2)意指功能(the signification)

意指是研究能指/所指的关系模式。也是以整体的方式看待能指与所指。能指与所指的关系模式主要有三个层次。

A. 直接意指(Denotation)

能指同时既是意义又是形式。在形式方面它是空洞的,在意义方面它又是充实的。因为空洞,能指与所指的关系有偶然性,是约定俗成的。所谓充实,是说它提供一种阅读方式和感觉方面的现实。当我们识字的时候,它在我们的认识中一直是充实的。因为在我们认识它之前,所指已经把意义延置到能指上。或者说外延的关系已经确立。如照片,通过把所指的外在形象延置到相纸上,这张照片与被摄者的基本关系确立。在这个层次,能指本身的价值首先是具备足够的合理性(文字符号中树具备的“木本植物的总称”这一意义也由于集体的约定俗成而合理化)。其次,它提供了知识、记忆,还有事实、理念、相对秩序等。[1]而当它成为一个固定形式时,又自我掏空,变得赤贫。从另一个意义来讲,赤贫的形式具有了继续被操纵的可能,需要意指作用发生,重新填满意义。当最初的意义大举后退以后,意指的作用是建立起能指与所指在第二个层次上的关系。

B. 含蓄意指(Connotation)

罗兰·巴尔特强调符号构成的一个基本的要点:形式——能指并未剥夺它意义,只是使意义贫乏化。在第一个层面上建立的意义在第二个层次失去了一些价值却保持着被激活的生命元素,为接纳新的意义做准备。对形式而言,意义总是在历史的瞬间保留过,在快速的更迭中被移离。在含蓄意指层次上,符号意义的产生是由其所指移位的无限性所致。即符号能指与所指的第一个关系确定后,以第一层符号外延的意义为基础,并将另一层意义附加其上,构成另一个所指。这种附加从理论上讲似乎是没有限制的。

C. 主体间的互动

了解主体间的互动首先需要了解“主体间性”(Intersubjectivity)特征。如果我们反对将认识过程中“此与彼”分成主体/客体的说法,而强调“此与彼”都是主体的话,那么就意味着我们承认某物的存在既非独立于人类心灵,也非取决于单个心灵或主体(纯主观的),某物的存在有赖于不同心灵的共同特征,这个共同特

[1] 罗兰·巴尔特著,许蔷蔷译:《神话——大众文化诠释》,上海人民出版社1999年版,第176页。

征就是主体间的。主体间的东西意味着某种源自不同心灵的共同特征,不是心灵自身本质的客观性。心灵的共同性和共享性隐含着不同心灵和主体之间的互动作用和传播沟通,这便是它们的“主体间性”。一个心灵不仅能够体验到其他心灵的存在,而且包含着与其他心灵沟通的意向。

在胡塞尔(E. Husserl)看来,主体间的这些特征表明:人们与其说是建构了一个唯我论的世界,毋宁说是建构了一个共享的世界(Lebenswelt)。这一观点的后来发展摒弃了传统的主客体二分法,把主体间性当作形体存在间性。对分析哲学来讲,主体间性是两个或两个以上心灵之间的彼此可进入性。两者不仅均可以认识到彼此的存在,而且均可以认识到彼此传达信息的意向。所以说主体间性的根本在于摒弃唯我论,在于证实他人心灵的存在。[1] 在艺术上“主体间性”在分析作者文本的意义时发现,一位作者的文本的意义在另一个文本中被延异,反过来说另一种文本的意义在这个文本中被延异。能够互相接纳他者的空间就是主体与主体之间制造的另一个意义所在地。

巴尔特所言第三个层次符号意义的产生与“主体间性”的概念有连续性。巴尔特分析使用符号的双方——制码者和解码者之间的“彼此可进入性”、“心灵的共同性和共享性”可以在共同的文化背景或者不同的文化背景下得到证实。在共同的文化背景下,彼此相同信息的程度大。巴尔特认为不论编码者还是解码者对符号意义的感知在本质上并不是因人而异,他们首先是臣属于一个文化群体,共同的文化背景为他们提供了互相影响的意识。不论是制码,还是解码,都可以意识“彼此传达信息的意向”。因为,所有的感知都是针对符号而发的,符号的意义在认识到彼此传达信息的意向后,进入解读过程。解读就是两个或者两个以上心灵彼此进入,然后获得“共享世界”。在文化平等、同一文化群体成员之间“进入性”越大。

这一类的“共同性和共享性”(有人称作“意志共通感”)为同一文化群体成员所有,因为这个世界的主体间性“对于许多个体来说是共有的,因此其本身就包含着主体性”,[2] 使我们对许多符号所代表的意义产生一致的领会。这种“共同性和共享性”既是历史的积累,也是时势的产物。它在历史的进程中或当下的社会里,成为同一文化背景中所有成员共同感受的知识与经验,这种感受是在大家共同遵守的契约中被认可的。因此,它也是符号能指与所指关系确认的前提。它允许同一群体每个成员认识的深浅差别和感知的前后。也就是说,有的人当

---

[1] 参阅尼古拉斯·布宁,余纪元编著:《西方哲学英汉对照辞典》,人民出版社 2001 年版,第 518—519 页。

[2] 伽达默尔著:《真理与方法》,第二部分,3,b(格兰－多培尔译)1975 年,第 219 页。转引自尼古拉斯·布宁、余纪元编著:《西方哲学英汉对照辞典》,人民出版社 2001 年版,第 518—519 页。

下就有感知,有的人经过学习或积累生活后才获得感知。所以,相互的共同性深受文化的左右,也是文化影响群体所有成员的路径,而文化的成员属性也由此产生。

例如,一面由某国国旗制作的时装在设计师那里只是他无数个创意作品之一,他只从表达个人的设计理念出发对待这面国旗。而这面国旗穿在哪个国家的模特身上,在哪个国家表演,产生的效果会有差别。如果拥有这面国旗的国家历史上曾经侵略过另一个国家,那么,另一国家的模特穿这件时装在自己的国家表演,就会伤害本国观众的感情。如果忽略了文化背景,也就是忽略了观看者共同的历史意识,引发的效果会使另一个文化背景出身的人始料不及。

当然,我们还应该看到,共享既是一个获得意义的过程,因为意义既不是传播者也不是接受者一方的财产。又是一个意义交换的过程,意义不是早已存在于所指之中的,意义在收听或观看的实践中出现,因此共享的结果是有区别的。另外,不同文化背景成员间的符号交流也有许多可能性,这种可能性是历史的,可以发生变化,有时候变化会在冲突的过程中发生,只是表面难以察觉罢了。

(3)符号的"神话"性

"神话是一种言谈"❶,任何一种有意义的单位,无论是言辞还是视觉,都是一种言谈。言谈是一种传播,是信息传播。任何言谈都不是自在之物,只是针对自在之物的说法。即使是针对某物的照相式描述,在描述中被人们认识的这个物在另一个系统中的存在,例如,存在于言说系统中。因此,它不是物本身。将言谈解释为神话,就是强调言谈不是一件物、一个观念或者一种想法,而是一种意指作用的方式。因此,意指作用就是神话本身。

巴尔特如此描述言谈被神话化的过程:当一个概念被赋予在一个已经存在的形式——意义上时,它并不使已有的意义消失,它的功能是扭曲、扩张原有的意义;当神话赋予在第一个层面上的时候,神话掏空了第一层面的概念,只保留形式——能指,然后将神话置入其中,便构成了表达新的意义的符号。❷

巴尔特认为在第二层面表达意义的运作过程中,符号分别扮演着两个角色:含蓄意指意义再度植入、神话——文化意义的召回。

1)含蓄意指的再度植入

巴尔特认为任何一个符号的形式必须经常能够再度生根于意义之中。它必须能够藏在意义互换的现象中,继续意义与形式不间断的"捉迷藏的游戏"。在符号的神话性产生过程,其形式包含的直接意指的意义被驯服后,逐渐地退到远

❶ 罗兰·巴尔特著,许蔷蔷译:《神话——大众文化诠释》,上海人民出版社 1999 年版,第 168—224 页。

❷ 罗兰·巴尔特著,许蔷蔷译:《神话——大众文化诠释》,上海人民出版社 1999 年版,第 175 页。

处，再度植入的意义不是现实，而是对现实的某个认识。它一旦被植入，就具有了意义，不过这个意义不是自然形成的。

巴尔特在分析一张法国国旗下敬礼的黑人军人照片时，详细而生动地解释了意义再度植入时发生的变化[1]：

敬礼的黑人不是法国帝国的象征，他有太多的面，他展现了丰富、经验、随兴、天真等。但同时，这个展现被驯服，置于远处，几乎变得透明了（前面所言“赤贫化”。作者注），（再度置入意义后。作者语）他变成一个全副武装的共谋者，法国的帝国气派……当他是法国帝国的概念时，又再度与世界的整体性、法国的一般历史、他的殖民冒险史和他现有的困难相联系。

2）神话——文化意义的召回

在这个层面上是要分析如何解读神话，即神话是如何被接受的过程。当读者在类似敬礼的黑人身上看到的不是一位名叫查里·约翰逊或其他什么名字的黑人，而是法国的帝国性时，它——符号——照片已经神话化了。照片的写实性提供了法国帝国性进入的基本条件，帝国性一旦进入，写实性就会被弃绝，没有人注意照片上的黑人姓谁名谁，黑人已经符号化为一类人，这个符号与法国少数族群效忠法国的概念建立对应关系。

黑人符号淡化了其直接意指的意义，它使我们把关注点放置在当它出现在这个位置上时，象征了什么，代表着什么。另例，2003年世界艾滋病义演晚会的名字叫“466/64”，这个数字是南非前总统著名的世界人权领袖曼德拉被关在狱中一所牢房的号码。[2]这个号码在今天早已经和数字以及选取这个数字的原因没有直接的关系，它也不是数字顺序中的一个位置。“466/64”是曼德拉狱中生活的象征。曼德拉的监狱生活又是反对种族歧视的象征。反对种族歧视又是平等、和平的过程，作为过程又与这个号码沿用了26年有关。关爱艾滋病人体现的是人类世界的和平、仁爱的主题。这就是说“466/64”作为能指其所指并不是固定不变的，新的所指的不断移入，使得能指中的直接意指意义淡出，越来越多的文化意指进入到“466/64”这个符号中。“466/64”也就与更多的所指建立了对应关系。

### 3.雅克布逊（R. Jakobson）的符号学视点

（1）隐喻与转喻

雅克布逊认为符号意义不论在哪个层面上运作，其表达意义的主要手段是

[1] 罗兰·巴尔特著，许蔷蔷译：《神话——大众文化诠释》，上海人民出版社1999年版，第177页。

[2] 曼德拉曾经被关押在南非罗本岛监狱5号牢房长达26年。牢房门外挂着一个牌子，上面写到：曼德拉/466/64。意思是曼德拉是1964年进入罗本岛的第466号囚犯。参见图4、图5、图6。

图 4　罗本岛监狱入口

图 5　曼德拉住过的 466/64 号牢房

图 6　1995 年德里达参观罗本岛监狱 466/64 号牢房

隐喻和转喻。

隐喻:是指一个词(能指)以一种破除老套、非字面意义的方式,应用到一个目标物或动作(所指)之上,它强调能指与所指的相似(对应)关系。当我们把支撑椅子面的四根短木称为“腿”时,这个“腿”字与人腿的“腿”发生了相似性关系,即隐喻的关系。这种相似强调了二者之间作用的某种相似之处。

转喻:指用某一物的某一属性或部分喻指此物的全体,转喻强调毗连性关系。例如,当我们用白宫发言人这个称谓替代美国政府发言人时,白宫与美国政府之间的联系是转喻功能——毗连性关系发生作用。[1]

雅克布逊认为交流主题(topic)的发展可以沿两条不同的“语义路线”进行:这就是说一个主题是通过相似性关系或者毗连性关系引导出下一个主题的。这两种关系分别在隐喻和转喻中得到最集中体现。

当转喻的概念用在非言语的视觉符号上时,我们看到图像符号和它所表达的意义之间的关系是自然构成的。一张玛丽莲·梦露的肖像促使我们接受,是因为二度空间的视觉表现足以代表三度空间的实体。同样,只要我们能找到一些相对应的特点,地图和比例模型也可以用来代表原物。因此,电视中的视觉符号在第一层面的表意阶段,能指与所指之间的毗连性关系,即符号和它所代表的实

[1] 参阅伍蠡甫、胡经之主编:《西方文艺理论名著选编》,北京大学出版社 1987 年版,第 429 页。

体之间是一种被技术建筑出来的部分相等，就是使用了转喻的手段。它将真实的世界的部分转移到电视画面中。

转喻的表意作用在于符号具有以部分代替整体的能力。如，在日常的生活中，公司经理或老板常常称其雇佣在身边帮助他处理各种事物的人为“助手”、“帮手”，这个称呼本身就是用这一类人身上的一个属性来代表他们。如果这些人在他们老板的眼中，只是一些“手”（因为，对于老板来说，这些人身上有价值的东西是他们的“手”或“腿”，他们可以打字和送信）的话，那么，可想而知，打工的人在雇主的眼里没有别的属性和别的需要了。

一张黄河壶口瀑布的照片可以代表黄河瀑布，甚至整个黄河的某种气势，而不是其他物，是由于转喻功能的作用。如果用它来表征中华民族的精神或者其他意义，隐喻的功能突现出来。

在第二层面的表意阶段，其含蓄性主要是隐喻功能起作用的结果。如，当我们从电视中看到春节晚会出镜拜年的人物由各类娱乐明星换成科学家，或者科学家出现在屏幕上的次数已经超过歌星、影星时，表达的意义是科学家在社会中受到尊重的程度。在此，意义的移位现象是由一个社会价值的平面转移到表现频率的多少的平面。两者之间的关系是通过隐喻而不是转喻建立的。

（2）言语交流的6种元素及其相互的关系

雅克布逊注意到一个意义完整的句子有6个组成因素，6个因素在交流过程发挥不同的功能，促进交流的完成。为了清楚地认识6个因素和相应的6种功能，雅克布逊绘制了下列图表：❶

言语的6种组成因素

语境
信文
说话者（传播者）……………………………………接受者（受话者）
接触
代码

6种因素的功能：

指称的
诗歌的❷
情感的……………………………………意动的
交际的
元语言的

❶ 特伦斯·霍克斯著，瞿铁鹏译：《结构主义和符号学》，上海译文出版社1987年版，第82—86页。

❷ “语言的诗歌功能是增强‘符号的可触知性’”，即如果一句话符合平仄与押韵的规则，就可以称之为诗，否则它就不成其为诗。参阅特伦斯·霍克斯著，瞿铁鹏译：《结构主义和符号学》，上海译文出版社1987年版，第86页。

雅克布逊认为意义不是自由自在地从发送者这里出发,直接到达接受者那里的稳定不变的实体。以上6种功能作用于意义,使得意义有明显的倾向。我们首先分析言语的6种组成因素。任何意义交流是从说话者开始的,它的终点是接受者。意义——信息传播需要通过说话者和接受者的接触,接触可以是视觉的、听觉的;接触有各种样式:电子文本——网络与电视、书面文字、数字、音响等物质体;任何意义的传播都要涉及到传播者与接受者能够理解的语境。例如,关于媒介道德伦理问题的讨论适合在传播研究会上提出来,如果在医学研究会上讨论这个问题,会造成意义流动的断裂现象,中断交流。我们在日常生活中遇到类似现象,例如,在家中不谈工作中的事情,其中一个重要原因是因为工作的专业性问题家人可能听不懂,没有兴趣。意义交流使用彼此确认的代码,这是沟通的一个前提。

雅克布逊对于交流过程的阐释核心是强调信文承载的信息只是全部交流活动的一部分意义,其他的意义来自语境、代码和接触手段等。交流如果是在传播意义的话,意义必须有语言的介入,语言本身的功能在介入之后直接影响交流过程。究其原因在于语言作为指涉的符号,不等同于被指涉物本身,语言包含一些其本身没有精确意义的语法因素,例如人称代词"我、你、他"这些语法因素对于它们的语境十分敏感。"这些语法因素的意义可能有相当大的变化,这取决于这些因素是怎样被使用的,它们在什么地方发生。"❶

正如巴尔特所言,任何语言用法所产生的意义不仅具有"转换"的"特征"等因素,而且可以(应该)"被转换"。前面已经提到的我、你、他和类似的这、那、此、彼等词的所指取决于控制这些词的特定信息。这些词对语境十分敏感,因为它们必须指示特定的信息。同时,不同的语境又使它们的所指大相径庭。

雅克布逊还指出在交流过程中语言的6种功能永远不会处于绝对平衡的状态,它们中的某一个在一次的语言交流中居于支配地位,其余处在辅助的地位。信息的性质最终取决于这样的事实:已经表达的信息——意义把6个因素中恰巧占支配地位的那个因素的功能特征占为己有。这就是说如果交流倾向于语境,那么指称的功能就占支配地位,它强调信息的一般特征——具体、客观的情况(客观是指大部分使用同一种语言的人都认可了的)。例如,新闻报道作为一种信息交流方式,其首要任务就是提供具体、客观的情况一样。如果你是在丈量两地之间的距离,你需要记录的是具体的数字,1000米,或者2000米。但是,当你要从甲地(工作的地方)回到乙地(家所在地)时,1000公里与2000公里就有了远与近的区别。这里所谓远近是与词的语境相联系的,是在语境中获得意义

❶ 特伦斯·霍克斯著,瞿铁鹏译:《结构主义和符号学》,上海译文出版社1987年版,第83—84页。

的。或者“遥岑远目,献愁供恨,玉簪螺髻”[1],或者“海内存知己,天涯若比邻”[2],看你是在什么样的情景下说距离。

另例,宋代女词人李清照的《如梦令·昨夜雨疏风骤》一词记录了女主人与卷帘人对相同事物的不同回答:女主人在“昨夜雨疏风骤”之后“试问卷帘人”,却道“海棠依旧”,女主人立刻否定卷帘人,告诉她“应是绿肥红瘦”。[3]卷帘人与女主人所言差距主要是感觉的差距。卷帘人对于花开花落没有过多地注意,因此当女主人问到院中变化时,她不会特别留意海棠的变化。女主人则不同。因此,“海棠依旧”和“绿肥红瘦”都表现了两位发话者对一特定情景的情感反应,不是纯粹指称性的描述,情感的功能在此占支配地位。

如果交流倾向于接受者(受话者),意动的功能就占支配地位,在日常生活中“请听我说、该你讲了、请看这里”等句子都是倾向于接受者的。如果是倾向于接触,交际的功能占支配地位,如“你好、早安、晚安、再见”等礼节式用语,主要的意义是与对方沟通,“打开话匣子”,使交流进行下去。当一个人在中午问对方吃过午饭了吗?并不一定是想为对方提供午餐。这句话的功能与问早安一样。如果倾向于代码的话,元语言的功能占支配地位。例如,“我的口音你能听懂吗?”如果是元语言不通,交流同样难以进行下去。如果倾向于信文,诗歌的功能占居统治地位,先于内容的文本形式被突出,例如,是诗歌的平仄、韵脚规律框定了什么是诗,什么不是诗。

在一次言语行为中上述6种功能中基本上都在发挥作用,占支配地位的功能在较长的言语过程中,也会发生变化。例如,我们在电视中看到的谈话节目,倾向言语语境指称的功能起支配作用,谈话中间,为了调节谈话的气氛,主持人也会倾向接触,使交际功能发挥支配作用。关于言语的6种因素在实施交流行为时所具备的6种功能的论述对于我们研究新闻谈话类节目特别有效。

## 三、符号学理论在媒介批评中的实践

索绪尔的语言学理论对于我们的重要意义在于他揭示了语言的非自然状态,即语言相对于所言之事不是一对一的透明状。语言自成体系,虽然我们总是在各种各样的言说中看到语言的存在,但是由于语言所表述的事件(或者叫作言

---

[1] 参见辛弃疾著:《水龙吟·登建康赏心亭》,引自俞平伯著:《唐宋词选释》,人民文学出版社1979年版,第203—204页。

[2] 王勃著:《送杜少府之任蜀川》,引自林庚、冯沅君主编:《中国历代诗歌选(上编(二))》,人民文学出版社1979年版,第291页。

[3] 李清照著:《如梦令·昨夜雨疏风骤》,“昨夜雨疏风骤,浓睡不消残酒。试问卷帘人,却道海棠依旧。知否?知否?应是绿肥红瘦。”引自俞平伯著:《唐宋词选释》,人民文学出版社1979年版,第142页。

说之事)的凸现,很难将语言看作独立的部分,甚至忽视语言的独立性。不过,语言本身没有因为我们的忽略而削弱了自己的言说和规范力量。事实恰恰相反,语言不是事件贴身的、透明的服装❶。语言给所有被言说事件一个表达的同时,也使这些事件臣服于语言的规则之中。因为我们所说的事件只能在语言中被阅读,即使是直接阅读事件,也有语言的先在才使事件成其为事件。❷ 从这个意义讲,事件没有语言就无法组成(事件就是语言表述结果)。语言的可操作首先使语言于事件的原本状态区分开来。其次,使语言有了建构一切事件的权力(不是没有事件就没有语言,而是没有语言就没有事件)。

罗兰·巴尔特的文化符号研究是对索绪尔语言学理论在文化研究中的应用。正是这种应用实践,使得索绪尔的理论走出语言学的领域,进入到更加广泛的文化分析中,被更多的人所了解和接受。巴尔特关于符号的神话性的研究,继续坚持了语言的非自然性的认识,更加深刻揭示出语言非自然性的规律。❸

雅格布森是从诗学研究的立场出发讨论语言的意义。他认为诗学即语言学。正是在对诗何以成为诗的回答中,我们再次看到语言的独立性和可操作性。诗之所以是诗就是因为它有了关于诗的所有要素:讲究平仄、押韵、对仗等。例如,杜甫的诗句"无边落木萧萧下,不尽长江滚滚来"(《登高》),之所以是诗,因为它符合诗的规则要求。如果根据其意义用非诗歌的语言表达,就不是诗了。例如:看不到边的树正在往下落叶,从遥远不见尽头的地方长江水滚滚流过来。我们轻而易举地根据诗的规则说:这不是诗。这些研究更进一步证明了诗的遮蔽性——非透明性。这些来自对诗歌语言符号的分析,为符号的非自然性存在的观点提供了更多的支持。

**1.真实性与神话性**

按照符号学的观点,符号能够表达的意义首先要获得人们在社会实践中(历史的、当下的)约定俗成的规则对能指与所指对应关系的认可。我们每个人出生和成长过程已经有了语言系统,在某种意义上讲我们也必须接受约定俗成的语言事实,因为语言不是个人的。因此,真实性也是在约定俗成的基础上的,也需要以集体的认可为前提。

---

❶ 芭蕾舞男性演员演出时总是穿着这种透明的、贴身的舞蹈服。

❷ 事件的基本元素是在言说中被确定的,语言给这些元素一个大家共同认可的声音符号。例如:时间、地点、人物、原因、结果等。

❸ 符号的非自然性是索绪尔语言的非自然性观点的继续。在巴尔特这里强调非自然性的目的是强调语言的文化性。即语言的言说意义功能不是来自自然的赋予,而是社会的政治、经济、文化、传统、习俗、现实需要等。

(1)神话的有效性

神话的有效性是通过两个方面支持的：

在第一个层面上符号的特定性和作为图像的准确性给予支持。如 1999 年 10 月 1 日，时逢中华人民共和国成立 50 周年纪念日。这一天，在天安门广场举行了盛大的庆祝活动。中央电视台对整个活动进行了现场报道，报道中有海陆空三军仪仗队经过天安门的画面。虽然，每一个方队都是由个别人组成的，但是，当我们观看时，方队中士兵的形象不再具有特定的所指，或张三或李四。士兵这个符号，已经变成了第二层的表意符号。画面上不同的士兵其所指是相同的，他们象征着军队的勃勃生机。这时候，由每一个个别的士兵组成的方队，将一种文化价值具体化了。也就是说作为一个具体的方队(假设是某某部队某团某连)的番号和每一个个别的有名有姓的士兵这些意义，对于观看者来说已经基本被削弱了。观众看到的是解放军仪仗队，这个仪仗队与展示现代军人风采的国庆阅兵式相关。这就是"神话化"的过程。

由军队组成仪仗队通过天安门广场，现场直接摄录其场面。我们能够认识这支军队，是因为我们的实践留在我们的记忆中有关这支军队的特征：军服的颜色和式样、组成这支队伍的士兵的相貌，加上画面的解说词给我们的记忆以确认。这是神话引起的一种立即的印象。

在第二个层面上符号与使用者的文化需要的契合程度，靠我们对一种概念的认可程度给予支持。这种契合决定了神话能够与外在真实(相像)相沟通，并且同时将真实融到我们的文化价值观中。这正是概念自然化为神话的基本功能。在语言的原始表达中，因果关系是顺其自然的关系——类似"因为大旱少雨，所以西瓜价格上涨"的逻辑关系。在符号学——神话的层面上，因果关系也是构造的结果。

我们看到，国庆阅兵式要表达的概念：中国军队是一支拥有先进技术和武器装备、训练有素的军队。各路方阵表现的是"军队的健儿"。这种概念是通过现场的画面确认的。现场报道中镜头首先选择了表达方队行进时整齐划一的标准化程度的物(某个具体的行进方队)：队列的横列与竖列及每条斜列都成直线；手臂摆动时白色手套构成一条白色的直线；整齐的口号声。这一切使我们立刻意识到这些军人所接受的特殊训练。

其二，画面映现出各种武器(海陆空)，有坦克、战车、导弹(空对空、地对空)、飞机、火箭等，这是我们十分熟悉的情景。当镜头用长镜头跟踪或者用特写突出这些武器时，我们对其意义的认识被镜头引入到第二层上。由于在第一层符号意义上我们看到了实物，运作到第二层时，"我们的军队是现代化的军队"、"我们的军队固若金汤"等意识，随着视觉符号的移动而被引发出来。概念移植到实物所在的位置上。如果是一批对中国了解甚少的外国人观看这样的实况转播，概念置入形式的效果可能会是另外的样子。

(2)符号学视野中的真实性

总结以上电视新闻图像神话化过程的细节,我们看到所谓新闻的真实性在符号学的视野中表现在两个方面:一是在已经确认的规则性的话语中信息可以被检验。例如新闻的5个W——时间、地点、人物、事情(这里的事情应该是指事情的类型,如天灾、人祸等都是可以被验明的,验明的规则又是大家认可的)、原因(同样可以通过调查用证据说明);二是人们认可的语言本身具有的“转换”特征❶。如果在语言的第一个层面上(直接意指)人们已经达到了某种共识的话,在第二、第三个层面(含蓄意指)被人们视为深度理解。当然这种深度理解必须具备合理性与逻辑性。这种深度常常被用来作为可以共享的思想,或者当下受用,或者延续下去成为历史的共识,沉淀在文化的海洋里。

在巴尔特的文化符号学中,我们看到当下共享的和沉淀在历史中的意义,不是一种单纯的最美好和最崇高的意义,它也包含着政治、经济、意识形态的渗透过程,包括个人的偏见和企图。雅格布森关于语言交流过程6种因素的论说,与巴尔特的理论可以互相映证。我们举两个例子分析个人好恶与媒介偏好如何操纵话语的倾向。

例1　关于霍尔金娜在2003年世界体操锦标赛的一篇报道。

**这个女皇很郁闷❷**

时报美国专电　现在看来,15日在平衡木练习上的一次失误绝对让霍尔金娜有了心理包袱,在体操世锦赛所产生的各单项决赛名单中,曾经的“女皇”霍尔金娜竟然无一入选。对全世界的“霍迷”来说,这绝对是一个天大的意外。站在阿纳海姆体操馆内的霍尔金娜依旧是场上的主角,只是随着岁月的流逝,往昔的体操皇后已渐渐面带倦容。一个亲临现场采访的同行这样形容他眼中的霍美人:她完全是一个生病的天使。很难想像,这个如今看起来疲惫不堪的“老大姐”就是那个曾经在场上风情万种美艳动人的绝代佳人霍尔金娜。

24岁的霍尔金娜的确老了,面对差不多要小10岁的一大群灵气十足的对手,够得上“祖母级”选手称号的霍尔金娜已实实在在感到了岁月的无情压力。就像15日训练中发生的典型的“桑兰式”头朝下坠落的严重失误,如果不是霍美人应对及时,恐怕现在我们已无法再在现场觅其芳踪了。

单项比赛全军覆没,团体预赛也仅列第五,霍美人目前惟一的欣慰就是个人全能进入前三,这样惨淡的局面令平时看起来冷冰冰的霍尔金娜更郁闷了。

我们把这篇新闻稿件看成是一次言语交流活动。在稿件中,我们获得的主

❶　参见本书第14页。

❷　特约记者胡敏:《这个女皇很郁闷》,2003年8月20日《青年时报》。

要信息是霍尔金娜作为世界女子体操皇后在本次比赛中"很郁闷"。类似"随着岁月的流逝，往昔的体操皇后已渐渐面带倦容"，"她完全是一个生病的天使"，"很难想像，看起来疲惫不堪的'老大姐'就是那个曾经在场上风情万种美艳动人的绝代佳人霍尔金娜"等都是评价式语句，它不提供关于比赛的信息，主要是作者的一种观看态度，整体倾向是说话者，情感的功能占据支配位置。因此留下霍尔金娜无法再显示其体操技术的印象。由于作者个人偏见在话语交流中的支配性，造成与最后结果的很大出入。❶其实在媒介的实践活动中，个人偏见进入到信息的传播过程以及影响接受者的判断是时常发生的事情。即使不在新闻稿中直接流露情感，在事件的选择角度和素材的取舍方面已经有偏见在先，任何偏见都将影响最后的意义。

例2　关于美国7岁女童杰西卡驾机横跨美国东西海岸的新闻报道。

1996年4月10日，美国《时代》周刊、美国广播公司先后报道了美国女神童杰西卡英雄般的创举。杰西卡驾驶一架单引擎的飞机从加州的哈夫蒙贝机场起飞。她还计划横穿美国大陆，成为世界上驾机横跨美国东西海岸年龄最小的飞行员。当时许多观众都在所在地通过电视节目看到这位小英雄，并且十分关注她的全部飞行计划实施情况。如果从媒介的传播效果看，关于杰西卡的报道是成功的，杰西卡事件是典型的体现媒介偏好的事件。只有在飞机失事后，媒介才开始反思对这个事件报道的初衷。美国《飞机》杂志总编说：如果没有媒介的哄吵，类似这样的飞行就不会有，联邦民航允许孩子驾驶飞机只是为了促进教学，并非鼓励冒险，而且少年飞行员也要满16周岁才能获得驾驶执照。他批评媒介是造成杰西卡死亡的帮凶。美国广播公司《晚间热线》节目主持人直言不讳地说：是的，我们的确对此事起了推波助澜的作用。他在说这些话的时候，还在录制关于杰西卡飞机失事的节目，因为这是当晚收视率最高的节目。❷

关于杰西卡驾驶飞机的报道证明了媒介言语行为的偏好，这种偏好使媒介过多注意到收视率，而不在意事件报道的后果。这种偏好首先倾向于媒介语境。媒介语境与媒介的商业利益达成共识后，这种语境甚至超过了一次言语活动，它是所有媒介言语活动的语境，在语境中事件的地位相当于一个不够精确的言语因素，语境具有控制每一次言语活动的功能，也包括了对事态的引导。当然媒介并不对结果承担责任。其次就是媒介的热情。媒介的语境培植了媒介的某一类热情，这一类的热情总是符合媒介语境的要求。

从上例的分析我们可以得出的结论是，在符号学的视野中，真实只是一种理

❶　霍尔金娜在全能比赛中凭借最后一轮自由操的比赛，用一套表演性极强的"霍尔金娜招牌自由操"不仅赢得了现场观众的喝彩声，也征服了裁判的心，获得9.675的高分，夺得金牌。

❷　参阅李岩著：《大众传播的异化现象》，《新华文摘》1998年第1期，第145—148页。

想,或者崇高的目标。如果事件的真实只能在被描述中表现,只能在约定俗成的语言规则中体现的话,描述所用符号的非透明性就注定了"描述的"不等于"真实的",但是它可能具备真实性。因为存在一个未被描述的事实,描述之间互相验证(例如5个W是否相同)后,其相同部分证明了这种存在,这也成了获得真实性的惟一途径。因此,新闻传播在符号学视野中不提及真实的问题,它只关注符号中能指与所指是如何建立起对应关系的。

**2. 媒介的隐喻与转喻模式**

我们已经在雅格布森关于隐喻与转喻的论述中获得共识,这一对概念不是只涉及到特殊的、个别的修辞方式。媒介在传播活动中建构任何的意义都离不开隐喻与转喻的方式。这就使得它们从遣词造句的文本中走出来,成为社会这个大文本所有意义彼此相联接、相对应的主要方式。因此,隐喻或者转喻本身的功能也从纯粹的修辞功能转变成具有使个别意义加入到另外意义中,不断系统化,融贯一体的功能。这种复杂功能的具备,又可以放在更大的文化背景中考查。任何隐喻都在构思过程中完成,构思主要是一种认知过程和思考方式。因此,隐喻也意味着一种思考方式。转喻在社会大文本中主要起到连接上下文的作用。

(1)隐喻的框架作用❶

台湾学者把隐喻看作是认知历程和构思方式❷,指出新闻报道里的概念和故事有丰富的隐喻,这种隐喻有系统性和连贯性。新闻报道中的新隐喻提供新的选择材料的角度和观察的方式。例如,在中国大陆关于反腐倡廉活动的新闻报道中,我们经常看到针对偷工减料不符合工程设计标准要求的建设项目——桥梁、防洪大堤、住宅、公共设施等,用"豆腐渣工程"来隐喻。"豆腐渣"在我们已经有的概念中是指制作豆浆剩下的渣滓,因此它也因为归入"渣滓"类而被作为可以遗弃之物。其次,"豆腐渣"完全松散,无法成型,不堪一击。"豆腐渣"一词在日常的生活中也隐喻没有价值之物,或者不可靠之物。再来看关于工程的概念:工程是土木建筑或其他生产、制造部门用比较大而且复杂的设备进行的工作,如水利工程、机械工程等。❸ 因此"豆腐渣工程"所隐喻的主要是属于国家或地方政府投资的不合格建设项目。在《人民网》刊登的关于"湖南衡东'豆腐渣'

---

❶ 隐喻是建立一类事物与另一类事物之间的对应关系的方式,隐喻的框架作用是指通过取舍性的构思,编织出可以将一类事物放在其中被解读的意义网,也可以看作是构思一类事物与意义网的对应关系的过程。

❷ 邓育仁、孙式文著:《隐喻框架:台湾政治新闻里的路途隐喻》,新闻学研究,2001年第67期,第87—90页。

❸ 中国社会科学院语言研究所词典编辑室编:《现代汉语词典》,商务印书馆1978年版,第376页。

工程黑幕曝光"报道中❶,有如下关键内涵与"豆腐渣工程"相对应:

投资数额大(投资上亿元的——衡东大源渡水利水电工程投资上亿万)

项目来源与政府有关(衡东大源渡水利水电工程是国家重点工程)

项目承包涉及到政府官员的行贿受贿(庄湘吉集团作为项目承包者贿赂买通了原衡东县县长、大源渡水电枢纽工程指挥长张泽静,原衡东县人大常委会副主任、大源渡水电枢纽工程副指挥长符安泽等国家工作人员,使本该通过公开招标才能承揽的工程项目,变成了暗箱操作的私人交易)

承包公司非法经营(庄湘吉公司在一无资金、二无场地、三无技术的情况下,竟包揽了大源渡库区工程80%的沙卵石工程和整个库区40%的其他工程,并强占了京珠高速公路衡东段的沙卵石市场)

损失大("豆腐渣"工程造成的经济损失达800多万)

处理严厉(衡阳市中级人民法院对庄湘吉团伙成员作出刑事判决:和庄湘吉团伙进行权钱交易,为其提供保护的衡东县其他25名党政干部也分别受到了党纪政纪处分;衡东县法院院长和检察长也被调离原职)

这些内涵构成的隐喻的框架作用类似一个取景框,它带出社会的政治智慧、生活判断和新闻故事情节的特点和思考方式,也为新闻报道提供了重新框架关于披露官员腐败行为的新闻报道的隐喻空间。

从政治智慧看,"豆腐渣工程"这个隐喻既是创新,又承袭了旧有的传统。创新在于将"豆腐渣"与"工程"放在一起构成一个隐喻,"豆腐渣"物质结构的松散和工程的复杂性放在一起,产生触目惊心的效果。承袭是指它与我们生活中已有关于"豆腐渣"的概念和这个概念包含的价值诉求、感觉经验结合起来,直接、明白地揭露了类似工程的腐败性。使公众很容易地接受这个隐喻。使它在反腐倡廉的政治改革中,很快成为揭示腐败官员非法行为的有效概念,这种隐喻一旦与腐败工程的对应关系建立起来后,对于政府政治改革反对腐败形成有力的支持。

"豆腐渣工程"是在社会建设发展过程中,一些身居要职的行政人员利用职务犯罪的特殊表现,它也言明了这种职务犯罪的严重后果。这个隐喻为新闻报道提供的隐喻空间包括了"政绩工程"、"指标工程"、"泡沫工程"、"烂尾楼"等。例如,一则关于"政绩工程"泡沫现象分析的新闻列数了政绩工程的特点❷:

买官、卖官有价有市;透支地方财力、物力,策划"形象工程";虚报发展数字,计委与"一把手"讨价还价;以地生财成为官员、商人非法谋财的捷径。

因此,关于豆腐渣工程的隐喻架构的故事情节也基本相似。类似的隐喻也

❶ 2001年8月6日《人民网》,引自"央视国际"。

❷ 王巧丽著:《安徽阜阳"政绩工程"的泡沫》,2003年第696期作家文摘1版。

会扣连出一群相关的语汇，这些语汇形成的网又可以与任何一个类似事件建立对应关系。

对于大众传播媒介的接受者而言，"豆腐渣"用语的平民化色彩(本身的不值钱和归入渣滓不可能具有高等身价)，使大众易于接受，隐喻那些有权力的人利用职务之便所做的低质量的事情特别地痛快——因为其中也包含了带有感情色彩的否定式评判——老百姓"作践"权威的特殊方式。

(2)隐喻的意识形态性

笔者曾经对大陆和香港电视广告创意中隐喻方式进行了文化分析，探讨两地的差异和产生差异的原因。研究结果发现在两地广告中隐喻方式应用的区别，展开了意识形态差异对隐喻过程的影响面。❶

研究选取了两则广告进行对比分析，两则广告的主要画面是：

广告一：夜静时分，在一处停车场，一位司机正在发动汽车，突然一位身着红色衣裙的女鬼飘然而至，女鬼把脸贴在汽车的玻璃上，其恐怖的表情吓昏了司机。画面出现与手机有关的内容。

在这则广告中，作者用人们见到女鬼会受到惊吓的效果隐喻手机跌价将会带给消费者的惊讶程度。实际上告诉消费者手机低价是不可思议的。❷

选择女鬼形象出现的效果以隐喻广告要表达的"价格低至吓死人的程度"的意义，说明在香港广告创意者那里，它们可以归为一类。这种认可体现出了香港生活风格的某些方面。就"鬼"的形象而言，在香港的文化环镜中，"鬼"在人们的"日常定规仪式和实践活动中"没有经历过被彻底批判的实践，鬼的形象没有到过政治的话语系统里被否定。因此，它的出现与大陆相比较而言，是独特的。

大陆文化发展中，有过对迷信的批判，鬼在"文革"的话语中又被阶级阵线统统划到人民的对立面，牛鬼蛇神等于"地富反坏右"，所以鬼曾经臭名昭著。在公开的场合中装神弄鬼是没有"市场"的。经过了对"鬼"形象的口诛笔伐后，在公开场合人们对鬼的认识是一致的，完全负面化了。在通过正面的渠道组合一个完整意义时，"鬼"不可能有出现的机会。

广告二：一位着一袭黑色紧身衣的蒙面女子，脚登旱冰鞋在一家超市的货架之间来往穿梭。一条胳膊前伸，手做削割状。手到之处，物品的价格统统被削价。

用女杀手削价，隐喻超市的价格削得彻底。女杀手在广告中脱离了日常生活用语中的负面的、被否定的概念。

以上两种隐喻可以从香港人接收知识习惯的分析中，找到解释。在香港电

❶ 参阅李岩：《从电视广告创意看大陆香港两地的文化差异》，《浙江大学学报》2003年第2期。

❷ 这则广告后来因为观众投诉其过于恐怖而被取消。

视广告图像意义生成中具体表现为夸张、虚构的倾向,这种夸张、虚构建立在一种大惊小怪的反应方式上。它与“香港人的生活风格中有‘大声’、‘招积’的风格不谋而合”。[1] 这类广告在叙述事件时常常寻找令人惊讶不已的对应物以解释其目的,不管对应物是什么,也就是在寻找对应物时没有政治意识的限制,只要能够强烈刺激观众就行。所以在香港的电视广告中“以邪压正”的例子也时常出现。

在大陆,即使是广告中的角色也不可能由一个在日常生活概念中的反面角色来担任。人们潜意识地会排除以反面人物或者事情为中心点建立与他人或物的对应关系。例如用女鬼来对应削价的程度等。

(3)隐喻与转喻在广告宣传中的应用

对于隐喻和转喻方式的使用,情节式的电视广告特别突出。在短短的 1 分钟或者更短的时间内尽可能地转换使用这两种手段,使两种功能交替起作用,以表达作品的意义。

如关于保龄参的广告画面:

出现女儿和女婿给丈母娘送礼的情景,女婿叫一声“爸——妈——”,丈母娘眉开眼笑地说:“他每年都送保龄参,这就叫一心一意啊!”

这个画面转喻功能:

——用保龄参代表补品

——用保龄参代表送给老年人的礼品,使老年人开心

隐喻功能:

——保龄参对应延长老年人生命的意义

——是将保龄参这种补品的效果移位到子女应该孝顺老人,孝顺带来的是合家欢乐

——孝顺老人就应该送保龄参

“一心一意”这句话更是双喻之词了。我们从这则广告中还发现,电视广告为了掩饰其推销商品的真实意图,或者说是为了与客户联络感情,千方百计地突出画面的隐喻功能,即第二层次的内涵性,最后强调其转喻功能,这也可以称作醉翁之意不在酒。

[1] 参阅李岩:《从电视广告创意看大陆香港两地的文化差异》,《浙江大学学报》2003 年第 2 期。

# 第2章 意识形态分析与媒介批评

我们的存在是有意识的。我们的意识不是自然生成的,意识是社会给予我们每个人的。一个有意识的人才有可能进入到一个社会群体中,同时也不断按照社会的意识塑造自己。意识形态是马克思主义理论范畴中一个十分重要的概念。在马克思主义的解释中,意识形态是在一定的经济基础上形成的对于世界和社会的系统的看法和见解。意识形态包括政治、法律、艺术、宗教、哲学、道德等思想观点,它是上层建筑的组成部分,在阶级社会中具有鲜明的阶级性,为一定的阶级服务。因此,意识形态也叫作观念形态。马克思主义把意识形态看成是“一种某个阶级特有的信仰系统”,同时也认为意识形态是“一种可能与真实的或科学的知识相矛盾的幻想信仰系统,即伪思想与伪意识”。[1]后一种意义揭示维护资本主义制度,维护统治者的利益的意识形态的虚假性,将意识形态的功能看成是建构一种关于自我及其与历史关系的“虚假意识”。这种“虚假意识”是服务于资本主义社会的。西方马克思主义的意识形态概念与上述两种不同。在西方马克思主义看来,意识形态就是关于现实的一种观念形态,仅仅是对现实一种描述,不是现实本身。意识形态建构和塑造了我们对现实的认识,不存在真实或者虚假的问题。因此,西方马克思主义的意识形态分析理论旨在透过建构和塑造的过程,揭示我们存在的现实与意识形态的关系。或者说意识形态是如何支配我们的存在。

## 一、意识形态理论的发展脉络

### 1. 马克思主义的意识形态批评

(1)来自于马克思主义的意识形态概念

马克思主义致力于研究社会问题,马克思对于他所生活的资本主义社会的

[1] 威廉斯著:《马克思主义与文学》,引自罗钢、刘象愚主编:《文化研究读本》,中国社会科学出版社2000年版,第11—12页。

研究，为意识形态分析提供了合理的思路和启示。马克思从资本主义的经济结构的剖析揭示资本主义的实质。我们所熟悉的马克思关于经济基础/上层建筑/意识形态的主要理论，向人们描述了资本主义社会的结构图。

人们在自己生活的社会生产中发生一定的、必然的、不以他们的意志为转移的关系，即同他们的物质生产力的一定发展阶段相适应的生产关系。这些生产关系的总和构成社会的经济结构，即有法律和政治的上层建筑竖立其上并有一定的社会意识形式与之相适应的现实基础……社会的物质生产力发展一定阶段，便同它们一直活动在其中的现存生产关系或财产关系(这只是生产关系的法律用语)发生矛盾。于是这些关系便由生产力的发展形式变成生产力的桎梏。那时候社会革命的时代就到来了。随着经济基础的变更，全部庞大的上层建筑也或慢或快地发生变革。❶

马克思认为社会❷的组织元素是经济基础，上层建筑是建立在经济基础之上的为经济基础服务的，意识形态又是服务于并与之相适应的现实基础。经济基础/上层建筑是马克思主义理论的核心概念之一，经典的或者传统的马克思主义用它来对社会进行解释。

马克思研究经济基础中生产关系和生产力之间的矛盾。他在分析了资本主义的生产、消费、分配、交换后，指出资本主义制度下的生产关系有利于生产资料的拥有者而不是使用者。马克思对生产力的分析支持了这个对资本主义批判式的结论。马克思认为生产力主要由生产工具和劳动力构成。资本主义制度下生产工具(生产资料)的拥有者不从事劳动，而劳动者不占有生产资料。简言之，生产资料的占有者靠剥削无产者(没有生产资料)而获得统治地位。不劳动的人掌握了上层建筑的观念、价值和信仰。这一切都是为不劳动者服务的。阶级身份、政党、社会利益都是根据对这种生产方式的占有、控制和利益所得在社会组织层面得以建立。主导性的生产关系反过来又决定着上层建筑。上层建筑包括政治法律制度、意识形态。意识形态在这里解释为通过政治、宗教、哲学、文学、艺术等加以实践的观念、价值、道德等信仰系统。

阶级的划分是建立在谁占有和控制生产资料以及谁在这种生产关系中从事劳动的基础上的。统治阶级的利益是通过对经济与生产实践的控制维护的。这种控制在上层建筑的构成中得到体现。上层建筑、意识形态与统治阶级——控制、占有生产资料的利益相一致，而且致力于维系和延续这种统治制度。但是，当现存生产关系变成生产力发展的桎梏，就会发生革命。社会的发展是由生产

---

❶ 《马克思恩格斯选集》(第2卷)，人民出版社1972年版，第82—83页。

❷ 社会是指由不同的习俗制度之间相互影响形成的复杂关系。社会价值观念是由文化传播后使个人或群体了解、认识、接受的动态过程中获得基本共识后形成的。社会价值观念是关于社会意义的正面的评价、表述。

关系是否解放生产力决定的。

马克思进一步揭露资本主义的"虚伪":即在现存制度下的个人主义、平等、人性等。马克思主张通过革命,改变不平等的生产关系,让劳动者拥有生产资料,获得真正的平等,才能够促进社会发展。马克思强调社会的阶级性、阶级斗争。

在此基础上,马克思认为意识形态的功能是建构一种关于自我及其与历史关系的"虚假意识"。统治阶级推行的意识形态系统是以促进资产阶级自身利益,并且将其泛化,使阶级压迫体制得以延续下去。当被压迫阶级的个体把统治阶级的价值和信仰当作自己的东西来维护和实践时,他们就参与了对自己的压迫。马克思主义以对阶级压迫的真相的分析揭露意识形态的虚假性。

虽然,后来对意识形态作为虚假意识的批评和修正成为西方马克思主义的一个主要方面,但是就意识形态虚假性分析的思路而言,它使人们懂得意识形态体系永远是为一种制度服务,并且使人们在无意识中就范的系统。

(2)西方马克思主义

我们现在频繁地使用的"意识形态"这个概念滥觞于马克思主义,但是基本内容已是 20 世纪 70 年代西方马克思主义的问题。意识形态分析理论是西方马克思主义理论发展的一个标志。西方马克思主义作为一个整体,始终关注上层建筑的问题,尤其是意识形态分析。在此基础上,文化研究始终成为一个焦点。因为文化研究"可以被非常容易地、可能是更为准确地描绘为意识形态研究,在研究过程中可以以各种复杂的方式,把文化问题归结为意识形态"[1]。关于文化研究我们在后面还有专章论述。

按照马克思主义的观点,社会矛盾集中表现为阶级矛盾,即有产阶级和无产阶级的矛盾,这种矛盾不可能调和,只有冲突。无产阶级要获得平等,只有推翻资产阶级的统治。推翻必须是暴力夺取政权。在西方马克思主义看来,上述观点无法解释作为被统治阶层的大众他们为什么会接纳这些从根本上讲是与他们的利益相抵触的观念,他们是如何采纳这些观念的。以大众传播媒介为例,电视传播的内容如果是属于意识形态系统,它应该是体现了统治者的物质利益的观念和价值,这些观念、价值与统治者的一致关系必然产生与被统治者利益相对立的形势。但是,人们从当代现实社会中看到的并不是依据马克思的意识形态理论形而上地推导出的上述实践。就当代大众传播媒介的商业化性质而言,即使电视上出现的观念、价值不是完全自由化的没有体系的、不受限制的,它传达着统治阶层利益诉求和支配性的意见,但是观众对各种节目的兴趣至少说明这些观念、价值与观众不是完全对立的。因为任何接触大众传播媒介的行为基本上是自愿的。如果说当代大众传播媒介本身是一种意义,它希望接受者在接受传

[1] 罗钢、刘象愚主编:《文化研究读本》,中国社会科学出版社 2000 年版,第 11—14 页。

播内容的同时，进入到这种意义构筑的生活网中，成为被统治者。这种统治与马克思所言的阶级对立是有区别的。商业电视以大众消费为存在基础，满足大众需要，迎合大众口味成为其表面必须遵守的生产原则。政治意识的控制在其中会与商业利益发生冲突。彼此的主导位置不是一成不变。

西方马克思主义发展了意识形态的新的观念。这些观念不同程度地强调社会内部的矛盾，以及对抗性和妥协性共存的现象。在这种社会结构中，个体以主体性的身份置于社会的中心位置。“个体与自我的观念是在人们卷入社会和文化的复杂网络时建构起来的。并随之以编年史的脉络出现，这种社会和文化的网络无意识的和有意识的存在。”[1]个人作为主体性的存在而不是阶级的个体存在，强调了这种存在的参与性与日常生活的愉悦。愉悦性是以电视为代表的当代媒介的文化特征。

为什么大众观看电视会产生愉悦，他们并没有将其视作对立的一面，反而有充足的快感呢？马克思主义的经典理论没有提供细致的、足够说明上述问题的研究视角。

尽管我们仍然可以找到理由证明大众传播媒介所表达的价值、观念等信仰系统常常是与统治阶层的利益保持高度一致，统治阶层的声音在社会的语境中总是占据主要位置，但是，我们还是看到了不同的阶层在大众传播媒介中表达着不同的声音。这些声音有斗争也有妥协。一致性是在对话、妥协中获取的。正如中国加入世界贸易组织的谈判有8年之久。按照中国参加世界贸易协议的谈判代表龙永图的说法，谈判就是妥协的过程。中国与西方社会的谈判如此，在一个社会中，不同阶层之间的一致性包括统治地位的维护也有妥协的过程。统治者也未必明显地利用高压手段限制大众发表他们的意见。统治者如何用非直接对抗或者非暴力压制的手段获得了自己的利益，占据支配位置的问题，成为西方马克思主义的关注焦点。

## 二、西方马克思主义的主要理论

### 1.葛兰西的“文化霸权”理论

意大利马克思主义者葛兰西(Gramsci,A)用“文化霸权”这个概念阐释了统治阶级在维护其对社会的控制过程中与社会其他基层的关系以及控制的复杂方式。“霸权”在葛兰西的话语中是指特定阶级、政治意识形态为维护自己的利益实施的普遍支配的情形。他认为，社会虽然由许多利益互相冲突的阶级构成，但是，优势阶级能够运用霸权，使自己的利益很快变成社会的普遍利益，被社会认可和接受。

---

[1] 罗伯特·C.艾伦编，麦永雄，柏敬泽等译：《重组话语频道》，中国社会科学出版社2000年版，第160—165页。

尽管冲突在文化、政治、价值、信仰诸方面不断发生,但是,斗争的焦点是争夺意识形态的支配权。霸权的出现是一种历史性的结果。统治阶级由于在社会的各个方面一直拥有的话语权利而享有声望,在争夺的过程中,总是站在优势之处。其观念、价值被作为常识,为众人所接受。从这个意义上讲,大众传播媒介类似公共论坛,为统治阶层也为其他阶层提供互相谈判的场所。

在葛兰西的霸权理论中,我们看到的是有别于马克思的社会结构模式。葛兰西认为社会主要由政治社会、市民社会两个阶层构成。政治社会主要指国家,其执行机构有军队、法庭、监狱等,代表“暴力”(在这里暴力是必须服从之意)。市民社会由在野政党、工会、教会、学校、各种团体,也包括媒介在内。❶

马克思主义关于社会结构的分析模式是:经济基础/上层建筑/意识形态;葛兰西的模式是:经济基础/意识形态/上层建筑。在上层建筑中,市民社会是政治社会的基础。葛兰西认为:在资本主义社会,资产阶级的统治主要不是依赖政治社会和它的代理机构,如法院、军队来维持,而是靠他们牢牢占有的意识形态的领导权,依靠为他们广为宣传并且被大众普遍接受的世界观来维持。因此,推翻资产阶级的统治,首先要颠覆文化霸权。意识形态也因此被放在了第二位。意识形态的斗争不同于马克思所言的上层建筑领域的革命,需要暴力斗争,推翻政权。意识形态的斗争是话语霸权的争夺。

霸权的形成需要依赖被支配者的某种自愿赞同,依赖某种一致的意见的形成,这是一个过程和斗争的结果。也是葛兰西对传统马克思主义发展的一个重要方面。这个理论解释出统治集团的支配权不是通过操纵群众取得的,要取得支配权,统治阶层必须与对立的社会集团、阶层以及他们的价值观进行谈判,(对话)谈判的结果是调停。霸权不是通过剔除异己获得的,而是将对立一方的价值、利益接纳到自身予以维护。

关于葛兰西的文化霸权理论,斯图亚特·霍尔(Hall. Stuart)在分析撒切尔政府在英国3次大选获胜的原因时,再次给予肯定性评价。霍尔认为,以撒切尔为代表的英国右翼保守势力在参加大选的过程中,能够得到英国工人的支持。而在传统的话语中被告之撒切尔所代表的社会阶层是无论如何也不可能代表这些阶层的利益。撒切尔的胜利在于她在建立和保持意识形态霸权方面采取了特殊的策略,这个策略的核心是:有效地利用传统工人阶级文化中的某些重要因素。因为这些因素“并没有内在的、必然的或确定的阶级含义”❷,撒切尔是在这个核心的基础上“围绕自身建立了普遍的赞同”❷。

虽然,文化霸权理论依然强调着权力的支配情形,但是,这种支配已经不是

❶ 媒介从传播统治者的价值、观念,维护其支配权等方面讲,也属于政治社会。

❷❷罗刚、刘象愚主编:《文化研究读本》,中国社会科学出版社2000年版,第19—20页。

强制性的，更不是通过外在的剥夺某些自由加以实施的过程。从霍尔所言存在“没有内在的、必然的或确定的阶级含义”的因素中，我们可以认定人类有共同的、普世的价值取向。这是一切关系能够在冲突、对立、区别的同时，又经过谈判和妥协取得某种一致，以达到共存的基础。龙永图先生所言的加入世贸的谈判过程是一个妥协的过程，这种妥协不是指单纯地降低条件或减少条件，它是在双方都更多地了解了对方的利益之后，各自对先前条件的重新考虑。文化作为观念、价值等的信仰系统，其霸权的实施更是如此。

当资产阶级文化不再是一种纯粹的“资产阶级”文化，它成为一种不断吸收不同阶层的文化和意识形态的动态的联合过程时，资产阶级的意识和文化只能存在于一种能够包容其他甚至对立阶层价值的妥协形式中。

**2. 阿尔图塞与“主体性”**(subjectivity)

法国马克思主义哲学家路易·阿尔图塞关于意识形态作出了一个新的阐释。阿尔图塞认为意识形态是“个人同他所存在于其中的现实环境的想像性关系的再现”❶。通过个体与物质世界的关系、社会的表达系统两个方面界定意识形态。

从个体与物质世界的关系看，每一个特定的个体由许多不同的类别加以说明或者界定。类别包括阶层❷、民族、种族、性别、年龄、职业等等。主要包括语言、社会、组织和家庭关系。阿尔图塞并不否认生产关系在决定社会本质方面的重要性，但是他的注意力是在各种各样纷繁复杂的生产活动、商业活动、精神活动和意识形态结构。他认为正是这些不同的社会实践构成了社会形式。从社会的表达系统看，我们对自己的确认依赖于教育我们的知识——语言和意识形态环境。也就是说，我们对我们的看法不是由我们自己产生的，它有赖于文化的建构，是文化赋予我们的。

阿尔图塞重新探讨意识形态与人的关系，论述每个个体作为“主体性”存在的概念。阿尔图塞认为，意识形态对于人的控制不是公开的，而是隐蔽的。意识形态从外部构筑了我们的“本质”和“自我”，因此我们所说的“本质”和“自我”都是虚构的(非自然，非天性)，占据在“本质”和“自我”位置上的是一个拥有社会身

---

❶ 罗刚、刘象愚主编：《文化研究读本》，中国社会科学出版社 2000 年版，第 13—14 页。

❷ 在这里作者用“阶层”替换“阶级”用意是：1. 在中国阶级一词有明确的含义，统治阶级——剥削阶级，被统治阶级——受剥削阶级。阶级矛盾是你死我活的矛盾，不可调和，只有一个阶级消灭另一个阶级一条出路。2. 随着“文化大革命”的结束，“阶级斗争”也结束了。国家的工作以经济建设为中心。但是，这并不是说中国社会结构呈现单一类型。由中国社会科学院提供的《当代中国社会阶层研究报告》将中国当代社会划分为十大阶层。这种区分本身说明了不同阶层有各自不同的利益和价值观念系统。他们彼此之间有一致性，也有矛盾。请参阅陆学艺主编：《当代中国社会阶层研究报告》，社会科学文献出版社 2002 年版。

份(文化身份)的社会的存在,即一个主体性的个体。这个主体性与过去的主体不同,它不是统一的、个性化的和独立的,这个主体是矛盾的,并且随着环境和条件的改变发生变化。

"主体性"的概念也回应了弗罗伊德以后许多哲学家将无意识看作我们个体的核心的观点。弗罗伊德认为个体经历三个阶段:本我——自我——超我。其中本我是来自天性,本质的,自我和超我是非自然性的。本我表现为人的潜意识,是无意识的,非理性的。自我位于两者之间的。自我总是希望成为超我。想成为超我,实际上是违背本我的,超我就是意识的结果。无意识作为核心占据中心位置。

在阿尔图塞的"主体性"解释面前,无意识也是意识形态性的。无意识是内化了[1]的意识形态,因此意识不到它的存在。个人作为"主体性"的存在,就是从自我开始的。阿尔图塞以自己的方式将"主体性"移植到了历史的中心位置。

阿尔图塞的主体性概念在文化研究中,提供了重要的思路并且成为关键词。文化研究被认为是关于意识或主体性的研究,正是文化研究给予主体性新的理解。

## 三、意识形态分析理论视野中的大众传播媒介

传统的传播理论认为"一致的舆论"与"普遍的赞同"是本来就存在于社会之中,媒介只不过是将它传播出来。西方马克思主义运用媒介批评的理论使我们看到媒介至少是参与制造了"一致的舆论"与"普遍的赞同"。这样做,媒介主要基于两方面的考虑,一方面让自己保持市民立场的,成为"第四种权力"在社会中发挥制衡的功能。另一方面与政治社会建立密切联系。只有对政治社会的敏感才有可能生存。对于政治的敏感自然也包括了接受政治的观点。应用葛兰西的文化霸权理论使我们认识到媒介要充当一个特定社会的角色,首先也要有一种社会身份,媒介参与编制社会意义的网,也把自己放在了网中。也就是说媒介存在于"一致的舆论"与"普遍的赞同"框架中,同时也生产"一致的舆论"与"普遍的赞同"。

### 1. 大众传播媒介作为市民社会力量的真相

毫无疑问大众传播媒介参与建构"一致舆论"和"普遍赞同"的霸权活动,而且在其中发挥了很大的作用。媒介参与霸权建构的基础恰恰是由于媒介自己公开表明的身份是在大众社会中获得认可,这首先从其用"大众"二字限定就是证

[1] 内化过程在这里可以比喻为我们呼吸空气的过程。我们每天都在呼吸空气,但是,我们不需要也不会意识到我们在呼吸空气。台湾有部著名的影片《搭错车》,片中的主题歌有一句唱到:从来也不会想起,永远也不会忘记。也可以说明什么是"内化"。

明。媒介为什么能够轻而易举成为大众的代言人呢？古斯塔夫·勒庞(Gustave Le Bon)的群体心理研究提供了见解。古斯塔夫·勒庞提出组织化群体的概念，他认为“聚集成群的人，他们的思想和感情全都转向同一个方向，他们自觉的个性消失了，形成了一种集体心理”，❶他指出群体特征有3个方面：因为大众的无意识(大众不是一个责任主体，不是法人代表，有事情不能找大众)，大众中的每个个体会把媒介当成一个代表，媒介的意识往往就此成了大众的意识。媒介不会承认自己属于政治社会(除非党报)，自己是代表政府的立场，就是要保持自己的这种大众身份。但是，当我们在这种媒介身份认定过程中看到与个人的主体性身份认定过程的相似处时，会得出如此结论：不论大众传播媒介公开亮相时自我介绍的内容如何，在媒介的无意识中政治意识已经成了它生存的另一个前提。所以，大众传播媒介必须对政治保持十足的敏感，同时也不能丢弃市民社会的立场，这是永远的矛盾。不过，从表面上我们也会看到两者达成协议的情形。

作为大众的传播媒介，其职业性的存在理由不包括政治的利益和经济的利益。媒介的存在依赖于大众对信息的需求。这种需求在社会发展过程中，越来越重要，甚至上升到社会生存的基本条件之一的位置(信息社会在人们的基本生存条件衣、食、住、行中又增加了信息一项)。社会发展对信息的空前需求是大众传播成为一项专门的职业工作的首要元素。推论此理，大众传播媒介的大众立场也是与身俱有的。

从大众传播媒介的市场运作中，我们又得到另一种说法的支持。媒介的经济利益也不断对媒介的大众立场提出要求，否则媒介会被大众抛弃，失去市场消费份额。以上两个方面进一步说明媒介的大众性应该是构筑媒介这个主体的第一要素，其政治和经济利益构筑的意义是附加在第一要素之上的。当然，媒介作为主体性的存在，依然是一个从外部构筑的结果。如果大众中的每个个人都是有着文化身份的个人——作为主体性存在的个人，那么大众本身的意识形态会臣属于主流意识形态，并受到那些并非极端的文化形态和社会意识的限制。这些概念可以被认为是富于理性的，并被广泛接受。

中国大陆传播媒介的性质与西方不同，这种不同主要在于其政治色彩。中国大陆的传播媒介既是党和政府的喉舌，又是大众传播媒介。作为喉舌，媒介一向把传达政令、引导舆论作为首要的任务。同时，媒介存在的根本理由(满足大众的知情权，或保证大众知情权的实施)又对媒介提出客观、公正、真实报道的原则要求，这个要求不仅指对已经发表的信息的真实性的承诺，而且要求在信息的

❶ 古斯塔夫·勒庞著，冯克利译：《乌合之众》，中央编译出版社2004年版，第11页。

选择方面的中立立场。后者与媒介的身份确定有直接的关系。[1]

中国大陆媒介会提供更加丰富的媒介意识形态分析的经验和话语。

**2.大众传播媒介与政治的关系**

大众媒介必须保持对政治的敏感,不论是将政治视为再现对象还是由于媒介与政治意识的密切联系,这一点似乎比前者容易被认识。因为“媒介实践与历史和空间领域相联系”,“它组成了无法还原为其他形态的社会实践本身”[2],我们可以从大众传播媒介的实践中找到事例论证它。媒介与政治社会的关系始终不即不离。用阿尔图塞的“意识形态的无意识”思路来解释,我们看到由于意识形态控制的非强制性和隐蔽性,左右媒介本身的意识在隐蔽处像弥散在空气中无味、无形的浮尘微粒,你呼吸中就有它。媒介与任何一种文化表达形式一样,在传播信息、传播各种意义的时候,也在制造意义。作为占“支配地位”和“一直赞同”的意识形态,是无法回避的。在许多情况下,媒介与之有“同谋”关系。当然,这种关系是很复杂的,复杂到在每一次的“同谋”,都振振有词。

针对这种关系的揭示,没有比美国政府和媒体处理“9·11”事件中的合作更有说服力的了。2001 年 9 月 11 日恐怖分子袭击了美国世贸中心、五角大楼,造成 2457 名无辜者丧生。打击恐怖分子的各种活动成为美国上下一致的行动,一向以新闻自由为宗旨的美国媒介,几乎是一边倒地全力支持军事打击塔利班。在打击恐怖活动行动中,表现出与政府出人意料的一致性。美国的新闻媒体一直有三大禁区:一是有可能危及国家安全和利益的内容;二是淫秽文字或图像;三是虚假广告。第一条在“9·11”事件发生后的新闻实践(新闻报道)中被特别强调。美国有线新闻广播公司(CNN)的主编依萨克森在给国际新闻记者的备忘录中,要求他们尽量避免被塔利班利用,在报道中要强调塔利班如何利用平民,如何窝藏那些造成数千人死亡的恐怖分子。他还要求那些报道平民伤亡的记者不要忘记:“对目前阿富汗局势负责的应该是这个国家的领导人。”[3]《纽约时报》的报道说,其他电视台也采取了与 CNN 相仿的报道方针。它们往往在播放了对坎大哈的轰炸之后,镜头便会立即转向世贸中心的废墟,以提醒观众不要忘记“9·11”恐怖袭击。

分析美国大众传播媒介与政府在反对恐怖主义行为的政策中取得一致的意

---

[1] 2003 年浙江气温持续走高,用电吃紧,电力部门的主要对策是拉闸限电。《钱江晚报》在报道政府就拉闸限电一事向大众解释,并请谅解的同时,也刊登市民对这种“谅解”的反思和责问。其中“明年拉电还要我谅解么?”一文代表了市民的立场。参阅 2003 年 8 月 6 日第三版《钱江晚报》。这种媒介实践证明大陆媒介的双重身份。

[2] 尼克·史蒂文森著,王文斌译:《认识媒介文化》,商务印书馆 2001 年版,第 10—11 页。

[3] 分析资料来自 http://jczs.sina.com.cn 2001 年 9 月 27 日 10:00 中国日报网站

见，并且影响大众对国际局势的判断、对国内反恐怖情绪渲染的过程，我们可以获得媒介与政治关系认识的更多知识。首先我们必须看到“9·11”事件对于美国民众的打击是十分重大的，也可以视作是美国历史上最大的重创之一。这个消息一经传播，在众多的反映中把它与珍珠港事件相提并论。更有甚者，“9·11”事件发生在非战争时期。任何一个国家、地区在遭到这样的打击之后，对恐怖主义的愤怒和反对恐怖行为的决心似乎都不为过。民众与政府在如何反对恐怖主义的问题上极容易达成一致舆论。同时，媒介传播这种“一致舆论”有助于民众对这种舆论的认可。“9·11”事件发生后，美国主流媒体几乎一致地认为，恐怖袭击是对美国文化、对美国人的生活方式的挑战，而不是针对美国政府或美国的外交政策的攻击。这种基调既是美国精英阶层的主流观点，也经由媒介传播很快成为公众的一致舆论。在美国，政府的国内政策、外交政策经常受到抨击和批判是常态。但是，美国人对自己建立“自由女神”精神照耀下的信仰是绝对忠实的。主流观念容易获得公众舆论的支持。因此来自政府（精英阶层—支配阶层）、媒介、公众的意见没有明显的阶层界限，反对恐怖主义是关涉到所有美国人的生命、价值的问题，带有神圣性。

但是，媒介中立立场的绝对性使它在既是关于反恐怖行为的报道中，也必须关注另一种意见，甚至包括关于对立方的声音。对于这样一种原则式的认定，在“9·11”这样残酷的恐怖袭击事实面前，显得软弱无力，新闻的绝对独立性受到挑战。美国政府关于媒介不得直接采访基地组织成员或者涉嫌与恐怖分子有关的人的意见，得到大部分媒介的响应。❶这种响应一部分来自自愿，因为美国媒介的意识与美国社会的主流意识有一致性（政治社会与市民社会在特殊事件发生时，比较容易达成一致性意见）。另外，任何一家媒介都无法承担由于追求独立性而导致第二次的恐怖袭击。从想像的结果看，这个代价是无法承受的。这虽然是一种外在的意识，其力量的强大是足可以影响和控制媒介的职业立场。

---

❶ http://jczs.sina.com.cn 2001年9月27日 10:00 中国日报网站。

中国日报网站消息：美国国务院发言人鲍彻9月26日表示，对于“美国之音”不顾政府的反对和警告，播放含有阿富汗塔利班领导人讲话的报道表示十分遗憾。

据法新社报道，9月21日，美国副国务卿阿米蒂奇和一些官员向“美国之音”负责人施加压力，“美国之音”当时表示，不会播放奥马尔的讲话。美国国务院反对的原因是“作为美国纳税人供养的‘美国之音’不应该播放来自塔利班的声音”。

“美国之音”对政府干预新闻自由的做法十分愤怒，最终，它还是顶住了巨大压力，于9月25日晚通过短波向全世界播放了奥马尔四分钟的讲话，并将讲话内容放到了自己的网站上。奥马尔在采访中解释了为什么塔利班不会交出自己的“客人”——本·拉登。

对于“美国之音”的做法，美国国务院感到很恼火。鲍彻说：“我们仍然认为（‘美国之音’的）这种做法是不对的。对此，我们感到十分遗憾，我们将继续同其管理层保持接触，讨论在这个问题上应采取的政策。”鲍彻还暗示，政府有可能对“美国之音”进行惩罚。

此外，“美国之音”还有可能面临国会的严厉质询，国会议员们有权中止政府对它的资助。（席雪莲）

其次，葛兰西所谓“普遍赞同”“一致舆论”式的话语霸权，在关于“9·11”事件的报道中得以实施，是对媒介独立性原则的质疑。由于意识形态的内化，由于意识形态控制的非强制性，媒介的独立性无法完全在意识形态的控制之外，自然形成媒介独立性的相对意义。虽然我们一直将美国媒体看成是具有独立性的媒体，美国新闻媒体也把独立性视为自己的主要特征之一。但是，“9·11”事件发生后，我们看到美国媒体的独立性并不是绝对的，它也总是受到不同社会因素的影响。关于“9·11”事件报道美国媒体取向受着三方面因素的影响：一是美国政府加强了对媒介引导的力度，主动出击更多了。二是当美国处在一个特殊时期——国家利益受到来自外部的打击时，媒体要以维护国家利益为重；三是民意的影响，也就是老百姓需要什么样的新闻。而老百姓当然不愿意天天都听到生化武器袭击是多么危险这样的报道。这三种因素互动形成的意见直接影响媒介的行为。从这个意义讲，媒介的职业性似乎越来越成为一个难以实现的想像。

其三，美国政府是深知媒介在左右公众舆论方面的效应。“9·11”事件发生后，政府利用媒介影响公众这一点在反恐战争中表现得越来越突出，美国政府对媒介报道的影响力在加强。不干涉媒体在美国虽然是作为一个原则接受法律监督，但是在意识形态的层面，政府——政治意识可以影响媒体，引导媒体的话语选择向度。政府虽然不能够直接干预媒介的日常工作内容，他们却可以通过选择时间、地点、场合和信息量，来左右媒体对某一事件的报道。“9·11”事件之后，白宫曾一度对媒体重视不够，招致了一些批评。但是，布什政府很快就意识到了这个问题，加大了对媒体的影响力度，像布什在联合国的演讲，在穆斯林斋月开始时致辞问候，并与伊斯兰国家的大使在白宫共进晚餐，都做了电视实况转播。美国国务院也发出各种文本的反恐怖报告，揭露塔利班的罪行。美国媒体与美国政府的配合也是相当默契的。特别是对纽约客机失事等国内事件的报道，都采取了低调处理。媒体也能够按照政府的要求，限制播放拉登的电视声明等新闻。后来，美国学术界对这次事件中媒介与政府的互动行为的反思已经展开。因为，尽管“9·11”事件是一个任何人都不能够承担后果的事件，大众传播媒介区别于政治的独立性位置依然是一个永久性的原则，破坏这条原则也会出现难以承担的后果。

在政府、媒介、市民三者的关系结构中，媒介不仅充当了桥梁，也因此获得了利益。不论是政府还是市民，对于媒介的依赖在不断加强。公众对于媒介的依赖，尤其是在国际事物的判断和批评方面是明显的。市民社会对于国家的对外政策知之甚少，更缺乏直接获得信息的机会，他们不占有相关知识，也就没有说话的权力。因此，在对外报道方面政府和媒介占据绝对的支配优势。在美国的华人学者对美国市民新闻需求的分析显示，美国人是相当保守或者相当自负的，他们大多只关心与自己有关的地方新闻。大多以国际新闻或国际人物为主题的新闻杂志,销路不好。这种状况也使得美国媒体会更多地关注国内新闻。关于国际新闻,民众极少去关心,自然也会放弃判断。这使得美国民众更容易认同美国政府的外交政策,更容易受主流媒体国际新闻观的影响。

媒体分析专家们认为,电视产生直观和视觉效果,使观众成为被动的受众,逐渐地失去思维能力。当自私用国旗包裹时,人们从电视中看到的只是令人热血沸腾的镜头。只有一系列完整的图像才会展示出政治家和富商们的行为。片段的截取往往会使事件的某个点被夸张,站在扩张的图像前,你实际所获与现实的距离较大,但是,你经常浑然不知。美国媒体鼓动武力报复的一个明显例子是,当美国几个主要电视台多次播放巴勒斯坦人在美国受袭后欢呼庆祝的片段时,却没有告诉观众:欢呼者当时正在参加遭以军杀害的同胞的葬礼。如果强调这个背景,至少可以让美国的观众对暴力的后果有进一步理解。应该反对所有的暴力行为。

其四,政府或者市民对媒介的依赖,是媒介在控制信息源和信息传播方式、传播时机以及传播范围方面具有了相当的支配权力。美国媒体在1791年通过的"民权法案"的保护下,几十年里变成了一支坚强的力量。美国全国有近1600种日报、8800多家电台和8900多家电视台。98%的家庭拥有至少一台电视机。近年来,美国媒体市场早已被几家大公司所瓜分。这使得大媒体集团对政府决策和舆论的影响力越来越强。许多地方报纸都是靠大报集团或是美联社提供国际新闻。

通过以上四个方面的分析,得出下列结论:在大众传播媒介日益渗透我们平常生活,媒介的实践已经成为我们生活实践的一个重要部分的今天,任何一种霸权的形成都不可能不借助媒介的力量,媒介提供可借助的力量不是身不由己,而是乐此不疲。

2004年发生在英国的BBC董事长和总裁相继辞职的事件,也说明了大众传播媒介经常受到来自政府的压力,久而久之会形成一种自觉与政府保持更多的一致,以维护自身各方面利益的习惯。❶ BBC董事长和总裁相继辞职事件引发的关于媒体的独立与自由的争论,远没有高层辞职那么简单。

这件事情带来的两个后果:"BBC需要一个更好的结构保证报道的准确无误。坦然对待任何批评和指责"❷;对首相和政客的批评十分敏感,小心谨慎。

❶ BBC在2003年5月的一则报道中指责英政府夸大伊拉克生化武器能力,以作为攻伊借口,并指出消息源是一位政府高员。凯利被卷入,因为压力过大而自杀。2004年1月28日英国公布的关于国防部首席科学家、特别顾问凯利之死的调查报告裁定BBC报道失实,BBC董事长加维因·戴维斯和总裁雷格·戴克相继辞职,布莱尔首相避免一劫,这场持续半年之久的媒体与政府之战以媒体失败而告终。BBC员工400多人集体抗议,置疑调查报告一边倒的结论,要求戴克复职,以维护BBC报道的独立性。资料来源:《戴维斯、戴克:BBC高层黯然辞职》,2004年2月《新闻周刊》,第14页。

❷ 冯亦斐著:《"后赫顿时代"的BBC》,2004年5月新闻周刊,第48—49页。

前一种结果对于提高 BBC 的节目品质并非不利,而后一种结果引起支持 BBC 的人士的极大担忧。英国保守党资深议员麦克尔·法布里肯特说“现在 BBC 存在着恐惧气氛……如果记者感到受到了胁迫,那将不仅损害 BBC 的诚实性,而且会使英国的言论自由后退”❶。BBC 的记者、编辑、技术人员在董事长和总裁相继辞职后,再次在英国范围的 BBC 建筑物外举行抗议活动,抗议赫顿❷报告对于新闻报道自由权力的限制,希望捍卫 BBC 作为一个公众媒体的核心作用。因为一直以来,BBC 依照英国皇家宪章——通过全国性的电视执照费制度收取经营资金,保持住了与政府压力对抗,独立、公正,对需要提出问题的地方进行质疑的职业传统。

尽管如此,英国的媒体是否因为与政客的冲突从此走向“后赫顿时代”——记者自由受到限制的时代,仍然是人们十分关注的事情。与“9·11”事件后美国媒介与政府的主动配合不同,BBC 碰到的问题是想与政治脱离干系也不容易。它也再次说明了媒介与政治的密切关系。

**3. 大众传播媒介的话语霸权与商业利益**

话语(discourse)一词主要是指对事物演绎、推理、叙说的过程,在这个过程中我们依旧看到权力的作用。正是权力的存在,这个过程才能够到达话语的目的地。关于话语霸权问题福柯(Foucaul)有一句最简单但也是最深刻的话:你认为自己在说话,其实是话在说你。福柯的理论赋予了“话语”在政治文化分析中的特殊含义,并且将这个术语突出到前所未有的显要位置上。葛兰西关于意识形态中的文化霸权讨论在福柯这里重点转向所有的话语领域中的霸权问题。

(1)大众传播媒介的话语霸权

福柯把语言的冲突、变革和凝聚过程视为充满斗争的事件,从潜在的话语运动切入,审视西方社会的发展和权力建构。从字面上来看,话语不过是对于事物的论述,任何大众,只要具备言语能力,都可以拥有话语权。但是,由于经济条件和经济地位所导致的阶级冲突以至阶级统治,使得话语也要依照一定程序说出口,这个程序包括受到控制、挑选、组织和分配。而话语所包含的对事物的价值判断,以及构成陈述的逻辑、句法、语义等都是由权势提供的,因此,出现话语霸权问题。

话语霸权是在一切交流、信息传播领域中,由于主体与客体、个体与大众、同类与异己之间力量的严重不对称导致的结果。力量的优势一方凭借自身的优势

❶ 冯亦斐著:《“后赫顿时代”的 BBC》,2004 年 5 月新闻周刊,第 48—49 页。

❷ 2004 年 1 月 28 日英国公布的关于国防部首席科学家、特别顾问凯利之死的调查报告裁定 BBC 报道失实。这就是所谓的赫顿报告。

而占据排他性的普遍支配地位。

随着社会发展，大众传播媒介凭借传播技术在平面、立体、空间一切话语存在的场所全方位渗透，即使没有拥有最多，也拥有占绝对优势的权势话语。媒体扮演的角色从最初的传送信息、传播知识发展到后来的舆论监督、议程设置。我们依赖媒体了解整个世界，媒体的声音左右了我们的视线，媒体的意见限制了我们的思维。

大众传播媒正是首先拥有获知信息的优先权（作为个人不可能获得这种权利），传播直接、正式的信息，才在大众心目中树立起传播领域无可替代的权威。借助权威在媒体与阅听人之间形成这样一种关系：媒体提供信息来源，规定话题内容，而阅听人则无论喜欢与否都只能被动接受媒体提供的信息，谈论媒体规定的话题。随着媒体相互之间的竞争日趋激烈，媒体世界普遍都急于耸人听闻和领导舆论潮流，不仅越来越多使用图片，而且越来越多采取小报式报道方式。媒体以它们感兴趣的社会和政治问题为议事日程，对其进行追击，从而希望阅听人接受相关信息，并且参与到对这些问题的关心和讨论之中。媒体是人的延伸，反过来人又成为媒体的延伸。

在市场经济的制约下“大众化”的平面模式所取代其他模式成为主导模式后，采访、编辑、播出人员根据自己对大众需要的判断，也出于引导的需要，不断推出千篇一律的实用性、娱乐性和大众性的报道和节目，从而使大众在不用动脑的乐与笑中，放松或放弃了理性批判。在媒体话语霸权下，信息传播生产的“平面”意义加速了人生重要的情怀、价值、心性、理想等意义的流失。它以便捷的信息通道操纵大众的生活并掩盖生活境界低俗化的真相，从而将电脑化的思维方式和现代消费的价值标准强加给所有的社会阶层和个人，以金钱神话的意识和话语方式控制大众的思想。这种文化生产的链条由小范围的闭锁变为全球文化的把握，这种全球渗透使媒体，尤其是电视成为有效的社会控制，成为个人消费和对未来策划的意识塑形的依据。

在20世纪90年代以来，随着社会进一步世俗化和市民化，“身体”的私人空间获得了前所未有的解放，直接成为现代化权力持续不断加工和消费的对象❶。媒体话语霸权以另一种形式，直接刺激和消费身体性的东西，使得远距离的身体控制成为可能，将大众文艺节目、体育盛典和政治狂欢等大众化的节日作为身体欲望话语再生产的来源和机缘。

（2）媒介话语霸权的高效控制

媒介话语霸权的高效控制在一些社会盛大活动或者重大新闻事件发生时表

❶ 中国人曾经经历过“文化大革命”，理解所谓身体控制的意义：在政治意识的强迫下，任何彰显身体的行为和结果都让位给“革命需要”，女性与男性在着装方面的无性别化——一律宽松军装，体现了一致性。今天被各种美容瘦身用品控制了的女人的身体，是由政治控制改为物质控制——消费品控制。

现特别突出,如战争、重大灾害、全民盛事等。中国媒介在 2002 年第 16 届世界杯足球比赛的传播行为是有说服力的例证。第 16 届世界杯是中国队在熬过了 44 年后,首次在世界杯中拿到入场券。中国的大众一向把足球看成是国球,它与民族自豪感的结合使得凡是中国队参加的世界性的足球比赛,都可能成为民族情绪爆发的场所。因此,它便成为全国的一大盛事。在这场被媒介称作世纪盛会的活动中,各家媒体都全力出击。从中央大报到地方县报,从平面媒体到虚拟空间,都以大量版面、长时间、重点版位、黄金时间段给以充分报道。早在开赛半个月甚至一个月以前,许多媒体开始陆续推出世界杯专刊,将受众引入对世界杯的关注中,参与赛前的热身运动。开赛以来,无论都市报、党报,还是行业报、专业报,几乎无一例外地改版为足球报。

中国首次获得世界杯入场券,激起了广大球迷对中国足球的虚拟热情,媒介争先恐后推出世界杯特刊,将特刊办成 eye catcher 的狂热举动则又进一步煽动了这股热情。其实,在世界杯举行期间美国有 NBA 总决赛,法国有网球公开赛,国内还有男篮、女篮四强邀请赛。这些平时足够分量的体育新闻都让位给足球,就连泰森挑战刘易斯的世界拳王赛都受到冷落。[1]如果翻开当时的报纸,有四分之一或者一半的版面都是世界杯的消息。足球就是这个时期媒体给阅听人安排

---

[1] 作者随意抽取几份报纸做简单统计,列出世界杯赛前后媒体体育新闻版数一览表供参考:

(单位:/日)

| 媒体 | 赛前 | 热身阶段(5.8-5.30) | 开赛期间(5.31-6.30) | 赛后 |
|---|---|---|---|---|
| 北京青年报(北京) | 1-2 版<br>体育新闻 | 5.8-5.15 4 版<br>2002 世界杯特刊-追球<br>5.16-5.29 8 版<br>2002 世界杯特刊-追球 | 12-16 版<br>2002 世界杯特刊-追球 | 1-3 版<br>体育新闻<br>1 版足球 |
| 新民晚报(上海) | 1-2 版<br>体育新闻 | 1-2 版<br>体育新闻 | 8 版<br>世界杯特刊 | 3 版<br>体育新闻 |
| 都市快报(浙江) | 1-2 版<br>体育新闻 | 1-3 版<br>世界杯专页 | 8-16 版<br>世界杯特刊-球战 | 2-3 版<br>体育新闻 |
| 深圳特区报(深圳) | 2 版<br>体育新闻 | 5.8-5.20 1 版<br>世界杯足球赛前奏<br>5.21-5.28 2 版<br>走近世界杯 | 4 版<br>世界杯特刊 | 2 版<br>体育新闻 |

从表中可以看出,除党报性质的《深圳特区报》保持前后版数不变外,其余的青年报、晚报、都市报在赛后对体育新闻的报道量都有所增加。《北京青年报》还专门增设一版足球新闻。而且,在世界杯热身及开赛期间,各大媒体几乎都没有单独的体育新闻版,而是将其纳入世界杯特刊中。足球似乎就等同于体育。为了更进一步说明问题,再来看看比赛期间足球在其中所占的分量:

**世界杯报道在四份报刊中的比例**

(时间:5.31-6.30)

| | 北京青年报 | 新民晚报 | 都市快报 | 深圳特区报 |
|---|---|---|---|---|
| 每日总版数 | 32 | 24—40 | 24—40 | 16 |
| 特刊版数 | 12—16 | 8 | 8—16 | 4 |
| 足球比重 | 37.5%—50% | 20%—33.3% | 20%—66.6% | 25% |

的主要议题。如果是足球迷,他们与媒介的这种议程安排可谓两情相悦,足球比赛是他们的一件盛事。但是,由于球迷是一个群体,他们自发形成的热情需要被媒介不断加热,加热的过程也是让他们的注意力逐渐一致起来的过程。一旦球迷们有了一致性,媒介对其热情的控制就更加容易了。而那些对足球不感兴趣的人,或者喜欢其他体育赛事的人已经被剥夺了自己的爱好。只要是读报纸,听广播,打开电视,上网,都会进入媒介关于足球的话语中。即使在世界杯结束后,这种余热仍在延续。

媒介话语霸权高效控制另外一面就是利用专家的话语控制大众的理解。福柯认为人类和人类社会的一切知识都是话语生产出来的,即使真理也不是被发现继而传播开来的,真理是由话语建构起来的。所有的真实都只是话语的真实。但是,话语与话语有区别,或者说话语权有大小之别。什么样的话语权大,具有影响力,首先要看社会的规则,福柯认为规则是理性行为的产物,规则有不同的类型,它分别规定着人们的话语行为。

首先,规则决定人们可以谈论某些事情,凡是不在话语规则中被决定了要说的事情,它就不是话语的对象,也没有了关于它的概念。例如,当艾滋病尚未被社会证实时,媒体不公开谈论艾滋病,人们也没有艾滋病的概念,艾滋病根本不是话语的对象。其二,规则决定了在某一理性构成中必须说某一句话而不能说另外一句话。也就是说规则决定了谁可以说,谁可以写。这样,我们会听某些人讲的话,把这些话当成真的,而把另一些人讲的话看成空洞无价值的。其三,规则也包括对说话者的附加条件,被认为是符合某种条件的人才拥有对某一具体问题的发言权。例如教授(专家学者)被认为是有发言权的。教授具备了社会认可的发言的条件:在大学工作。获得一张大学文凭是每个人和家庭的主要目标。同时,社会的表达系统(大众传播媒介是最主要和最直接的)中什么类型的人"出镜率"高,在社会面临重大事件时,哪一种类型的人处在"专家"❶ 的位置说话,也是在强化这种规则。其四,规则规定了应该具备什么样的形式才能在话语中被看作是知识。例如出版书籍,发表文章,同时还规定出版社的级别和刊物的级别等。

在社会对专家约定俗成的概念中,专家是有知识的,没有知识你不能成为专家。一个人知识的多少又可以根据你的专业职称来认定,于是有了从大到小的专业职称:助教、讲师、副教授、教授、院士(这是学校系统职称大小的排列,其他系统可以对号入座)。当我们通过电视屏幕、广播频道、报纸或者杂志,看到、听到"专家"们分析或解释关于伊拉克战争,关于 SARS 病毒,关于果子狸的话语时,我们的疑虑消除了,担忧没有了,一切回到未曾发生的开始。为什么我们会

---

❶ 专家是指掌握某个领域的全面知识并且对其有所研究的人,他/她的研究获得本领域的认可。

如此相信专家的意见呢？因为我们认可的一句话在起作用，即专家的话是可信的。如果顺着问题再追问下去，接下来的问题是为什么这句话如此有效。对于这样的问题的研究超出了本书的范畴，当然它是个充满诱惑的问题。对此，福柯作过透彻的解释，他认为，在修辞行为中出现的角色——所扮演的角色的力量和地位不是修辞者个人的品质，“这种力量来自于远远先于我们个人身份而存在的话语，作为一组正式的关系将构成话语使用者的组织原则。非个人的、无作者的话语将成为知识的主要来源。”❶

专家的话之所以可信，主要是因为“专家”（这只是一个概念，不是具体的某某专家）的话构成了知识。“听专家说的”是我们的社会“话语使用者的组织原则”。尤其是对于非专业领域的大众来讲更是如此。在现代化的社会中，技术在日常生活中的越来越高的地位和消费的有效性，不断彰显专家的作用，激起对专家的崇拜。媒介不仅是“话语使用者的组织原则”的实践机构，它使专家从专业研究领域的平台走出，站立在大众传播的平台上，媒介的话语霸权与专家的权威性有机结合，也在实践中不断“加固”这个原则。

(3)话语控制背后的市场诱导

足球毕竟只是众多体育项目中的一种，而体育也仅是社会生活的一个方面。媒体如此重视对世界杯的报道，一方面满足了足球迷的信息需求，迎合了他们的民族热情，另一方面却也在无形中剥夺了非球迷的知晓权。这部分受众也许更关心 NBA 决赛进程，或法国网球公开赛冠军花落谁家，或者对体育根本就不感兴趣，但每天从报纸、广播、电视上接触到的绝大部分内容都是足球，他们没有选择，只好在媒体话语支配中或者闭目塞听，或者追随流行。与传统媒体相比，网络似乎给受众以更多的话语空间，至少球迷们可以自由上网发帖子宣泄。但最后哪些文章能与其他受众见面，以怎样的形式与受众见面，还是得经过媒体的把关。“搜狐”上的“狐说世界杯”每天都发布网友文章，不过这些文章是以排行榜的形式每日按顺序发布 15 篇。文章都是网友于当天上传的，此前没有机会接受网民评审，那些所谓排行榜也就是网站的编辑人员根据个人好恶以及他们对大众鉴赏力和兴趣的判断而自主决定的。

媒介如此眷顾足球世界杯，以各种手段为受众设置足球议程的目的何在呢？除了对播报新闻的本职负责外，很大一个原因就是市场的诱导。

在 15 届世界杯足球赛的宣传片中，我们看到从自由女神脚下飞起一只足球，它飞到巴黎，越过凯旋门，穿过卢浮宫，最后撞到蒙娜丽莎的画像上。画面隐喻足球已成为一种全球运动，足球文化已渗透到整个世界。参加 16 届世界杯足

❶ 索尼娅·福斯、安·吉尔著，顾宝桐译：《“米歇尔·福柯的修辞认知理论”》，选自大卫·宁等著，常昌富译：《批评模式与方法——当代西方修辞学》，中国社会科学出版社 1998 年版，第 199—120 页。

球比赛的32个国家正是来自欧、美、亚、非各洲，参赛国范围的广泛使其观看意义仅次于奥运会，球技较量与文化冲撞更是其中精彩的看点。而对于数量庞大的中国球迷来说，国家队首次冲进世界杯，更使得这场球赛不可不看。如此大的受众市场媒体当然不会放弃，因为媒体兼具事业和企业的性质，其经营运作必须兼顾社会效益和经济效益。从社会效益上看，受众需要跟进赛事的每一步进展，媒介迅速、及时地提供最充分的信息是其职责所在；从经济效益上看，抓住了最大数量的受众，也就抓住了发行量和广告收益。球迷数众多，对新闻的渴求量大，媒体就投其所好办特刊专刊，收集世界杯的各类新闻以飨读者，发行量也随之上升。而且报纸扩大版面，吸收到更多的广告客户；电视转播实况，要穿插广告价格不菲；网站则通过发布文章导致点击率上升，连带广告效益增加。事实上，受众市场背后巨大的发行与广告收益才是媒体不遗余力控制议程的最大力量。据央视索福瑞媒介研究公司公布的监测数据显示，5月31日开幕式的揭幕战转播，央视体育频道在全国8大城市的平均收视率为9.7%；6月5日中国队首战哥斯达黎加，观众人数更是创下历史新高，收视率达到24%。这其后的社会与经济效益已是不言而喻。在这场足球狂欢中，媒体是最大的赢家。

在此，没有比用福柯的话作结束语更令人深思的了。福柯认为公众舆论产生的"媒介"，陷在权力机制中并以报刊、出版及以后的电影和电视形式出现，这是它的物质性。"媒体必然是在经济政治利益的支配之下工作的"，公众舆论也是物质和经济构成的，福柯否定了"公众舆论天生是公正的，是自发的产生的，是某种民主的监督"❶ 的看法，他认为"新闻界，这一19世纪的主要发明，把观看的政治的所有的乌托邦性质发挥得淋漓尽致"。❷

## 四、意识形态理论在影视作品分析中提供的知识

### 1.阿尔图塞"主体性"概念对观看身份的分析

女性主义研究者们，在分析电影如何构造观影者时运用意识形态的理论，讨论了"男性主体位置"的设置情形❸，揭示男性观看对作品的支配情形。她们选择了"视觉快感"为谁而存在？如何成功满足"视觉快感"等话题。这些话题都包含了"主体性"设置的前提。研究认为在影视作品中，女性是男性"视觉快感"产

❶ 福柯著，严锋译：《福柯访谈录——权力的眼睛》，上海人民出版社1997年版，第164—165页。

❷ 福柯著，严锋译：《福柯访谈录——权力的眼睛》，上海人民出版社1997年版，第165页。

❸ 参阅罗伯特·C.艾伦编，麦永雄，柏敬泽等译：《重组话语频道》，中国社会科学出版社2000年版，第155—190页。

生的重要元素。这并不表示女性的重要性，恰恰相反，女性的被"消费性"被一再强调。这是作品中的女性与作品中的男性、观看席上"男性主体位置"的男性个体的真实关系——女性被男性观看支配的关系。

女性取悦于男性表现在两个方面：观众席上男性色欲的目标；影片中男性角色的色欲目标。影视作品中的女性角色能够躲避男性"眼球骚扰"的情况是极少遇到的。当男性在观看影片时，故事中的男性角色与观看席上"男性主体位置"上的男性之间的距离很快消失，影片中男性获得快感的同时，观看的男性也获得快感。如影片007与邦德女郎。007中的男主角一贯以他发达的肌肉、不畏邪恶的勇敢行为、舍身救美人的英雄气概俘获影片中的女性。男性观影者们在007的成功中获得快感，在获得快感的同时确认一个更加完美、伟大的自我——社会塑造的男性主体。作为女性的观看者，类似007的影片提供给女性的意识，不断强化女性的附属地位，并以否定女性为代价。

接下来我们看到的是针对电视作品中女性角色的评价[1]：

……用看过此片的专家的话说"徐帆（电视剧《越走越好》中扮演女主角的演员）表演得非常出色，就连她撒娇、发'嗲'甚至醉态都显得非常可爱。不仅男人会喜欢她，女人也会喜欢她"。

这是一种比较典型的涉及女性角色的评价。首先突出女性被男性观看的价值，"撒娇"、"发嗲"、"醉态"（可以联想到贵妃醉酒）符合男性欲望中的女性行为模式。其次，在专家的评语再次强调了所谓女性的可爱处，恰恰是丧失自主性的时候。不论是撒娇也好，还是发嗲也好，规定了女性在父权意识为主的社会对男性的依附地位。因此，虽然是赞赏，也是以否定女性的独立性为前提的。关于这个问题的深入讨论部分在第五章"女性主义理论与媒介批评"中还会继续进行。

**2.影视作品中意识形态的同质性与差异性**

电视作品（连续剧、系列片或整个电视故事）中所产生的意识形态意义与电视作为大众传播媒介的主体身份的矛盾方式是一致的。它既表达主流意识形态的观点，同时也包含那些非主流观念。对电视等大众传播媒介所制约的意识形态是多元性的。电视作品作为一种产生意义的商品，其意义永远受到主流意识形态的控制。虽然意识形态本身可以容纳一系列的价值和体现这些价值的事件的意义，在整个电视节目中，互相交织着各种意义，有些意义之间甚至是矛盾的。但是，电视在强调多种声音时，由于其与消费行为的密切联系，仍然扮演支撑主流意识形态的角色。从总体上讲，电视的言说不是肆无忌惮的。"社会与文化的

[1] 本报讯，徐帆塑造完美女人《越走越好》.钱江晚报.2004年2月21日，$A_{12}$版。

态度是凌驾于主流意识形态表达之上的。”❶ 所以说媒介作品的意义产生在社会与文化的态度之上，这是“一致性”的基础，也就是同质性的表现。

大众传播媒介作品——电视剧作为承载意义的文本，要始终保持与大众的交流，使各种意义在解读的过程中出现，而解读作为一种当下的行为与正在播放的广告又有着直接的消费联系。因此，使得观众感兴趣，被媒介吸引、参与媒介意义的生产过程等一系列关于观众的问题被引出，期待答复。从观众的角度看，电视吸引他们的关于主流意识的表达的内容，是他们与主流社会保持一致并且获得利益的重要方面。尽管主流意识从根本上讲不代表他们的利益，但也不乏吸纳他们的价值观，使他们能够从中看到希望——目前身份的改变，从非主流阶层上升到主流阶层的可能。

另外，解读的非强制性，使他们能够在电视文本的回应与对文本的期待（期待产生于阅读者，是阅读者的主动行为。文本是对期待的回应）的过程中，获得游刃有余的感觉，获得那被他们认为是对他们胃口的声音。

在第一章中，我们了解到罗兰·巴尔特强调符号的基本要点：在内涵层次上，符号意义的产生是由其所指移位的无限性所致。即符号能指与所指的第一个关系确定后，以第一层符号外延的意义为基础，并将另一层意义附加其上，构成另一个所指。这种附加从理论上讲似乎是没有限制的。观众在此获得了替换性和颠覆性阅读的合法性。社会中的非主流群体、边缘群体（弱势群体、少数族群、同性恋者等）在阅读时可以依照自己建构的阅读策略将自己的关注点投放到文本的某个片段上，这个片段被解读或者诠释成他们“自己的声音”。这种“自己的声音”是由那些属于不同文化群体的具有一定社会身份者❷ 通过颠覆性阅读获得的。尽管这些属于“自己的声音”并不在文本的中心。在阅读的实践中，边缘性的声音在颠覆主流意识的阅读过程中被建构，正统的意识开始动摇，甚至会被瓦解。因此，可以说大众传播媒介产生的表达主流意识形态的作品，可以接纳非主流意识群体的阅读。为了保持大众传播媒介的大众性——为大众说话的形象，不可避免地涉及到社会的敏感话题——政治政策、经济现状、法律等❸，这些问题的棘手程度在任何语境中都如此。

---

❶ 参阅罗伯特·C.艾伦编，麦永雄、柏敬泽等译：《重组话语频道》，中国社会科学出版社 2000 年版，第 188—120 页。

❷ 文化身份是指以种族、性偏爱等加以界定的。在身份政治学（identity politics）研究范畴中，社会身份强调在个人社会身份的基础上建立的一种被群体认可的一种综合性身份。

❸ 例 1：2003 年春夏交替时 SARS 病毒在中国大部分地区传播，媒介及时播报各地疫情，并强调公众知情权的保障等，与大陆传统上坚持报喜不报忧以强调社会安定为主的立场相比，有了很大的改善。例 2：在孙志刚案件中，媒介对政府出台的关于遣返盲流的规定的质疑（孙志刚因外出未携带证明个人身份的有效证件，被强行作为盲流管制。管制期间遭到工作人员殴打致死），媒介的报道引起政府和社会两方面的广泛关注。最后，不合时宜的规定被宣布作废。

大众传播媒介为了表达自己的多元性，涉足这些问题，并且将这些问题与主流意识融为一体。反复地传播引起更多人的注意，使得关于非主流群体人物命运的话题——异质性话题得到谈论的机会，最后在主流意识中被认定获得结果。

传播学理论关于“二级传播”的学说[1]，提供了将各种不同声音引导到主流话语中的实证分析。利用领袖人物（高官、公共人物、明星等）的知名度，吸引大众，影响大众的兴趣。明星人物在媒介频繁露面，一再地证实着他的价值。媒介为他付出的高额薪水（他也给媒介带来广告）和他成名后参加广告制作、个人出书作传等，使其很快因为经济地位的改善，享受到消费认可的高档生活。这种生活又成为成功人士的一种标志，被社会当作神话传播，成为时尚的偶像和公众形象。大众传播媒介一直按照领袖形象增值效应的规律性形式炮制明星，并且利用明星的知名度——观众对其的认同，把明星多次放置在预想增值的节目或者连续剧中，培养了该明星的固定观众和新的崇拜者。甚至像台湾版的《综艺旗舰》一类搞笑的节目把明星作为捉弄对象，也吸引观众，张扬明星的娱乐价值。

因此，我们从大众传播媒介多元化内容的传播的表面，看到媒介生产意识形态的惯常规律。媒介意识形态生产在互相参照，彼此激发（将卖座率好的电影、畅销的书改编成电视连续剧；请在电影或电视剧、主持节目过程中出名的演员担任下一部作品的主角；请名人参加各种娱乐节目；媒介配合制片商对即将上演的作品进行炒作；名目繁多的新闻发布会；名人的恋情；捧杀兼顾的八卦新闻等）意义。这种多重激发、多重参照的过程成为媒介日益自我炒作并经由媒介传播获得增值的规则，被反复地使用。这样的互相参照、互相印证，构成一个虚拟的有差异的世界。人们的兴趣和注意力随着每一个新的链接而兴奋。它最终也导致了对观众的限定和支配。

---

[1] 传播学先驱人物之一哥伦比亚的社会学家拉斯威尔和他的学生研究媒介在选民投票态度改变过程扮演的角色，即媒介是否使选民改变态度，如何改变，提出“两级”传播的理论。研究发现：个人的亲身影响大于大众传播媒介的影响。意见领袖存在于每一个阶层（行动型公众），跟随者与意见领袖有很大的相似性，同质程度高。意见领袖经常接触大众媒介，会有意识地利用大众媒介。两级传播实际上是大众传播与人际传播（亲身影响）的一种互动模式。不是三明治或者汉堡，而是牛奶中放入咖啡。利用主持人提高传播说服力，也是一种两级传播。两级传播理论给大众传播研究者最大的启示：大众传播媒介在信息、思想的传播过程中，不是独往独来的行为，它本身也处在复杂的社会关系网络，与其他信息、思想、知识和权力的来源竞争，取得合法性和公信力。

# 第3章 叙事理论与媒介批评

听故事是许多人童年记忆中令人愉快的事情。也许童年的自己与外部世界接触范围有限,涉世尚浅,也许童年的遐想无限,各种故事恰好在有限与无限之间作了补充。不管是新的故事,还是旧故事;不管是讲人的故事,还是讲神的故事,动物、小草、小树、玩具的故事,人的童年在这些故事中度过。成人是否不需要故事了呢?当我们阅读历史,讲述当下经历的时候,仍然是在叙事。这样的叙事和童年叙事有许多相似处,不过那时故事里的人物或者事件发生在一个遥远的地方,今天的故事就在你的日常生活中,故事中的人物也是你所熟悉的。听妈妈讲过去的故事,还是阅读大众传播媒介讲新近发生的故事、明星的故事、老百姓的故事❶,还是向他人讲述自己的故事。大凡能够称之为故事,是因为它们具备了故事的基本要素,是在故事的基本模式中存在的。即使一个你从未听说过的故事,但是你能够判断它是否是一个故事。因为叙事、推理是人类两个基本的、普遍的认知模式之一,同时叙事也是人类基本的表达模式,❷ 是我们了解世界和自我的重要途径之一。

## 一、有关叙事学的叙述

### 1.叙事的日常存在

叙事学(narratology)是研究说故事的方式,即故事遵循的规则的理论。追

---

❶ 中国中央电视台《东方时空》有个著名栏目的宣传词是"讲述老百姓自己的故事"。

❷ 杰罗姆·布鲁内认为:"叙事既是一种推理模式,也是一种表达模式。叙事推理是两个基本的、普遍的人类认知模式之一。另一个是逻辑-科学模式……逻辑科学模式寻求普遍真实性条件,而叙事模式寻求事件之间的特殊联系。叙事模式中的解释,包含在上下文之中,而逻辑-科学解释则是自时间与空间事件之中推断而来。两种模式都是形成意义的'理性'方式。"转引自伯格著,姚媛译:《通俗文化、媒介和日常生活中的叙事》,南京大学出版社2000年版,第11—12页。

溯其理论渊源,当从20世纪20年代俄国形式主义开始,有卜罗普(Propp)在《民间故事形态学》中关于叙事的规则和方法的理论。卜罗普研究俄国的神话,发现存在的上千种神话,可以归结成31种讲述方式,其中无数人物在故事中的功能也基本上是相同的。每一个故事尽管内容不同,但是,都是在已定的叙事方式中展开的。在这里,不是故事的内容而是叙述方式的意义被彰现出来。雅各布逊在《语言学与诗学》等论著中针对诗何以成为诗的问题进行研究,分析了诗在语言学意义上的基本要素,强调了正是诗的语言规则使其为诗。沿用这样的语句方式,我们可以说正是叙事的规则使"事情"❶ 成为故事。这种叙事理论的核心是针对文学叙事的批评,并没有发展到文学以外的领域。叙事理论研究成为法国的结构主义的直接成果之一,产生更大的影响,是因为这种研究将叙事研究的范围扩展到社会叙事的层面,尤其是关注到大众传播媒介的叙事实践。叙事研究也得以从对文学作品的研究出发,开拓出对日常生活、媒介叙事的研究视域。

日常生活中的意义基本上是在叙事过程中产生的,小到谈论今日蔬菜价格、购物、饮食,大到美伊战争、"9·11"事件、SARS流行等。在家庭内部的交往中,在社会成员之间的交往中,虽然谈论的具体事情千差万别,但是,所有事件都被放在叙事的位置上时,叙事的功能就开始左右事件的被讲述过程。因为"叙事有形式属性,每一个叙事都有一种功能。一个具有'完整形式'的叙事包括6种共同要素:摘要(叙事基本内容的概要),介绍(时间、地点、情况、参与人物),使事情复杂的行动(一系列事件),评价(行动的重要性和意义,叙事者的态度),解决(最终发生了什么)和尾声(让视角回到现在)。讲述者用这些结构从基本经验中构成一个故事,用句子和潜藏的评价解释事件的意义"❷。

日常生活充满了可被叙事的因素:一个过程的顺序、过程中起决定作用的或引发过程出现的由头、过程中出场的各色人物等。虽然,日常生活不等于叙事,在传统的认识中,我们习惯地把文学类作品称作"虚构作品",纪实类——例如新闻报道称作"真实性作品"。这样新闻作品就不在叙事之列。不过在叙事理论的视野中,大凡被言说过的事实或者虚构"事实"都是具有"虚构性"的作品。大众传播媒介提供的信息也具有"虚构性"。

**2.叙事的模式化**

当叙事理论提供给我们观看日常生活的特殊角度,尤其是针对大众传播媒介的观看。当我们用叙事理论分析传播现象时,我们不只是注意说的内容,而是

❶ 事情在这里是指那些未被人讲述过的具有故事性的素材。

❷ 伯格著,姚媛译:《通俗文化、媒介和日常生活中的叙事》,南京大学出版社2000年版,第177—178页。

要分析用什么方式说,说的方式是如何形成的。我们就可以看到任何一种叙事方式——结构都包含着对内容的选择标准,即什么事情可以用什么方式叙述。

关于叙事的法则和深层结构是叙事理论视野中的基本支点。我们每天从电视机提供的几十个频道中收看电视剧,在每天几十版的报纸中了解今天的信息,从无数广告中获得消费的指导等。理解电视剧、专题片是一种叙述性文本比较容易。把关于新闻事件的报道也放在叙事的类型中,是因为它采用叙事方式尽量使其具备故事性,例如,在播出过程中以连续播放(或者连载)制造悬念。关于产品的推销也包含着时尚的故事,展示着亦真亦幻的各种情节(明星人物、娇女俊男拥有豪宅、宝车的屏幕现实,成为观看者梦中的故事)。讲述"老百姓的故事"成为媒介的主要卖点。如果说我们是生活在媒介之中的,那么也可以说我们生活在媒介的叙事之中,我们被叙事所包围,却很少想到这一点。关于叙事的现代意义,请阅读下面的一段文字:❶

从早晨到夜晚,各种叙事不断在街道上和楼房里出现。它们教给我们它们应该是什么,以此有力地表明它们的存在。它们"涉及到事件",也就是说,它们从中制造出我们的传说("传说"一词源出于中世纪拉丁文中"legenda",即可以阅读和朗诵的东西)。听者一醒就被收音机所俘获(声音就是法律),他一整天都在叙事的森林中穿行,这些叙事来自于新闻报道、广告和赶在他上床睡觉时从睡眠的门下悄悄塞进最后几条信息的电视。这些故事比以前神学家所说的上帝更加具有神圣和前定的功能:它们预先组织我们的工作、庆祝活动、甚至我们的梦。社会生活使得打上叙事印记的行为姿态和方式成倍地增加;它……复制和积累故事"版本",我们的社会在三层意义上变成了一个叙事的社会:故事(recits,即由广告和信息媒体组成的寓言),对故事的引用以及无休止地故事叙述定义了我们这个社会。

如果说我们的一天正如塞托尔所言,如果说我们关于我们的存在以及我们的周围的了解和认识已经越来越不需要我们身临其境去获取,那是因为媒介已经给我们做了一切——通过故事、对于故事的引用以及无休止的故事叙述,而这一切从表面看起来比我们自己做得更好,叙事理论的重要性也在于此。

当然,叙事理论也有局限性,它关注叙事结构问题的形式主义研究,对文本内容和思想的分析要取决于叙事结构的意义分析提供的空间。因此,它也为其他理论研究留下了质疑,如故事开始的背景,故事对读者产生的影响是如何发生的等。

---

❶ 伯格著,姚媛译:《通俗文化、媒介和日常生活中的叙事》,南京大学出版社2000年版,扉页。

# 二、叙事理论的主要概念

叙事理论主要研究故事文本中的三个问题:故事、说故事——用什么语言和方式说、故事时间。三者的关系密切,缺一不可。因为"叙事即故事,而故事讲述的是人、动物、宇宙空间的异类生命、昆虫等身上发生或正在发生的事情。也就是说,故事中包含一系列按时间顺序发生的事件,即叙述在一段时间之内,或者更确切地说,在一段时期内发生的事件。"❶ 叙事就成了人们将各种经验组织成有现实意义的事情的基本方式。

**1.关于故事——叙事**

在叙事理论中故事被定义为根据时间序列安排的一连串的事件。事件就是从一个事态转化成另一个事态的过程。事件发生在有人物活动的场景中,事件是由过程和实物构成。叙事即故事这句话强调故事是在叙事的过程中产生的。叙事是有某个人或者某种媒介运用语言安排的一系列事件。因此,我们首先应该把故事看成是一个非自然的存在,一个在言说中出现的文本,才能够理解叙事理论给我们提供的常识性知识。

(1)故事的结构

故事的非自然性首先可以从故事的模式或者结构分析入手进行探讨。虽然故事有无数种,但是,叙述每一个新的故事时,它总是在追寻着前一个故事的模式,使其成为一个故事的。故事模式先于故事存在的。因为"叙事的普遍性是由那些控制着人类思想与行为的同样准则所规定的。这些准则由逻辑与常规的限定所确定。逻辑准则就是先有因,后有果,这样,主人公就在子弹击中后死去;而常规限定则是一个工人不是富翁。两类限定彼此相关。常规限定可被视为由历史与文化决定的群体在具体情况下对逻辑准则所做的阐释。在常规限定中,还包括特定类型的文本必须遵从的传统规则,例如,古典悲剧发生在上层社会圈中"❷,苔丝、珍妮❸出身在贫苦人家。叙事模式是常规与逻辑共同要求的。常规模式决定了故事中每一个事件和每一个人、事态的基本方向以及产生的意义。而逻辑负责事件的继续。

由于故事的模式是先于故事存在的,因此,故事的形态才有了相似处。在故事的模式中,每一个故事中事件彼此之间的特殊联系被叙事者讲述后存在着。

叙事者将事件安排到故事里,或者叫嵌入故事结构中。经常采用的故事结

---

❶ 伯格著,姚媛译:《通俗文化、媒介和日常生活中的叙事》,南京大学出版社 2000 年版,第 4 页。

❷ 米克·巴尔著,谭君强译:《叙述学:叙事理论导论》,中国社会科学出版社 1995 年版,第 19—20 页。

❸ 苔丝是哈代的小说《德伯家的苔丝》中的女主人公。珍妮是德莱塞的小说《珍妮姑娘》中的女主人公。

构有线形的或者环形、矩形等，由它们安排着事件。

线形结构：

A → B → C → D → E → F → G → H → I →

在这样的结构中，A 导致了 B，B 又导致了 C，C 导致 G，依此类推，最后故事结束到 I。

环形状结构：

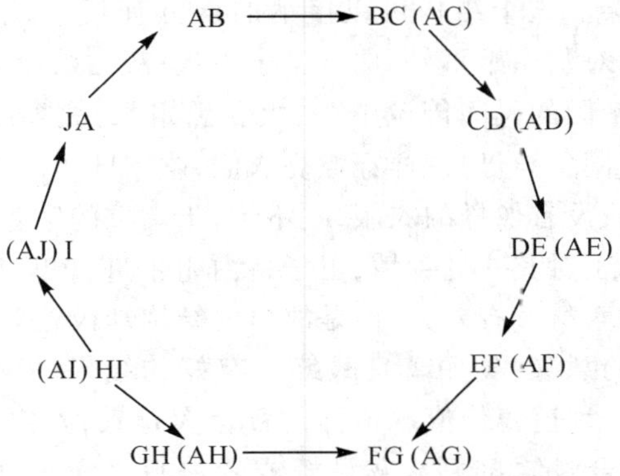


环形结构中 A 与 B 构成基本结构，其中 B 有可能引出 BC，一致下去回到 AB。如果发生变奏，就是 A 与其他字母一一发生关系。如果我们把“007 - 邦德”或者“寅次郎的故事”的系列剧作为一个故事，每一集是一个事件，邦德或者寅次郎在每一个事件中与一位女性相遇，生出有关爱的细节。虽然细节不同，女性的风格有很大差异，但是结尾总是相同的。下一个故事又从 AB 开始。这符合环行结构要求。

更复杂的是矩形结构，在这个结构中的任何一点都可能引出十几种发展线索：

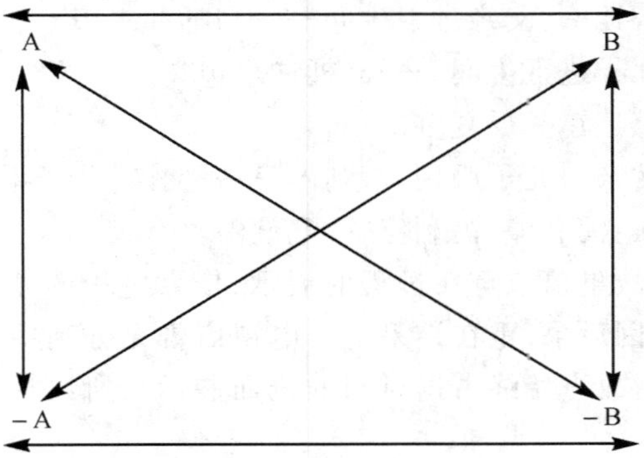

A 与 B 是故事的基本结构,在这个结构中呈现出二者的关系。假设 A 在二者关系中是主动体,即目标的行为者。那么 B、- A、- B 就是客体,行为的目标。客体是一个人物,或者是某种状态、结果。仅仅这样一个有限的矩形结构的每一个点都设置三种可能。以上这些故事结构即使没有人刻意地教授他人,说故事的相似性却是令人惊讶的。

在丹麦作家安徒生童话中“灰姑娘的故事”的结构是:灰姑娘——希望——参加皇宫举办的舞会。这个结构可以接纳的素材有灰姑娘善良、美丽;生活很苦;后母及两个姐姐对灰姑娘不好;白马王子出现;灰姑娘命运转机;灰姑娘成了王子的心上人。在中国的民间传说中“白姐和黑姐”的故事结构是:白姐——希望——像两个姐姐(同父异母)一样穿漂亮衣服,吃饱肚子。素材有:白姐幼年丧母;继母对她很残暴;没有像样的衣服,吃不饱,干繁重的家务活,经常挨打受骂;偶遇一白马王子,王子对其一见钟情,王子将白姐带进宫里。❶ 这样两个出自不同国度的童话故事,素材虽有差异,但是故事的结构却极相似。这两个故事的目标即符合常规限定的意义:美丽善良最终会有好的结果;丑陋凶残不会有好结果。体现出社会的一种道德价值。这样的社会大背景,限定了故事的发展趋势——文化意义,也符合逻辑准则。灰姑娘或者白姐自幼丧母,其父娶后母进家门。后母带了两个女儿,会有偏心,娇惯自己的女儿,虐待非亲生的女儿……

在逻辑准则中,故事发展的方式主要是时序法和因果法。所谓时序法是指按照时间顺序安排事件。因果法是指按照因果关系安排事件。故事发展的方式在大众传播媒介的叙事中,本身是包涵有叙事意图的,它与素材一起构成故事。

利用不同叙事达到预期传播效果在电视广告中尤为突出。电视广告叙事时习惯地把时序关系转换成因果关系,以达到强调效果的目的。例如,在一则“泻利停”的药物广告中我们看到:

时序法安排:父亲做肚子痛状——父亲急忙走进卫生间——马桶冲水声
儿子做肚子痛状——儿子急忙走进卫生间——马桶冲水声
快镜头:父亲进卫生间——马桶冲水声
儿子进卫生间——马桶冲水声
上述镜头反复多次

因果法安排:父亲与儿子服用“泻利停”——父亲、儿子手举“泻利停”告诉观众:泻利停,泻利停,一吃就停。

时序法安排的故事情节重在过程的展示,依靠过程的差异吸引人们的注意力。因果法强调前因后果,重在结果上。电视广告充分利用故事文本的“在线”上(此处“在线”是指故事始终占据时间的线而展示),所以提供给观众看的是一

❶ “白姐与黑姐”的故事是作者小时候听一位邻居阿姨讲述的。

个在时间流中流动着的故事。这比直截了当强调因果关系宣传药物要有效得多。时序法的连续性,保持了故事的基本特征,是用故事的过程吸引观众。最后在观众的不经意中,作者的精心安排下,让结果出场。

罗兰·巴尔特还将故事的事件分成核心事件与辅助事件。一件事自然发生了,每一个情节都在它应该出现的时候出现,没有主次之分。但是,在故事中事件是有主次的。每一个故事都有一个核心事件,核心事件推动故事的进展,在故事中占据了统治地位。辅助事件点缀其中,受核心事件调遣。在一个单纯的故事文本中,核心事件与辅助事件的关系较多地是遵循逻辑准则,由故事的合理性限制事件的主次地位和前后顺序。如《哈利·波特》中哈利·波特是所有事件的核心、行动主体,他的目标是消灭邪恶魔法师。在实施这个计划的过程中,至少有三类行动或帮助或组织目标的实现。第一类:哈利·波特与两位学校的好朋友/给他难堪的同学;第二类:学校的代表正义的魔法师/隐藏的邪恶力量;第三类:哈利·波特的父母亲/虐待他的叔叔婶婶和表弟。三类人彼此的关系都会顾及到拿到魔法石这个核心上。建立关系和关系的发展主要是在逻辑准则中展开。

在社会事件的叙事中,故事不是一个文本能容载的。多个文本建构的故事主要受到来自常规的限定。常规包括了政治目的、商业动机、媒介利益、大众的欲望等。例如电影《英雄》的故事——这里的故事是指从开始摄制、前期宣传、后期炒作、影片的期待(争取奥斯卡最佳外语片奖)等构成的大叙事。在这个叙事中,核心事件是商业炒作——影片潜在的票房价值:名导演、当红男女主角、爱恨情仇的素材、男女主角的隐私、拍摄过程的花絮(过去不为人知的拍摄的素材,今天成为许多影片宣传的噱头)等。如果《英雄》是行动主体的话,其功能是制造票房收入,这是故事的最终目的(导演张艺谋自己坦言该剧是一部商业片)。《英雄》的故事结构是:

历史故事、爱恨情仇
大场面、大制作
进军"奥斯卡"——煽动民族情结
名导演、名演员、名摄影

《英雄》(商业影片)————————→票房收入

拍摄的前期有保留地透露风声
(更容易引起好奇,制造等待过程)
演员的隐私(男女一号之间)
拍摄花絮(满足对幕后的窥视欲望)

注:箭头线上下越靠近线的内容在叙事中的位置越重要。

既然故事中的事件是有核心与辅助之分,那么故事根据自己的结构安排事件出场,就有了故事需要的发生顺序。下面再来分析媒介讲述的小姑娘元元(化

名。被父母丢弃后得到媒介帮助,寻找亲生父母)找亲人的故事:

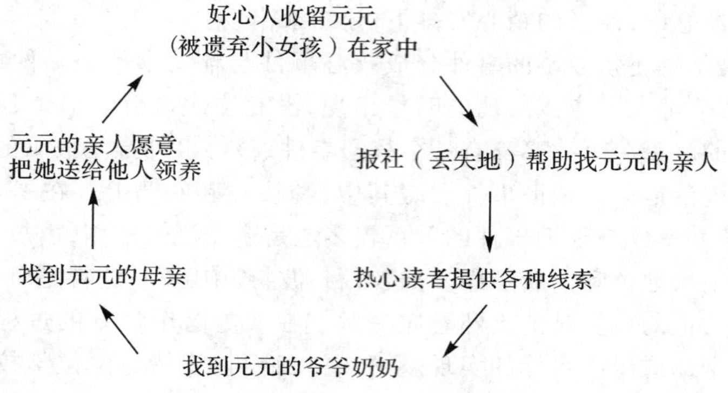


在这个结构中,媒介是主体,找到元元的亲人是目标。当这个目标完成时,又有了新的目标,为元元找到一个愿意抚养她的家。在这样的故事中,当第一个目标实现后,本来是可以收场的,也可以让故事继续发展下去。接下来寻找的主体依然是媒介。如果需要的话,媒介还可以让故事继续叙述下去。完全可以根据需要,安排事件的出场,甚至包括出场的时间。大众对故事的兴趣养成的习惯,使他们总是从事件发生的连续过程中,推论前因后果。叙事的手法是根据这样的习惯产生的。同时,在久而久之的叙事中,观众的习惯被不断维护。而当你碰一个没有被叙事常规限制的故事时,反而会不习惯。没有被叙述的事件带有纯粹偶然性,会给人一种不圆满的错觉。

(2)人物—角色的多样化与功能的类同

卜罗普的研究发现,虽然故事中的人物完全不同,差异很大。但是无数的人物在故事中的功能却可以是有数的。[1]卜罗普认为,虽然不同的故事可以塑造不同的人物,但是,这些人物都在7种戏剧人物的范围内,终将成为其中一种:英雄、坏蛋、捐赠者、信差、假英雄、相助者、公主和她的父亲。这些人物按照各自推动故事向前发展的功能服务于可以识别的目的。[2]在所有的童话故事中,主要的一对角色是英雄(正面形象)/坏蛋(负面形象)。英雄人物有崇高的追求,在实践追求的过程中,他要与坏蛋设置的种种障碍进行英勇斗争。同时还要忍受来自朋友的误会、两难选择:受到考验、盘问、怀疑、打击等,重点是英雄碰到了什么。这种英雄被卜罗普称作"受害者英雄";坏蛋出现的目的是为了行骗、抢夺财产、控制受害者,英雄则是为了帮助这些受到恶行迫害的人。如果英雄的重点是帮

---

[1] 普罗普关于人物31种功能的分析请阅读本章的附件。

[2] 伯格著,姚媛译:《通俗文化、媒介和日常生活中的叙事》,南京大学出版社2000年版,第50—54页。

助了什么人,这种英雄被称作"寻找者英雄"。

虽然我们需要对过分依赖一张故事人物功能分类表保持一定的谨慎态度,但这并不妨碍我们试着套用功能表对大众传播媒介中故事的人物功能进行分类,尤其是电视叙事。因为在这种分析中我们会有许多新的收获。下面是我们经常在电视广告中看到的故事:

1.甲太太洗不干净丈夫衬衫领子上的汗渍,朋友建议用奥妙,一洗就灵。

2.乙太太在厨房做饭,油烟呛得她直咳嗽。先生买来方太抽油烟机,摆脱油烟烦恼。

3.丙小姐要去会见男友,飘逸长发甩出,头皮屑掉下,丙小姐陷入烦恼。男友送她"飘柔"洗发香波。头皮屑去掉,丙小姐一头秀发令人艳羡。

3例广告主人公均为女性。她们在生活中碰到困难,她们需要帮助。朋友、丈夫等是给她们提供帮助的。帮助者中的女性和被帮助者从事的工作一样:炒菜、洗衣服。她们之间交流经验;男性则不同。他们有办法解决一切困难,不必经历一切。不仅如此,在常规的限制下,与这些人物的功能相对称的还包括对其的定性。如:[1]

| | |
|---|---|
| 英雄的目标 | 坏人的企图 |
| 帮手—朋友 | 亲信—同伙 |
| 公主(美丽善良—爱的对象) | 女妖(内心邪恶、残忍—性的对象) |
| 魔法师(好的魔术,帮助好人) | 巫师(邪术害人) |
| 英雄的派遣者(忠诚、狭义) | 抓住英雄的奸佞小人(心术不正,诡计多端) |
| 寻找者(勇敢、坚毅、不屈不挠) | 逃避者(懦弱、贪心、不负责任) |
| 看上去是坏人的好人(忍辱负重、顾全大局) | 假英雄/女英雄(邪恶、狡诈、冷酷) |

在社会生活中,不同的时期会出现不同的被社会视为英雄的人物。他们往往成为社会公民行为的榜样。在宣传榜样的语境中,一个被作为榜样的人物及其行为模式一旦获得社会的记忆后,这种行为模式会在抽去具体时间、地点、相关人物之后,等待不断地镶嵌进其他具体事例。当然,这些事例与榜样的事例雷同才能嵌入其中。例如,雷锋的故事在中国大陆得到普遍记忆后,就有了雷锋式的故事(无报酬地为人民服务,帮助老弱病残的奉献式活动是这类故事的标志)。当一个人帮扶老太太过马路,送丢失的小孩回家,下雨天帮助你打伞,就会被称作"活雷锋"。

图7是雷锋纪念日某家报纸刊登的"今日雷锋"的故事。

---

[1] 伯格著,姚媛译:《通俗文化、媒介和日常生活中的叙事》,南京大学出版社2000年版,第48页。

图 7

照片上的人物不是雷锋本人，但是，任何一个了解雷锋故事的人都会说这就是雷锋。除了衣着与人们熟悉的雷锋装相似，更加重要的是做雷锋做过的事情的人，会被叫作“雷锋”。雷锋的故事已经有了固定的结构，并且成为社会的记忆,一代一代在每年的雷锋纪念日被媒介重复后延续下来。

**2.讲述故事**

故事是无数的,无数的故事是在有限的故事结构中被讲述的。在正常情况下讲述者因为故事的多样性呈现出五花八门的样态,但是,就其功能而言,也同样有类似之处。故事是经讲述被他人接受的,讲述过程中至少有两种人参加:讲述者与听者。在叙事理论的层面上,文学叙事涉及以下6种参与者:❶

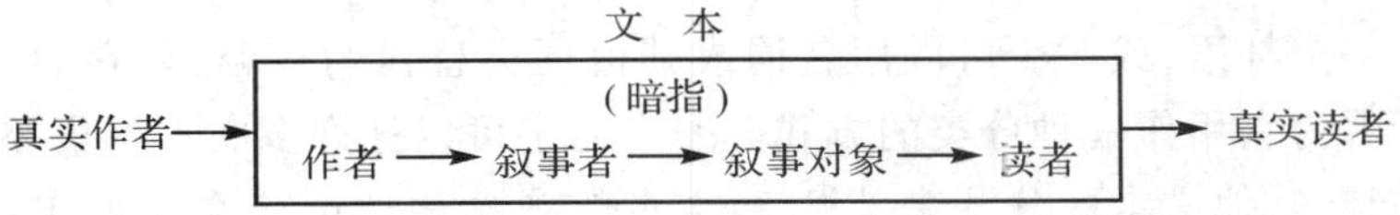


真实的作者是指讲述故事的作家——作者本人,他通常不在文本中露面。尤其是传记作品真实的作者是传记的对象,而不是传记的记录者。文本中露面的是根据读者对作者的认识建构的作者。文本的作者因为文本的存在与读者有了联系。叙事者有在故事中充当旁观者的,也有作为故事中角色讲述一段故事的。第一人称叙事的作品让"我"贯穿文本始终。为了取得新的叙事效果,作家高行健在其诺贝尔文学奖获奖作品《灵山》中有意将叙事者原来的身份打乱,将真实作者、作者和叙事者讲述席位的界限变成可以互换的席位,创造了全新的叙事模式和体验。可见叙事者对于故事有着十分重要的意义。

许多作者用笔名发表作品,笔名可以使他成为一个不完全相同于自己本人的讲述者,是他在故事讲述者身份席的称谓。例如,中国古代经典作品《金瓶梅》到底出自何人之手至今没有被确认。真正的作者为何以"兰陵笑笑生"为笔名永远隐去自己的真实身份呢?用笔名一般来讲有这样几种解释:隐去真实姓名避免给自己和亲朋好友招致危险(避免文字狱);用笔名表示了自己的立场和个性以及某种身份(因为真名大多是父母确定,自己不能选择)。不论是出于何种原因,笔名就是作者本人设计的一个叙事身份。设想当年"兰陵笑笑生"著《金瓶梅》时,他可以用"兰陵笑笑生"的身份毫无顾忌地描写他认为可以进入故事的细节(主要指被人们指责为'淫秽'的部分)。我们可以假设作者真实身份是一位有社会地位的人,以这种身份写《金瓶梅》是不相称的,会遭到社会的谴责,影响自己的声誉。后人评价也是如此,因为《金瓶梅》一直被认为"恣意描写淫秽生活,给读者以很坏影响"❷;也许他在自己原来的身份中,无法写出《金瓶梅》来,"兰

❶ 罗伯特·C.艾伦编,麦永雄等译:《重组话语频道》,中国社会科学出版社2000年版,第58—59页。

❷ 游国恩、王起等主编:《中国文学史·四》,人民文学出版社1964年版,第113页。

陵笑笑生"是一个可以调侃世界的角色。其中,任何一种说法都可以证实叙事身份对故事的影响。

米歇尔·福柯(M. Foucault)在关于"作者是什么"的思考中,介绍了使作者功能起作用的4个特征:作者被限定为一种标准的质量水平;被限定为某种观念和理论上的连贯一致的领域;❶被限定为一种文体风格上的统一;一个确定的人物,在他身上集中了一系列事件。4个特征告诉我们,作者——叙事者并不是完全随心所欲说什么,4种限定就是对作者说什么的限定。这说明:1)作者——叙事者与文本有某种关系。正如福柯所言"作者的名字不只是一种词类成分(如一个主语,一个补语,或一个可以用名词或其他词类替代的成分)。它的存在是功能性的,因为它用作一种分类的方式。一个名字可以把许多文本聚集在一起,从而把它们与其他文本区分开来。"❷ 2)文本的观念和理论被看作是作者的观念和理论。例如中国的俗话"文若其人"。3)作者——叙事者说什么,不完全由先于文本的、能够写作的那个人决定。作者可以决定写作,但是,我们同时也看到作者所受到的限制。我们再次把作者理解成一个叙事身份时,"兰陵笑笑生"之所以匿名写作,正是这种限制使得他不便"暴露"真实身份。4)叙事者与作者一样被限定后,限定的规则成为他叙事的一种背景。

如果我们在此角度解读《包法利夫人》❸事件,关于作者的身份限定——言说的限定也得到继续的说明。福楼拜的《包法利夫人》于1857年在《巴黎杂志》上刊登后,遭到检查官毕纳起诉。起诉书指控福楼拜在紧随爱玛的第一次私通后的描写极端不道德:

爱玛在镜子里一瞥见自己的脸,她就惊异起来了,她从来没有见过自己的眼睛这样大,这样黑,这样深。她身上像被施了什么妙法一样,人变样了。她不断地自言自语道:我有一个情人!一个情人!想到这上头,看到自己突然之间又变成一个妙龄少女,她感到心花怒放。她终于就要(得到)于她已经万念俱灰的那种爱情的乐趣,那种幸福的狂热。她将走进一个尽叫人热情勃发,心醉神迷,神魂颠倒的神奇世界。

检查官认为正是"她终于就要(得到)于她已经万念俱灰的那种爱情的乐趣,那种幸福的狂热。她将走进一个尽叫人热情勃发,心醉神迷,神魂颠倒的神奇世界"。这几句话是对叙事者客观的评价的描写,是"为通奸涂脂抹粉"。福楼拜的

---

❶ 参阅福柯著:《"作者是什么"》,引自王潮选编:《后现代主义的突破》,敦煌文艺出版社1996年版,第282—283页。本文在这里借用福柯关于作者的思考,是在叙事的语境中把作者当成故事的叙事者看待。

❷ 福柯著:《"作者是什么"》,引自王潮选编:《后现代主义的突破》,敦煌文艺出版社1996年版,第278页。

❸ 《包法利夫人》系福楼拜的小说。

辩护律师认为被指控的那几句话，不是叙事者的客观评价，而是人物的主观想法。虽然《包法利夫人》事件是在探讨小说的描写艺术——福楼拜所创造的用一种多半是人物的内心话语的描写来刻画人物。但是，它提醒我们再次重视到叙事者身上所包含着的社会标准和职业标准：公众舆论、宗教感情、公共道德、良好风尚、职业操守等对叙事的要求。

所以，研究叙事者的身份背景，提供了认识叙事规则的一个重要角度（关于叙事身份构成的思考，将在本章第三个问题中继续展开）。

根据这个思路我们进一步分析大众传播媒介作品——报纸、电视等，分析这些作品中错综复杂的人物在叙事中对生产意义所起到的作用。

首先分析一般的新闻叙事。如果要将新闻报道作为故事文本分析，需要区分它与文学类文本的根本性区别。新闻报道中所讲述的事件是现实中已经发生或者正在发生的，事件的基本要素：时间、地点、人物、原因、结果等不能有虚构的成分，也就是说可以被验证。新闻报道作为文本，记者就是文本中的作者。

记者的身份和他所在"场"——新闻媒介（一张报纸的版面，一个电视频道，电台频道）告诉读者这是新闻故事，不是文学作品。这个场要求记者以职业身份讲述故事，真实的叙事者应该是隐而不现的。记者是在一个已经被建构的身份席上说话。建构身份席位的是新闻的职业要求，记者服务的媒介的基本利益，他所参与的版面编辑的偏好，当然还包括社会的历史话语和当下话语。叙事角色决定了故事的价值取向和故事的意义。

其次，通过分析电视文本中讲述者的身份，认识讲述身份的差异给文本带来的叙事差异。叙事理论研究对叙事者的另一种分类是根据他与故事的直接或者间接关系确认的。故事外的说者是一个典型的旁观考。故事内的说者，是当事人。电视新闻主要叙事身份有两种：镜头叙事与记者的叙事。镜头叙事不暴露叙事者的面目，使观众感觉不到有人在叙事。这样突出了镜头的机械性——客观性。观看电视时，事情发生了，屏幕正在将记录播放给大家看。例如"9·11"事件中恐怖分子胁持飞机撞上和正在撞向世贸中心大楼的情形（世贸中心两幢大楼先后被飞机撞入）。记者的叙事被称作"记者现场报道"。记者在现场报道新闻时，以双重身份告诉观众。他是一位记者（记者的职业身份证实他的报道是正式的，有权威性），同时他又是一位目击者（作为证人的身份），因此，观众对于来自这样的现场新闻故事的真实性的兴趣会使叙事获得意想不到的效果。

其三，当大众传播媒介越来越通俗化、日常化时，如何使得媒介的叙事像是一件轻松而又有趣的朋友聚会，客厅聊天一样，媒介的叙事策略在不断发生变化。镜头上的主持人以其英俊或美丽的相貌、时尚的衣着，以其幽默的谈吐和朋友般倾听者的身份，以亲和的态度与所有此时观看节目的观众讲述他所知道的故事（尽管主持人仪表堂堂，知识"渊博"，但是他/她一视同仁，不论你有没有金钱，有没有地位),这种"一视同仁"的讲述方式,制造的"平视"效果,能够吸引许多人的注意。为了使这种叙事方式的效果更加明显,媒介一方面不惜花费更多的金钱吸引有演说能力和形象优势的人加盟其中,同时也需要对这些人进行反复包装,不断以新的姿态获得观众青睐。此举也反证讲述者身份对于讲述效果的影响力。不仅是电视媒介,报纸的版面、杂志也设置主持人,使读者不感觉到是在阅读白纸上的黑字,而是在听主持人的叙事。至于叙事对象、读者、真实读者在大众传播媒介中统统都会被视作已在的或者潜在的阅读率或收视率。尽一切可能将他们都变成真实的读者——观众,这是媒介在探讨讲述方式时核心的问题。

叙事过程的参与者只有在达成默契的情况下,才能够获得预期的叙事效果。利用叙事者的个人魅力和权威性建立起与听故事者的关系,是大众传播媒介叙事过程刻意追求的。

叙事都是有对象的,叙事对象首先可能是作品中的你——有角色身份的,其本身也是被阅读的对象。读者一般指作者写作时心中拟定的或者想像中的阅读者。大部分的叙事是针对读者设计的。真实的读者是阅读作品的人。在电视叙事作品中,我们看到叙事对象的独特作用,之所以独特是因为在一般文学作品中没有。

电视叙事是在时间的流失中展开的,因此它所具备的流动叙事(说与听在同一个时间线上。小说类的故事说与读是在不同的时间线上)和非线性编辑的电脑技术,使它能够轻而易举地完成空间转换,编辑的流畅使这种转换没有中断感。同时,它可以利用屏幕空间设置观众与主持人在同一个平面场景中的戏剧效果。例如,充斥电视屏幕的各种娱乐节目(《快乐大本营》)、益智节目(《开心辞典》)、访谈节目(《实话实说》)等。出现在屏幕上的有 3 种人:主持人、嘉宾(一般由名人、权威人士担任。也有幸运观众担任)、现场观众(被邀请坐在演播室的人们,叙事对象)。

这三种人谁在讲述故事呢? 从第一个层面看,主持人是讲述者,嘉宾、现场观众都在听。有时候是嘉宾讲,主持人与现场观众听。也有观众提问或者穿插讲述片段事件。这样一种由主持人、嘉宾、现场观众的话语组成的电视文本,作者永远是主持人。嘉宾与现场观众说话犹如小说中作者让角色开口说话一样。在第二个层面上,作为现场的观众是以文本之外的真实读者——观众的身份在听故事。那些在电视机前的观众对于文本中的作者而言反而成了虚拟的叙事对象。现场观众的在场的真实性取代了不在现场的观众的真实性,作为每一个个别的观众,只能把在现场的观众看作是和他一样的听者。而那些不在现场的观众的反映他无法获得,也没有意识他们存在的必要。第三个层面,由于现场嘉宾与现场观众总是在听者的席位上活动,他们与主持人的配合不露痕迹。而那些在家中观看电视节目的人与这些现场观众一起经历这种叙事的感觉,他或她的反映被演播室里有代表性的观众的反映加以扩充和放大。总之,这三种人都在讲述故事,只是扮演不同的角色在完成叙事而已。这时候,我们又看到一种现象,即电视文本叙事可以把六种叙事简化成两种叙事,真实作者、文本中的作者与叙事者成为一个人,而叙事对象、读者——观众、真实读者——观众是一个人。角色界限的模糊给谈话类节目增加了人际交往的随意性和直接性。参见图8❶。

图8 《实话实说》剧照

我们在观看电视访谈类的节目时,通过电视屏幕认识的角色以及这些角色在叙事中的功能见于下列表格:

**电视文本的角色类型**

| | | |
|---|---|---|
| 叙事者 | 镜头 | 镜头叙事是以机械的身份叙事,其冷漠、忠实的表现获得真实、客观、公正的声誉。但是,镜头叙事是许多人完成一个叙事,镜头操纵者还是人。 |
| | 角色 | 在镜头里替代镜头叙事的角色:主播、播音员、主持人、现场记者等。以人替代镜头,改变镜头的冷漠,使叙事有人情味。电视或者广播以及印刷媒体也设置主持人,突出主持者的个人魅力,以吸引更多的注意力。 |
| | 旁白 | 旁白可以分成幕前(有叙事身份)、幕后(没有身份的,如配音)。 |
| | 体验式叙事 | 扮演某种角色,如应聘者、民工、乞丐等,双重身份的叙事。 |

❶ 《实话实说》是中央电视台的一档谈话节目。

| | | |
|---|---|---|
| 观众 | 现场观众 | 安排的观众。现场观众双重身份：真正意义上的观众承担观众角色的观众，被事先训练。邀请现场观众作电视机前观众的“领队”或“导游”，电视机前的观众可以借着这些人获得直接参与感。 |
| | 虚拟观众 | 拟定的电视机前的观众。这是电视叙事所追求的目标听众。 |
| | 忠实的特定观众 | 主播/主持人：联系前线——现场记者，倾听他的报道。主播既在听，也在要求记者、嘉宾说。主播提出的问题同样引起观众的兴趣。主播在提问时与观众角色重叠。 |

**3. 故事的时间**

研究叙事时间的意义在于揭示时间在电视叙事中的真实用途。时间已不再是自然附着在事件内部的一个元素。时间具有相对独立的叙事能力。关于叙事作品的时况问题叙事理论作如下描述：叙事作品是一个双重时间性的序列……所讲述的事情的时况和叙述的时况(所指的时况和能指的时况)。这个二元性不仅可以造成时况上的扭曲……这在叙事作品中司空见惯，例如主人公 3 年的生活用小说中的两句话或者电影中几个“反复”剪接的镜头来概括……而且，更根本的是，我们由此注意到，叙事作品的功能之一即是把一个时况兑现在另一个时况当中。❶

叙事的功能之一是将事件的时间扭曲后嵌入故事的时间，制造新的时间架构。在叙事作品中，经常使用的时间“扭曲”法是：

话语概括：用一句话交代时间的流逝

摘要法：突出某段时间

省略法：取消某段时间

场景法：保持故事时间与事件时间的一致性。如：长镜头

延伸：慢动作镜头

暂停：强调某个画面。广告使用暂定，镜头重叠，突出广告内容

由于人们对这种处理时间的手法已经习以为常，会认为之所以被省略或者被延伸都是理所当然的结果，过去的小说理论主要是从研究如何运用时间的技巧为故事的进展服务入手。一旦把时间作为一种有相对独立性的叙事力量看待的时候，时间不再是一种技巧，时间的结构功能和重组功能都将给我们提供新的

---

❶ 杰拉尔·日奈特著，杨志棠译：《叙述话语研究》，中国社会科学出版社 1989 年版，第 219—221 页。

见识。我们可以从以下方面理解叙事时间的功能：

(1)时间本身的意义

从叙述社会事件的故事结构中，我们更容易理解时间安排的意义。例如，我们在《这个稿子发不出去，一辈子遗憾》❶这篇文章中可以侧面了解个别事件在大故事(为了有别于一个文本故事，在此将多个文本构成的故事称作大故事)的时间架构中被支配的情形。邓小平南巡在中国改革开放历程中是重大事件。关于这个事件讲述的合适时间与中国大陆政治政策密切相关。因此，什么时候讲述这个故事成为故事能否被讲的关键。时间的这种意义是在政治大叙事中赋予的。于是，由中央传达邓小平讲话、报纸发表文章，到演唱《春天的故事》一系列的事件被串在一起，构成了邓小平视察南方的故事。在大故事中，一系列事件被串联起来，其中每个事件的出现时间也在安排之中。《东方风来满眼春》一文作为"春天的故事"(在中国改革开放的进程中，这已经是个隐喻符号)，根据政治改革这个大叙事的需要，被安排在中央传达了邓小平视察南方讲话之后的时间内。

在纯粹的个别故事文本中，事件的重要性如核心事件与辅助事件的区别在占据时间多少上是有明显区分的，或者说时间的多少就是重要与否的一种表达。时间占据越长，越重要。在大故事中，时间本身有了重要与否的意义。一个事件放置在重要的时间段，表示了这个事件的重要性。大众传播媒介中的电子媒介早已有了"黄金时间"❷ 之说。

认识时间在叙事中的作用，电视叙事更具有论证的力量。电视节目内容的量是以时间计算的，播放以时间为基本单位。时间是电视叙事的规与矩。全部播放的节目都在时间表的安排下进入每个时间单元，电视节目时间表成为规矩本身。在节目时间表的安排下，电视故事不是指一个独立的栏目或者节目单元，电视故事是以一个完整的天数为一个故事的。因此，就电视故事而言，故事的时间是先在的，先于事件而在。时间被按照收视率的上下曲线划分成不同的时段，每个时段镶嵌一个"事件"。决定事件进展速度和长短的是正点或半点。正点、半点或者正点、半点前后被广告所占据。于是，广告成为故事的架构，广告的一

---

❶ 参阅2003年7月10日《南方周末》刊登陈新华、吴清华等人的文章。文章讲述一位记者采访中国已故原国家领导人邓小平的故事：《深圳特区报》记者陈锡添在1992年1月23日结束了对邓小平视察南方活动的采访。3月26日发表文章——《东方风来满眼春》，讲述邓小平南巡的故事。为什么会相隔2个月才发表这样的文章呢？陈锡添说他当时得到通知，没有报道任务。他同时也在等待发表的时机。这篇文章能够发表的时机是什么呢？1.共产党内通过文件的形式将邓小平视察南方发表的重要讲话作了传达。2.陈所在市委宣传部通知他立即动手写电视记录片《邓小平同志在深圳》的解说词。解说词作为文章发表。

❷ "黄金时间"一般是指广播、电视等电子媒介全天播放时间段为预计收视率或者收听率最高的时段。凡是涉及到政治事件——党代会、人代会、中央的政策、决定的播发均放在黄金时间播出。

致性和正点播出将不同时段、不同的事件串联起来,也给予事件以另外的意义。如新闻台总会把新闻节目安排在一天中的黄金时间段播出。娱乐频道会考虑在黄金时段播出精彩电视连续剧。这样的规矩一旦成立,黄金时间段本身已经可以不与播出节目为依据开出广告收费标准了。电视文本最彻底地夸张了时间的叙述力量,并且充分利用它获得各种好处。商业性电视节目利用它赢得更高的商业利润。

因此,从节目时间表的分析中,我们可以看到电视故事的商业化运作规则。广告正点或正点前后播出与节目内容的镶嵌,成为电视叙事的本质。

(2)时间的"态度"

时间本来是一个过程长短或者顺序前后的表示方式,就它的一视同仁而言,没有主观色彩。但是在叙事中,两种时间的扭曲程度,表达了叙事者的叙事态度。可以说叙事的时间是有态度的。

假如今天你通过美国 CNN 有线电视网收看发生在伊拉克的战争,虽然播放的内容没有精致的情节和丰富的对话,你依然有极大的兴趣看下去,哪怕是一直看着车队蜗牛般行走,20 分钟,30 分钟,没有结果和变化。反思一下是什么吸引你的注意力?首先因为你正在收看的是现场新闻报道。现场新闻报道的时间架构因为现场时间的牵制,对于所讲述的对象——事情的时况时间的扭曲最不严重。扭曲越少,后果的不可预测性越大,吸引力也越大。即使如此,你还会看到电视台用广告不断切换缓慢行驶的车队,甚至用广告将连续的轰炸过程切成一个又一个碎片。广告和战争的碎片在统一的、持续播放时间轴上重新组合了一个找不到归宿和主题的故事。如果把新闻故事赢得的观众观看时间看作是广告故事的时间结构的话,那么,我们找到了为什么新闻事件总是被扭曲或打碎后嵌入播出时间表的合理解释:一个永远连续的播放时间轴包容了所有的片段:战争、广告、对战争的评论;一个还在进行着的战争事件支持这个连续播放时间成为有意义的时间;许多广告利用了时间的意义进入到播放时间的连线上。了解战争必须接受广告已经成了不成文的规定。时间的线形特征和长短划分的可能被充分扭曲。

## 附　件

**卜罗普人物功能系列❶**

| 功能 | 描述 |
|---|---|
| 开始场景 | 介绍家庭成员;介绍英雄 |
| 1.缺席 | 一名家庭成员缺席 |
| 2.禁令 | 对英雄提出禁令(可以撤消) |
| 3.违背 | 违背禁令 |
| 4.侦察 | 坏人试图获取信息 |
| 5.传递 | 坏人得到受害者的信息 |
| 6.诡计 | 坏人企图欺骗受害者 |
| 7.同谋 | 受害者受骗 |
| 8.恶行 | 坏人对一名家庭成员造成伤害 |
| 9.缺乏 | 家庭成员缺乏某样东西,想要某样东西 |
| 10.调停 | 不幸公之于众,英雄被派遣 |
| 11.对抗 | 英雄(寻求者)同意对抗 |
| 12.出发 | 英雄离家 |
| 13.第一个捐赠者功能 | 英雄受到检验,接受神奇的代理人或助手 |
| 14.英雄的反映 | 英雄对代理人或助手作出反映 |
| 15.接受代理人 | 英雄得以利用神奇的代理人 |
| 16.空间变化 | 英雄被引向寻找对象 |
| 17.斗争 | 英雄与坏人直接斗争 |
| 18.蒙受污点 | 英雄蒙受污点 |
| 19.胜利 | 坏人被打倒 |
| 20.消灭 | 起初的不幸或缺乏被消灭 |
| 21.归来 | 英雄归来 |
| 22.追击 | 追击英雄被追击 |
| 23.营救 | 营救英雄被营救 |
| 24.未被认出的到来 | 未被认出的英雄回到家里或其他地方 |
| 25.没有根据的要求 | 假英雄提出没有根据的要求 |
| 26.困难的任务 | 向英雄提出困难的任务 |
| 27.完成 | 任务完成 |
| 28.认出 | 英雄被认出 |
| 29.暴露 | 假英雄或坏人被暴露 |
| 30.变相 | 英雄获得新形象 |
| 31.惩罚 | 坏人受到惩罚 |
| 32.婚礼 | 英雄结婚,登上王位 |

❶ 转引自伯格著,姚媛译:《通俗文化、媒介和日常生活中的叙事》,南京大学出版社 2000 年版,第 28—29 页。

## 三、叙事学的新原则和媒介主体性[1]叙事

由于叙事学关注叙事结构的分析,在其理论表述中难免强调形式主义的立场,走向科学化的路途。因此,叙事学在20世纪80年代中期遇到麻烦,后结构主义对其科学化和权威性发起的进攻,把叙事学推到按照图例不断搭建积木的建筑范畴中给予否定。

当叙事研究扩展到包容一切的人们能够发现的所有叙事时,叙事学已经告别了死亡的部分——局限和过激。叙事研究已经从文本分析转折到个人身份表达、社会现实和历史的叙事性上,尤其是针对媒介主体性叙事的研究,为我们提供了关于形式建构原则和先在的形式对内容控制的主要模式。

### 1. 媒介——个人身份的叙事局限

所谓个人身份在这里是指每个人的文化身份,它包括性别(性别作为意识本身就是一种被说的结果)、籍贯、国籍、阶层、民族、家族谱系、习俗、礼仪、价值取向、成长背景等等。就是说个人身份不是与身俱在的意义。因此,个人无论在何处被表达,只要表达发生在一个有着群体身份的所在处,个人的被接纳——被群体认可——获得认定的身份在叙事过程都占有中心位置。例如,当一个人被表达了男性身份时,男性所包含的社会意义并不由被表达者本身提供。他是男性吗?除了生理特征外,男性解释自己的方法就是讲述自己的故事,在这些故事中尽量选择表现个人特性的事件,并按照叙事的形式原则将它们组织起来,讲述给他人,表达自己。选择的标准又是在选择之前被讲述出来的,其内容大部分是关于另外的许多男性的故事认定的。女性身份认定也是如此。

另外,我们还要学会从他人那里获得叙事的形式,将自己与他人比较,找到与他人融为一体的方式然后进行自我叙事。当我们阅读小说或者"阅读"他人时,被阅读对象有既定的道德人格,我们与这些道德相遇后,我们对阅读对象的反映和评价来自于对象自身叙事对你的控制,主要是叙事视角的控制。对于这种控制的力量的存在,马克·柯里指出[2]:

控制力量"部分地来自具有分析力的术语的力量。这些术语描写了叙述声音的微妙变化、出入他人大脑的运动或表现人物话语和思想的各种方式……小说可以为了某种道德目的给我们定位(例如托尔斯泰的《复活》中对上流社会道

[1] 这里所讲的"媒介主体性"是指媒介作为一个有着独立的目标和利益诉求、有一整套运作系统的一种存在,不是指单纯的介质。

[2] 马克·柯里著,宁一中译:《后现代叙事理论》,北京大学出版社2003年版,第22—23页。

德虚伪的揭露以及对道德本身的质疑。——作者语),驾御我们的同情,拨动我们的心弦……对人物的同情不是一个鲜明的道德判断问题,而是由在小说视角中新出现的这些可描述的技巧所制造并控制的。它是一种新的系统性的叙事学的开端……故事能以以前人们不懂的方式控制我们,以制造我们的道德人格”。

如果个人身份具有的“虚构性”(此处“虚构性”仅就非自然性而言),个人身份也是被言说的结果。这种言说与小说中的人物的共同点在于受到控制。身份的被言说受控于社会认可的一系列标准,社会似乎也在充当作者的角色。小说人物直接受控于作者。个人身份成为社会叙事中的人物。

各种媒介每天讲述故事,说故事者也在发生变化,主要角色是谁?他/她们如何获得这种角色的?角色的功能是什么?这些问题都包含了社会的主流话语的导向作用和社会价值的取向。在一篇名为《慎打“专家”牌》[1]的议论文中,作者对广告流行语中‘专家’成为主要角色的原因进行如下分析:

知道现在什么是广告语最流行的吗?告诉你吧,“专家”最流行。我注意了最近一段时间的电视广告,什么营养专家、口腔专家、肠胃专家、健身专家、胎教专家、空调专家、方便面专家、润滑油专家、家居家装专家、空气净化专家、烹调油压榨专家(当每个在媒体中出面的人都成了专家后,专家与专家又分成等级:“重量级专家”脱颖而出——作者注)……有的说某种产品和服务经过专家认证或推荐,有的说某种产品和服务的提供者自己就是专家,总之应有尽有,不一而足。

广告中关于产品质量的好坏、效用的大小为什么要由专家来讲,从领导讲话为主到专家讲话有效,实际上是社会的价值平台发生了变化。首先在于专家社会地位的提高,也就是社会对知识的重视程度提高了。其次,社会认可的发展目标是现代化,现代化是以技术先进为代表的,技术总是由那些优先掌握了它的人使用和推介。技术中包含的知识价值成为专家意见有效的保证。在社会叙述中,谁有权力说故事并不是个人能够完全决定的。

媒介叙事是通过媒介从业人员的叙事体现出来的。从业者首先是一个进入到自己的文化身份的文化人,个人身份是一个在与各种社会实践中磨合后获得自我认定和社会认可后出现的(在今后的社会实践过程中,有些方面也会发生变化)。其次,他/她作为一个媒介的雇员,具备了媒介身份。这样两种身份也是互为前提的。职业身份在文化群体身份之中,职业身份也努力使其有别于一般身份,透露出职业性来。因此,当他/她在媒介语境中,主要是以职业身份出现。所以在媒介中的叙事者其叙事视角也是媒介的视角。

例如,媒介存在形式的分类有报纸、广播、电视、杂志、互联网、手机(接发短信)等。上述几种媒介由于其使用传播符号有别,叙事方法不同,阅听人接触和

---

[1] 潘多拉著:《慎打“专家”牌》,2003年12月24日《青年时报》2版。

认知过程也不同,因此出现加拿大著名传播学研究者麦克卢汉所言的"冷媒介"与"热媒介"。[1]麦克卢汉认为:任何一种媒介都是人体的延伸。"冷媒介"和"热媒介"由于提供信息——清晰度不同,延伸人们不同的感觉而有别。因此,收音机成为"热媒介",是因为它充分利用口头语言和传播时间的不受限制(相对而言),表达完整的信息。广播媒介还被麦克卢汉称作延伸人的中枢神经的媒介。电视因为画面语言传播的局限,需要观众参与,填补空白,因此被称作"冷媒介"。尽管有人对此说法持不同意见,但是研究媒介传播符号的差异对人的心理和感觉的不同影响,还是提供了有价值的思考。不同的传播符号成为不同媒介主体存在的一个重要元素,决定了媒介作为一个叙事者的独特叙事方式。

如果从媒介的命名上分析,我们轻而易举地知道了媒介的种类极其内涵。例如《人民日报》、《都市报》、《青年报》分别代表了党报、城市报和青年报3种报纸的风格。广播、电视频道也是如此。《人民日报》是一份党报,如果我们把这份报纸的全部版面看作是一个叙事模式的话,就会发现尽管每天各版嵌入的新闻不同,每一个新闻作为一个"故事情节"只能够进入到事先设计好的位置。国内新闻、国际新闻、社会新闻、娱乐新闻进到第几版一般是不会改变的。不同城市的都市报纸安排情节的模式不同于党报。它们主要把社会新闻,有时是逸闻趣事安排在头版。不同报纸的叙事模式永远有效地使所有事件都服从于它。

当我们把一个新闻事件看成一个独立的故事时,它首先要具备新闻故事的5要素——时间、地点、人物、事件、结果。当这个事件被要求放在某个版面的某个位置时,它是在服从版面的叙事要求。版面又受到整张报纸的叙事要求,叙事者是属于某个叙事语境中的。这些彼此互相牵涉的模式之间的关系,用下页图可以表示。

**2.对叙事结构的重新阐述**

马克·柯里认为当代叙事学理论的转折有3个突出特征[2]:发现结构到创造结构;从一致性到复杂性;从诗学到政治学。

其一,"发现结构"说假定结构存在于文本的内部,叙事分析的意义是揭示这种结构。揭示存在于文本之中的结构,依赖于对于系统性和科学分析的价值的认可。因此,揭示本身没有建构功能,揭示本身成了透明的。柯里指出"发现结构"的问题在于忽视了阅读过程的创造性。

"创造结构"旨在强调阅读对象的结构是在阅读过程中被建构的,也就是说文本的特征是在阅读中被发现的。于是,结构在这里作为有结构主义倾向的读

---

[1] 麦克卢汉著,何道宽译:《理解媒介——论人的延伸》,商务印书馆2000年版,第50—57页。

[2] 参阅马克·柯里著,宁一中译:《后现代叙事理论》,北京大学出版社2003年版。

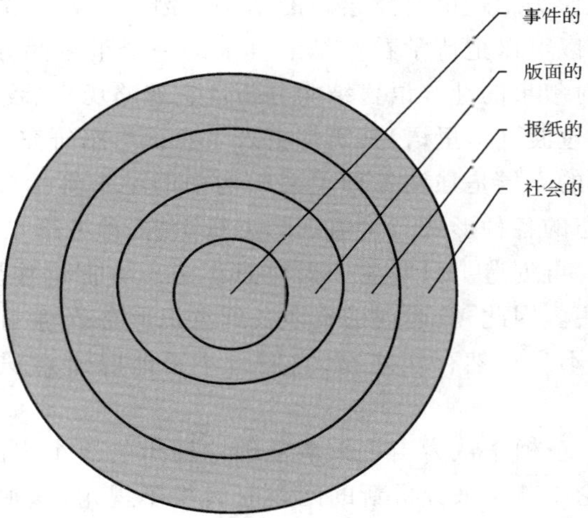


者使用的一种隐喻。叙事文本有稳定的结构的观点被怀疑,读者在意义建构过程的积极作用得到强调。这种认识在下一章论及的读者反映批评理论中获得更加系统的解释。

其二,关于"一致性"的问题是指叙事学往往把文本看成是一个稳定连贯的设计,隐含的结构决定了文本的一致性,只要将这种结构揭示出来,就等于揭示了文本内容。形式上的一致性,使对象被人理解。它采用的是一致与连贯的科学方法。"复杂性"说看到了文本中与整个结构随时相抵触的细节,正是这种细节使文本保持着异质性与多样性。保持叙事文本中相矛盾的各个层面,保留其复杂性,在这一点上与解构主义走在了一起,在许多影视作品中可以找到有力的证明。

例如电视连续剧《温柔的陷阱》在讲述一个男人和三个女人的故事时,一方面坚守着一夫一妻制的道德观念,按照体现这种观念的叙事结构安排剧中人物的行为。对男主角婚外恋情的批判——妻子与情人最终离他而去。对婚外恋的"第三者"——女主角的处理是良心的自责和承担生儿育女的后果。

另一方面,也传播女性主义的观念。剧中的妻子坚决"弃夫"(改写了传统中"弃妇"形象),走上自强之路。"第三者"也不再受到"插足"的谴责,也"弃夫——情人"而去,作为"情敌"的两个女性站在了统一战线上。而片名为《温柔的陷阱》则又隐含了"女人是祸水"的性别歧视与媚俗、媚欲的因素。连续剧在与传统道德观念保持基本一致的同时,也接纳了新的道德理念。例如,对"第三者"的同情和理解,以及为第三者设计的结局表达了对"插足者"的某种认可。

其三,雅克布逊是在研究诗学的过程中发现诗学研究实际上就是语言学。他在著名的《语言学与诗学》一文中论述了二者的关系,他认为诗学研究的是言语结构的问题,就像美术理论研究绘画的结构。因为语言学是研究各种言语结构的一般科学,所以可以把诗学看作是语言学的一个组成部分。所谓叙事理论的诗学说是指针对叙事的纯粹语言结构分析。它忽略历史、政治和文化诸方面。“从诗学到政治学过渡”(柯里语)其实是引入了意识形态研究方法。在意识形态研究中,一个基本的立场是强调各种关系结构中的不平等性。所以语言的生产被看成是意识形态的各种形式与价值观的无意识的(参考第二章关于“无意识的意识形态性”一说)再创造。只要对于揭露意识形态有促进作用,都会被有政治倾向的批评家利用。因此,叙述理论也涉及到意识形态范畴,不论是叙事结构还是叙事语言,只要不是自然存在之物,它们就不可能躲避意识形态的统治和支配。

综上所述,马克·柯里认为当代叙事学理论转折的3个突出特征,是叙事理论在其他批评理论中被用来分析新的问题时转换了视角,这种转换给叙事理论提供了更加广泛的应用场所。由于故事的结构是在社会的约定俗成中确立的,这种结构导致了叙事的选择。尤其是从商业利益考虑的大众传播媒介,更愿意选择比较符合叙事模式的事件给予传播。而那些不具备或者较少具备叙事要素的事件会被忽视,甚至遗忘在他处。这是大众传播媒介在故事化——偏重事件的故事要素(目的是好听,吸引人)时,陷入其中不能自拔的现实。

虽然关于这个问题在已有的叙事理论中尚未被论述,但是在文化研究的基本思考中提供了足够论述这个问题的观点。所以,这些观点的逻辑性展开有待深入进行。❶

❶ 关于这个问题,作者言及了,但是还没有足够的准备将它论证清楚。在其他场合作者还会想到并继续讨论它。

# 第4章 解构主义、读者反应理论与媒介批评

解构主义理论的出现在西方社会引起巨大反响，尤其是在美国，不论是来自法国的德里达所代表的解构主义理论，还是米勒代表的美国解构主义，都曾经成为美国大学文科学生人人必读的理论著作。解构主义之所以在理论界和对大学生群体产生如此大的影响，主要的原因之一是解构主义对西方传统的逻各斯中心主义的破坏。正如米勒所言："所谓'形而上学'的解构，一向是形而上学的一部分，是它自己的光照范围内的一片阴影……"❶这就是说一切文本都包含形而上学的素材，同时又包含对这些素材的破坏。"这种破坏被纳入观念的文字、修辞手段和西方的神话，成为它自己光线下的阴影。"❷

德里达则认为解构首先是肯定性的运动，不是破坏性的运动。解构不是拆毁或破坏，是对于存在的一种思考，是对形而上学的一种思考，因而表现为一种对存在的权威或本质的权威的讨论，而这样一种讨论或解释不可能简单的是一种否定性的破坏。解构的关键不在于把人们从这个过程中移开，而是赋予"解构"被思考的可能性。这样说来，解构相对于结构而言，是在结构主义建构的符号内部能指与所指关系的基础上继续的提问。不过这个提问不是以结构主义为起点继续往前走，而是一条"之"字形线路，是一条向下（或向上）、向反方向的。

---

❶ J.希利斯·米勒著："传统与差异"，《批评百家》，1972年第2期，转引自J.希利斯·米勒著，郭英剑等译：《重申解构主义》，中国社会科学出版社1998年版，第5—7页。

❷ J.希利斯·米勒著："传统与差异"，《批评百家》，1972年第2期，转引自J.希利斯·米勒著，郭英剑等译：《重申解构主义》，中国社会科学出版社1998年版，第5页。

## 一、解构主义对逻各斯中心主义[1]的思考

解构主义认为逻各斯中心主义建构的一系列二元组合概念都是需要重新讨论的。在西方的哲学中,二元组合是讨论和认识问题的基本方法。任何一个二元组合的概念中都有一个是本源,之所以称之为本源,因为它是在场的,是本质的。或者是接近终结之存在的。本源可以派生出其他。例如,男/女二元组合中,男成为本源,有异于男性的另一面是女性。从这个意义上讲,女性作为男性的附属物是从语言本身就已经包含了的意义。

### 1.关于本源

德里达认为本源不在,所谓终极、本源都是逻各斯中心掩饰本源匮乏的策略。德里达从语言符号的能指与所指对应关系的建立的分析过程,提出自己的理由。首先,他认为能指的在可以无止境地替代所指的不在。如果说当媒介成为一个能指时,媒介是传播信息的通道,媒介是一种传播工具,媒介是信息……这些可以排列在"是"后面的所指,可以无限被替换,直到能指的死亡[2]。所有的在——能指,都是被一个不在——所指解释的。能指在,但是它一直处在被搁置的状态,意义不断滑入其中,又被替代。这就是本源不在的证明。

其次,德里达等解构主义力图用"补充"的概念取代本源的位置。他们认为补充是无限的。补充不是简单地取而代之,是意义的增补或者积累。因为没有终极的意义,每一次的补充都不会是一次圆满的结束。第三次补充是对第二次意义的积累。所以最后也不可能走到终极。也说明了本源的不在。米勒认为一切文本都存在一种"寄生"(parasite)和"寄主"的关系。这种关系形成一个彼此依赖的链条[3],不断重复、延续、以至无穷。米勒的解构方法也破坏了逻各斯中

[1] 德里达将西方哲学传统归结为"逻各斯中心主义(logos-centrism)",逻各斯的首要含义是"言说",与不同的生活形式相对应的,有不同的言说方式(或称语言游戏);另一个重要含义是"理性"与"计算",这与西方伦理精神中的长久"公正"情节有关;逻各斯在希腊的特别含义是对语言—逻辑原则的高度清晰意识和彻底推广。参阅包利民著:《生命与逻各斯——希腊伦理思想史》,东方出版社 1996 年版,第 4—5 页。

[2] 单纯从词汇发展看,似乎有些词会随着历史的进程与消失的物一同消失在日常生活的视野中,如布票、粮票。它们现在的出现场所主要是博物馆或者辞书中。

[3] 米勒在《作为寄主的批评家》一文中,这样讨论寄生与寄主的关系:"寄生物"这个词隐含着一个思想的或是语言的或是社会组织的(其实是三者俱有)奇异系统。没有寄主就没不存在寄生物。寄主和有点邪恶或说有点颠覆性的寄生物是同坐在食物旁的同桌食客,共同分享着食物。另一方面,寄主自己也是食物,因为他的躯体也被无偿地蚀尽,正像人们常说的:"他正把我吃个倾家荡产。"随之,寄主可能变成从词源方面讲毫无关系的另外一种意义上的主人。参阅:J.希利斯·米勒著,郭英剑等译:《重申解构主义》,中国社会科学出版社 1998 年版,第 95—97 页。

心主义的传统。“补充”在米勒这里类似寄生现象。寄主养育着寄生物,使它得以生存,但同时又被它扼杀。而寄主“自身也包含着主客体的双重对立关系”[1],即既是食者又是被食者。补充在产生意义,但不会有终极之路。意义也永远在他处等待。

**2.补充对本源的替代**

关于“补充”过程,德里达作了继续的说明。可以“补充”是因为补充是有间隙的。间隙是一种延异(difference)的结果。能指与所指不是步调一致地出现,所指总是姗姗来迟。因为符号是以替补者的身份出现。之所以能做替补者具有差异性和同一性双重特性。必须有某些相似处,才有可能去替补。必须有差异,是它者,才可能替补。因此符号是一个永远流动变化的网络链,符号的意义不再有它固定的位置(永远在被它者解释)。符号的被替补者的同一性保持住了意义的延搁,延搁制造的间隙有了瞬间的意义。正如米勒认为的那样,一切文本都是关于话语的话语,任何文本都仅仅归入一种确定的意义。文本产生一系列无限联想的结构,其中只有痕迹和线索存在。米勒关心文本和“文本互涉性”(intertextuality),他认为一个文学文本自身并不是一个“有机统一体”,而是与其他文本的关系,而其他文本反过来又是与另外文本的关系——文学研究就是对文本互涉性的研究。

## 二、读者反应理论

读者反应理论是解构主义理论的一个分支。同时,它也受到现象学的影响。发端于20世纪30年代的现象学是由哲学家胡塞尔命名的。现象学关注的是个人意识、行为与客体——外在于人的世界的关系。在探讨这些关系时现象学认为:个人是有感知能力的(有智商和情商),世界是由可以被感知的事物、行为构成。我们个人与这个可以被感知的世界是联系在一起的。当我们研究事物的时候,经我们研究的事物实际上就是在研究者的意识中经历过的已经概念化的事物。任何被我们所说的事物,都是被我们感知过的事物。感知通过那些错综复杂的彼此相连的方方面面。任何思想都包含了互相依赖的主体和客体。研究一个事物,实际上就是在研究那个经过具体个体通道已经形成概念的事物。那些没有经过意识通道的事物对于我们来说是没有意义的。

以这样的观点来分析文学作品,作品在未与读者照面之前,是竖立在书架或摆放在桌子上的书,那些白纸、黑字没有声音和灵气,也同其他事物——那些没

[1] J.希利斯·米勒著,郭英剑等译:《重申解构主义》,中国社会科学出版社1998年版,第95—97页。

有经过我们意识通道的自在于某处的石头、风景一样是没有意义的。那么,为什么同样的书到了读者手中,阅读开始后,读者会使这些白纸上的黑字起死回生、回肠荡气呢？一切在瞬间发生,似乎并不感觉到意识的启动。如果读者阅读的是一部侦探小说,凶宅、黑暗中楼梯发出的响声、窗户外一双发光的眼睛瞬间从文字中一跃而起,会使你倒抽一口冷气。然而,当你在把玩一块石头的时候,意识通道给予石头的意义远不如一部书来得多。这里又牵涉到被感知的物为感知者提供了多少素材的问题。

**1.阅读召唤意义苏醒**

组成一部小说的各种语言符号已经是经过作者意识通道的关于事件或物的认识,这些蛰伏在书中白纸上的黑字类似冬眠状态的猛兽。在阅读过程中,读者与文本构成主体间的关系。读者与文本相遇首先是读者个人意识与文字相遇,这时候作为个体的读者已经有的关于解读的概念或者见识,自然渗透在阅读行为中。它包括:读者的文学常识、阅读经验;其他文本知识积累——历史著作、政治著作、新闻报道等;个人经验世界中获得的。

其二,读者与作者的默契。任何一位作者——不希望任何第二者阅读自己作品的作者另当别论,他与读者一样在相同或者相近的文化背景中生存,他们的意识通道的建构有差异性,也有同质性。差异来自个人的生存小环境有别——家庭、亲友、就读学校、职业、喜好等。同质性来自于大环境——民族身份、传统习俗、政治环境、社会知识与经验等。这些都可以构成文本的动力。做一个机械发动过程的比喻,阅读类似给汽车发动点火,文本就是汽缸。点火不能开动汽车,汽缸不点火也不会有动力。从这个意义讲没有阅读就没有文本,强调了解读之于文本是动力,似乎可以说是“苏醒的”文本——第二文本——属于阅读者的文本。

其三,阅读与“填补空白”。阅读是非机械性的,文本和阅读一直在互动的状态下朝向下一个句子。文本的世界——充满活力的、具有无限诱惑的,是读者透过文字寻找作者提供的暗示建构出来的。建构过程中读者的意识也融入其中,难分彼此。在文本和作者、文本与读者之间,因为有置换——作者的创作与文本、读者的意识与文本,所以有空白。在此意义上,英伽登提出“填补空白”(gap filling)的概念。文本的意义是由读者填补文本留有的空白处创造出来的。[1]

---

[1] 罗曼·英伽登认为读者在建构文本意义的过程中,就是在读者的头脑中建构那个由文本中的词语所暗示的虚构世界的过程。建构主要是“填补空白”。阅读小说不仅需要遵循一个要求使用由文本提供原料的精神食粮,而且还包括一个复杂得多的过程,读者通过这个过程使过去在文学文本方面的经验、其他同类文本的知识和一系列从自己的经验世界中获得的多半是无意识的假设对文本中的词语产生影响。参阅罗伯特·C.艾伦编,麦永雄等译:《重组话语频道》,中国社会科学出版社2000年版,第90—91页。

这种“填补空白”的理论既可以从符号学中关于纵聚合体(paradigmatic,即联想,或隐喻)结构和横组合(syntagmatic,即转喻)结构之间转换、衔接的论说中找到依据,也可以从解构主义关于“延异”之说中得到支持。文本空白表现在文本片段、句子衔接、选择的差异(意义相近的词制造的空白)中,阅读会提供上述地方缺失的任何内容。填补空白还受到整个阅读活动的影响。阅读是一种充满期待和等待回应的过程。我们最初的期待与文本之间的冲突构成一个临时的虚拟世界,即我们期待出现的结果或者发展的关系。

在阅读开始时,这个虚拟世界是阅读的起点,接下来的阅读要不断与这个起点发生关系。如果阅读证实了起点的期待,进一步的阅读会在此处开始。如此反复,直至阅读活动结束。如果从起点出发的期待被继续的阅读纠正,即阅读后的意义与期待不相符,我们会修正原先的期待,使阅读继续。英伽登等认为,阅读是一种动态张力(dynamic tension),它居于读者期待和文本的符号式指令之间,其目的是产生一个意义。阅读的结果是产生一个不断改变着的虚构世界。❶本文在这里将其称作“流动的期待”。

由于阅读是一个过程,媒介的文本是一个流动的文本——新闻事件的连续报道、电视连续剧的播出、每一集播出过程的间断等。“流动的期待”在这里被扩张,被增值。

能指与所指的关系,文本之间关系都涉及到另外一个主要角色——读者。所有的关系靠读者解构活动显现出来。当我们把读者放在首要位置观看时,研究读者反应成了批评理论的一个重要方面。依照现象学的认识,任何一部作品都可以看作是一个被感知的物,作品的意义都是经历过读者意识的。读者不再是被动的意义阅读者,读者与作品共同完成作品的意义。

当读者反应理论把对文本意义的关注点转移到读者而不是文本或作者以后,“什么是读者”的问题自然突现在我们的面前。读者地位的提高只是一种表面现象,强调读者就是强调“意识”对于每个个体阅读的影响。从另外一个角度上探讨文本意义产生的复杂性。

**2.阅读是“深化的实践”**

斯坦利·费什(Stanley Fish)认为阅读是一种“深化的实践”❷。这种实践虽然起因于阅读,但是阅读本身具有某种历史性,是在一种浓缩的或者说深化的内在参

---

❶ 罗伯特·C.艾伦编,麦永雄等译:《重组话语频道》,中国社会科学出版社 2000 年版,第 92—94 页。

❷ 斯坦利·费什著,文楚安译:《读者反应批评理论与实践》,中国社会科学出版社 1998 年版,第 1—3 页。

照体的活动中完成的。费什以阅读诗歌继续解释他的观点。费什如此讲述从事于诗歌阅读的过程:对于有诗歌阅读经验的人来说,他的意识借助于他即将看到的诗歌外形和样式已经结构化了。这表明其诗歌性以及要求其被认可的并不是语言本身,而是一种结构化的样式。如果阅读者一开始就明白他正在从事诗歌阅读(与报纸阅读和医学文献阅读相比较的人),他就会以受益于某一知识的目光去关照语言(诗的)的延伸性,而且这种目光也将关照他在彼时所发现的存在物。诗歌阅读就是关于诗的知识的一次实践。

所谓阅读是"深化实践"也强调了阅读本身的"被限制"——关于诗歌的知识、作者的阅读经验、欣赏能力的积累、个人的价值判断、意识形态等。个人的一切又是在社会的、法律的、道德伦理方面,或者说是在话语中确认。在这里,阅读的被限制似乎与我们前面谈到的作者的被限制有类似之处。例如,针对云南一名大学生杀死四位同窗的事件❶的阅读,针对有关此事件的新闻报道的阅读,都是在"知识的目光"(法律、教育、道德、伦理等)下进行的阅读实践。这种阅读的"深化实践",无一不受到当下社会话语的约束。关心这个事件的人们很快就把事件当作一个带有社会性的事件阅读,而不是一件纯粹的刑事案件(法院在审理时,根据犯罪事实确认罪行)。正是因为阅读者一开始就明白他们在进行社会性事件的阅读,他们自然受益于社会的目光关注整个事件的延伸性,结果是关于此事件的阅读开掘了不同的角度。

作者根据对"新浪"网搜集到关于此事件的各种报道和评论(2004 年 3 月 18 日新浪首页)所作的分析列表如下,以领略这种"深化实践":

| 类 别 | 文 本 | 知 识 点 |
|---|---|---|
| 事 件 | · 公安部 A 级通缉令:侯金海 (0317 18:04) | 公共治安 |
| | · 公安部 A 级通缉令:张成军 (0317 18:00) | 公共安全 |
| | · 公安部 A 级通缉令:李春勇 (0317 17:54) | 公安侦破常识 |
| | · 央视法治在线:马加爵案侦破始末披露(组图)(0317 15:30) | 办案程序 |
| | 云南大学"2.23"特大杀人案成功告破情况通报 (0317 11:36) | 社会反映 |
| | · 有关部门兑现巨额悬赏 举报人领走 25 万奖金 (0317 15:48) | 安民告示 |

❶ 2004 年 2 月 23 日,昆明市云南大学的一间男生宿舍里发现四具男尸,被害人系被钝器打击头部致死。警方查明,该校 2000 级学生马加爵有重大作案嫌疑。2004 年 2 月 24 日,云南省公安厅刑侦总队发出 A 级通缉令,悬赏 15 万元人民币捉拿"2·23"凶杀案的犯罪嫌疑人马加爵。2004 年 3 月 1 日,公安部向社会公布 A 级通缉令,悬赏 25 万元人民币在全国范围内公开通缉马加爵。2004 年 3 月 15 日,马加爵在海南省三亚市河西区落网。

续表

| 类别 | 文本 | 知识点 |
|---|---|---|
| | 马加爵今日回学校指认案发现场(0318 05:51)<br>·组图:马加爵乘飞机被押解回昆明(0317 11:02)<br>·马加爵在三亚承认:当时还想杀第五个(0318 02:20)<br>·马加爵曾经的下铺兄弟:终于放心!(0318 05:51)<br>·三亚马加爵被捕地点附近 多人称言曾经与他接触(0317 16:32)<br>·马加爵押解回昆明 警方披露马加爵有反刑侦能力(0317 15:09) | |
| | ·我抓到了马加爵冰凉的手臂(0318 05:51)<br>·记者与马加爵同机飞行 三次借机靠近(0318 02:20) | 媒体的介入、兴趣以及介入方式 |
| 社会、民主、法律 | ·马加爵案显示中国信息透明度大幅提高(0318 06:42) | 公共信息与信息的透明度<br>有专家谈到全国发布通缉令,认为这是我们国家公共信息透明度增加,社会进步的表现<br>涉及信息的公共性以及公众获得公共信息的合法权利 |
| | ·破解马加爵四大悬念——举报人为什么能公开(0317 22:51) | 举报者的隐私权利<br>媒介的权利 |
| | ·马加爵被正式拘捕 昆明两律师将为马加爵作辩护(0318 04:33) | 法律的平等基础 |
| 学校、教育 | ·广东高校热论"马加爵事件"应重视情感教育(0317 16:35)<br>·时评:凭什么让"教育"当替罪羊(0318 02:20) | 素质教育、情感教育、心理健康教育 |

续表

| 类别 | 文本 | 知识点 |
|---|---|---|
| 社会反思 | · 被害者全是品学兼优的穷学生 (0318 05:51)<br>· 马加爵的父母老师:不可思议 (0318 05:51)<br>· 马加爵交待四名同窗如何被杀 (0318 02:20)<br>· 家乡父老:马加爵精神失常? (0318 05:51)<br>· 马加爵落网之后 云大师生自我保护意识明显增强(图) (0318 07:38)<br>· 如果给马加爵买双鞋一切会不同? (0318 05:51)<br>· 小摩擦不是马加爵行凶理由 (0317 14:56) | 个人心理健康<br>个人心理调节<br>面子问题<br>责任心<br>人情冷暖<br>自我保护<br>多一份关爱<br>贫困与自尊 |

以上 28 条都是阅读“马加爵事件”的文本,这些文本包括了事件本身的基本元素,更多的是阅读元素,“是在一种浓缩的或者说深化的内在参照体的活动中完成的”的文本。虽然,每一位阅读者在阅读时都有自我意识的支配,但是,阅读者参与文本体验/活动,也与社会、政治、文化话语、社会道德规范等有关系。我们把 28 条分成几种类型,分析每一种类型的知识点,每一类中包含的内容是一个文本,28 条也构成一个文本。正是列表中不同的知识点构成事件的延伸性,关照“在彼时所发现的存在物”。

## 三、在媒介解读实践中的读者反应理论

费什本人强调读者反应批评不是理论,甚至也不是一种方法,而只是文学批评的一种实践行为。显然读者反应批评是不是理论或者方法并不是至关重要的问题,运用其思考成果在更广泛的领域内发现和探究新的问题,并且获得解释,是本书以一贯之的目标。读者反应理论有助于解释那些和大众天天见面的大众传播媒介全天候或者几十版向大众提供的各种文本如何与观众、读者共建意义世界。

解读媒介(文本)与受众(读者)在建构意义时发生的关系的阶段,我们首先用下列图形表达读者阅读时的经历:

作者充满创作意图的创作行为 →文本问世(作品)→原始意图与文本分离(当意图成为文本的时候分离就开始了) →读者获得“补充”的间隙

读者阅读开始→作品的意义在意识的通道经过→补充的意义(增加和积累)进入文本→文本字面意义启动和引导

## 1."填补式"的阅读

从上图中我们看到文本与读者之间的空白是不可避免的,语言符号中能指对于所指的遮蔽性足以证实这一点。例如,关于一只白猫的文字描述是这样的:它足有两尺长,一尺五寸高,身体浑圆,全身白毛。当它穿过人家花园时,慢条斯理,不慌不忙。遇到主人呵斥,撵它走时,它会停下来,与人对视良久。只有当你抄起家什,发出响声,它好像才明白这是真的危险,迅速离去。如果阅读者有过饲养白猫的经历,这段文字使他想起猫的体重、体温、叫声、猫眼的颜色、匍匐的样子等。即使没有养过猫,也同样可以填补意义,如猫叫声,人与动物对视的感觉等。阅读的天然使命就是"填补空白"。这种填补行为对于读者也是一种刺激,与作者共建意义的刺激。当然在一般情况下,读者并没有意识到这是与作者在共建意义。

既然读者的阅读活动作为一项填补文本空白的活动,那么任何文本都不可避免地出现空白处。尽管文本可以刺激并且延伸和滞留以缩小空白,仍然无法控制全部的阅读过程。在句与句、段与段、章与章、镜头与镜头、场景与场景、片段与片段、人物与人物、情节与情节之间,总之每一处变化和进展都留下空白等待读者去填补,填补同时也成为读者的一种创造和乐趣。

这种"空白"在大众传播媒介尤其是电视文本中获得什么样的待遇呢?电视作为一种时间艺术,它本身是流动的,也是可以中断的(关于电视天然的可以中断的性质直接依赖于电视的技术控制。中断来自于观众,是因为另有替补频道可供欣赏。来自电视本身,主要在于时间对于电视生存的另一种意义——出售文本中的"空白"时间。这恰恰是本文要揭示的方面)。

(1)电视连续剧的"空白策略"

电视连续剧是一种可以无限拖延下去的叙事文本。由于文本内容多,占据播出时间长,故被分成几集连续播出。长此以往,电视剧分集播出成为惯例。加之连续剧必须在电视台已经安排好的播出时间内播映,播出时间先于电视剧而确定,根据播出时间打断电视剧的连续播出也成了惯例。为了适应电视台全天候播出时间表的安排,将电视剧分集播出制造集与集之间的空白,便于插播广告。于是我们看到电视剧连续的各种样本。如曾经在大陆播放的一部译制电视剧《成长的烦恼》,是从剧中主角的童年开始,延续了几十年。因此,出现需要观看一年,甚至更长时间的电视文本也不足为奇。电视连续剧《还珠格格》播出后获得轰动效应,便有了《还珠格格2》、《还珠格格3》[1]。新闻报道为了吸引受众,也会把一个故事分成几个片段在连续的时间中刊登或者播放。

---

[1] 参见本书图9。

《还珠格格 1》

《还珠格格2》

《还珠格格3》

图 9　电视连续剧《还珠格格 1－3》剧照

为什么这样有意识增加空白以赢得更多的播放时间和版面的做法并没有造成读者、观众的心烦意乱或不堪忍受的后果？

首先让我们分析电视连续剧的叙事特征。电视连续剧与其他大众媒介叙事文本的显著特征是连续性叙述。连续性叙事没有明显的截止时间。只要电视台每天开播，报纸每天发行，故事就可以连续讲述。考虑到它可以连载或者联播，故事文本改变传统故事文本的叙事策略，用一种开放式的姿态把人们对于故事最终结局的注意力转移到片断的收场。我们从小说或者故事片中看到的故事大多数是封闭式的故事结构，所有的情节安排的主要叙述性的问题都有待于最后结局出场时才获得答案。阅读或观看的乐趣与最后到来的结局紧密相连。这种叙事情节环环相套，悬念跌宕起伏，几乎不留停顿的位置。在开放式的故事文本中，设计众多的人物和事件。如《还珠格格》中主要人物有小燕子、紫薇以及皇宫内的几位阿哥。虽然整体来讲几位主要角色彼此之间是有联系的，但是，他们都可以拥有自己的叙事路线，他们碰到的问题不具备内在的连锁性，可以单独处理，不必等到最后。正如罗伯特·C.艾伦分析的那样，连续剧对自身进行不朽的设计。也就是说连续剧没有剧终的，可以永远地讲述下去。在封闭式的故事中，有一个最终的结局支配着每一个情节走向它。连续剧中的情节发展不一定要走向最终的结局，它追求把人们对结局的期待分散到一系列不断改变、互相联系但具备阶段性的情节中。这些情节或交叉、偏离、断裂，但是，都具备走向小结局的能力。因为每一集都有一个相对独立的情节主线，这条情节主线随着这一集的结束而结束。因此，观众的期待在短时间内得到回应，也获得阅读的满足。

其次，连续剧中每一集与下一集之间的空白被认为是一种强制性的中断。但是，这种中断在读者那里却被接受了。因为电视文本作为时间艺术具有转瞬即逝的特点，在阅读它时，读者从整体把握的可能性小，难度大(除非反复播放/收看。如果观众把观看电视剧视作一种休闲活动的话，他们在观看时往往会放松要求，随遇而安)，观众一般随着文本内部结构停留某个段上，不从外部去把握整体。每一集和下一集之间的“空隙”对于提高观看者的兴趣是重要的，因为观众会在填补空隙的过程中获得满足和乐趣。比如故事经常在高潮期来一个“策略性间断”，使好奇心延长，也就是把正文对预设的回应延长，观众会期待下次播出。当然这一切也来自电视走进家庭的技术。如果是外出看电影，这种中断会立即遭到观众的抗议。包括正片放映前播放插片广告的事件，都引起观众的质疑。❶

对于那些每周播放一集的电视剧来说，如果它有足够的吸引力，那么那些等

---

❶ 许多观众认为自己花钱买票是来看电影的。插播广告强行占据他的时间，用他的时间获得利润，也是一种“剥削”行为。

待下一集的忠实观众会在集与集的空白处评价剧中人物的行为、讨论他们的命运、发表自己的看法，这个过程所花费的时间超过一集的播放时间。媒介为了继续吸引这些观众，也会在其他时间以另外的方式继续对正在播出的连续剧做宣传。如刊登观众的评论，介绍演员的拍摄花絮，请演员参加与观众的见面会和娱乐节目等。

(2)增加“流转的期待”频率

所谓的流转是指阅读是在读者的预设(观点)和正文的回应周期性地交替进行。正文不断地回应预设，同时又给出产生新的预设的信息。当回应与预设一致时，阅读进入下一个预设；不一致时，读者调整预设，以便跟进正文。其实在这个过程，我们又看到了德里达的观点，正文看作是能指，所指在不断地跟进，同时所指也是无限的。

阅读开始后读者做了两件事，一是不断调整心中预期设计的图像；二是把自己认为符合正文虚拟世界的信息纳入其中，把不符合的抛掷一边。在电视益智类节目(“开心辞典”见图10)播放时，主持人提出问题，让现场参与者回答，这样一个情节也构成一般性的悬念。观众收看这档节目主要兴趣之一是回答问题。每一个回答都有一个期待，期待着答案，期待着自己回答获得“正确”的肯定。对于现场直接参与表演的幸运者来说，还期待着不断积分，实现自己的家庭梦想[1]。我们用下图表示这个流程：

幸运观众[2] 的总期待产生并迅速转移到（获胜后给母亲或者妻子送礼物）
／ 现场亲友团——母亲、妻子等
— 现场其他观众
＼ 电视机前观众

↓

回答第一个问题后期待／回应（幸运观众）
／ 现场亲友团期待回答“正确”
— 现场其他观众和参赛选手期待正确/否，心态复杂
＼ 电视机前观众希望自己内心回答正确[3]

↓

回答第二个问题后期待／回应（积分越高，期待值越高）
／ 现场亲友团期待回答“正确”，或间接参与回答[4]
— 现场其他观众和参赛选手期待正确/否，有偏向[5]
＼ 电视机前观众兴致越来越高

↓

……

---

[1] 《开心辞典》的参与者在进入比赛之前已经向主持人、电视机前的观众“坦白”自己希望获胜后给家人送什么礼物。

[2] 通过报名、筛选获得资格。

[3] 如果与他人一起收看节目，电视前也摆开了竞赛的阵势。

[4] 亲友团获准可以帮助选手回答问题。

[5] 节目最后要评选你认为最出色的参赛选手，故在之后的问题/回答/答案流程中，现场的其他观众已经有了偏向。

图 10

任何一种叙事文本都是依靠一个句子接一个句子，一个镜头接一个，一个场景接一个场景移动完成叙事的。用符号学的观点解释，经过作者意识通道的意义化成句子时，符号的规则也化入句子——约定俗成的能指与所指的关系中。阅读是通过符号返回到读者的意识通道，因为有了双方均认可的规则，返回才有可能。但是，任何返回都是经过了读者意识通道的，返回后——阅读产生的意义不是复原式的。况且规则和对规则的实施之间也会留有“空白”——有不能完全契合之处。读者在文本的“空白策略”中留下了意义的填充物后，也在期待获知填充物适应与否的结果。多情节转换也制造空隙，观众正在观看，突然场景转换，在一个新的地方，出来一批新人。一个预设尚未得到回应，新的预设又出现，观众的期待不断产生，甚至来不及完成一个周期。

总之，读者在叙事文本中读到的内容和读者期待在文本中发现的意义之间的空白处充满了张力，也可以说在文本的结构中包含了阅读的结构。阅读结构功能将空白处连接起来去“影响”文本结构。不过不用担心，这些结构不会改变文本结构的基本样态。一切是在文本的引导下进行的。

电视连续剧的创作就是冲着这个来的。电视剧惯用的手法包括：

追求平面场景的庞杂，人物的繁多，不用悬念依然可以制造观众的期待值。悬念是小说创造的激情和原始冲动，编织悬念之网需要十分精致，任何的忽略都可能露出破绽。当然，悬念引起的期待是丰富的。如果你在平面的场景中多设几个视点，只要场面允许，利用摄像机推、拉、摇、移，俯视、仰视的变化也可以引起期待。这样做比起悬念设计简单得多。技术可以替代想像的贫乏。一部反映大陆、香港警察联手破案的影片，选择香港赛马场演绎一段戏，理由可以简单到因为大陆的观众对香港赛马活动不熟悉，因此有吸引力。如果大陆观众对海洋公园没有概念的话，这场戏就放在海洋公园拍摄。任何随技术的惯性去组合的结果，对于人来讲，可能都有新颖的点露出。对于它的重复，需要在大量的新的组合出现后才能察觉。

由于连续剧人物繁多，给它一个最终答案不容易。多主角化是它又一个突出特征。曾经在国内播放的译制电视连续剧《豪门恩怨》，男主角与三个子女之间，与前妻后妻之间，前妻与男友之间，该男友与男主角之间形成的复杂关系，每一个人都有一个结局。每一集该谁出场没有必然性，因为他/她在一个平面上。如果想让某个角色离开，你可以设计他去非洲，或者任何一个远方。想让他回来，可以在任何时候。大陆类似的连续剧《金粉世家》、《大宅门》等也是拥有几十个人物角色的。观看这类由群体角色构成的电视剧，需要忠实度。一旦连续观看，欲罢不能。复杂的人物关系，多个人物命运引起的期待值很高。如果你只在偶尔的时间看一集的话，会因为搞不清人物关系放弃继续观看。

为了想方设法来拉拢观众，用商业化手法刺激期待也是我们常见的手段。在一集结束时提出问题，如："本集郭靖的伤是谁疗好的？同时还要附一句：请赶快拨打节目热线电话＊＊＊＊＊＊＊＊，或点击本栏目网站 www……如果您猜中的话，有机会获得免费欧洲之游。我们将抽取两名幸运观众……"下集依然如此。大众传播媒介可以以这种方式刺激观众或读者的期待。

**2."解释团体"的解读❶**

当读者反应理论把读者从阅读行为过程中单独取出研究时，应该将其放置何处，又成为一个问题。在回答文本"意义到底寓于何处，是在文本中，还是在读者中?"这样一个老问题时，费什的答案是："在两者中都不存在。"这个答案又提供一条揭示读者身份的思路。在这样的答案中，读者已不是个体化的读者，读者是在解释团体中存在的。费什指出，意义(meanings)既不是确定的(fixed)以及稳定的(stable)文本特征，也不是受约束或者说独立的读者所具备的属性，而是解释团体(Interpretive Communities)赋予的。"解释团体既决定了一个读者(阅读)活动形态，也制约了这些活动所制造的文本。"❷ 因为"无论文本和读者都具有解释团体(Interpretative Communities)所具备的功能，解释团体既是文本的外形/特征，也使读者的行为能够被理解"。解释概念取消了文本和读者的对立，把

❶ 这个题目也是本书第三章第三个问题的延续。

❷ 斯坦利·费什著，文楚安译：《读者反应批评理论与实践》，中国社会科学出版社 1998 年版，第 46—47 页。

二者放在一个地方——赋予其活力的团体/体制语境/情势之中。这样一来,“文学批评史不会成为一种旨在对某一稳固的文本进行精确阅读的发展史,而会成为一种由团体/体制所制约的参与者为把某一文本置于其关照视野之内而不断努力的历史。”❶这种解释也回到了阅读是深化实践的说法上。

费什这个观点的哲学基础是关于人的自由的状态。自由或者说解放是“思考处于明晰时的一种状态。在这种状态中,人们能够明白他们的需求中哪一些是有意义的,或者说是真实的;因为他们最终会明白真正的自我(解放)”❷。所谓自由是可以被认识或者解释的,也就是一种思考的结果。同理,人们阅读作品的时候,是按照阅读作品的一定规则进行的,同时也处在自由思考的状态。费什通过课堂实验发现并证实了这一点。费什利用上一堂课留在黑板上的一组人名,请第二堂课另一班的学生解读。费什告诉他们这是一首宗教诗歌,因为这个班的学生学过宗教诗并告诉他们黑板上写的是一首诗。用于实验的一组名单——“诗”如下:

| | |
|---|---|
| Jacobs-Rosenbaum | (雅各布逊、罗森鲍姆二位语言学家) |
| Levin | (列为,语言学家) |
| Thorne | (索恩,语言学家) |
| Hayes | (海斯,语言学家) |
| Ohman | (奥赫曼,文学批评家)❸ |

当费什在名单的周围画上一个正方形的框,在框线上方注明第43页。名单变成这样:

第43页

Jacobs-Rosenbaum
Levin
Thorne
Hayes
Ohman

同学的反应如下:

第一位学生认为,这首诗的结构是有象征性的,不过他不能确定这是一个十字架,还是圣坛。许多学生的注意力是每一个单词。第一行 Jacobs-Rosenbaum

❶ 斯坦利·费什著,文楚安译:《读者反应批评理论与实践》,中国社会科学出版社1998年版,第3页。

❷ 斯坦利·费什著,文楚安译:《读者反应批评理论与实践》,中国社会科学出版社1998年版,第43—44页。

❸ 人名的音译是作者加上的。

（雅各布逊、罗森鲍姆二位语言学家）被解释为意指雅各的梯子（Jacob's Ladder）；❶也有学生说，在这首诗中，到达天堂的媒介不是梯子，是玫瑰树（rosetree）即"rosenbaum"被明显认为是指圣母玛利亚。因为圣母经常被描绘成没有刺的玫瑰（a rose without thorns），是圣灵怀孕的象征。

这个实验说明一旦解读者知道被解读的是一首诗，那么他关于诗歌的知识就会规范或者限制他的解读行为。所谓用诗歌的理论，用文学的理论解读诗或者文学就是这个意思。

接下来我们分析大众与大众传播媒介作为团体解读所受到的制约。

以社会特征而论。在信息成为社会发展的活力和方向的时代，传播信息者自然获得特殊的权力。大众传播媒介基本垄断大众社会信息市场，竞争只是媒介彼此之间的事情。这种垄断不是强制性地支配大众获取信息的行为，而是通过讨好大众的方式。以电视为例，虽然大众别无选择，但是大众也可以不选择。如何赢得大众的满意度是大多数媒介不惜花费财力、人力经常做的一件重要事情。作为大众自然是在满意或者较满意的状态中获得自己需要的信息，同时他/她也必须接受大众传播媒介提供信息的方式。

从信息来源的依赖性看，久而久之，大众的解读方式也逐渐媒介化。例如，对于插播广告的行为，在大多数调查者那里的反应并不激烈。普遍认为插播广告是需要的，况且广告也包含一定的信息。只是不要插播得过多。其实多与不多很难精确，数量的多少也是一种习惯使然。例如，2003 年美国发动伊拉克战争，使人们再次领略媒介的威力。人们很难想像在现代社会，如果没有媒介，战争的意义在何处。媒介以前所未有的姿态全方位、全天候报道战争的每一个发展环节。观众要想了解这场战争，只能通过媒介，自己没有直接获取消息的渠道。一直观看下来，媒介关于这场战争的立场潜移默化为观众的立场。观众不仅获知信息，还要从媒介这里得到解读信息的方法和知识。正在转播的战事不断被广告打断，巴格达上空的轰炸可以在关于美酒佳人的广告中穿插进行，战争好像是一场可以随时暂停的游戏。一般情况下有好看的节目播出，广告的播出量也会增加。这两者本来没有任何的关系，现在似乎是一种符合逻辑的因果关系。依赖媒介者也习惯了媒介安排内容的方式。

由于信息在社会发展中的支配性位置的确定，使专家学者的社会地位——实用价值被充分肯定和利用。因此，媒介在许多议题式节目中都邀请专家学者

❶ 《圣经·创世纪》第 28 章 10－15 节，"雅各梦遇天使"记载：雅各来到一个地方，因为当时太阳已经下山，于是他便拾了一块石作枕头，躺下睡觉。他做了一个梦，梦见有一道直通到天上的梯子，又看见有天使在梯子上面走上去走下来。主站在梯顶之上对雅各说："我是你祖父亚伯拉罕的上帝。我要把你躺卧的地方赐给你和你的后代。"——作者摘录。

加盟,使电视台的节目受到学术水平的认可,提高媒介的档次。在关于伊拉克战争的报道中,电视台邀请军事专家做专业分析,增加权威性并且让观众获得军事与战争的知识。这种方式与大众在现实生活中被学历、知识档次、专业技术等概念所要求,形成对专家学者的崇拜是一致的。凡是重大事件的播出必请专家学者加盟,成为一种节目模式,观众对此也是默认的。

以消费时代而论,在消费领域,一种与之相伴而生的消费文化建构的生产、市场、消费实践无一不体现出控制与被控制的互动形态。按照西方马克思主义的观点来看,个人从日益扩大的商品范围中购买商品,以最大程度满足他们的需要,从而使消费成了所有产品的目的。这表明人们控制和操纵消费的机会大大增加了。"资本主义生产的扩张,尤其是世纪之交与'福特主义'(Fordism)被广泛接受以后,建构新的市场、通过广告及其他媒介宣传来把大众培养成为消费者,就成了极为重要的事情。"❶费瑟斯通总结霍克海莫、阿多诺的观点继续说明消费文化的实践过程:生产领域广为人知的商品逻辑和工具理性,在消费领域同样引人注目。闲暇消遣、艺术作品与一般意义上的文化,为文化工业所过滤;随着文化的高雅目标与价值屈从于生产过程与市场的逻辑,交换价值开始主宰人们对文化的接受。高雅文化所奋力追求的最佳产物,如家庭与私人生活的传统结合形式、幸福与满足的允诺、对完全不同的他者的渴望等,让位于孤立的、受人操纵的大众。而正是这样的大众,参与着具有最低共同点的可替代性的大众商品文化。❷

消费经济运作不仅促进消费产品的极速发展,而且不断刺激消费者的欲望和制造成名的梦。因为消费与任何其他形式的活动都不同,它旨在炫耀物的无穷尽的好处(这些好处总是以给人们带来新的便利和新的样式为标榜的)。媒介在这样的活动中,成功地制造着再生产的神话——将人们的消费从具体的使用商品转移到对通过媒介提供的文本上,在这些文本中获得梦想和快感的同时也再次消费它。如独具匠心的广告利用商品"自由承担广泛文化联系与幻觉的功能",把罗曼蒂克、功成名就、引领时尚、奇珍异宝、欲望、美、成功、共同体、科学进步与舒适生活等等各种异想天开的梦附着于手机、汽车、写字楼、洗衣机、洗碗机、西服、酒精饮品、肥皂、洗发香波等日常消费品上。几乎每一种商品的介绍语中都会强调上述意义。如:一个成功的男士需要有一打的衬衫;＊＊＊手机,一个成功人士的标志等广告语,加上明星做示范,其商品的使用价值替换成成功人士使用——想成功应该使用的代用价值所替换。该产品使用价值的痕迹消失在人们原来的记忆中。

---

❶ 迈克·费瑟斯通著,刘精明译:《消费文化与后现代主义》,译林出版社2000年版,第19—24页。

❷ 迈克·费瑟斯通著,刘精明译:《消费文化与后现代主义》,译林出版社2000年版,第75页。

以时尚为目标的消费,在制造大众的梦方面更加具有诱惑力。因为消费最容易培植起大众对于物的崇拜。拜物不需要更多的理由,拜物的心态之一就是不断拥有,任何满足在瞬间实现,又在瞬间消失。解决了温饱还有富余的大众也许因为曾经的贫穷对拥有物更加重视,也许在从众心理的鼓励下希望成为时尚者,接受他者的崇拜。崇拜他人者潜意识中有成为被崇拜者的梦。巴尔特曾以时装为例解读时尚的含义,他认为:时尚是生产者的一种策略,这个策略是为了维系加速更替服装消费过程的运作。时尚的逻辑是购买欲望大于使用式的消费,购买欲望与占有欲相辅相成。

大众传播媒介是如何培养了观众的兴趣和对时尚的迷思呢?利用明星的成功,激活大众的梦想——“梦想剧场”❶是最好的注释。

消费经济以消费为基本动力。消费是根据经济实力分成不同的档次。明星由于从事职业的特殊性,往往成为高收入阶层。大众对明星演技的崇拜会不断转移到对明星消费行为的注意。例如,明星拥有高级住宅、汽车、时尚衣着等。这些都会成为时尚元素制造时尚的现实。要使大众产生做明星的梦,首先要使明星的成功像个梦。梦有物质的梦、成名的梦。梦中的情景便成为时尚。

时尚的心理基础是超众,与众不同。最终理想的是众人追逐我(做明星),不是我追逐众人。要从众,才可能超众。众人追逐即我追逐,我的追逐成为众人的追逐。从消费的行为分析,需要不断制造追逐的新鲜物质。“新”的频繁出现也意味着迅速过时,迅速过时,才有“新”的问世价值。

消费时代促使媒介的迅速发展,同时也限制媒介的发展方向。媒介的娱乐化、商业化都与消费时代相关联。从这个意义讲,当娱乐化成为媒介的一种追求时,媒介已经成为消费团体的一部分,脱离它是很难的事情。当媒介进入这样的消费市场之后,消费文化自然制约其各种传播活动。电子媒介、印刷媒介除了广告以外,不断增加的时尚版面、消费版面——房屋、装修、服饰、饮食,甚至包括各种消费的时尚人物介绍,都是证明。

接下来我们从政治意识形态的控制理解“解释团体”对解读的限制。任何一个事件的被解读,总是和当时的政治背景相关,背景中的主流话语直接影响着事件此时的意义。利用背景中的主流话语使被报道的事件更具有影响力,这是媒介通常的做法。这里需要强调的是媒介也很难摆脱主流话语的控制。在关于战争的报道中,媒介的客观、中立的职业要求是最容易被冲破的防线。正如本书第二章所谈到的美国“9·11”事件与政治意识、媒体的关系一样,事件发生后,谴责恐怖分子行为的意愿成为一种主流的声音,大众传播媒介关于恐怖分子活动的各种报道自然要在反恐怖的语境中传播。

---

❶ 中央电视台的一档节目。主要吸引那些想做演员的青年参加节目,过一把当演员的瘾。

另例，我国大陆在2003年10月实行了新的《婚姻登记条例》，新的条理与原来的条例相比较，去掉了"管理"二字❶。新《婚姻登记条例》所体现出的对个人隐私的尊重❷；婚姻主体由政府转移为个人，即政府是为公民婚姻提供服务者，不是管理者。这些改变表征了中国社会的变迁和进步，即"个人"、"私有"这些意义不再是负面的被否定的词，它们获得合法地位并且受到保护。媒介在传播关于新的《婚姻登记条例》的信息时，使用了如下的话语：在条例中去掉"管理"二字，实际上表明了婚姻登记主体的"转移"——从过去政府居高临下对个人的约束，转变为确立个人为"婚姻主体"的地位。这部新的婚姻登记条例和媒介对新条例的直接评价——阅读都是在一种新的观念下的解读实践活动，受这个时期主流话语的支配，是典型的"解释团体"的一种解读。

❶ 原有的《婚姻登记管理条例》是1994年经国务院、民政部发布实施。

❷ 原婚姻登记法要求个人出具单位证明方可领去结婚证书，新婚姻法取消了这一条。

# 第5章 女性主义理论与媒介批评

不论人们站在何种立场看待女性主义的理论和女权主义的社会实践。女性问题的提出和随之产生的思考与解释无疑丰富了我们的知识,她给我们指出了一条通往另一个方向的路。否则,我们会以为世界只有我们已经知道的可以到达的一个方向。如果我们知道的只是“右手型”文化的话,那么,我们也需要知道“左手型”文化[1]。

另外,被称作后现代的一些主要代表人物,从参加法国 1968 年“五月风暴”的政治运动的失败中,产生了对传统政治学理论的怀疑。他们认为“五月风暴”的失败在于理论指导思想——传统马克思主义的阶级斗争、社会革命和无产阶级专政等理论的过时。因此,这些人主张应该放弃宏观政治学而转向微观政治学。于是,他们对于女性主义、环境保护主义和生态团体、同性恋组织和反对种族歧视等局部的和微观层次上的多元化政治产生兴趣,并且形成对这些问题的新的观察角度。这些实践对于女性主义理论的发展也是一种支持。

## 一、女性主义批评理论的沿革

关于女性主义批评最早可以追溯到 18 世纪。1792 年,玛丽·沃尔斯通克拉夫特[2]完成了历史上第一部女权主义的理论著作《为女权辩护》,这部著作对女权主义产生了极大影响。产生于 18 世纪的女性主义希望确保妇女被赋予与男

[1] 德国哲学家西美尔认为:人类文化在一开始就并不是没有性别的,绝对不存在超越男人和女人的纯粹客观性文化,“历史上从未实现一种不同男女的人类文化的美妙想法”。无可否认,迄今的文化是完全男性的,男人创造了工业、艺术、科学、贸易、国家和宗教,他们不只具有男人的特征,而且在维持和不断更新中也需要男性力量。这个说法实际上也等于承认了另一种不具备男人特征的女人文化,即“左手型”文化。参阅西美尔著,刘小枫译:《金钱、性别、现代生活风格》,学林出版社 2000 年版,第 9 页。

[2] 玛丽·沃尔斯通克拉夫特(1759—1793),英国激进女权主义者。参阅约瑟芬·多诺万著,赵育春译:《女权主义的知识分子传统》江苏人民出版社 2000 年版,第 1—3 页。

人一样的天赋权利[1],谁也不能侵犯。但是,当这些被认为是天赋权利出自男性自由主义思想家的认知时,它与理性联系在一起,却将女性放在了第二位。所谓天赋权利被认为是一种上帝赐予的理性的才能。这种解释把世界分成理性和非理性两个方面。它肯定"每个个体都赋有上帝所赋予的理性才能。每个人都能独立地从特殊的情况中提取早已存在的、普遍的规律或原理"[2] 的时候,遗漏了另一面——非理性的一面——情感问题、美学问题、道德价值等。这种来自牛顿学说模式的思想[3] 制成了启蒙时代世界的基本样式:凡是理性的被视作第一位的,不遵循理性的属于他者,是不重要的、第二位的。依次类推,在男性自由主义思想中,女性与非理性、情感的、个性的等都属于第二性。第二性应该接受第一性的统治。

但是,由于启蒙时代的女性主义所确认的女性的"天赋权利"又恰恰与在自由主义的基础上重视和强调男女的相似性达成某种共识,她们提出了一个理性的、有责任心的女性形象:认为只要给她机会,她就能照顾好自己,挖掘出自身的潜力,并且控诉女人被社会化为男人的奴仆的现象。因此,即使是男性自由主义,它在法律上的重大变化——认可天赋权利"生存权、自由权和追求幸福的权利"的神圣性,对提高妇女的地位仍然意义深远,导致发出为女权辩护的最初的声音。

到了19世纪,女性主义理论不是把注意力集中在政治变化上,而是更广阔的文化革新方面。她们一方面继续承认批评思维和自我发展的重要性,另一方面还强调生活中非理性的、直觉的以及通常具有共性的部分的作用。[4] 她们强调女性特征的重要性,认为女性特征是社会再生的源泉。她们涉及了自由主义理论家未涉及的领域——宗教、婚姻与家庭等。她们不仅仅为妇女争取权利,而是在坚持一种更大的社会变革,坚持妇女进入公共领域的权利。这种女性差异性被视为独特、真实的天性,提出建立一套女性价值体系。下面摘录富勒[5] 的言论,体现出这

---

[1] 天赋人权说的理论根源于17世纪末至18世纪末物理学、思想学家对于世界秩序的认同与表述。伽利略的地球运动学说推翻了托勒密天文学地心说,牛顿制定了启蒙时代世界的基本样式:万有引力定律。政治哲学家认为如果自然界的运行受制于几条基本规律,人类靠理性可以认识和掌握这些规律,那么人类也可以支配道德领域、政治领域和美学领域。于是他们创建了现代世界最主要的道德思想之一:每个个体无疑都拥有与生俱来的或"天赋的"权利。美国的《独立宣言》将其作为无可争议的前提予以重申:我们掌握着不言自明的真理,那就是所有的人都生来平等,他们的造物主赋予他们不可剥夺的权利;其中包括生存权、自由权和追求幸福的权利…… 转引自约瑟芬·多诺万著,赵育春译:《女权主义的知识分子传统》,江苏人民出版社2000年版,第1—3页。

[2] 约瑟芬·多诺万著,赵育春译:《女权主义的知识分子传统》,江苏人民出版社2000年版,第4页。

[3] 牛顿学说模式:即自然界的运行遵循几条简单的、合理的规律——逐渐成为那个时代的主要隐喻。参见约瑟芬·多诺万著,赵育春译:《女权主义的知识分子传统》,江苏人民出版社2000年版,第3页。

[4] 约瑟芬·多诺万著,赵育春译:《女权主义的知识分子传统》,江苏人民出版社2000年版,第46—47页。

[5] 富勒著有《19世纪的妇女》(1845,纽约)。她是最早关注美国本土环境的人。

一时期女性主义的重要主张和价值取向：

我要让妇女抛弃所有她们平常所珍视的、社会和男人灌输给她们的思想。我要让她像那个印第安妇女一样❶把自己奉献给太阳……我要让她不再妥协，不再讨好，不再孤立无助，因为我要使她成熟，不再虚弱……使她健全、强壮，有能力去爱。

妇女必须停止向(男人)询问，不再受他们的影响，而且要回归自我，探询生命的基本成分，直至发现她们自己特有的秘密。然后，当她们再次出现时，仿佛受过洗礼一般焕然一新，此时的妇女知道如何把废物变成金子。

她所主张的是女性不要在已定的成规中寻找如何获得更好的方法，应该根据女性特有的天性塑造自己，这种天性应该是社会重要构成部分。

在富勒首先提出女性差异理论的基础上，后来的女性主义者把妇女解放与改良社会生活结合起来。例如：呼吁就业妇女享受同工同酬的待遇；抨击家庭对女性的束缚，主张家务劳动职业化；认为女性应该冲破所有束缚，自由选择“爱侣”(这种自由爱情的观点意味着废除婚姻制度，受到激烈反对)；主张节育，提高女性自身的健康；主张妇女的选举权等。

20世纪女性主义理论家认为女性主义不应该被看作是保障妇女权利的处方，它应该有更加广阔的视野。这些理论家认为女人即使有了公共的权利，也不能自动“净化”政治❷。净化政治要建立女性的伦理观和道德体系。她们认为不同的生活环境和生活经历造就了所谓女人的观点，以及产生于上述环境中的女人特有的意识、伦理和审美观。在强调女性特有的观点的同时，激进的女性主义者把男性的破坏行为称作色情行为——强暴行为。波伏娃和其他的法国女性主义者把男性对女性的排斥等同于他性现象。

关于女人特有的意识、伦理和审美观产生原因的分析是与女性的生活实践相联系的。例如：由于女人生活的环境使女人更容易被动地接受周围环境中繁杂的“声音”，并承认她们现实的合理性。这样的认识为非帝国主义的、肯定生命的以及尊重生命的具体细节的理论观奠定了基础；关于女性的环境意识是每一个妇女在毫无权利的环境中生存，不得不对环境保持十分的敏感。因为如果她

---

❶ 富勒借用美国印第安人的传说证明女性独立面对世界的意义：有一位印第安妇女，她认为自己和太阳定了婚，于是她离开了大伙的帐篷，在别处为自己搭了一个棚屋，屋里画满了她与太阳联姻的图案，还有许多独自生活的用品。她在那儿生活了很久，完全依靠自己，并忠实于她自认的婚姻。参见约瑟芬·多诺万著，赵育春译：《女权主义的知识分子传统》，江苏人民出版社2000年版，第49页。

❷ 关于净化政治的问题，弗吉尼亚·伍尔夫在《三个基尼金币》一书中使女性主义成为同父权制的法西斯主义对抗的最基本的理论。伍尔夫假定男女之间存在根本的差异，如她们的心理、文化和价值体系。她与其他文化女权主义者都强调创建一个左手型世界，用妇女的伦理观净化政治。参阅《女权主义的知识分子传统》，江苏人民出版社2000年版，第252—253页。

们的“行径或衣着与周围环境格格不入，那么你（她们）在大街上行走时会十分危险”❶；还有“母性思想”与“母性实践”等。❷ 在生活实践中“认识到首先需要维持需求……就使母性不同于科学思考，也不同于资产阶级的技术统治论的工具主义”。“认识到过度的控制是不利的，这便使母性明显不同于科学实验。”❸

在基于女性生存状态的研究中得出的关于女性的道德概念是“注重关爱的行动”，这种道德的发展围绕着对责任和关系的理解。男人的道德概念注重公平，道德的发展在于人对权利和规则的认识。女性的道德价值在净化政治方面表现为反对战争、反对法西斯暴政，反对国家主义、民族沙文主义等。

印第安妇女克里斯托丝（Chrystos）的沉思录表现了女性的道德概念和政治视野：

我多么悲伤地看到树木和鸟儿遭到焚烧，
它们无疑是天真的，不像我们人类。
我沉湎于它们的歌声，沉湎于那温柔的、不朽的歌词，
它们明了什么是神圣的。

歌中充满了整个人类的智慧，若没有了对生命的神圣性和脆弱性的深刻理解，我们将迷失方向，大屠杀早已发生了，将只是焚烧灌木丛，我的心如此疼痛，她哭喊着写下了这些文字，我并不像我感觉到的那样平静、冷漠，

在令人炫目的最后的光芒中，我大声呼叫，不，不，不要再毁灭。❹

今天，女性主义理论研究由于受到后现代主义和多元文化理论的影响，越来越具体，越来越关注女性的差异——种族、阶级、民族背景和性差异性等问题。关注女性的特殊性——有色人种妇女、女同性恋、老女人、有残疾的女人等。其中最重大的理论是女性生态学，她们关注男性统治和当代社会对大自然的掠夺这两者之间的关系。生态女性主义的主要理论是：对妇女的统治和对自然的统治是完整不可分割的。主张利用女性与自然的联系的优势，创造一种完全不同

---

❶ 约瑟芬·多诺万著，赵育春译：《女权主义的知识分子传统》，江苏人民出版社 2000 年版，第 238—239 页。

❷ “母性思想”被认为来自于女性家庭生活的三个方面：操持家务、抚养孩子和生产实用的生活用品，这样的生活主要经历重复和等待，不同于男性传统的直线式的探求经历。在这种女性模式中产生的敏感性是一种积极的替代物，可以替代以探求和征服为特征的男性模式。这种“母性思想”来自于“母性实践”。如，怀孕到生产这个阶段母亲所经历的几乎就是被动等待。孩子成长需要母亲的呵护，母亲对孩子的各种状况作出反应。这个过程有太多的因素是超出母亲的控制能力的。因此，母亲必须采取一种相对被动的态度。这种“等待模式”优先考虑的是维护需求，保护脆弱者，保留身边一切孩子所必需的物品等。

❸ 约瑟芬·多诺万著，赵育春译：《女权主义的知识分子传统》，江苏人民出版社 2000 年版，第 240—241 页。

❹ 转引自约瑟芬·多诺万著，赵育春译：《女权主义的知识分子传统》，江苏人民出版社 2000 年版，第 256 页。

的文化和政治。生态女性主义认为,对于我们目前的生存危机最应该受到谴责的恰恰是以人类为宇宙中心的世界观。这个世界观也是以男性为中心的世界观。因此,必须摧毁"人类"的世界观以及男人的世界观。男性世界观中的等级思想和二元论思想也成为主要攻击目标。

她们的理论规划之一是,建构人类同自然、同动物之间新的关系的思维模式,即按照自然规律平等地承担责任,形成"对人类以及地球上所有的生命的福祉的共同关注"、相互依存的新的联盟。[1]

## 二、在哲学和政治层面的女性主义

### 1.作为本质主义或者反本质主义的女性主义

本质主义与反本质主义是20世纪80年代存在两种重要的哲学主张。

本质主义的女性主义假定一个关于女性的基本事实,即存在着一个特殊的群体——女性群体。它可以从另一个群体——男性中分离开来。这种分离是根据性别是先于或者是游离于文化身份之外的一个事实的认定。关于本质主义的女性问题必须追溯到生物学的起源上来认识。

如果从生物学的角度看待女性生理特质在社会中的意义,首先承认女性生理方面与男性的差异。例如,女性每月来一次月经和性行为中不得不冒着怀孕危险的事实。如果对这样的事实不是从负面理解的话,这个事实也造就了女性的独特处:犹如女性受孕与养育子女(在受孕其间养育已经开始),这是无法改变或者中断的自然现象(堕胎和节育另当别论。这里是指女性一旦接受这些过程,她只有中断自己的规划:工作中断、学业中断、改变出访计划等,这些都受制于自然规律)。因为生命就在她那儿,它是生命的一部分。这种对自然规律的"服从",培植她们对自然的亲近感。因此,在女性受到压抑的父权社会,把女性的根本方面——特质"母性"与和平、更富有人性、更符合道德模式联系在一起。通过对这一点的揭示,能够帮助社会向着更加完美的方向发生嬗变。

例如,美国发生"9·11"恐怖事件以后,有一张照片(图11)给人们留下深刻印象:照片上有17位年轻的母亲抱着自己"9·11"事件以后出生的孩子,这些孩子的父亲都死于"9·11"事件,这些孩子从来没有见到过自己的父亲,永远也不会见到自己的父亲。照片上所有的母亲都有一种安详的笑容,小孩充满纯洁的眼神,她所表达的和平具有一种自然的力量。尽管她的背景是恐怖行为,但是,照

---

[1] 约瑟芬·多诺万著,赵育春译:《女权主义的知识分子传统》,江苏人民出版社2000年版,第186—187页。

片中的“她们”显示了女性的力量——和平。通过充分展示和平的意义反对恐怖、暴力。

图 11

图 11 是“9·11”一周年纪念活动的照片，照片中的母亲在“9·11”中失去丈夫，孩子失去了父亲。正是她/他的微笑打动每一个善良的祈祷和平的人的心灵。图 13 是“9·11”两周年纪念活动照片❶。同样是女性的纯洁和虔诚所表现的美丽，使每一个看到照片的人都禁不住要为和平许愿。母与子、少女与美丽构成的观念是所有认识的基点，人们关心女性价值与男性价值的区别，是因为他/她们认为这种重视丰富了人类的价值体系和对生命意义的理解。

赞成这个理论的女性主义者认为由于女性在本质上更富有人性，代表了和平、温馨、仁爱（以色列前总理拉宾在一次集会上说：失去儿子的母亲的呼唤产生的震撼力超过武装士兵的口号声），所以应该复兴女性价值，颂扬女性价值，使女性价值得到新生。在许多影视作品中，也表现了这样一种概念。例如，《拯救大兵瑞恩》❷这部影片把拯救行动的全部动力放置在母亲对儿子的挂念上。影片中的一个镜头凝聚了这种力量。母亲已经接到三个儿子的阵亡通知书，她还剩一个儿子正在前线。不能让这位母亲再接到一张阵亡通知书，与其说是这次行

❶ 本书所使用照片除了能够在照片中看到出处和另外注明出处的以外，其余均来自“google”。

❷ 1999 年获奥斯卡最佳故事片奖。

图 12

图 13

动的目的,不如说是来自母亲内心的呼喊。这种理论同时也对支配现实社会的男性价值观进行批评。男性价值包括:苛刻、竞争性、个人主义、英雄主义等。因此,主张用更富有人性的女性价值替换支配社会的男性价值,而不是期待对女性价值的重视是本质主义女性主义的重要议题。

但是,当女性的价值成为一种被言说的本质之后,她也会像是一个沉重的十字架压在女性身上。例如,奥斯卡获奖影片《苏菲的选择》(斯特丽普主演)讲述的悲惨故事中,我们看到的是对法西斯希特勒暴行的揭露,也看到女性观念对苏菲的压力和打击(我认为影片并没有刻意揭示这层意义,但是"选择孩子"就是在女性观念上对女性的拷问)。苏菲带着一男一女两个孩子被押解到集中营,法西斯分子让她在两个孩子中间选择一个,另一个将被送进焚尸炉。作为母亲不论她作出什么选择都会受到传统观念的谴责。她不做选择也是错。苏菲选择留下男孩。她永远给自己带上了沉重的负罪的十字架。因为作为母亲不论她放弃自己的哪个孩子,都是一种罪行。尤其是第二次世界大战结束以后,苏菲不敢让这段往事裸露出来,因为离开了战争的具体环境后,人们会对她的选择作出最严厉的批评。因为她违背了母亲的天职——生儿育女,她"杀"了自己的女儿。如果这场悲剧是在一个男性角色——父亲身上发生,所有的谴责只会是针对法西斯。战后人们对法西斯罪行的谴责无法替代对苏菲作为母亲身份的"丢失"(哪怕是迫不得已)的谴责,这种谴责除了针对法西斯,同时也针对其本性——女性。战争可以结束,对法西斯的谴责也可以告一段落,但是对苏菲选择后果的谴责来自其内心的深处,苏菲不能原谅自己,社会的价值评判也不能原谅她的行为。

另一种马克思主义立场的女性主义,把关注焦点投放到社会结构和利益驱动以何种方式保证了男性支配社会的力量,并且对富有人性的女性价值观进行遏止。例如,被视为社会经济活动的全部内容中,家务活动一直是被排除在外的。家务活动的细碎、重复、易消耗(做饭——吃饭过程很快)、不进入商品流通领域,所以也不被经济理论重视。如果把家庭事务也看作是一种社会经济活动的话,男人在外面工作就是做大事、正事的观点会受到纠正。马克思主义的女性主义强调女性与同性恋者、弱势群体、少数群体等都是受资本主义体制压迫的群体。这种观点也坚持了马克思的剥削理论。

激进女性主义者强调男权统治导致了女性话语的沉默,被迫的异性爱以及资产阶级的核心家庭等,她们主张把女性看成有别于男性的特殊群体,要满足女性群体的特定需要和欲望。

反本质主义的女性主义者对问题的考虑与本质主义不同。她们试图通过对女性主体在父权社会中的构成的分析,解释其存在的进程。在这种解释中,没有那个隐藏在社会建构的主体之后的"本质"的女性品质,即没有一个超越文化的具有生物性质的女性品质。

女性是什么？先来看女性不是什么。反本质主义的女性主义认为女性是父权制的一个组成部分,不是游离于其外的东西。她们分析性别与主体性被同时建构的过程,关注特定的性别身份与父权制的关系。她们认为如果我们可以改变女性的角色(角色是一个有着社会意义的概念),把女性从被支配、被压迫的地位替换到主要、平等的地位,我们首先要对自己的特别身份是如何形成的做更多的了解。要超越社会已有的关于男人和女人的界定,就要知道社会结构是怎样在“类”(人类)形成过程中留下了性别的印记。

在精神分析领域本质主义和反本质主义的对立代表了不同的价值,这种对立又被一致的趋向取代:了解关于“自我”的不同描述模式和“自我与世界”的关系。弗洛伊德的《性学三论》是本质主义女性分析中颇具影响的重要著作。其“第一论”名为“性变态”。主要观察、研究资料包括:同性恋、性虐待以及性受虐狂。弗洛伊德没有对同性恋等作出正确与否的判断,甚至对其有宽容态度。认为他们的工作能力和生活能力同常人比较起来,一般没有显著区别。弗洛伊德从生物学的角度分析大多数表现出的攻击性和征服倾向,并且把男性气质与女性气质当作主动和被动来理解。认为性受虐狂包含对性生活和性对象的所有被动态度分别以男性的主动性和征服欲以及女性的被动性为基础。

“第二论”名为“幼儿性欲”,形成著名的儿童性心理发展理论❶。在这种分析中,得出女孩“相对而言在性本能上较少会有施虐倾向”。

“第三论”名为“青春期的变化”。弗洛伊德认为这个阶段是女与男两性巨大差异出现的时期。男孩子随着俄狄浦斯情节的解决,超越了对母亲的依恋和对父亲的憎恨。而女孩子却要经历一个曲折的过程。因此,男孩子的超我比女孩子完善。弗洛伊德的《性学三论》从性意识的发生过程谈到男性与女性主要差异,并且把男性气质与主动性联系在一起,使他们可以互换。男性的主动与女性的被动成了本质性的。

对弗洛伊德持的观点持批评态度的反本质主义的女性主义认为这种观点是以男性为第一位的武断假设。弗洛伊德有生物决定论倾向,他所做的关于女孩进入青春期以后“性兴奋敏感区从阴蒂转移到阴道”必然性的论述,是在鼓励妇女主要按照男性的需要,按照妻子和母亲的角色需要来考虑她们的性欲。是在向被剥夺者表明“她们被剥夺的命运是与生俱来的,因此是不可改变的”❷。为了迫使妇女就范,弗洛伊德的理论成了一个棍棒。这种本质主义的理论又成为

---

❶ 详细内容建议参阅弗洛伊德著,林克明译:爱情心理学中《性学三论》一书,作家出版社 1986 年版。

❷ 约瑟芬·多诺万著,赵育春译:《女权主义的知识分子传统》,江苏人民出版社 2000 年版,第 140—142 页。

反本质主义批评的对象。

**2.进入政治活动的女性主义**

在政治领域,有无产阶级的女性主义与资产阶级的女性主义。资产阶级的女性主义是在资本主义的体制下,讨论女性的平等权力和自由。例如,挪威剧作家易卜生的戏剧《玩偶之家》叙述了一个资产阶级女性摆脱被动角色,争取自己的平等地位的故事:女主人公娜拉一直充当着她丈夫海尔茂的"小松鼠"、"小鸟儿"。娜拉在海尔茂身患重病时,为了救他,瞒着海尔茂假冒其夫父亲的签字举债救活了他。海尔茂担任经理,很得意,辞退一个职员,把位置让给娜拉推荐的女友。被辞退的职员是娜拉的债主,他以揭穿假字据要挟娜拉,要回自己的职务。娜拉相信丈夫此时会保护自己,同时又不愿意牵连丈夫,准备自杀。其丈夫知道原委后,呵斥娜拉是"下贱女人,断了他的前程"。后来债主良心发现,退回假字据。海尔茂转怒为喜,说自己有宽大的翅膀,要永远保护自己的"小松鼠"。娜拉恍然大悟:自己只不过是丈夫的玩偶,愤然离家。"娜拉在深夜出走,外面一片黑暗。"娜拉的行为和觉醒带有典型的资产阶级女性主义的特点:在已有的秩序下争取女性平等和自由。

《玩偶之家》一方面叙述了资产阶级女性争取平等和自由的理由和行动方式,另一方面似乎对这种行动的结果保持着茫然不知所措的态度。

马克思主义的女性主义认为女性是资本主义社会的受迫害、受压迫群体。是被剥削的对象。有一首名叫《新的女性》歌词说明这种观点:

新的女性,是觉醒的劳苦大众。
新的女性在斗争中挺起胸。
冲破牢笼要砸碎千年的枷锁,
争取解放,赢得妇女的新生。
团结起苦难的弟兄,战斗!
我们要向吃人的旧制度猛冲。
高举红旗,拿起刀枪,团结起来,英勇斗争,新的女性永远打前锋。

歌词强调女性与劳动阶级都属于被压迫者团体,推翻剥削制度是他们的共同目的。在这样的革命斗争中,女性与男性获得同样的权利。女性的解放就在于推翻剥削制度,建立无产阶级的政权。例如,中国革命过程中战争年代的妇救会主要是动员妇女参加革命活动,与受压迫的兄弟一起斗争。在这个斗争中,女性地位的提高或者被重视在于她们能够和劳动兄弟一样做她们能够做的事情。建设时期的妇联(妇女联合会)是政治机构的一部分,主要负责解决女性在工作、社会活动与家庭中所碰到的专门针对女性存在的问题。还有在男女同工同酬方面、女性的教育、女性就业、家庭暴力方面代表女性的利益争取社会的同情和政策的改善等。

从女性主义的观点看，如果妇女运动——工作仅仅是改变权力分配，争取到公民层面上的平等，不改变权力结构，事实上仍然是屈从于阳物统治制度。许多影视作品也反映这样的现实。稍后将在作品解读中提供更多的认识。

## 三、对媒介实践的女性主义解读

20世纪80年代初期，随着影视研究的觉醒和成熟，先是一大批女性电影研究者开始研究电视作品的女性表征。大众文化的普及和日常化，尤其是电视文本的大量生产以及对人们日常意识影响的深入，使许多文学研究或者大众文化研究的学者，开始用女性主义的视角分析上述作品。到80年代，女性主义对影视作品以及大众文化的研究已经有一套成熟的话语体系。女性主义研究旨在打破将女性界定为迎合男性的需求和欲望的男性传统，主张女性从边缘化和沉默状态中走出，争取自己的发言权，建立具有女性价值、看待事物方式的女性话语体系。其中利用已有的男性价值作对比物，阐释女性的观点是十分有效的方法。

例如，女性主义解读了作品中的角色、行为模式、观看角色的塑造等内容，指出女性角色不论是针对男性角色还是男性观众，都是被观看者。作为男性观看者，他们的观看席位是有男性性别特征的。因此，女性角色不论是对男性角色还是对男性观众，总是处在男人的欣赏眼光之下，成为男人特征显示的另一个参照面，例如，著名影片《007》中的邦德与邦德女郎。邦德演绎一场又一场英雄救美人的故事，彻底成全了男性的力量、控制能力和主导位置。

为了对这种解读有一个较系统的认识，这里参照伊·安·卡普兰的方法，即根据女性主义批评理论的四种类型分别叙述。❶

### 1. 坚持平等，反对对女性的压迫和轻视

坚持自由平等观念，强调女性与男性地位的平等，反对任何对女性的压迫和歧视的批评立场，导致了两种结果：在维系父权制建构的“女性”意义的基础上，突出女性特质中温柔、宽容、耐心、自然的方面，承认女性特质高于竞争、侵略、个人英雄主义等男性价值；另一个结果是前面已经提到的自由主义的女性主义。这种理论导致了对文本的内容分析。根据文本中女性角色的分类和出现频率的研究，揭示这些文本的女性立场——影视文本如何建构着女性的形象和关于女性的认识。关于女性角色类别的分析，指出不论是正面还是负面女性形象，她们

---

❶ 建议参阅罗伯特·C.艾伦编，麦永雄等译：《重组话语频道》，中国社会科学出版社2000年版，第244—282页。

所造成的印象"是一种强制性的认同,它将女性置于次要的位置,把女性作为丧失了自我的形象置于这个世界的某个位置,以依附男性"[1]。虽然女性角色由家庭主妇模式到职业女性模式发生变化,但是,对女性的要求依旧是体现男性为主的传统。甚至到了女英雄模式,依然充满了男性的观看立场和强调男性的支配性。例如,苏联影片《办公室的故事》中的女主角是办公室的领导人。在办公室这个场地里处在支配者的位置。但是,她被塑造成从外表看几乎没有女性形象特征的女人:一头男式短发,走路弓背,习惯迈大步,说话总是用命令式,嗓音粗哑。仅从外型设计,我们也可以读出如下意图:领导者的位置是属于男性或者男性化了的女性的。与女主角演对手戏的男演员是办公室里的普通职员,他在男性化的女领导面前总是猥琐的,不过最后这位女领导在离开了办公室这个场所之后,她男性化的性格使她失去了做家庭主妇的优势和"被爱"[2] 的权利。女主角与男主角位置设立有突破传统的一面,但是这种突破进一步传递的恰恰是父权统治地位的不可动摇性,因为女主角最终还是要在"被爱"中生存。

这些以女强人——领导者、企业家参与男性公共领域活动的"故事",实际上意味着女性变成男性,让女性臣服于父权制及其价值观、标准和生存方式。电影《圣女贞德》中的贞德,因为是圣女,所以她基本上被塑造成一个"中性"的人。但是,即使是中性的人,其外在装束也是配以男性服饰。这说明男性是绝对的主导性性别,它包括了男性和"中性"。女性外貌特征的绝对化——拒绝模棱两可,意味着社会对女性的限制是十分充分的。《圣女贞德》中有一个宗教审判贞德的场面,主教质问贞德为什么不穿女装——裙子,而在公共场合一直穿裤子——男装的象征?这样质问的潜在话语支配是:女性必须按照社会对女性的认定规则行使,如果违反,即使是像穿衣服这样的被现代社会看作是极具个性特征的行为,也要受到惩罚,因为它破坏了既定的秩序。

大众传播媒介在这些文本中透过形象所传递的以男性为主的价值观,与观众或者读者接受的先在价值观的一致性,进一步巩固了女性作为被动角色的社会意识。

### 2. 关注现存体制对女性形象的塑造

这是在西方马克思主义的立场上关注现存体制对女性形象塑造的影响。马克思主义研究总是致力于经济基础/上层建筑的问题,因此女性作为一个群体是在一个外在于她们的、更大的政治、经济关系的控制、操纵下生存,女性的形象往

---

[1] 罗伯特·C.艾伦编,麦永雄等译:《重组话语频道》,中国社会科学出版社 2000 年版,第 254—255 页。

[2] 在男性话语中爱的关系式是:爱的施动者——男性/爱的接受者——女性。

往由这种关系设计、确认。

这种研究首先把电视等大众传播媒介看作是带有赢利性质的资本主义企业，例如，电视作为一种商业化的、赢利的体制，不仅销售作为节目的商品，还要在销售这些节目的同时给观众提供尽可能多的娱乐和消遣。满足消遣和娱乐产生的收视率作为商品卖给广告商，就可以获得广告收入。因此，女性——作为可供男性观赏的内容成为提供娱乐和消遣的重要元素。女性形象首要的是满足一种经济需要的形象。被观赏不仅要作为能够产生女性作为这些企业产品的消费群体和被企业所看中的女性本身的“可消费性”，而且也成为整个有关女性形象塑造的前提。

虽然电视剧中的女性形象大多数是职业女性，但是这并不意味女性社会地位的提高，更重要的来源于电视剧的都市化倾向。因为消费的主力和潮流总是在都市。这些职业女性不仅是作为花瓶相伴于男性成功人士身边，例如，在广告中经常看到的成功男士身旁的三个标志符号：汽车、美女、豪宅。在汽车展销会上，美女往往成为一个汽车的主要“附件”伴随汽车左右，以吸引人们的注意力。在这样的展示会上，美女的价值与汽车的价值叠加在一起，构成一个系列消费。她们还被放在一个引起争议和事端的风口浪尖上被批评和谴责。例如，作为相伴在成功男士身旁的不安全因素，她们或是以色相勾引男性的堕落女子，或是破坏他人家庭幸福的第三者。在中国这种“红颜祸水”的陈腐观念不仅在女性形象塑造方面仍然被张扬，而且在新闻报道中也存在❶。

**3. 反对父权制度，揭示性别差异中的歧视**

从强调女性/男性性别差异的角度反对父权制度体现了女性主义的对抗精神。她们揭露了影视作品对女性本质的歪曲，希望女性能够抵制遭到歪曲的形象，从这些场地退出来，寻找她们的自我。类似“综艺旗舰”❷的娱乐节目，实际上就是通过邀请女性嘉宾在拍摄现场的表现——按照男性主持人需求完成游戏，再现被歪曲的女性形象。节目中邀请的主要是娱乐圈的名人——歌星、演员等。其中有一个游戏是让这些女性在不知底细的情况下去看那些毛毛虫、蟒蛇、癞蛤蟆之类的动物。这些女性之所以要将这个游戏进行下去，因为完成规定动作会获得奖品。这个游戏的男性主持人始终处在挑衅、诱惑和捉弄这些女性的位置上，这些女性的表现有时候是带有夸张的表现，一而再，再而三地被迫表现

❶ 四川省一行政部门出台的反腐败措施中有一条内容为限制领导干部身边配备女性秘书。这条措施把女性秘书与男性官员的腐败对应起来，实际上是在延续“红颜祸水”的陈腐观念。这条措施出台后引起普遍争议。

❷ 台湾出品的一档电视娱乐节目，在大陆许多电视频道播出。

出胆小(未看到那些动物时的紧张,看到时的尖叫,被吓哭)、贪婪(因为有奖品,敢冒一险)、无助(主持人的咄咄逼人使她们进退两难。有时候不得不回答问题,自曝隐私)。男性主持人在其中得到的是驾驭的满足感。

从这个角度我们对所谓的"女人味"(femininity)的虚假性进行揭示性讨论。认识女人味的虚假性,需要从"女人"在社会中被认定的功能谈起。从社会繁衍生息的方面看,女人有着不可替代的传宗接代义务——繁衍功能。女性的这个功能一直是在家庭中被肯定了。在家庭中的另外一面——父亲(男性)虽然也承担繁衍之重任,由于其通过有效地参与公共交换,他的功能从未被简化成单一的繁衍。母亲被封闭在家庭的圈子里,很少有社会活动,故其繁衍功能突出。繁衍之事仅就家庭场面而言,也是男性主动之地。当女人的本事变成单项的生孩子时,生孩子又被看作具有自然性的事情,于是女性远离理智、智慧、才能等意义一再被强调。如果女性可以通过避孕和流产等方式控制生育,使生儿育女不是纯粹自然,可以有效控制;如果女性走向社会,参加社会工作,在政治和经济领域与男性一样享受平等待遇,她就会是一个像男人一样的女人,当她受到社会像对待男人一样的待遇时,往往需要牺牲更多的女性特质,要像一个男人。

但是,在交换场所——性交换市场上,女性还必须保存和维护所谓的女人味。女人味是使她在男性社会中能够获得许多既得利益的最后保障。失去女人味,她会被社会冷落,甚至失去自尊。例如,作为女人味的相貌,一直是女性特别保护的。充斥各种媒介的护肤、润肤广告,说明了女性对其追求的热情,也不断强化着女性自己对这个概念的认同。所谓女人味成为女人的价值"是通过其母性角色以及'女人味'积累而成的"。但是,"那种'女人味'是男性的再现系统强加于女人们的一种角色、一种形象、一种价值"❶。"女人味"的虚假形象给了女性在男性社会生活的一种安全感和实惠,于是也成为许多女性刻意追求的。其实这些女人味没有脱离中国古代社会已有的"女为悦己者容"的思维模式。

一个女性力争女人味的时候,她也丧失了自我。"女人味"如果能够给女性带来实惠的话,她必须要接受被男性观看的地位。如果放弃"女人味",女人将失去自己的自然性别(与男性的生理差异),在一个以男性为主的社会秩序中她就会处在边缘,或者成为没有落脚地的杨花。社会对"女人味"的评价来自"悦己者",看上就"悦",看不上就弃之。如果不通过男性,女性就无从谈起。两者的互补,其实是不在相同的位置上。当女性带上"女人味"的面具的时候,她对男性的依赖也越重要。没有了悦己者,也没有"女人味"的价值。正如露丝·伊丽格瑞所言:在我们的社会里,女性特征往往是男性使用和交换的"商品"。作为"商品"她

❶ 露丝·伊丽格瑞著,马海良译:《话语的权力与女性的从属》,选自《后现代性的哲学话语——从福柯到赛义德》,浙江人民出版社 2000 年版,第 233—235 页。

们没有要求言说和普遍地参与交换的权力。即使商品能说话,也不会把自身拿到市场上去。女人只能待在不被我们社会和文化所认识的"基础部分",对她们的性征化的身体的使用、消费和流通支撑着社会秩序的组织和再生产,但那个秩序从来就没有把她们看作"主体"。

**4.后结构主义的女性主义立场**

这种女性主义理论研究受到后结构主义理论的影响,反对在阳性和阴性之间进行形而上的或生物学的二元划分。后结构主义是反本质主义的。拉康的"镜像理论"、米歇尔·福柯的话语权利的理论都对女性主义研究产生深远影响。

依照拉康理论分析女性主体的生成,女性主义研究看到女性作为主体是在父权制的话语中被建构起来的,所谓普遍的、共相的人实际上是男性统治的话语。这种建构从拉康著名的"镜像阶段"(儿童首次通过镜子建立对自己形象的关系,也可以说是由本我进入自我阶段的开始)理论中获得说明。拉康认为儿童的"镜像阶段"标志着自我的觉醒。他开始意识到母亲与自己的区别,同时还意识到镜中的我有别于本身的我,主体性的建构开始。但是,这个主体性一开始就是分裂的主体。他既是镜中之像又是镜外之像,既是母亲又不是母亲。这个阶段为儿童长大后进入成人的象征世界——语言和社会的各种表达系统设计了路线。在象征的世界里,儿童接受了自身作为"性的"存在的概念。因为意义系统的解释一开始是没有强调镜前儿童性别的,但是整个描述显然是将其作为男性,或者说以"他"代表了"他/她"(许多的意义系统也是在这样的惯例下确认基本的能指与所指间关系)。女性被置于缺席的处境中。

女孩的镜前阶段发生了什么变化?如果说女孩也与男孩一样,看到了自己与母亲的区别,镜中之像与镜外之像的区别。进入成人的象征世界后,她被定位于对母亲的认同,先是外表的认同,接下来是接受意义系统为她提供的一系列的概念和行为模式,它们包括:形象、姿态、声音等。女性主体的建构也是镜子——社会意义系统的控制下逐渐明晰和被确定。

福柯认为人的构成模式来自生物学、经济学和语言学三个理论。福柯的具体描述是:❶

投射在生物学上的人是拥有功能的一种存在,他接受刺激(生理刺激、社会刺激、人与人之间的刺激以及文化刺激),对刺激作出反应,适用和顺从环境的要求,融合环境强加的修改,竭力消除不平衡因素,做事不逾章法;简言之,具有存在的条件,可以找到适中的调整规范,以便发挥自己的功能。

---

❶ 米歇尔·福柯著,马海良译:《人文科学》,选自《后现代性的哲学话语——从福柯到赛义德》,浙江人民出版社 2000 年版,第 11—14 页。

投射在经济层面上的人有需要和欲望，并且竭力满足它们，并且有利益之争，追逐利润，与他人形成对立状态。简言之，他处于不可化解的冲突之中。他回避了这些冲突，摆脱它们或成功地主宰它们，至少在一定程度上和一定时间内找到了消弭矛盾的办法。他建立了既限制冲突也是冲突之结果的规则体系。

在语言层面上的人，他试图说点什么，哪怕最细微的姿势、乃至那些姿势的不经意间的变化和失败，都表达着意义；他周围的一切都是按照对象、仪式、习俗、话语等排列的，他留在身后的所有踪迹构成一个完整连贯的符号系统。因此，功能与规范、冲突与原则、表意与系统，这三组概念覆盖了人的全部知识。

关于女性的知识也是在形成这样的有机整体的过程中建构起来的。这可以在福柯给出的三个模式中找到根源。西方女性主义电视批评的学者在女性主义电影理论的影响下，研究商业影片中的“女性欲”，揭示出影视作品以看——满足观淫癖/观物癖——为主的策略。论证了占统治地位的好莱坞影片如何建立“看”(looks)的标准系列。

首先是在摄制环节中摄像机的看。虽然摄像机是中性的，没有性别意识。但是，以男性为主的摄制者，或者遵守以男性为标准的摄制规则的女性，决定了这种被称作摄制前期的行为就难免窥淫嫌疑。如大陆一部名为《牵手》的电视剧，在拍摄过程中，女导演为选择剧中女演员的“最美”镜头反复多次。负责摄像的男性说：你们女人哪里知道女性什么时候最美？我告诉你，刚刚洗过头的时候。影片果然采纳了男性摄像的建议，符合了对女性“美”的评判标准。

其次是影片叙事中的男性角色的观看。在影片中一系列的连续或者特写镜头，尤其是商业影片中女性的裸露镜头、脱衣镜头、性欲骚动的镜头等，都是为了影片中的男性角色的看。不论这些角色是正面的还是反面的。

最后是观众看。观众的看是在前两种看的引导下开始的，这种看认同了摄影机和剧中男性角色的观看欲。男性观众在观看时，自己在满足观看欲的同时，也通过影片中男性角色对女性的控制而间接获得成功感。那么作为女性观众看什么呢？人们发现在家中观看电视连续剧的女性大于男性。而这些女性观看者对影片中女性形象的关注程度不压于男性，甚至评价偏多。如何解释这个现象呢？

福柯在论述关于知识是如何被话语组织起来发生作用时指出：话语即是权力。如上所述人们的全部知识被“功能与规范、冲突与原则、表意与系统”（福柯语）三组概念覆盖。在三个层面各自有一套关系系统。这些关系系统决定了建立什么样的知识，也就是说能够成其为不同层面知识的内容是有强大的基础的，不是任何个人能够随意改动或者破坏的。而所有的知识是在话语的组织中被理解、被接受，成为建构个人认知系统和思维模式。一旦成为某个层面的占统治地位的话语，也就意味着拥有了这个层面的权力。关于女性的话语，不论是在生物层面、经济层面还是语言层面上，一向是父权统治，所有在这些层面上的知识都忽略女性的存在(没有意识到还有性别差异，一切显得自然而然。如工作岗位的设置、工作时间的安排都是男性化的。女性只有适应)。回到刚才的问题，可以给出的答案是即使是女性观众评价女性，依然用男性的标准。影片中被女性认为是正面的可以肯定的女性特征，或是因为影片中男性角色对其的肯定，或是来自社会已成定规的女性模式的判断。包括各种冠以女性名称的杂志——她的杂志，吸引女性的注意。虽然其内容不一定对男性有吸引力，但是，她却不断重复着已经被男性制度确定下来的女性意义。这些杂志除去商业目的，就是女性自己在巩固和欣赏非自然的女性价值。例如，一份以女性为名的《她周刊》，其中一版的通栏标题是"秀出你的下半身"(主要是讲女性的袜子、鞋子等。这个标题中的"秀"字是在迎合男性的观淫欲)。

以上四种女性主义对文本的解读方法和理论在具体的实践中并不是截然分离的。因为所有的文本叙述基本按照四种类型区分，无论从哪个理论视点进入，都可能获得意义。

**5. 对《不要和陌生人说话》等作品的女性主义分析**

接下来我将在文本——《不要和陌生人说话》(简称《不》，电视连续剧)的分析中，穿越这些指向女性主义理论的通道。

《不》是一部反对家庭暴力的影片，第一次放映时选择在国际反对家庭暴力日。反对家庭暴力是女性与男性达成的共识，是主流话语，也是女性主义理论的一种实践。作为主流话语，是男性社会为了安定和显示男性的保护力量的一项举措，是父权社会维护其稳定秩序的需要。这是一个被男性和女性共同认可的一项活动。

《不》剧中的角色是可以按照暴力/反暴力两种类型区分：

| 反暴力一方 | 施暴力一方 |
|---|---|
| 1-A 梅湘南(女主角，嘉和的夫人，小学教师。简称梅)<br>1-B 嘉睦(嘉和的弟弟，警察身份)<br>1-C 救助梅的热线记者<br>1-D 梅的女友<br>1-E 梅的哥哥<br>1-F 梅的母亲<br>1-G 偷拍家庭暴力场面的摄像者 | 2-A 嘉和(男主角，梅的丈夫，医生身份)<br>2-B 梅中学男性同学(因强奸罪蹲过监狱，曾加害于梅) |

图 14

《不》剧的直接矛盾：嘉和与梅湘南（夫妻）。嘉和是家庭暴力者，梅是暴力受害者。影片中多处展示嘉和施暴的镜头。这一方面是对嘉和的揭露，塑造其负面的形象。同时也难脱对女性柔弱、温顺性格的强调。观看效果对于女性而言，加强对男性暴力的仇恨的同时，也接受对男性力量的认可。

《不》中女性角色分析：

梅善良、贤惠、知书达理、漂亮、忍辱负重（具备了社会认可或者说标准女性的特质，应该是受到社会的赞许和保护的）。中学曾被一男性（2－B）强暴，以后一直在强暴的阴影中生活。"2－B"从狱中放出后，继续纠缠梅。梅怕嘉和多疑，没有告之。只好一个人承受恐惧。因为这个原因，她忍受嘉和的暴力。

梅的女友（1－D），一直鼓励梅勇敢摆脱这种家庭暴力，支持梅的反抗。在一定的意义上，体现出女性主义妇女联合阵线的口号。这位女友不结婚，不走父权社会设定的婚姻之路，有敢作敢为的自由主义精神。但是，剧中却安排她患了不治之症。在梅终于逃离家庭暴力，去寻找她时，她却死在医院。

梅的母亲，只看到嘉和得体的一面，后来知道他对女儿的暴力行为后受到刺激，住进了精神病院。

《不》中的男性角色分析：

嘉和具备社会上成功男性的许多因素：医术高明的医生（现在社会中受到尊敬的职业）；人长得英俊，举止得体；被媒体正面报道的人物；生性多疑，有暴力倾向。嘉和是具有两面性的形象：社会形象是正面的，家庭施暴是负面。对其暴力倾向的揭示主要是自私的爱。没有从男权主义的角度的批评。

2－B 是梅中学时的男性同学，他曾经强奸过梅，并因此被送进监狱，刑满释放后又来纠缠和威胁梅。代表了另一种暴力——社会暴力。

嘉睦是反对家庭暴力的有力人物。他有警察身份。警察在父权社会代表统治力量,警察、男性、勇敢、正义等经常是叠置在一起,属于男性专利。

妇女热线主持人。他代表了社会舆论方面。他不但给了梅道义上的支持,也给她男性的关爱。在梅走投无路时,是帮助她的关键人物。

1-G,自由记者。拍摄了嘉和暴力行为的过程。出发点想一鸣惊人。同时也被梅所吸引,产生同情,并对嘉和产生愤怒。理由很简单:像梅这样美好的女子,受到暴力伤害,令人愤怒。1-G提供了录像带,并向嘉和敲诈,后被嘉和杀害。

1-E,梅的哥哥。为了梅找嘉和论理,被嘉和推下钢架,摔死。

我们根据以上角色在对家庭暴力方面所起作用的大小重新排列顺序,会发现新的意义。

《不》反对家庭暴力一方角色功能:

1.1-B是最终制止家庭暴力者。以警察和弟弟的身份追捕嘉和,劝他自首。嘉和在其面前自杀。

2.1-C是反对家庭暴力的有力支持者。在梅逃出家庭暴力阴影,流落异乡,女友去世,无处安身时得到他的照顾和鼓励。

3.1-G是间接反对家庭暴力者,虽然偷拍了嘉和家庭暴力的过程,并向他敲诈,不是直接获取反对家庭暴力的证据,但最后也谴责嘉和的暴力行为。

4.1-D作为梅妇女联合阵线的一员,昙花一现。对梅的支持和鼓励是软弱无力的,基本上无济于事。

5.1-E梅的哥哥,虽然他是男性,但是来自女性方面。所以也没有保护梅的力量。其保护妹妹总是以失败告终。在梅遭到强暴后找凶犯报仇,被关了几年监狱。为了妹妹与嘉和论理,被推下工架摔死。

6.1-F作为母亲,善良忍耐。但是对于梅来讲,不可能在母亲这里得到有力的帮助和支持。

虽然家庭暴力的第一受伤害者是女性,但是,影片给我们的提示是反对家庭暴力的主要力量是男性。因为,这种提示再次证明在父权社会男性的特征的主导位置。即使女性利益的被强调,依旧是纳入到男性意义系统重新认定后再提出。嘉睦、主持人等代表的社会成为反对家庭暴力的主力。

另外,具体到影片中梅的角色塑造,需要强调"她"是按照男性欣赏观点塑造的女性。如果暴力摧毁男性的欣赏标准,也是对男性的一种挑战,男性自然要反对。如果影片中的梅是一位长相丑陋、脾气暴躁、没有受过教育的女性,她遭到家庭暴力后,还会有如此多的男性关注并且声援吗?如果那样,已经不符合社会的一般意义了。

另外一部电视连续剧《激情燃烧的岁月》(简称《激》)描述了中国革命年代的革命激情,其中男女激情是重要线索。从女性主义的角度看,这是一部张扬大男子主义的作品。与以往不同的是作品把大男子主义写得合理、真实。这种大男子主义与中国大陆的主流意识形态——政治意识的不可分割性，使大男子主义成了英雄主义的赞歌，两者难以分开。在充分成全英雄的同时，将女性的从属地位再次合法化。因为，从属男性——英雄与从属革命、从属主流政治统治联系在一起。影片客观上为女性主义批判革命叙事中父权的支配和女性的不平等提供了难得的案例（这部影片从艺术上讲提供了革命者——领袖的爱情方式，塑造了新的形象。其真实、可信受到观众的欢迎）。

今天我们从许多革命回忆录中读到当年革命恋爱的故事。大凡有知识、有出众之处的女青年，只要被一位男性"首长"看中，总是在组织出面干预之后终成眷属。"首长"作为男性本来有追求心仪异性的权利，当然女性也有拒绝的权利。但是当男性的这种权利加上地位优势——"革命意义"后，在恋爱的关系中对于女性而言就是不平等的。

《激》剧讲述发生在革命队伍中的爱情故事。这样的爱情与一般男女之爱情方式不同，它是把政治信仰与男女恋情放在一起，因此爱情过程中的男性霸权比较隐讳。首先，女性投奔革命队伍，意味着革命——政治永远排在了第一位。革命——军队这种职业本来就是根据男性特征而设的。女性在军队需要男性化地生存。这就使得她们的女性需要永远要服从军队的需要。爱情的自由观念必须服从革命之需要。

其次，《激》剧中男性主角是部队的团长，女性主角是文工团团员。从革命或者部队的等级来讲，男性处在优势地位。当团长喜欢文工团员（不是同一个团）时，他用各种方式获得支配权。他的意志中男性魅力的因素只占据很少的部分，主要是领导的身份使他对异性的追求具有不可逆的力量：打仗勇敢，作为英雄受到普遍尊敬；作为团长，为革命付出很多，需要照顾。加上组织出面谈话，强调"首长"的伟大，强调这种婚姻的革命意义，作为女性最终同意结婚。

其三，《激》中的女性尊敬这位团长追求者，却没有爱情产生。她更多地喜欢另一位男性团长。但是另一位男性带有较多的书生气（这不是军队的主流气质）。他在追求女主角时温文尔雅，只能够失败。女主角虽被放置在两个男性的角逐中心，却没有发言权利，归属于谁，要以男性角逐结果为准（在剧中是以吃土豆多少来决定胜负）。这种角逐实际上是对女性的彻底忽视。为什么女主角最后接受一个她并不满意的婚姻事实呢？

我们看到在如此的革命大叙事中，这种恋爱包裹了革命的光圈。女性的被动性就可以解释成为了革命。既然女性已经投身革命，意味着献身革命。团长也好，"首长"也好（部队习惯将领导称为首长），服从他们就是服从革命。服从革命需要意味着放弃被称作"小资"的爱情观念——两情相悦、自由恋爱等。《激》中的女主角被革命的概念、男性的霸气和自己的政治理想所限制，最终嫁给男主角,被动地承担着团长夫人的角色。

在影片放映后的赞誉声中,明显的男女婚姻的不平等成了人们的欣赏点、兴奋点。这种现象再次证明了男性特征作为一般特征被普遍接受后,已经看不到它的基础部分——不平等的原貌了。

图 15

# 第6章 大众文化批评理论与实践

大众文化批评理论的一个重要部分是大众传播媒介文化研究，它是以影视文化以及受到这种文化传播影响的社会的各个方面为关注对象的。大众媒介文化不仅仅是一种社会文化的表征，同时它也参与制造和影响社会文化方面的实践。所以，这种传播也起到了塑造社会主体的作用。对大众传播媒介依赖越多，我们的文化构成中媒介的支配性越大。正如伽达默尔（H. Gadamer）所言：大众媒介的独到之处在于“它将我们彼此联系起来，但是也像水将鱼连接起来并且携带它们一同前行那样，媒介也携带着我们一同前行。因此，媒介立即就变成了包围着并且携带着汹涌而来的信息的东西，而我们都在其中畅游，好像这些信息就是水一样”❶。对于伽达默尔的比喻，现代社会的人能够体验到。根据常识，鱼离不开水，不是水离不开鱼。在这样的比喻中，信息成了我们生存之基本条件。因此，我们对这样的生存境况的了解显得十分必要。

当我们提及大众文化这个概念的时候，这个概念至少包括了以下的词意：媒介、大众、文化。这3个词作为本章的第一个问题被讨论。

## 一、媒介、大众、文化

### 1. 媒介

媒介（Medium）最基本的意思是传递信息的工具。藉此媒介可以理解为传播者。今天被人们广泛谈论的大众传播媒介是指通过摄影、印刷媒体以及最具影响力的广播、电视和网络向不确定的多数人传播信息的专门机构。媒介有一个特点是接受者为无名氏。即使有名字报出，对于大多数不熟悉他的人来说，也没有实际意义，所有的接受者都是匿名的。大众传播媒介在我们的生活中起什

❶ 伽达默尔著，刘杰译：《文化与传媒》，引自《世界哲学》（北京）2003年第4期，第101—104页。

么样的作用呢？传播媒介每天给我们提供大量的信息，这些信息构成我们的知识或认知地图，我们徜徉在信息的海洋中，信息决定和携带着我们游动：前行，后退，向左，向右。媒介不仅仅传播信息，它的传播方式也在影响着我们认知信息的习惯和观念。因此，麦克鲁汉所言“媒介即信息”❶正是揭示了这一现象。

**2. 大众**

“大众”一词在18世纪末开始使用。“大众”顾名思义是指众人，中国有句俗话“众人拾柴火焰高”，意思是众人能够形成力量。但是，即使这一句俗语也告诉我们众人是没有个性的、不需要主见的一群人。让他拾柴他便拾柴，让他担水他便担水。他们是可以被召唤起来的群体，但从来不是召唤者。在伽达默尔的评价中，大众事实上是一团面，它就是可以揉捏和塑型的东西。虽然当我们阅读报纸或者从广播电视中得到街头随意采访对象发表各种见解后，得出大众的意见的印象，我们却很少去意识这种大众被塑型的背景，“大众就是以缺乏表达与差别为特征的，而这里面就包括沉重地压在人性上的匿名”❷。在这里我们看到大众的匿名性(大众传播媒介所有的接受者都是匿名的，因此每一个人也轻而易举地扮演着众人中的一份子，以众人自居)，对于每一个个人来讲，就是一种压力。从众作为较轻松的事情，使你避免孤独和冷清。从众也需要付出失去个人性的代价，失去许多自身的原创意义。费斯克是从大众与其对立面——宰制力量的关系中，研究大众的。他认为，“大众”是由宰制力量决定的，也就是说总是在回应宰制力量的时候得以形成。永远是对宰制力量的反映，它不会成为宰制力量的一部分。虽然一切官方统治权力都以代表了大众的利益为其争得合法性和合理性，但是，凭着大众总是被代表而不是代表其他这一点，也说明了大众最终的被动地位。大众总是被放在权力可以显示其存在的位置，是权力实施的对象。

费斯克在认定大众的“下层性”时，却又强调了大众与宰制力量的对抗方面，而不是他们被宰制力量奴役的一面。就是说，“下层性”注定了大众与宰制性力量的区别，正因为不同才有矛盾。大众的“下层性”决定了他们对于来自宰制一方意识的对抗性，尽管这种意识是时发性和非稳定性的。

费斯克认为虽然大众的“下层性”决定了他们的反抗意识，但是大众的构成是复杂的、多变的。大众作为一个流动的主体，总体上围绕着下层性的身份，在权力结构中形成各种不同亲疏关系，他们与谁对抗，与谁一致并不重要。关键是这个群体的社会性决定了与宰制力量的对抗。因为即使那些身体曾经属于宰制

❶ 建议参阅爱里克·麦克鲁汉，弗兰克·秦格龙编，何道宽译：《麦克鲁汉精粹》，南京大学出版社2000年版，第227—244页。

❷ 伽达默尔著，刘杰译：《文化与传媒》，引自《世界哲学》(北京)2003年第4期，第101—104页。

力量之中的(政治统治机构、高层的商业管理部门)的人,他只要能够脱卸象征职业的装饰,与其他人一起坐在露天足球场的普通席位上观看比赛,充当一名拉拉队成员,他就参与了大众活动。我们在电影《泰坦尼克号》中看到的那位出身贵族的女主角,当她离开头等舱,与那位毫无顾忌往大海中吐痰的"下层身份"的青年站在一起时,她就等于站在了大众一边,她与男主角一起往大海中吐痰的行为就是大众行为,行为本身是针对贵族——宰制力量的反抗。

"大众并不是无法抵抗意识形态体制下的无援无助的主体,也不是拥有自由意志、由生物学决定的个体;他们是一组变动的社会效忠从属关系,由社会行为人在某一块社会领地中形成,而这一社会领地之所以属于他们,是因为他们一直拒绝把该领地放弃给强权式的帝国主义。弱势者所赢得的任何空间,都是来之不易难以守成的,但它毕竟被赢得,也毕竟被守护着。"❶

当个人以大众——下层身份解读文本时,他是霸权的抵抗者,抵抗可以是一种逃避,可以是一种反抗,这些反映都是由产生快感所驱动,"生产出属于自己社会体验的意义所带来的快感,以及逃避权力集团的社会规训所带来的快感"❷。例如向大海中吐痰这个行为,在电影中已不是一个卫生习惯的问题,它的快感不在于不讲卫生,在于对贵族的冒犯——反抗。不论这个行为者是贵族,还是大众,这个行为符合大众对抗宰制力量的逻辑。

**3.文化**

现在来谈"文化"(Culture)。文化是使用频率极高、关涉范围广泛、比较难定义的词。这里仍然选用德国的哲学家伽达默尔对"文化"这个词的分析路数❸。

从词源讲,谈到"文化"的意义,许多哲学家都是从拉丁词"cultura"说起。这个词与农业(agriculture)联系,包含农耕、耕作的意思。农业本身的规则化——土地的丈量与阡陌之规矩,耕作的程序——春耕夏收。例如,中国古代皇帝的钦耕仪式❹,表征中国是农业国,农业的重要地位。"文化"的希腊词(paideia)是指对年轻人的教育极其规范性价值。罗马共和国缔造者们身上保留的农民习性也在其精神文化中保留下来。在罗马的日常生活中,对希腊的哲学、教育和修辞术的引入,都与文化的概念分不开。在这里伽达默尔发现人们忽略的"文化"的意

---

❶ 约翰·费斯克著,王晓珏等译:《理解大众文化》,中央编译出版社 20001 年版,第 53—57 页。

❷ 约翰·费斯克著,王晓珏等译:《理解大众文化》,中央编译出版社 20001 年版,第 58—59 页。

❸ 沿袭伽达默尔的思考路数,是因为他对语词的觉悟:"你不得不倾听语词……他们(学生)必须为倾听他们所使用的那些语词的深刻含义而长出一只耳朵来。它对哲学家之重要,就如同它对能够听出声音的纯洁性的音乐家一样重要。"摘自伽达默尔著,刘杰译:《文化与传媒》,引自《世界哲学》(北京)2003 年第 4 期,第 101—104 页。

❹ "钦耕"是每年开春农事活动启动仪式。由皇帝象征性地开第一犁(牛拉犁,皇帝扶犁)。

思,他说"我们几乎都没有注意到'文化'的意思就是'养护'(Pflege)——心灵的养护就如同土地的养护一样"。所谓"养护"与我们日常所说身心修养接近。

其次,"这个词的内涵揭示了文化与自然的内在联系"(伽达默尔语)。在其他学者的文化解释中,也强调了文化的非自然性。文化如果是一种成规,行为的方向感。文化虽然不是个人制造的东西,但是它却是人为之事。那么,文化和自然之事之间如何保持一种张力,我们应该如何同时呵护、照料它们,就是摆在我们面前的问题。

作为英国文化研究的代表人物之一的雷蒙德·威廉斯从人类学、社会学以及艺术学的角度对文化进行界定,他认为:

文化具有两个方面:一是文化各成员接受训练以了解各种现成的意义与方向;二是可以获取并接受检验的各种新观察和新意义。我们就是以以下两种意思使用文化的:一是指整个生活方式——诸种普遍意义;二是指艺术和学习——发现事物和创造性活动的特殊过程。❶

威廉斯所强调的文化的双重意义:一种是"生活方式";另一种是作为发现和创造的过程。这种过程往往是通过结果来鉴定的。其结果代表着一种完美的追求和理想的极至。从文化研究的角度看待文化,主要使用的是第一种意义。

所谓"意义"在另一位英国文化研究的代表人物斯图亚特·霍尔的描述中获得这样的解释:❷

(1)意义事实上产生于几个不同的情景,并通过几个不同的过程或实践进行循环(文化循环)。意义给我们自己的身份、我们是谁以及我们归入哪类人以一个概念。1)意义持续不断地在我们参与的每一次个人及社会的活动中产生出来,并得以交流。从某种意义上说,这是文化与意义的最具特权的场所。2)意义通过各种不同的媒介产生出来,尤其是目前,通过复杂的技术,通过现代大众媒介这种全球通讯手段产生出来,这使得意义以历史上从未有过的规模和速度在不同的文化之间循环起来。3)意义还产生于我们用文化"物"表现自己的意思,利用、消费和占有文化物时,也就是说产生于我们以不同的方式把它们结合进每天的日常定规仪式和实践活动中,以及这种方式给它们以价值和意义之时。意义还规范和组织我们的行为和实践——意义有助于建立起使社会生活秩序化并得以控制的各种规则、标准和惯例。因此意义也是那些想要控制和规范他人行为和观念的人试图建立和形成的东西。

(2)文化已经从原来要根据另外一些因素才可得到实体性解释的东西,现在

---

❶ 转引自尼克·史蒂文斯著,王文斌译:《认识媒介文化》,商务印书馆2001年版,第24—25页。

❷ *Representation: Cultural Representations and Signifying Practices*, Stuart hall SAGE Publications 97.

变成了与社会文化基础或社会“深层”文化符码相关的原文化问题。❶ 在全球化的情景下，从最广义的角度来说，“文化”生产就是符号生产，换言之，也就是再现、影像，甚至“生活风格”。这种全球化情景已经开始超越只能制造只有实体、可计算的货品和服装的老旧生产模式，而似乎具有更大的诱因。❷ 以上关于文化的定义在诸多关于文化研究的论说中都被广泛接受。

费斯克关于文化的定义是从文化批判推动社会变革着眼的，他把文化定义为意义在特定社会中的产生和流通，并且强调了文化与社会、权力结构的关系。他说：“大众文化一直是权力关系的一部分，它总是在宰制与被宰制之间、在权力以及对权力所进行的各种形式的抵抗或规避之间、在军事战略与游击战术之间，显露出持续斗争的痕迹。”❸ 这个观点强调了文化与社会和权力结构的关系。

在我们重新熟悉文化研究的路程后，大众传播媒介在文化建构中的地位和作用也随之清晰化。媒介是一切文化的表达者，由于媒介自身也是一种文化，因此表达过程也是建构过程。尤其是媒介借助技术带来的便利和技术对人们的吸引力，在文化循环过程中成为永不歇息的活性物质。

对于大众文化，尤其是其代表者媒介文化，人们一直处在一种十分矛盾的立场上去看它，研究它。来自英国伯明翰的 Gargi Bhattacharyya 博士准确地描绘出人们对大众文化的担心和无奈❹：

人们对大众传媒有着巨大的担心，认为它是如此地邪恶和堕落，它让人们拜金，让女性沉沦，让少数人群受歧视……在这个国家（英国）许多兴盛的媒体，展现给人们的其实是极端无价值的观念形式。就像你看到的《太阳报》，至今也没有任何的改观，于是公众分析得出结论，“难怪英国工人没有革命潜力，他们都在那里观看性生活片和阅读《太阳报》，他们因已被这些东西洗脑而丧失热情。”而同时也有人说，不会有任何一个人、一种媒体甚至一个制度可以成功地为人洗脑。人们总是怀疑《太阳报》信息的真实性，也经常嘲笑它煞有介事的报道方式，但人们同时又很津津乐道。

一直以来，关于大众文化的理论也有两种不同阐释，一种否定式批判大众文化；一种在批评基础上肯定大众文化——快感。不论是否定性的，还是肯定其某种价值，都为我们提供了认识大众文化的知识和经验。

---

❶ 麦克·费瑟斯通著，刘精明译：《消费文化与后现代主义》，艺林出版社 2000 年 5 月版，第 16—17 页。

❷ 康纳著，唐维敏译：《后现代文化导论》，五南图书出版公司 1999 年版，第 10—13 页。

❸ 约翰·费斯克著，王晓珏等译：《理解大众文化》，中央编译出版社 2001 年版，第 25—27 页。

❹ 张华，Gargi Bhattacharyya 博士：《伯明翰学派何去何从？——对伯明翰学派嫡系传人 Gargi Bhattacharyya 博士的访谈》，2004 年 2 月 18 日《中华读书报》19 版。

## 二、对大众文化的否定式批判

大众文化或者叫作文化工业批判始于20世纪30年代后期。以西奥多·阿多诺(Theodor W. Adorno)对流行音乐的分析和马尔库塞(Herbert Marcuse)对文化的研究开始,逐渐形成法兰克福学派。❶ 虽然大众文化不等于媒介文化,但是,几乎所有关于大众文化的研究都以大众传播媒介的文化实践为分析案例和理论灵感的原生地带。大众文化寄于媒介的迅速发展,扩延至政治、经济、意识形态、日常生活、话语、仪式等所有的叙事中。

### 1. 文化工业与大众文化

以阿多诺为代表的大众文化批判把媒介文化尤其是影视文化当作体现了统治者意识形态的文化工业产品,是现代社会的一种垄断力量。所谓大众文化不是大众自然生成的文化,而是工业化体制下经济的即得利益集团硬塞给大众的文化。阿多诺等人的理论是在分析美国社会的垄断现象提出的。他们发现在美国这样一个高度垄断的国家,维系垄断秩序的不是法西斯式的统治和压迫,是一种完全非法西斯式的大众文化网络对社会具有巨大操纵力。它是由资本主义文化工业生产出来的,文化工业是凭借现代科技手段大规模地复制、传播文化产品的娱乐工业体系。

文化工业首先在经济领域获得巨大成功,依靠经济势力与政治、社会制度形成同盟,然后生产和控制整个具有消费性质的文化。这种控制的非法西斯性,表现在通过大众传播和宣传媒体操纵了非自发性的、虚假的、物化的文化,成为通过娱乐方式欺骗大众、支配大众意识的工具。

在否定式的文化批判中,阿多诺在题为"文化工业:欺骗群众的启蒙"的文章中,把电影、广播、电视等大众传播媒介作为批评的案例。阿多诺指出大众文化作为工业文化的结果在工具理性垄断下,统一了人的个性。他认为"技术用来获得支配社会的权力的基础,正是那些支配社会的最强大的经济权力。技术合理性已经变成了支配合理性本身,具有了社会异化于自身的强制本性"❷。文化工业的工具理性导致用统一的需求满足统一的产品;生产的标准化、一致性要求培植出统一、

---

❶ 法兰克福学派因法兰克福研究所得名。法兰克福研究所成立于1923年,法兰克福学派在麦克斯·霍克海默(Max. Horkeimer )任所长后形成。1933年希特勒上台,研究所被查封,学派成员逃亡海外。1934年研究所在纽约恢复,直到1949年应联邦德国政府邀请迁返法兰克福。

❷ 马克斯·霍克海默、西奥多·阿多诺著,渠敬东等译:《启蒙辩证法——哲学片段》,上海人民出版社2003年版,第135—136页。

标准的消费群。“文化工业的一致性,恰恰预示着政治领域将要发生的事情。”❶消费者被分类、组织和标定后,每个人似乎会按照他先前确定和索引好的层面行动,选择适合他这种类型人的批量产品的类型。文化工业培植了同质化的社会主体,批量生产不仅具有不同的质量,同时也设定了不同的等级次序。例如,随着职业的区分人也随职业不同称作白领、蓝领、钢领等。社会也依次区分等级。

文化工业培植的同质化的社会主体意识,一切也都是从制造商的意识中来。“一旦它(工业文化)首先为大众提供了服务,就会将消费者图式化。”这就是说大众文化是一种模式,这个模式是社会权力强制于大众文化的。商业机构也有这种无法摆脱的力量。所以说“整个世界都要通过文化工业的过滤”❷,在过滤中丧失了风格和思想的价值。对于大众媒介的消费者来说,想像力和自发性这些能力丧失于产品本身的客观属性,尤其是丧失在电影、广播这种产品——媒介中(阿多诺研究问题时电视尚未普及到今天的程度)。整个文化工业把人类塑造成能够在每个产品中进行再生产的类型。在这个过程中,所有的机构:制片人、妇女俱乐部、媒介等都小心谨慎地保证这种心态的简单再生产不会以任何方式得到细致描绘和扩充。

### 2.大众文化的模仿性与同一性

工业文化是一种绝对模仿的文化,它追求同一性,并且用同一性统治人们与过去的联系。它排斥新事物,把未经检验的事物都当作危险排除在外。(例如,今天的电视节目,克隆——模仿形成模式。湖南台推出《快乐大本营》之后,各地电视频道纷纷效仿。这样对形式变化的追求掩盖了创造性的缺失)阿多诺指出:文化工业的权力是建立在认同被制造出来的需求的基础上的,而不是简单地建立在对立的基础上。突出地表现在娱乐方面。晚期资本主义的娱乐是劳动的延伸。人们追求它是为了养精蓄锐,再次投入劳动。同时技术发展在人们的休闲和福利方面产生巨大作用,使人们难以摆脱“享受”❸ 的禁锢。人们的经验已不再重要。即使休闲也要在标准化操作的自动化过程进行(网络游戏是很好的例子)。人们不需要思考,不需要作任何努力,可以永远“快活”下去。产品规定了每一个反映,这种规定不是通过自然结构,而是通过符号作出的。人们一旦反思,结构就会瓦解。所以文化工业把一切逻辑联系都割断了,发展也尽可能从最近出现的情况出发,从整体观念出发。例如,在大陆曾经风靡的《还珠格格》,趁

❶ 马克斯·霍克海默、西奥多·阿多诺著,渠敬东等译:《启蒙辩证法——哲学片段》,上海人民出版社2003年版,第137—138页。

❷ 马克斯·霍克海默、西奥多·阿多诺著,渠敬东等译:《启蒙辩证法——哲学片段》,上海人民出版社2003年版,第141—145页。

❸ 这里的享受不是自然生就的。享受首先是商业的需要。所以享受并不自由。

热打铁似地接连拍出《还珠格格2》、《还珠格格3》,不仅延续"格格"的快乐,也制造"格格"概念——任性、活泼、天真的皇家女儿。除了《还珠格格》三部曲之外,陆续拍摄的还有《十三格格》等,一些以清宫戏为题材的电视剧中格格成为一个不可或缺的角色。类似的还有戏说系列,多以皇帝微服私访为题材。格格也好,皇帝也罢,大量的模仿作品抱着"趁热打铁"的态度挤入"格格系列"、"皇帝"系列,一直搞到大众厌倦为止。当然,这种厌倦经常是被新的系列概念吸引,这里没有创作给人们的美感享受,只有对物的喜新厌旧维持大众对模仿——系列的热情。这种把平民性格植入到皇帝或皇家女儿名称中的想像,被商业利益过滤后,随即成为大众的一种自我陶醉和享受,原本包含着的"颠覆"精神也消失殆尽。

当工业文化把人们的娱乐变成了工业的需求后,娱乐也被模式化了。文化工业把人当成类,当成可以被模仿的他者。观众通过观看电视把自己与电视中的百万富翁等同起来。电视中那个抽到大奖获得巨额奖金的事情使得观众总有一种下次我有可能与她一样幸运的想法。例如,媒介的炒作使许多观众依据媒介将自己设定成了汽车族、泡吧族、购房族、美食族、网吧族等中的一员。消费—商业—娱乐三位一体,支配着人们的休闲生活。例如,尽管人们还恪守成功的原则,但是,成功的途径已经变了。媒介强调成功不在于勤奋努力,而是要赢得奖金。电视媒介在各种节目中都设置有奖问答题目。政要也罢,明星也罢,企业也罢,走成功的路就要保持与媒介的密切联系。

### 3.大众文化标准化与去个性化

在文化工业中个性成了幻像,生产方式已经被标准化,个人性与普遍性完全达成一致。"虚假的个性就是流行:从即兴演奏的标准爵士乐,到卷发遮住眼睛,并以此来展现自己原创力的特立独行的电影明星等,皆是如此。个性不过是普遍性的权力为偶然发生的细节印上的标签。"[1]大众文化走向零散化、边缘化、平面化、无深度,通过各种变化不定的视觉图像、炫目的色彩和多媒体的非线型编排组合与建构起使人们还原不到原物的影像,满足感官直接的、瞬间的需要。

因此,阿多诺还在坚守"本能自然"之说,将它看成"是审美经验的来源,是现代社会中主体批判和对抗现实的认识来源"[2],他说"惟有人类无意识中的不信任,惟有留在人类精神中区别现实的能力,才能说明他们还没有完全屈服于由文化工业营造的世界景象"。[3]

---

[1] 马克斯·霍克海默,西奥多·阿多诺著,渠敬东等译:《启蒙辩证法——哲学片段》,上海人民出版社2003年版,第135—136页。

[2] 徐贲著:《走向后现代与后殖民》,中国社会科学出版社1996年版,第252—253页。

[3] 转引自徐贲著:《走向后现代与后殖民》,中国社会科学出版社1996年版,第252—253页。

被言说的“本能自然”中的不信任是批判精神的原始动力，这种本能在高雅艺术和审美过程中被激活，它成为遏制社会集团控制过程的基本力量。Gargi Bhattacharyya博士认为在西方马克思主义当中存在的这种思想是一个非常马尔库塞的主题，它表示了这样的态度：虽然看重自己的物质满足程度，但这决不会成为自己的所有需要满足的欲望，“我还有精神愉悦，生命快乐，生活幸福和作为人超越这种需求层次的愿望，获得了这些才是真正意义上的满足和自由”。[1]

不过当文化工业成为一切政治形态的核心时，它们非常强大，大众积极的思想对抗在接受各种模式之前已经被更大的系统“格式化”了，“本能自然”也所剩无几。

总之，用阿多诺的文化工业的批判话语为大众文化塑像，我们看到的景象是：大众文化作为经济生产的孪生者，与商业的亲近性与生俱有。所以商品化的趋向和商品拜物教的特征也成为大众文化的特征，这一切又是与现代社会发展目标取得一致的。在资本主义商品制度下，用越来越多的物质和休闲方式促进人们的消费狂热，文化产品的生产与接受同时纳入根据市场价值规律进行交换的商品运行轨道，文化艺术沦为商品（不为个人的创造激情而做，只是为了市场的需求），对钱的崇拜超过了对激情的尊重。钱可以和任何物等价交换（我们用钱作为标准单位时，获得了平等的感觉。但是，钱也把一切都拉平了，如个性、激情、原动力。钱又成了制造新的差异的标准——有钱的（富有的）、没钱的（贫穷的））。大众文化商品化、标准化、单面性、操纵性、控制行动性的特征，压抑了人的主体意识，压抑了人的创造性和想像力的自由发挥，主张了工具理性，削弱了个体批判意识。

## 三、大众文化的“快感”理论

尽管对于大众文化的批判分析有理有据，令人信服。但是，无法解释为什么大众甘愿被愚弄、被欺骗而不想反抗呢？从阿多诺的分析中我们几乎看不到大众文化的内容具有如此吸引力。那么，究竟是什么在吸引大众？费斯克等人关于大众文化消费者在文化文本解读中的快感理论，使我们看到“本能自然”的活跃程度和直接效果。

### 1.文化经济与文化的双向运动

费斯克首先将文化产品和文化工业区分开来，他认为文化工业产品，不代表

[1] 张华，Gargi Bhattacharyya博士：《伯明翰学派何去何从？——对伯明翰学派嫡系传人Gargi Bhattacharyya博士的访谈》，2004年2月18日《中华读书报》19版。

文化工业本身。文化工业产品在大众消费时只是进行意义生产和流通活动的资源和可利用的资源和材料。意义和意义的生产要用社会的结构与历史来解释。社会结构要靠文化产生的意义支撑。在特定的社会中,每个生活于其中的人都有某种社会身份,这种身份使他们了解自己和他所在社会的关系。任何经验和感受经验的主体都是同一文化过程的组成部分。任何个人对于经验和自我的理解、设计总是受到社会身份的限制。正是社会身份的不同,也就是经验主体的差异,在文化过程中产生的意义即使受到限制,但是,也会触动到社会结构中的权力。当意义在生产和流动中不断出现时,其中"主流部分"来自上层权力结构,"非主流"部分产生于下层身份。意义本身也分成压制型和反抗型两种。身为"下层"的大众,他们可以利用一切文化产品(不论它代表谁的利益)提供的资料,生产和流通各种不同的意义。费斯克指出"大众虽然不能生产自己的文化商品,但这并不意味着不可能存在有创造性的大众文化……大众只能利用他们所能够得到的,而他们所能够得到的就是文化或其他工业产品。大众文化的创造性不体现在商品本身的生产上,而体现在大众对工业商品的创造性运用"❶。这样的大众文化在费斯克看来就是有啥用啥的艺术。所以说吸引大众的不是已经存在的文化产品,而是这些文化产品可以成为大众进行创造性运用的材料,吸引力依然在创造性方面。

如果大众文化产生于大众的日常文化实践,那么对于大众文化的批判也要与传统认定的属于极致的高雅文化有所区别。大众文化的研究者不需要参照经典作品的模式,把影视作品、卡通、连续剧等界定成艺术作品。艺术价值的评价体系无法套用在大众文化上。生产和流动是大众文化的特质,惟生产与流动之空间才是属于大众创造的平台。可以说大众文化与高雅文化的区别在于大众文化把文化产品材料化,高雅文化把文化产品经典化。❷

在此基础上费斯克又把大众文化文本看作是一种"生产性文本",并因此进一步提出电视的两种经济理论。

我们先来认识何谓生产性文本。生产性文本是在罗兰·巴尔特关于"读者性文本"和"作者性文本"的基础上提出来的。巴尔特曾经对文本进行分类,指出有两种文本:读者性文本和作者性文本。前者是封闭的性文本,通俗易懂,清晰明了。让读者被动地、单纯接受式地阅读;后者是开放,要求读者积极参与,和作者一起共同建构文本意义。但是,其内容隐晦复杂。费斯克在巴尔特基础上提出生产性文本的定义:是一种大众性的作者性的文本,它既通俗易懂,又是开放的,这就是以影视作品为代表的大众文化的文本。

---

❶ 转引自徐贲著:《走向后现代与后殖民》,中国社会科学出版社 1996 年版,第 257—258 页。
❷ 约翰·费斯克著,王晓珏等译:《理解大众文化》,中央编译出版社 2001 年版,第 32—37 页。

这种定义与费斯克把大众文化定义为特定社会中意义的生产和流通取得一致性。意义的生产和流通依赖于文本提供的意义框架和空白,又依赖于读者或者观众的积极参与和创造。观众或者阅读者比率是大众传播媒介无论从何种角度、立场出发都极力争取的。尤其是商业性媒介。参与阅读过程比获得阅读经验和积累知识更加重要。而生产性的文本把观众放在意义创造者的位置,并且想方设法让观众认可这一点,甚至讨好观众,与观众妥协。因此,观众与文本的关系十分复杂,完全认同或完全不认同都不容易。这是一种在文本和具有确定社会性的观众之间的妥协阅读。由于观众的千差万别,阅读所产生的生产性文本也千差万别。

如果把费斯克关于电视两种经济模式的创造性思考与生产性文本的提出联系起来理解,我们看到费斯克与阿多诺对待大众文化的不同态度。

费斯克把电视作为文化工业的范例探查其在经济运行中生产与销售的过程。这个过程呈现两条平行线,一条是金融经济,另一条是文化经济。两条线的运行模式如下:❶

| | 金融经济 | | 文化经济 |
|---|---|---|---|
| | 1 | 2 | |
| 生产者: | 演播室 | 节目 | 观众 |
| | ↓ | ↓ | ↓ |
| 商品: | 节目 | 观众 | 意义/快感 |
| | ↓ | ↓ | ↓ |
| 消费者: | 经销商 | 广告商 | 观众自己 |

以上两个平行的线条互相的关系是:金融经济在两个系统中使财富流通;文化经济流通意义和快感。费斯克认为,在消费社会,所有商品既有实用价值,又有文化价值。在文化经济中,流通的不是货币而是意义和快感的传播。这些意义和快感的生产者是观众,演播室提供的节目是生产资料——具有潜在意义和快活的话语结构。在这样的文化经济中,只有意义的生产、流通,没有消费者。大众文化的创造力表现为对工业商品的生产性使用,大众的艺术也成为"权且使用"(making do)的艺术。"日常生活的文化,落实在创造性地、有识别力地使用资本主义提供的资源。"❷

一方面文化经济流通的意义有赖于大众的文化实践,另一方面意义流通越

❶ 约翰·费斯克著,王晓珏等译:《理解大众文化》,中央编译出版社 2001 年版,第 32—37 页。
❷ 约翰·费斯克著,王晓珏等译:《理解大众文化》,中央编译出版社 20001 年版,第 34—35 页。

畅通，参与者——消费者越多，金融经济回馈越多。从金融经济的角度考虑，经济发展需要中心化、同质化。不论是生产规模的扩大，还是商品销量的增加，需要占据更大的市场份额。因此商品必须诉诸大众的共同处，否定社会差异。当大众被宰制性的意识形态所控制，所谓大众的共同处是服从权力并被剥夺个人性的集体式的体验。因此，所有的文化产品都具有“中心化的、规训性的、霸权式的、一体化的、商业化的（这类的形容词几乎可以无限繁衍——作者语）力量”。❶

从文化经济的角度看，大众的需要是与这些宰制力量相对抗的。大众的对抗表现于将这些文化商品——广播电视节目、报纸、杂志等转变成一种资料，再将这些资料转化成意义/快感。由于转化时大众暂时处在有控制资料使用权利的位置上，商品的性质发生变化，文化商品的同质性和一致性都被分解，意义和快感占据了中心位置，规训遭到抵抗和规避。费斯克把它称作一场斗争：“这场斗争，发生在社会经验、人的个性及其与社会秩序的关系、该秩序的文本和商品的意义之上。而阅读种种关系，会再生产并重新展现种种社会关系，所以权力、抵抗和规避都必然被结构到这些关系中。”斯图亚特·霍尔则将这个过程总结为在大众文化内部不可避免的“遏制与对抗的双向运动”。费斯克关于牛仔裤的分析，十分清晰地注解了这种双向运动。他认为撕破或者漂白牛仔裤是一种策略性抵抗（以自己的方式将商品改变成非统一的样子，以保持自己在穿着上的自由）。文化工业一旦将其定义为大众的需求，很快将这种抵抗行为收编到自己的生产体系中，很快漂白和撕破的牛仔裤又成了牛仔裤的统一风格。这种分析符合葛兰西关于文化霸权形成的描述。

**2. 意义/快感**

关于快感的问题可以在大众乐此不疲地阅读（看十几集电视连续剧，看搞笑的竞猜节目、益智节目等）中被证实，在费斯克看来这种持续的动力主要来自阅读带来的快感。费斯克认为大众的快感以两种主要方式运作：躲避（或冒犯）与生产力的方式。

躲避的要素集中在身体上。这种来自身体的快感在早期法兰克福学派的认识中是一种包裹意识形态的糖衣，他们认为当我们沉溺于通俗电影或摇滚音乐提供的感官快乐时，我们已不知不觉地屈从于意识形态的认知暴力。但是，费斯克认为身体是脱离意识形态的，因为它是自然而非文化的产物，它基本上属于个人的，这样它就成了抵抗文化控制的最后一个据点。当意识形态无处不在，处处体现出它的控制力量时，身体躲避了这种控制，并且给了我们一个抵御意识形态的有限的自由空间。属于身体的快感成了意识形态的对立物，具有了积极意义。

---

❶ 约翰·费斯克著，王晓珏等译：《理解大众文化》，中央编译出版社 20001 年版，第 34—35 页。

在巴尔特看来，当身体处在极度狂喜、极度兴奋的状态时，也是个人文化崩溃成自然状态的时刻，自我的丧失时刻。这种自我的丧失，也是控制和治理着自我的主体性的丧失。因此，自我丧失意味着对意识形态的规避。这种快感在许多青年人那里会转变成过度的身体行为。随着震耳欲聋的摇滚音乐不停地扭动身体，不停地喝酒、狂笑，甚至撞头。这些表现都是通过物质感官获得规避或者冒犯式的快感。

对于身体的快感有褒有贬，例如，巴尔特认为大众尤其是青年人的快感会转变成过度的身体意识，以便生产狂喜式的躲避；巴赫金(M. Bakhtine)❶把过度的快感看作是狂欢式反转与规避的一个要素，是对社会身体的解放。“人身的身体接触本身也获得了某种意义。个体感觉到自己是集体不可分割的一部分，是人民大众身体上的一个肢体。在这个整体中，个体的身体在一定意义上不再是个体的身体：仿佛可以交换身体、更新身体。与此同时，人们感觉到自己的具体感性的物质和肉体的统一性和共同性。”❷ 因此，肉体的快感是群众性的、公众式的；皮埃尔·布迪厄把大众文化的快感与康德的审美快感作了比较，指出快感可以分成两种：“肤浅快感”与“反思快感”。肤浅快感就是可以化约为感觉快感的那种快感，如身体的快感。这种快感来自直接的刺激，来自身体的本能反应。反思快感作为纯粹的快感，是从快感中提纯出来的快感，它被预设为道德高尚的象征，一种尺度，可以衡量界定真正人性的崇高性的能力。❸

藉此布迪尔分析了艺术和文化消费的不同在于：艺术的消费是对低俗的、粗陋的、庸俗的、腐化的、卑下的——一言以蔽之，对自然——快乐的否定，建构了文化的神圣空间(sphere)，这一否定意味着确认某些人的优越性，这些人能够满足于永远将粗俗拒之门外的升华的、精致的、非功利的、无偿的、高贵的快感。

趣味科学和文化消费科学始于一种决非美学的越轨：“它不得不废除将合法文化造就为一个单独宇宙的神圣边界，这样才能发现一些合理的关系，使得表面上不可调和的‘选择’统一起来，例如，对于音乐和食品、绘画和体育、文学和发型的不同偏好。把美学消费重新整合到日常消费世界中，便废除了康德以来构成的高级美学基础的那种对立：即‘感觉快感’与‘反思趣味’、肤浅快感与纯粹快感之间的对立。”❹

---

❶ 巴赫金，俄国人，20世纪欧美文学理论和小说研究著名学者。其《陀斯妥夫斯基诗学问题》、《弗郎索瓦·拉伯雷的创作与中世纪和文艺复兴时代的民间文化》两本书的出现，引起异乎寻常的注意，欧美国家的学术界出现“巴赫金热”。他所谈论的“狂欢节化”的概念，在大众文化研究中贯穿了许多重要问题。参阅佟景韩译：《巴赫金文集》中国社会科学出版社1996年版。

❷ 佟景韩译：《巴赫金文集》，中国社会科学出版社1996年版，第226—228页。

❸ 布迪厄著，朱国华译：《区隔：趣味判断的社会批判》，引自《文化研究》2003年4期。

❹ 布迪厄著，朱国华译：《区隔：趣味判断的社会批判》，引自《文化研究》2003年4期。

费斯克的观点是身体快感都乐于支持逃避的目的：❶

身体的快感所进行的抵抗是一种拒绝式的抵抗，是对社会控制的拒绝……它的政治效果在于维持一种社会认同，该认同脱离或者对抗着社会归寻所喜欢的认同。它也是能量与强有力效果的场所：即这种拒绝可能提供强烈的快感，并因而提供一种全面的逃避，这种逃避使身体快感的出现令上层觉得惊慌，却使下层人民感到解放。

当大众快感以生产力的方式运行时，快感既是生产的结果也是生产的动力。例如，阅读的快感首先在于在文化意义消费中被支配者在消费实践中颠倒支配的功能（只有在文化消费中才会出现生产意义的过程）。大众文化的消费者虽然不能控制生产，但却可以影响消费。文化产品不仅是消极接受的对象，也是接受者再生意义的资源和材料。接受者可以在使用——再生的过程中部分颠倒其功能，使这个部分符合自身的利益。这种颠倒普遍存在于阅读、购物、烹调、甚至租赁房屋等方面，也包括亚文化对主流文化的挑战。产生快感就意味着被动的观众变成了主动的意义生产者。因为被动不会有快感。大众利用大众文化提供的资源在消费过程中产生自己的快感和意义。这种快感和意义是他们自己生产的，自己需要的。这样来看快感不是简单逃避，它自身就是对新的意义的探索和诠释。

躲避/冒犯式的快感在社会的意义上倾向于引发冒犯与中伤，以借此抵抗宰制性结构。比如阅读包装绚丽而无实质内容的文本，在观看竞技比赛时大呼小叫，在流行音乐会上与演员一起喧闹，在街头狂舞等，这些都因冒犯了社会普遍规定的审美趣味，冒犯了社会的行为规范，而给大众带来"偷猎者"式的喜悦。

大众是分阶层的，大众阶层是指有一定流动性的、结构性的、如地层分布式的大众构成方式，即不同的社会角色。分属不同社会阶层的大众在面对同一文本时，可以从相关性出发对文本作出不同解读，创造出自己适宜的文化和快感。从其流动性看，由于个人的社会角色是在不同的话语语境中被确认，他或者她在不同阶层中找到不同的快感。比如一位女性可以在上班时充任白领角色，下班后充任家庭主妇角色。

另外，还存在由尴尬而生的快感和日常惯例式的快感。尴尬是一种大众的快感，它同时包含宰制者与被宰制者、戒律式的与解放性的价值观。这种快感发生在宰制与服从、自上而下与自下而上的力量间，在意识形态上被压抑的部分与压抑它们的力量之间的冲突之处。尴尬一般导致两种结果：笑或者恼。笑是一种摆脱尴尬的最好方式。自己笑或者因为自己笑而制造他人笑，尴尬便会在笑中开溜。俗话说一笑泯恩仇。一笑泯尴尬就更容易了。例如，常见于娱乐节目

❶ 约翰·费斯克著，王晓珏等译：《理解大众文化》，中央编译出版社 2001 年版，第 64—65 页。

中捉弄嘉宾或者明星的内容，是以屏幕上这些人的尴尬为乐的。被捉弄者和观看捉弄过程的人都会对“不自然、不知所措、左右为难”的处境产生兴趣，不自然制造了一种陌生，它直接与自然相对，尤其是被夸张后。

大众文化作为日常生活的文化，其快感的特征是生产出新的意义，不论生产资料是由哪种元素构成（支配性的还是非支配性的），作为意义的产品都可以是大众性的。当意义被构建成个别被支配者的社会体验时，它们就被生产出来，这些意义又对了解日常生活是有用的，而且有助于影响个体在日常生活中内在与外在的行为。这些意义既相互关联，又是功能性的。大众从某文本中创造出的意义以切实、直接的方式与其日常生活发生关系，故而有快感可言。生产性、相关性与功能性的混合便诞生日常惯例式的快感，这种生产所具有的活力在于承认了社会差异，并维护着那些在差异结构中处于弱势者地位的亚文化的权利与认同。

生产式快感与躲避/冒犯式快感之间存在着某种关系：躲避式快感所生产的能量与赋予权力的可能性，成为生产有关自我的意义以及个人的社会关系意义的基础。

但是，福柯仍然认为一切快感都是受到控制的，即使“性”这种一般被视为人的本性的东西，也照样受到话语规训的控制。福柯说：“对自我身体的控制和意识只有对身体施加压力才能获得：体操、锻炼、健美运动、裸体主义、身体崇拜。所有这些都是指向自身欲望的通道，通过持续、坚忍、细致的对儿童、士兵和健康身体的权力工作。”❶因此，在福柯看来，社会身体的现象不是一致性意愿的结果，而是权力的物质性对不同的个人的身体发挥作用。“没有比权力的实施更加物质的、生理的和肉体的了。”❷关于泛滥于广告和文学作品中的色情内容，福柯有独到的解释，这种解释体现出他一贯的立场——权力支配一切。福柯并不把今天充斥各种文本的色情内容看成是性解放，他认为仍然是对性的控制，是一种改变了战略的控制。

权力是如何调整战略继续控制性的呢？当我们看到那些被认为是表现了性解放的广告或者影视作品时，它不再以压抑的形式出现，而是以挑逗和刺激进行控制——把衣服脱得不能再脱了，甚至脱光，但是，身体一定要苗条，看上去漂亮。我们随之也获得了关于性感的意义（主要是针对女性的）：身材苗条，三围要符合标准。于是关于减肥和表现性感的话语和配套物资相继出现（即使已经获得名声的歌星、影视演员也不能走出这种话语的控制，在媒体尽其所能地表现性感、骨感，更多的女性将其当作时髦）。于是，丰乳肥臀（一部小说以此为名）、美

❶ 福柯著，严多锋译：《权力的眼睛》，上海人民出版社1997年版，第168—169页。

❷ 福柯著，严多锋译：《权力的眼睛》，上海人民出版社1997年版，第171页。

白换肤、减肥整容兴盛起来,小说取名、描写,媒体议程都会关注它,性以及达到性解放的目标以热门话题的方式左右人们的兴趣。即使女性的性快感也是受缚于各种界限,其严厉程度使其难以自然存在。生育本身也会被带出夫妻领地,受到控制。在福柯看来,对社会身体的控制恰恰是权力的最终落脚点:“从18世纪到20世纪初,人们相信权力对身体的作用是沉重的、冗长的、细致的和经常的。因此才会有那些大而可怕的监狱设施,存在于学校、医院、兵营、工厂、城市、住所、家庭之中。”❶这是福柯对“快感”的另一种批评。

### 3.“生产性文本”的符号化过程

“生产性文本”的概念把观众、读者、听众都引入意义的生产过程,从读者反应批评理论的角度看,是提高了阅读的地位。费斯克以意识形态批评的眼光强调了这种地位是对支配和控制功能的反抗,以及反抗产生快感的过程。斯图亚特·霍尔《编码,解码》一文中又从符号学的角度分析“生产性文本”如何在制码者与编码者的参与下生产意义。让我们把霍尔的分析与费斯克的观点联系起来,进入关于“生产性文本”的深入思考。

霍尔首先对传统传播学研究关于传播的概念化解释进行批评,指出:传统传播学关于传播由发送者/信息/接受者构成的线形特征,只是在信息交流层面上的认识。霍尔认为传播模式是“表现相连而各异的诸多环节——生产、流通、分配/消费、再生产——生产并维持这个结构”的模式❷。这个结构由几个环节组成:在生产/流通环节,机制、关系和生产实践以符号载体的形式开始运作,符号又是根据语言规则构成,最终“产品”的形式就是话语形式,话语在传播通道中流动。从流通角度看,当生产建构起“意义”时,流通就从这里开始。信息的传播效果在于阅听人接触到这些针对他们而来的信息后,是否能够如其(传播者)所愿地接受意义。因此,在整个传播过程中信息/意义都是符码化的,也就是说语言信息形式“占主导地位”。一个事件在报纸上刊登出来,经过了报纸话语的“阅读形式”符号化,在电视中播放,经过电视话语的“阅听形式”符号化,可以依次类推到其他媒介。阅读形式或阅听形式是不同媒介的语言形式。任何事件——现实都在话语(媒介话语)❸之外,我们所能知道的和所说的一切不得不在话语中通

---

❶ 福柯著,严多锋译:《权力的眼睛》,上海人民出版社1997年版,第171页。

❷ 斯图亚特·霍尔著,王广州译:《编码,解码》,载于罗钢等主编:《文化研究读本》,中国社会科学出版社2000年版,第345—358页。

❸ 此处媒介话语强调具体媒介,如广播、电视、报纸、杂志、网络等。事件的存在方式至少有两种:一个事件或者意义在成为媒介话语之前,是一个纯粹的现实,即以自然方式存在,没有被言说;已经被言说的存在。媒介的信息源有直接来自事件的自然状态的,也有来自言说的。言说之事成为再次被言说的资料。

过话语产生。话语形式至少包括以下要素：

(1)纯粹承载意义的符号

这是简单地与所言对象建立起的对应关系。其功能类似于词典中的条目。媒介的不同，符号的形式不同，形成一定的差别。例如，当一张一岁儿童的照片出现在家庭照相簿中，他/她是一个有具体姓名和身份背景的人——某人的孩子，籍贯，出生地，还有国籍；当这张照片出现在"如何培养健康儿童"主题展览中，他/她是代表健康儿童；在有关儿童营养米粉广告中出现，他/她是吃了营养米粉的儿童代表。诸如此类，不胜枚举。尽管这种关系的建构已经不断地走向远离外延层次的路，[1]但是，作为语言，其基本功能是一致的。这些符号的选择也包括了话题设置、事件选取、人物的知名度、社会的关注度等。

符号的能指与所指对应关系建立在已经符号化(巴尔特所言意义生成的第二层次的符号)的各种意义与符号化的文化的深层意义相互交叉的地方，交叉地活跃着意识形态的支配和控制，也是"对支配和控制功能的反抗，以及反抗产生快感的过程"。每一个交叉点产生的意义都是可能成为附加于一个能指的所指(意义延异)。

(2)编码的形式中包含的意义

编码形式的意义是由媒介制度、媒介知识(生产程序、技术支持、职业的观念、文化背景、媒介定位、设想和预期效果、有关观众/读者的期待)等建构起来的。因此，在大众传播的过程中，话语中的意义不是完全通过话语一对一地再现"真实"，而是依据真实的关系和条件用语言准确表述后而获得的产品(关于符号能指与所指的关系在本书第一章已经作过详细描述)。对于阅听人而言，他通过媒介所接受的永远是被言说的事件——意义。即使电视图像符号也如此。阅听人接触"阅听形式"或者"阅读形式"，根据符号约定俗成之规则获取其中的意义。但是，阅听人不是语言记录仪，他自己的解码环境对符号承载意义做第二次建构。第二次建构与第一次建构的一致处于所面对的是同一个符号，这在某种意义上讲，是传播有效性的基本保证。但是，在具体的语言群体或者文化中，许多符号的内涵部分呈现较大的差异。霍尔认为，这种差异的存在是因为符号似乎获得了全部的意识形态价值，似乎可以自由、清楚地表达更广泛的意识形态话语与意义。在其"联想"意义的层面上讲，意义和联想的流动性会更加完全地被利用和转换。霍尔的观点肯定符号的外延相对内涵是有一定的确定性，这种确定性由于人们幼年就可以通过学习得到，因此符号中能指与所指似乎就是"天生的

[1] 参见本书第一章罗兰·巴尔特关于符号生成意义层次分析的片段。

一对”,这种关系已经被“自然化”了。[1]符号的内涵层次虽然有一定的固定性,但是,更具开放性。而这种开放性导致的多义恰恰又是解码过程受到限制的事实。从开放性讲,符号的能指与所指的关系通常有一个较原始的联系,类似词典中的本义。在日常的话语实践中,本义常常缺席,让位给不断更新的联想意义。

(3)编码受制于“主导文化秩序”

联想意义与能指建构起新的关系受到什么因素制约呢?霍尔认为:首先受到“主导文化秩序”的限制:因为任何一种文化/社会都有着不同程度的封闭(封闭从另一个角度理解恰恰是特色保存之地),其文化、社会和政治领域的秩序要“强行”推行到所有处在其中的每个人身上。所谓“强行”可以理解为必须推行一系列的制度保证其秩序的维持。也可以理解为隐蔽地使每一种话语事件就范的力量(尤其是面向社会的话语);其二,建构“主导话语结构”:社会生活领域的划分实际上也是不同话语领域的划分,各个话语领域安排组合主导意义或者选中的意义进入其中。因此,在我们生活周遭发生的事件只有被选中进入话语领域才会被认为是有意义的。尽管媒介从它的生产逻辑看,应该是组织各种意义进入其领域的,但是媒介的意识形态性和商业性往往使它在此方面的所作所为包含着轻重缓急,体现其利益的意义总是在优先考虑之列。这种被优先考虑的意义在编码过程中支配其他意义,或者让其他意义服从于它。

这种优先的意义总是以因为“有意义——代表了媒介的利益”而被选中。对于“选中”的过程霍尔有细致合理的描述:[2]

……其内涵层次虽然也是固定的,但更为开放,服从于利用其多义价值的更为活跃的转换……社会生活的不同领域似乎被划分为各个话语领域,等级分明地被组合进主导的或选中的意义……事件必须首先安排进各自话语的领地才可以说“具有意义”……把新事件安排进现存的“问题重重的社会现实图表”的某个领地……我们说“主导的”,是因为存在着一种“被挑选出来的解读”方案:在这些解读内镌刻着制度/政治/意识形态的秩序,并使解读自身制度化。

被“被挑选出来解读”方案和由方案选中的意义既“镶嵌”着整个社会秩序“显现为一系列的意义、实践、信仰”系统,也在强调解读方案对每一个具体事件从头至尾的支配:选择、解读、形成认识。

(4)解码的“生产”意义

用“生产性文本”的观念理解“解码”与传统传播学关于效果研究的根本区别

---

[1] 在一个文化群体中,符号中能指与所指关系的“自然化”,在另一个文化群体中就不同。例如,红色在中国的民俗中与节庆与喜事联系,在西方文化中则不同。“红灯区”另有所指,它是色情业所在之处。

[2] 斯图亚特·霍尔著,王广州译:《编码,解码》,载于罗钢等主编:《文化研究读本》,中国社会科学出版社 2000 年版,第 353—354 页。

是，前者关注解码者何以作出如此反应，后者在意解码者作出了什么反应。在前者的立场上，解码被视为“将符号放在它们之间及与其他符号之间的创造性关系中”[1] 的主观能力。如果把这种能力解释为一个人在所处的总体环境中全面感知的条件，所谓主观能力与编码者到底发生什么关系呢？传统传播学提供了“选择性感知”的思路，但是，这种思路认定的可以不断提高甚至达到“完全清晰的传播”（只要不断地进行实证调查，如发现阅听人回忆起多少条消息，就可以据此找出增强理解度的有效办法，再次实施）的目标本身，总是在面对“意义被扭曲般地解读”的传播现实。因此，即使是通过实证获得的结果必然是被“扭曲”后的结果，主要的是这种结果“隐瞒”了扭曲的存在。

因为解码与编码没有必然的一致性。前者自己的存在条件与后者大相径庭。有效传播必须包括编码的时候与解码的时候建立某种互换关系，即编码过程建构某些界限和参数，解码是在这些参数和界限中发生的。这一点保证了传播交流的实现。解码是在限制——接受限制/中断限制——生产意义（最后的环节也是传播的出发点）过程中完成的。霍尔假设了解码的三种地位：

第一种主导—霸权的地位（dominanthegemonic position）。从表面看，阅听人直接接触媒介并从中获得内涵的意义。他们遵照信息编码的规则解码，就是在主导性符号化的意义范围内进行操作。这是达到“完全明晰传播”的理想状态。

主导—霸权的地位如何在传播中形成？我们以编码者——编辑、播音员、主持人等传播者为回答这个问题的起点。上述传播者面对的各种信息已经是被社会“主导性话语结构”选中的信息，意味着已经是这种话语霸权的产物，这是这些信息已经有的地位。传播者要将这些信息传送出去，需要使它们符合职业对信息符号的要求，即进入“职业性话语结构”中。这种“职业性话语结构”被霍尔称作“职业符号”——职业要求、技术特性和实践标准，它相对于“主导性话语结构”有独立性。使信息变成职业性符号是对原符号的转换，它没有逃离“主导性话语结构”的控制，只是将体现主导性话语霸权的信息更容易从职业的传播渠道发散。当然，这种发散最终是在媒介职业性话语结构中进行，可以将其视作是对主导性话语结构中意义的一种再生产。

大众传播媒介职业性符号将强调职业特色——真实、客观、公正原则，希望突现它的中立立场。我们看到为了表明媒介传播信息的权威性，媒介会挑选嘉宾、演播场地、现场对话、谈论的时间等。这些是媒介相对自主独立的方面。但是，仅对嘉宾分析，就可以看到职业选择的背景。嘉宾一般是社会中的精英（例

---

[1] 斯图亚特·霍尔著，王广州译：《编码，解码》，载于罗钢等主编：《文化研究读本》，中国社会科学出版社 2000 年版，第 355—357 页。

如,在关于伊拉克战争的报道中我们通过屏幕看到的各种军事专家),他们的精英身份既与主导性话语结构相关,也与职业性话语结构相关。于是,媒介的意识形态+精英+被选择的信息连在一起,主导的意义只是被媒介再生产过,它没有离开片刻。

由于主导意义与职业意义之间有差别,强调媒介的独立性使人们容易产生误解,忽略主导性的存在。当然,既然有区别,就存在着矛盾和冲突。

以下为主导性话语结构与职业性话语结构对编码者的影响以及最终对信息影响过程图。

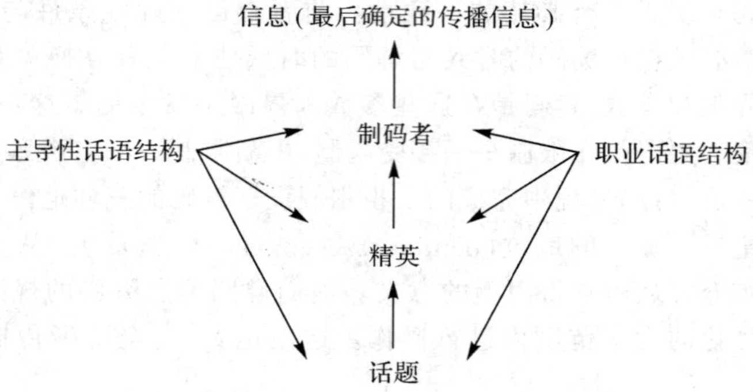


第二种协调的地位(negotiated code)。观众既与媒介经过长时期的接触,又与社会主导性结构发生关系,因此,他们对什么是主导性结构中的话语,什么是职业性结构中的话语是清楚的。在具有霸权性质的主导性结构中,"事件或含蓄或明显地与宏大的总体化、与宏大组合的世界观结合起来:他们对各种问题采取'夸大的观点',他们将事件与'民族利益'或者地缘政治学相联系……"❶。因此,霍尔指出主导性话语结构能够保持主导位置有两个方面的支持:1)它用自己的语言界定可能产生意义的精神世界和社会文化中各种关系的完整层面;2)它带有合法的印记。它与社会的关系被看作是自然的、不可避免的。在协调的位置上,解码本身既有相融的意愿,又有相对抗情绪。它认可在宏大意义生成方面的合法性,又会在自己的基本规则——依据所属利益群体以及个人价值取向制定的一些规则内与各种事件的主导界定一致起来。这是一种使主导界定在"部分——有限、群体地位",通过它可以维持各种话语和权力逻辑有差别、不平等的关系。在宏大意义生成方面,血缘、地缘和文化的一致性是相融的动力,在群体

❶ 斯图亚特·霍尔著,王广州译:《编码,解码》,载于罗钢等主编:《文化研究读本》,中国社会科学出版社 2000 年版,第 357 页。

或者个人的价值取向方面，对抗情绪因为群体和个人利益的暂时或者较长期不被重视而滋生。

第三种对抗的地位。阅听人以自己的方式解读主导性话语，并且将它们放置在自己选择的参照框架内重组话语结构。例如，当他们收看关于伊拉克战争的新闻报道时，当听到美国维和部队进驻巴格达市区的消息时，会把维和部队解读成侵略。在关于提高物价是为了国家利益的说法中，他们把国家利益解读成特权阶层利益。这就是一种话语的斗争。大众在斗争中把主导性话语结构提供的信息作为建构新话语结构的资料。

霍尔在这里指出大众对抗式的解码过程，是对大众文化积极性予以肯定。大众解码式的对抗力量势必要求任何的编码过程了解对抗的意义，在适当的地方作出一定的妥协。与第二种协调式解码不同之处在于这次是编码者向解码者寻求共同性。

以上三种假想的解码地位在现实情形中，并不是稳定不变的。维护霸权、协调与对抗交替出现，也会在某个时刻突出其中一项的优势地位。

## 四、汉城世界杯足球赛的文化解读实践

第16届汉城世界杯足球赛(2002年)是大众快感的一次释放性实践，它给我们提供了身临其境、全方位、完整解读大众文化理论的机会。在第二章关于"大众传播媒介的话语霸权与商业利益"的讨论中，我们已经提到本届世界杯在中国大范围内引起了众人的关注的原因。懂球的不懂球的都一起参与到这场大众狂欢中，视为神圣的国旗第一次被球迷画在脸上，出现在报纸等媒介❶；各种针对球赛的评论以不同方式被生产出来，任何能够使用的表达方式——不论是古老的还是新造的都物尽其用，参与者从中获得意义与快感。这种中国方式的"狂欢节"❷在中国极少经历。无论从形式还是参与人群的广泛性、随意性、无组

---

❶ 中国大陆在改革开放初期，人们对于美国人将国旗画在脸上，做成衣服甚至短裤难以理解，认为这是在玷污国旗的神圣性。国旗基本上不可以用来宣泄个人的情感。参见本书图16—20。

❷ 狂欢节(carniva)被认为是一个在官方世界之外的属于大众世界的第二种社会生活。在这种生活中没有地位差别或森严的社会等级。狂欢节的功能就是解放，它纵容一种创造性的、游戏式的自由。它也遵守一定规则，但与体育运动的规则倾向于复制社会规范不同，狂欢节的规则是反转既定规则。狂欢节将那些等级地位与特权悬置起来。沉溺其中的大众(即使是那些有特权享受的人有时也乐得放弃特权的限制——悬置特权，与民同乐，返回"本我")得以从社会创造与规训出的"主导性话语结构"中逃遁，身体暂时脱离它的社会定义与控制，从解脱中获得狂喜式快感。狂欢节是解神话式的，因为它暴露了社会秩序的随意性与脆弱性。狂欢节为人们的快感理想提供一种深层模式——这种理想既是乌托邦式的，又是反霸权的。关于狂欢节的理论建议参阅佟景韩译：《巴赫金文论选》，中国社会科学出版社1996年版，第95—163页。

织性来看,本届世界杯足球赛是中国真正意义上的第一次狂欢节。因此,分析这次大众狂欢的实践,为大众文化的快感理论提供新的东方式的意义。

狂欢节是西方文化史上的一个特殊现象。巴赫金所使用的这个词包括狭义和广义解释:是指基本形成和盛行于中世纪和文艺复兴时代的一切民间狂欢节;泛指西方古代一切狂欢类型的民间节庆、仪式和游行形式。巴赫金研究了这些自古以来一直到狭义狂欢节形成为止的各种民间仪式、节庆和游戏形式,"从中概括出观察世界的特殊角度,他称之为'诙谐(笑的)角度(或世界的诙谐方面)',是一种人生体验的特殊感觉,他称之为'狂欢节式的世界感受'。这种观察角度和感受,渗透在各种民间节日、仪式和演出形式中,反映在节日广场上的各种不拘行迹的言语方式上。巴赫金把这些活动和形式统统称为'民间诙谐(笑的)文化'"。[1] 在本章第三部分关于"尴尬而生的快感"说对其作了回应。

狂欢节和诙谐文化研究是巴赫金理论的重要贡献。狂欢节是一种深入渗透大众"观察世界的特殊角度"和"体验人生的特殊感觉"的形式和活动。在民间文化和大众文化的界限日益模糊的今天,生活在消费社会中的大众,为了在消费中获得自由,在消费中彰显个性,就必须承受更多的经济压力。这些经济压力相对于个人在不同的阶段有不同的内容,如升学压力、就业压力、职业压力、升级压力、消费——时尚压力、结婚买房压力等等。面对消费社会激烈的竞争,强者生存的游戏规则使人们不得不借助中世纪式的大众狂欢来暂时逃离现实。消费社会中的商业主导作用也处处试图制造类似狂欢节的气氛。

超市的"狂跌、狂减、买即送、买一送一、大出血、大赔本"等购物广告,希望不断掀起购物狂潮。见诸报端的关于某某商厦购物人潮拥挤、险象环生的报道也为削价购物加热。许多女性会把购物作为宣泄自己情绪——愉快、愤怒和排遣身体或者情绪疲劳的方式。因此,在此处,购物也有了狂欢性。彰显的个性也会在此寻找一切可能的机会,摆脱压力,放纵身体——与众人一起蹦蹦跳跳,大声喊叫,在自己的身上乱涂乱画,标榜另类等。而世界杯足球赛恰恰为人们提供了另外的逃避与狂欢形式——将民族的意识、国家的荣誉、竞技的成败、个人的崇拜、个人的表演欲望等放在了一起,将所有原先已在的界限用极具个人性和用群体"笑"的方式涂抹得"一塌糊涂"。人们在短短一个月,甚至前期热身阶段与后期总结回顾阶段里能找到借口,狂欢一番。在世界的足球节日里,不同国家的人们又一起释放和共享着这种"狂欢节式的世界感受"。

大众在这些活动中以身体作为权力与规避、规训与解放相互争斗的场所,并在其中肆意追求冒犯式快感。这些快感粗鲁不雅、无视规矩的特征被中产阶级描绘成无序的、不人道的、不道德的以及在经济上不节俭的。身体的快感和无度

[1] 佟景韩译:《巴赫金文论选》,中国社会科学出版社 1996 年版,第 5—6 页。

被视为对社会秩序的威胁而遭到正统社会的压制和规训。在这条思路下又衍生出意志颓废、堕落等负面的词语。在理性作为惟一正确的人的行为模式的话语中,狂欢被视作非理性的行为受到谴责。但是,来自人身体的对快感的渴望带着原始的冲击力,在大众聚集的场所有时候是不需要作考虑的,"跟着感觉走"就行。快感的渴望与秩序的压抑、民间的世俗语言和官方的高雅语言相冲突,使狂欢节更具有"笑"的魅力。

当然,现代社会的大众狂欢不可能再采取几个世纪前的广场集会、舞台表演等狂欢节形式,而是借科技的发达为人们提供了更广泛的参与机会和更多的"现在时"形式,包括现场表演、嘉宾座谈、文字游戏、网络虚拟等。虽然形式不同,但是,现代社会的大众狂欢要义仍然未变。它依旧保持着这些元素:第一,它是全民的。狂欢没有演员和观众之分,除了从主观意愿出发希望在狂欢中暂时放纵忘却现实的个体外,其余人生活在狂欢的氛围中。正是这种众人参与的氛围,使每个个体都可以把自己淹没在其中,不再承担责任。责任的压力被卸去之后,个人感觉是随心所欲了。这是狂欢节的一贯要义。第二,它是包罗万象的,它针对一切事物和人。只要有适当的机会和理由,人们都会启用一切可以利用的资源让自己从紧张、烦躁、充满迷惘的现实生活中偷闲一把。第三,大众狂欢具有双重性。它既是欢乐的、兴奋的,同时也是讥笑的、冷嘲热讽的,它既否定又肯定,既埋葬又再生。因为人们不仅需要放松,也需要发泄,一些不能通过正面途径宣泄的情绪可以在狂欢的掩盖下得到舒缓,在舒缓的过程中同时也获得快乐。

另外,由于大众传播媒介的议题设置和广泛的煽动,由于互联网的使用,现实的与虚拟的狂欢齐头并进,使狂欢内容不断延异——观看、评价、推动旅游业、推动广告、推介产品——运动衣、运动鞋、饮用水;出售国旗、小喇叭、鼓,生产纪念品;再次出售明星住过的原始状态❶的房间等,几乎所有的生活空间都被占领,加之周围人的普遍参与,个体也有身不由己之处。因此,现代狂欢虽然也是属于大众的节日,但是,在媒介的全方位的参与和煽动下,在商业利益的驱使下,几乎没有了改变方向的空间❷,进入狂欢的个人犹如踏上密虹公园的观灯桥❸,他们在狂欢的氛围中是肆意的、自由的,他们也没有了躲避狂欢之处——退路。这就是有别于古老的形态的现代狂欢节的景象。

---

❶ 明星住过的房间不经打扫出租,享受明星的"味道"。

❷ 本书第二章在讨论大众传播媒介的话语霸权问题时已经有论述。

❸ 2004年2月5日(中国农历正月十五。民间一直沿袭着赏灯的活动),北京密云密虹公园举办迎春灯展,在一座桥上观灯的人拥挤到水泄不通的程度,加上桥的两边较陡(近60度的坡面)发生"角马现象"(角马迁徙时数量众多,前呼后拥式地奔跑。如果有一匹角马在上岸时马失前蹄,后面奔跑的角马无法停下来,必然踩踏失蹄之马),导致踩死挤伤37位游人的事故。

### 1. 在个性话语的宣泄中获取快感

网络空间不仅是一个交流和结成社区组织的领域，而且是一个极富于想像力的话语发生器，各个利益集团都在这里寻找对他们有利的资源、神话和未来的发展方向。网络就目前的存在情势而言，是一种最具个人性的大众信息传播平台。它的大众性类似狂欢节的氛围、匿名性使每一个发表意见的人推卸了责任的压力，犹如进入狂欢场地。

中国大陆许多网站在杯赛期间专门开设类似“说世界杯”的栏目，只要从主页上链接进去，不仅了解到有关赛事各方面的信息，也能够发表言说，将思想与情感形诸文字与他人交流，在虚拟空间里任意宣泄。网络由于其即时性、开放性和非中心性成为大众足球狂欢中最能体现大众获得话语宣泄快感的地方。电子版的文章可以说穷尽了已有的文章类型也承接了个人话语宣泄的冲动❶：

(1)评论类文章。这类文章多是从纯粹足球的角度，分析各队教练的战略战术，或点评当日赛事得失和球星球队的表现，或从历史、体制的角度客观评判各支球队的优劣势。评论类文章的作者基本上属于资深球迷，他们接触世界杯已有多年历史，积累了资料和经验，在日常生活中他们不一定有机会，也不一定有对象能够互相讨论，发布文章对他们来说就是展示自己专业见解的好时机。

(2)杂文类。大部分文章或言论是批判性质的，主要是张扬个人情绪。由批判球队风格、裁判黑哨，延伸到对足球体制、足球与政治、商业联姻等问题的鞭挞。个人在日常生活中积聚的对一些社会现象的不满也通过世界杯借机抒发。文章以中国队的比赛为中心，小到中国队的球员素质、团队精神，大到整个中国的足球事业未来走向提出个人见解。作者们以怒其不争的态度，批评球员职业道德欠缺，对名利的追逐超过了对足球事业的兢业；批评中国的足球体制僵化，媒体炒作严重。网络言论的匿名性使他们得以将平时难以有机会公布于众的言谈一吐为快。个人一些与足球无关的积郁也能在文字的激浊扬清中找到出路。

(3)随笔类。主要记载杯赛期间个人生活与球发生的碰撞等琐碎观感的文章，这些文章颇具生活气息，讲述了球迷们为球痴、为球狂的经历。从中可以看出，虽然同为球迷，但随笔类作者与评论类文章的作者有所不同，前者似乎少一点理性，更多一些激情。

---

❶ 搜狐网站“说世界杯”的栏目网友文章统计(5月31日—6月30日)

| 体裁 | 散文 | 小说 | 评论文 | 杂文 | 小品文 | 随笔 | 诗歌 |
|---|---|---|---|---|---|---|---|
| 篇数 | 13 | 2 | 64 | 83 | 24 | 15 | 2 |
| 百分比 | 6.4 | 1 | 31.5 | 40.9 | 11.8 | 7.4 | 1 |

分析主要依据作者统计资料。据作者了解其他网站情况基本类似。

(4)小品文。这是网友对于赛前、赛中及赛后种种情况进行的虚拟和调侃，形式有模拟会议场景、虚拟一档娱乐节目，以及篡改歌词等，作者潜藏的创造力——诙谐在这里得到无限发挥。大部分小品文针对世界杯以及整个足球运动中一些不合理现象，如黑哨、国际足联在赛事背后的暗箱操作、国家队球员的巨额隐形收入等，虚拟某特殊场景对其进行批判。署名青菜的网友模拟“国际足联绝密会议纪要(上、中、下)”(在6月24日)连续发表3篇文章，虚拟国际足联在主席大选后的会议场景，炮制足联各成员在争执协商小组出线名额及冠军得主中的勾心斗角。由于上网不受限制取消了社会的等级和权威，足球本身的非政治性，身体快感的感染力与网络的大众化一拍即合，大众在这里找到了自由表演的绝佳场域。

网上的很多球迷都有自己特别钟爱的球队或球星，当这些球队失利或出局时，球迷们的情绪总是特别低落。在生活中他们不可能作出太出格的举动，但在网上却可以随心所欲采取独特的形式来为自己的最爱咏唱赞歌。网络表达的自由度给大众提供了施展个人文学才华的绝好空间，作者可以摆脱传统媒体中编辑、版面、发行的“控制”与“干扰”，直接面对读者，一方面将看球的喜怒哀乐与生活中的喜怒哀乐结合，一方面从个性发挥出发给这种结合找到情绪上的释放点。虽然在网上发表仍然要受到网管、版主等的审查，但至少形式是不拘的，作者本人的身份资历也不被作为前提考虑。

网络给大众提供的表演场域里演员远多于观众，观众的有无只是次要问题。在这里，谁讲、讲什么并不重要，重要的是你讲我讲，大家都有发言权；怎么讲也没有关系，因为没有人知道，也没有人在乎你是谁。大众对哪种文体有偏好，对哪种文体驾驭力度大，就会采取该文体作为获取快感的方式，并借公开阅览将此快感与他人分享。即使散文、诗歌在传统上与足球相距甚远，但在网络的自由空间里仍能与作者的意愿和创造力结合，被用作祭奠作品(这里依旧将这种文学形式曾经的经典性保留下来，与祭奠仪式的神圣性对应)，寄托悲情哀思。

除了网上的文字语言，现场球迷的身体语言也极具个性。球迷们将国旗披挂身上或画在脸上为自己的球队加油鼓励，有的只穿内衣在看台上摇旗呐喊，连宠物狗也被绘上国旗的颜色。球迷们的行为不只是出于爱国热情，也是把整个球场作为表现自我的狂欢舞台来展现个人魅力，他们内心都渴望自我被认同，渴望通过独特的行为表达意愿，并影响他人站到自己的立场上。当然，这些行为方式除个性使然外，更多地依赖于球迷所属民族的文化积淀。东方文化历史悠久，强调沉稳含蓄，故中国球迷最多也只是以国旗的图案和颜色作为身体的装饰(参见图16、22)[1]；西方文化则奔放外显，重视爆发性，而且欧洲的足球文化由来已

[1] 这在中国大陆也是首次出现。

久,所以欧洲球迷的表现非常恣意,他们大胆地用身体来吸引眼球,展示激情,希望人们注意他们和他们的国家(参见图 18—20)。

但不管是中国球迷还是外国球迷,他们都在张扬个性,同时也反应并宣扬国家和民族的特性。当镜头对准时,自我表演的生产式快感的爆发使他们的动作越发挥洒自如,表情越发灿烂迷人,带给场内外观众的快感也更多。在这里,现实已经完全进入实现自身的游戏领域。球迷们在狂欢场景中将真我与表演相结合,个人创意已经代替了专业的艺术创作。

**2.反抗和颠覆式的快感**

反抗和颠覆式的快感首先表现在人们对于已经形成的主导性概念提出质疑。本届世界杯从一开始就冷门迭爆。塞内加尔、美国、日本等被归为足球第三世界的球队均有超常发挥,而意大利、西班牙传统强队纷纷意外落马,已有的足球世界的统治秩序被打破,权威的地位被动摇。一方面不断有“黑马”出现,另一方面强队又出乎意料地提前出局。由于过去被认为是弱势的球队成了比赛中的强者,人们在赞誉“黑马”的同时,对黑马这一提法也有不同见解,包括对“黑马”的偏见和歧视的批评。有网民发表文章,认为这些球队之所以被称为“黑马”,很大的原因是带有偏见的足球权威顽固坚持自己的陈腐看法,忽视球队的努力与进步导致的。人们在权威的话语中也按照国际足联的排名和此前比赛所取得的名次,在赛前根据各队实力预先排序,再按图索骥,对号入座。如果哪支球队的表现超出它被预想的地位,就会被称为“另类”。足球专家所作的猜测仿佛成了铁的定律,比赛似乎也一定要按照这种人为预测进行,否则就不正常,就有“黑马”。

其次,反抗裁判的权威。由于缺乏裁判左右战局的确凿凭据,报纸和电视在报道几场颇有争议的比赛,如韩国 VS 意大利的 1/8 决赛、韩国 VS 西班牙的 1/4 决赛时,基本上没有从正面发布消息指责裁判误判,而是借当事人之口或境外媒体的说法让受众了解到事件的其他方面。然而网络促进了一种技术文化的大众化,它实际上从“特权”和“地位”的象征变成了大众的产品。网民对于裁判的攻击在数量上和言辞上都毫不避讳。除小品文中有 62% 是虚构足球背后的黑暗交易外,杂文类文章中 41% 也把矛头直接指向为东道主服务的裁判。也许中国足球在甲 A、甲 B 联赛中暴露出太多问题,特别是去年绿城将幕后暗箱捅出后,全国上下一致声讨黑哨,呼吁肃清联赛制度的流毒。中国球迷自此有了一种黑哨情结,对裁判在比赛场上违背公平原则玩戏法尤其不能容忍。网络为人们发泄不平提供了最佳空间,也正是在借助网络参与足球狂欢中,裁判的权威地位被完全颠覆,几乎每一场球都有针对裁判的指责,在指责中每个人都扮演一次正义者,这种扮演的双重效果——肆意地针对权威的挑战和自己享用主持公道的权利,的确带来一种发泄的快乐。

其三,足球狂欢不仅对权威有所颠覆,对于传统观念和社会规则也极尽所能地肆意反抗,这种反抗又因为身处狂欢的特殊场景,往往也获得权威及国家意识形态的认可。中国球迷对五星红旗的使用就是一例。国旗在足球历史悠久的西方国家早已成为球迷的装饰,在比赛时用来鼓舞士气、宣扬爱国热情,而在中国却一直被视为神圣之物。1990 年 10 月 1 日起实施的《中华人民共和国国旗法》第三条规定:中华人民共和国国旗是中华人民共和国的象征和标志,每个公民和组织都应当尊重和爱护国旗。第八条规定:举行重大庆祝、纪念活动、大型文化、体育活动、大型展览会,可以升挂国旗。第十九条规定:在公众场合故意以焚烧、毁损、涂划、玷污、践踏等方式侮辱中华人民共和国国旗的,依法追究刑事责任。

但是,在此次世界杯中,被崇高化了的爱国主义却在足球的国家对撞中作了一次体育和政治联姻的红娘。布莱尔、希拉克、施罗德等人无不把世界杯作为一次政治亲和力和威望提高的好机会,他们不仅在媒体上发表言说,鼓励国家队为国争光,还亲自到现场为球队加油。中国政府高官虽然没有来到现场,但是,也把足球看作是凝聚全世界华人爱国心的纽带,对其在很多方面大开绿灯。世界杯期间,尤其是中国队有比赛时,许多企事业单位都破例放假或放松管理。一些城市还专门在中心地段设立大屏幕方便球迷看球。这期间各大中城市的交通管制、灯火管制及噪音限制等均有所松动。广大中国球迷在权威限制的空隙内,也开始对国旗进行符号学意义上的运行,借国旗的图案和色彩,采用各种个性化的装饰方式表达内心情感。挥舞国旗已是最基本的,更多的是在脸颊绘一面五星红旗,大胆点的将整张脸全部涂为红色,再在额头或颊上绘上五角星。女球迷们也使用一些更细节的装饰,比如在发际别一枚五角星,或围一条镶有五星的红色围脖。这时期"国旗"的功能已经有所转移,它不仅仅只限于国旗法的规定,而是和涂鸦、化装等同起来。因此,国旗在表达球迷的爱国热情的同时,又是个人的装饰品。

请看下面的这张照片(图 16)。❶

这种举动使我们联想起"文革"期间全国佩带毛主席像章的情形。当年佩带毛主席像章和球迷把国旗的图案画在自己的脸上有什么区别呢?首先毛主席像章的权威性是决不允许个人任意涂画的;其二佩带主要是一种政治信仰和政治身份的表示(只有革命者才可以佩带。毛主席像章也代表了革命决心。参见图 13);其三,由于上述政治意义,拥有毛主席像章就成了一种政治优惠。下面摘录的文字记载了当时的情形:❷

……当年为东海舰队设计毛主席像章每次一批产品出来,都会送给罗盘老

❶ 照片资料来自 2002 年 6 月 14 日《都市快报》(杭州)。

❷ 潘玮文:《毛主席像章:家传、情传》,转引自《上海一周》2003 年 10 月 29 日。

图 16

先生(像章的设计者。——作者注)30 到 50 个产品。对罗洁(像章设计者的女儿。——作者注)来说,爸爸的这些毛主席像章还意味着她快乐的童年生活。胸口的像章天天换,个个都是崭新的,小朋友们都羡慕得口水涟涟……罗洁从小爱漂亮,喜欢穿工装裤,每个星期一去上学,工装裤的口袋里都装满丁零当啷的徽章。她就读的东胡小学也远近出名,区里开大会,必定是上海东胡路小学的人,胸口的毛主席像章最漂亮光鲜。在没有任何流行概念的时代,毛主席徽章就是人们转移对美和时尚天然向往的投射物。更何况毛主席徽章还负载了那么多政治意义……设计毛主席像章也让罗洁一家在物质定量供给的年代保持了较好的生活水平。她还记得每到周末……她到吴淞军港的东海舰队送设计稿,拿成品徽章……首长的警卫员开着吉普车送她进进出出。还有用军用文件牛皮纸袋装着的肉、蛋、菜。这些,都是毛主席徽章给罗洁带来的暖色调的童年回忆。

当然,《虔诚者》(见图 17)中的战士佩带毛主席像章不是为了利用政治获得物质优惠,他表达的是自己的政治虔诚。在当时,政治的虔诚度将会受到普遍的尊重和广泛宣传。因此,这种个人佩带如此多的像章不是在张扬个性,佩带者不能拥有佩带物,需要献身于佩带物。它符合了主导话语的秩序,成为一种政治行为。图 16 中一对男女球迷,他/她选择国旗画在脸上、身上,即证明自己的文化身份,又张扬自己的个性。这种方式与青年人流行的纹身或者往身上印各种图案如出一辙。因此,选择国旗、花卉、人物、图腾只是“逢场作戏”,并不完全是他们的政治取向。所以在行为上有对传统意义的颠覆。

图 17❶

❶ 李振盛作品:《虔诚者》,摄于 1968 年 4 月 16 日,转引自《新闻周刊》2004 年第 6 期。

大众反对束缚时十分诡谲：在躲避或抵抗体制时发展快感；在体制内部扩大其文化空间；利用政治的神圣性和强大力量推助个性张扬。下面这篇文章恰好成为上述意义的注解：❶

第一个从欧洲出线的波兰人第一个被干掉。恩格尔来不及发动奥利萨德贝的“黑色闪电”，就签下了另一款“华沙条约”，这个条约导致一个“政治阴谋”的蠢蠢欲动。

波兰人成为D组名副其实的“牌架子”，它像二战时期一样，可以闪电般输给任何一股进攻力量。6月14日，葡萄牙和韩国将被迫进行一场残忍的“绞肉机战役”。

是淘汰韩国，还是做掉葡萄牙？这是一个问题。国际足联的“阴谋家”们开始一场尔虞我诈，郑梦准有些后悔鲁莽的“倒布行动”了，不过他也可以摇身一变，借此与布拉特结成攻守同盟，“以土地换和平”，让韩国出线。

……

我怀疑菲戈抢走了黄金一代所有的风水，万千宠爱集一身后，“世界足球先生”断送掉兄弟们的前程。红颜薄命，从玛丽莲·梦露到戴安娜王妃，从阮玲玉到邓丽君，亲手掩埋了性感的荷兰人后，他们也将被无情掩埋。

……

只有安贞焕，这个马明宇的前佩鲁贾“上铺的兄弟”，不仅展示了自己F4一样俊朗的外形，也用无数韩国少女梦寐以求的额头顶入惊艳一球，一秒钟内，他替代那个黄毛三角眼的中田英寿席卷了整个亚洲。

6月14日，一支冲动得让人流血的韩国队，一支感动得让人流泪的葡萄牙队，无论谁将死去，我们都认为这是阴谋出卖了爱情。

文章预测韩国和葡萄牙第二天的比赛，意在批判国际足联副主席郑梦准与主席布拉特既勾结又联合，在比赛背后操纵暗箱。作者使用了隐喻手法制造自己的“生产者式文本”，文中的“华沙条约”，“以土地换和平”等一些特定含义的词语，以及阴谋、爱情、F4这些与足球毫无关联的词汇都被用到针对足球的批评上。在对语言进行嬉戏与零碎的使用时，将多重意义带进一个空间，体现出正确与游戏之间的张力。而游戏总是蕴含着不受规训、无视礼俗、非正经与冒犯性的潜力。如果说波兰的出局还可以与它在二战时被侵略的历史建立对应关系，葡萄牙与红颜薄命之间的隐喻合理性不足。读者在语言层面上重新体验社会差异，在找寻并解决词语之间关联的过程中获得快感。文章的体裁也介于随笔与杂文之间。这里的意趣不在新的创造中，意趣在于发现并且利诱了已经有过的表达程序。新的意义利诱原来的意义之后便把原来的意义放在被篡改的地方，

❶ 李承鹏文：《阴谋与爱情》，2002年6月11日《足球》报。

篡改制造了快感。

由于体裁不仅在其形式的特征中，而且在不稳固的阐释程式中做着掏空和填充的游戏，它们很少提供一个稳固的认识规范。随笔与杂文间的写作模式也就被看作是一种无体裁的后现代主义写作。当体裁瓦解时，在作者、读者、批评家之间达成的传统契约的条件与框架就被更改，理解呈现多层次。写作在利用了原有的语言结构后又颠覆它。阅读也成为一种智力游戏。作者有意选择戏谑、嬉戏的风格来创作，显示出大众在诙谐方面的智慧，同时也包含着玩笑的元素。这种文本在可解与不可解之间给读者留下大量空隙，任由他们从各自的理解角度填充进不同内容，完成智力游戏。

你可以由此联系到二战；可以把菲戈比喻为万千宠爱集一身的“红颜”，然后联想到梦露和阮玲玉充满传奇和悲剧的一生。对菲戈生出“怜香惜玉”般感叹，倒也反衬足联的卑鄙；也可以愤慨公平竞争后面国际足联内部利益冲突与妥协的巨大阴影，甚至再联想到中国足球界的黑哨问题；或者抛开足球沉浸在流行音乐的时尚追求中，或者干脆就什么思考都没有。怎么样的阅读都可以。上述分析也使我们看到对抗和颠覆总是在充分利用了被颠覆的意义之后才出现的。而利用本身似乎又使颠覆总离不开被颠覆的影子。用符号学的观点解释，它正是“藏在意义互换的现象中，继续意义与形式不间断的‘捉迷藏的游戏’”❶。说什么真地不重要，主要是玩一种说的方式和对这种方式（包含原来的意义）的颠覆，乐趣就在于此。

### 3. 大众狂欢与民族情绪的结合

1998 年世界杯时《讽刺与漫画》上有这样一幅漫画：茫茫宇宙中多了一个球体——足球，每四年出现一次，地球则成了它的卫星，整个地球都围着它转。漫画虽然夸张，却能反映出世界被足球搅扰起的轩然大波。每到一个四年，从确定主办国、决定参赛国家，到各国内部选拔球员组成国家队，直到最后的比赛，政府有关部门、企业、媒体各行各业纷纷与足球联姻，抱着不同目的投身于这场狂欢。普通大众虽然没有实际权力改变狂欢的主要因素，也能在现场或通过媒介参与狂欢，并且借用符号的表意过程和大众文化的政治潜能在微观政治层面影响权力的再分配，扩展自己的社会文化空间。我们从下列图 18—20 中看到的照片标示了足球狂欢的确是一场庶民的狂欢。

虽然，每一位参加狂欢的个人都可以以自己认为最合适的方法表达自己的情绪和个性，但是，几乎所有极度张扬个性的表演者都愿意用国旗做表演的背景。将国旗作为个人的道具，这其中存在对国旗的神圣性和严肃性的一种接纳

❶ 参阅本书第一章第二部分。

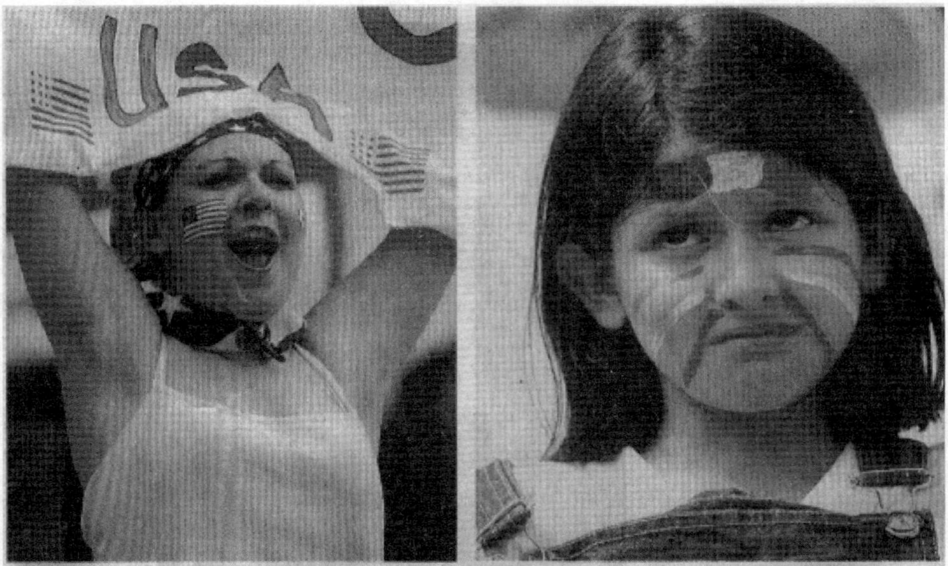

▲欣喜若狂的美国球迷。　　▲眼含泪水的墨西哥小球迷。

图 18

图 19

与颠覆,所以可以称做“庶民的胜利”。选择国旗不是选择他物,恰恰说明民族情绪是个人足球狂欢的一个激活点。本来参加比赛的足球队就是代表了不同的国家。国家利益与民族情绪在与其他国家或者民族发生冲突(包括竞争)时,两者往往会出现空前的一致。这种一致性为大众狂欢提供的一个合理化解释,又成为大众狂欢无所顾忌的理由。

图 20

(1)政治意识形态在足球狂欢中得到肯定

阿尔图塞认为不要简单地把意识形态看作是一系列思想,而要将其看作是一种物质实践,是不断由意识形态国家机器在其日常运作中复制出来的动态社会实践。大众在日常生活实践中,而不单单是在关于日常生活的思想中都会碰到意识形态问题。球迷在观看一场比赛时,也是这样的实践活动。观看产生的意义就如阅读文本时意义产生的过程一样,意识形态也会借此不自然地呈现出来。民族情绪与大众狂欢有一个共同点,即在极短的时间内唤起人们的热情,使在场的每个人都会因为众人的势力被激动,被裹挟。尤其是涉及到民族的尊严等主题时。

当本届世界杯中一些经济实力、政治地位相差悬殊的球队对垒时,人们在观看与思考比赛时也不由自主融入了对双方历史、文化的考虑,谈到民族性格、国家尊严、生命意志等,自然地将比赛上升为意识形态的斗争。

在揭幕赛上上届卫冕冠军法国队以 0:1 负于第一次参加世界杯的非洲小国塞内加尔。各家媒介都用了超过一场比赛所适用的篇幅来介绍法塞在历史和足球上的纠葛,塞国战胜法国也被媒体称为"殖民的胜利"[1]。塞国自 19 世纪中期就沦为法国殖民地,二战后才逐渐独立,但仍未能完全摆脱法国的经济、政治及文化的影响和控制。此次参战的 23 名塞内加尔球员中有 21 名都在法国为俱乐部效力,接受欧式训练。政治经济的强弱等级从来就存在于人们的思维之内,而

[1] 《足球》报 2002 年 6 月 17 日 A 版。

且人们在潜意识里总是同情弱者,反抗强权。媒介的引导进一步激发了人们内在的意识形态性,认为当年这“最西的非洲”输出的是身体最棒的奴隶,现在他们用殖民者加工后的头脑征服欧洲。在央视直播现场主持人介绍一位“网友”❶的话是有代表性的:一群羊,打败了一群狼。普通的一场球在日常实践中被赋予了意识形态意义,上升到殖民属国推翻殖民统治的认识上。

6月7日英格兰与阿根廷小组赛也在评价中受到如此待遇。两国曾就马尔维纳斯群岛的主权归属问题于1982年开战,当时阿根廷与英国力量悬殊,英国凭借帝国余威取得了胜利。但在足球上两者都是强者,不过英格兰自1966年以来一直被压在阿根廷之下。媒介和球迷评价这场比赛都在追溯历史。当他们用文字的象征方式再现比赛时,主体内在的意识形态性促使他们自然地通过描述历史来表达意识形态倾向。人们除了把这场比赛看作是英格兰的复仇之战外,也进一步联系到马岛之战,把比赛称为阿根廷的雪耻之役。对球赛的看法早已超过比赛本身,承载上政治和长久以来的民族仇恨。因此,狂欢是恣意、任性的,但它绝不仅仅只是颠覆一切的舞台,意识形态的暗流依然在狂欢中涌动。也许是因为“复仇”总是隐含着人类的控制欲望,也许是弱者更需要认同感以对付强者,我们从当时媒介关于足球比赛结果的评论中,总是看到倒向弱国的倾向。日内瓦学派批评家普雷特,将阅读活动视为读者对另一个意识思想的默许与顺从,是“因为我遭到他人思想的侵犯,我获得了原不属于我自己的思考经验,我成为不属于原来自我的思想主体”❷。每个主体的性格、思维方式和由此引导的行为举止、言谈打扮,甚至所选择的生活道路也正是通过主体对社会环境及存在其中的各种文本的阅读确认。观看足球比赛类似于一场阅读活动,球迷——阅读者本来就不是一个纯粹属于个人的本我,他们的主体性体现,决定了他们作出的反应带有深刻的意识形态性。

(2)文化身份在足球狂欢中的确立与认同

文化身份认同是指人类或地区社会从文化角度确认并确立自己存在的根源、性格、意识和生活方式。随着电子信息时代的到来,全球化已成为无法回避的时代命题。它首先打破贸易壁垒,从金融、经济领域开始,渐渐推行到各个方面。不同国家和地区的政治政策、生活方式、文化价值等,都在经济的交流与融合中发生相应改变,作出主动调整或被动变革。由此出现了一系列的全球化,包括经济、资本、政治、信息和文化等。

在文化研究的领域中,身份扮演着重要角色:一方面,身份是流动的,从来没有被完全固定下来,总是不断被重新构造;另一方面,身份只是相对于对不同于

❶ 电视台在直接转播足球赛事时,主持人会利用评论比赛的机会介绍观众通过网络发送的评论。

❷ Georges Poulet, Phenomenology of Reading, New Literary History 1 (October, 1969) p.56.

“我”的其他身份才存在的。身份定位建立在社会身份之上，建立在具有共同经历或历史的社会群体之上。身份概念指导人们把自己视为积极的参与者，允许自我意识在宽广的文化实践范围，包括文本、图像、商品之中得到表现。

在以经济发展为核心的全球化大潮中，经济实力较弱的国家和民族不仅在政治地位、经济交往中处于劣势，而且其价值观念、艺术准则乃至生活方式都受到外来强势文化的渗透与侵袭，其民族文化被逐渐磨蚀棱角，濒于湮没和灭亡的边缘。在这里，从政治、经济、文化各方面确立的自身文化身份认同与全球化同时构成二元组合对立项。各国在加强与他国经济技术合作的同时也尽量保持并发挥民族经济的特色，保持对本民族文化价值的再度确认。比如瑞士仍然以其精密的手工制作著称，法国南部仍然是世界上最好的葡萄酒出产地。文化上则通过本土性取代和对抗国外随着经济活动进入本土的文化。文化身份就在本土化与全球化的交相并进中得到他族的认同的。

足球的全球化表现在它像旋风一样几乎将所有国家的球队、球迷、大众传播媒介、观众都裹挟到每一届举办国设置的赛场上，有人亲临，有人通过电视、广播、报纸等耳闻目睹，它给人们提供了参与全球化文化实践的场地，同时它给予参与其中的人们确立民族文化身份的机会。它是全球化的，也是本土化的。

1990年世界杯举行时，当时的北京晚报上有一篇文章，一位中国记者遇见一名外国人，由于语言不通不清楚他来自哪个国度。老外飞起一脚作踢球状，口中大叫“马拉多纳!”原来他来自阿根廷。这个故事告诉我们足球和它所诞生的球星已成为全球化的文化现象。足球文化中有重组的国际秩序，像阿根廷、巴西、尼日利亚这样一些经济不发达、政治上也没有多少发言权的国家，却可以凭借足球让人们肃然起敬，处在强者的位置上。人们在对足球的狂热中已经超越国界、种族等日常生活中会注意到的界限。球迷为了自己喜爱的球队球星寝食难安，而不管他们来自哪里，是何种肤色。不同国家的球迷也会为了同一支球队欢呼。足球在加速文化摩擦和融合的同时，创造了游戏和纯粹的视觉享受。但是，另外一面，足球又是煽动民族情绪的运动。因为比赛总是有结果，颁奖仪式上获胜的球队所在国家的国旗升起并且播放国歌，此刻自然会牵动在者的民族感情。因此，世界杯是足球高度全球化的杂耍中，民族国家间争斗荣誉的最后的战争。在这场战争中，来自同一背景的文化身份认同，找到了最充分的表现空间。下面分析的几个热点赛事支持了这个观点：

1) 俄罗斯足球与俄罗斯身份

6月9日莫斯科球迷骚乱，演绎了一场足球与民族传统、文化心理以及国家尊严互相纠结的故事，也是俄罗斯民族年轻一代的身份表演。当天俄罗斯0比1负于日本后，位于莫斯科市中心最繁华地段的马涅什广场上爆发了本届世界杯以来第一起大规模球迷骚乱，也是两年来俄罗斯最严重的与足球有关的暴力事件。8000 人卷入其中,2 人死亡,73 人受伤(包括 18 名警察)。从广场到新街一公里长的道路两旁随处可见被烧毁和砸坏的汽车,莫斯科宾馆和临近商场的玻璃橱窗以及路旁的广告橱窗全被砸毁,国家杜马大楼也未能幸免于难,有多处玻璃破碎。数以千计的球迷高唱“前进,俄罗斯!”,狂呼着各种口号穿越街道。一些人围着俄罗斯国旗,许多人的脸上涂着国旗的颜色。据报道,还有一群俄罗斯青年在离克里姆林宫一公路处狂殴 5 名日本学生。

俄罗斯此次骚乱的直接原因是球迷对比赛结果不满,深层背景则在于球迷内心的民族情结。俄罗斯人一向对自己的民族和国家充满自豪之情,对于历史上战胜不可一世的拿破仑和希特勒津津乐道,二战后作为惟一能与美国抗衡的大国形象也早已深入人心。爱国主义情怀和大俄罗斯主义在一些人心中根深蒂固。参与这次骚乱的大多是二十岁上下的年轻人,是在苏联解体、俄罗斯衰落中成长起来的一代。他们在儿时还能感受到大国威仪的最后丰姿,但经历得更多的是国家变化中的不稳定。传统的文化心理不能承受现实的偏差,因此容易行事偏激。在不少俄罗斯人心目中,日本是一个不能与俄罗斯相提并论的小国。其在体育方面与俄罗斯相比,更不值一提,足球更是“小儿科”。输了这样一场被认为几乎没有悬念的比赛,怀有大俄罗斯主义情结的球迷对比赛结果难以接受是可想而知的。一直以来俄罗斯人都为辉煌历史所累,当一厢情愿的民族优越感遭遇到现实生活中的不被认可时,缺乏信念支撑的心理极易失衡。足球比赛失利正好成为一条导火索,使心中的愤懑得以通过骚乱发泄。比赛的结果把球迷们从全球化的享受中唤醒,重新找回自己的身份后,民族自尊和狭隘的民族主义、大国沙文主义得到公开表露而不受指责的一次机会。

2)“大韩民国”❶与“红魔”球迷会

1998 年法国世界杯时韩国就专门成立了“红魔”球迷会,当时约 3000 多名韩国人随国家队去巴黎参加世界杯。此后,“红魔”的人数与日俱增,从最初的几千人发展到现在正式注册的 4 万余名会员,韩国总统金大中和许多演艺界明星都加入到该组织中。“红魔”成了民族精神的集中体现。

当韩国力克葡萄牙进入 16 强后,300 多万球迷穿上“让咱们一起红魔”的红色 T 恤上街狂欢;挫败意大利进入 4 强后,400 多万民众上街癫狂;韩国与德国在 1/4 决赛相遇的当天,以市政府为中心,汉城的街头四处都是红色。几乎每个韩国人脸上都画着韩国队的标志,不光有太极虎,还有各种漂亮图案,不少女士还把红色丝巾系在脖子和手腕上,为国家队助威的同时也是一个尽情展现自我风采的时机。虽然韩国队在场上表现并不十分出色,但现场 6.5 万名球迷一直在整齐划一地高呼“大韩民国”的口号为球队呐喊,他们脸上显露的战争气氛和

❶ 比赛现场韩国拉拉队直呼“大韩民国”。此处沿用这个口号在于揭示球迷的民族情绪。

几万人食指共指苍穹的气概，和着世界上最整齐有力的呼喊使看台像即将迸发的岩浆，表现民族意识的口号声浪翻滚着。即使在比赛以 0:1 结束时，全场仍然爆发出雷鸣般的掌声，场外也放起鞭炮。

这种“大韩民国”的精神如何与足球狂欢融在一起的呢？

民族精神首先有“族类”认同，也是一种群体认同，群体认同是历史延续下来一代又一代继承的行为。民族精神必须在同族、同类的群体中获得认可。大众狂欢是一种群体狂欢，群体狂欢的情绪像多米诺骨牌效应一样，互相影响着。如果是同一个族类又涉及到“族”的荣誉时，在每个人身上的族群烙印像蛰伏的昆虫，一遇合适的气候，便成群结对地繁殖，再繁殖。群体越大，繁殖越快。单个的却有死去的可能（如白蚁在群体中以几何数繁殖，离开群体立即死亡）。

韩国球迷在赛场内外表现的民族精神是韩国历史沉淀的结果。韩国没有少数民族，单一民族造就的内聚力成为一种民族意识，培植了韩国的民族主义气氛。自高丽时代起，韩国文明只是唐朝文明的派生。弱小和贫瘠反而使这个民族在逆境中不断奋争，在遭遇侵略时顽强抵抗，民族的雪耻作为永远不会忘记的记忆激励国人的民族意气。这种民族意气可以从发生在 2004 年的拍摄以慰安妇为题材的记录片事件得到证实。❶韩国整个民族一以贯之的就是要使大韩民族标立于世界，不仅在科技、经济上力争前列，而且力图保存并推广其传统式的民族文化精神。因为曾经弱小，因为曾经被侵略，所以在与强大——侵略的对抗中，很容易培养起自我要强大、要获得支配权力的意识。只有在群体的呼喊中，自己才觉得有力量。韩国的“红魔”球迷机构在自己的国土上尽情向全世界展示的就是这样的韩国精神——团结凝聚，自尊自信，表现出略带疯狂的展示欲与统治欲。

3）中国球迷与国旗、军帽

当中国球迷第一次在公开场合用国旗作为个人的装饰，表明自己的文化身份时，他们与其他国家类似装饰的球迷一样，把比赛不仅当作自己的个人爱好，同时也有意识地把比赛看成是国家的荣誉、民族的精神。如何解读中国球迷们头戴军帽、脸贴红旗为国家队助威的行为呢？军帽作为一种符号，在中国革命的宏大叙事中是革命时代红军的一种标志，是解放军的标志，也是一种力量的标志——军队的力量。作为意符的军帽加上脸颊上的红旗，所指的是抗日战争及解放战争时期中国共产党领导下的红军；“红军”在长期的政治宣传中代表着团结奋斗、以弱对强、不屈不挠、争取胜利的精神。球迷们正是在这一层次上运作军

❶ 韩国一位女影星因为参与拍摄以慰安妇为题材的纪录片（实际上是将慰安妇的生活变成卖淫生活给予展示），遭到包括慰安妇在内的国人一致谴责。在社会舆论的压力下，女影星向慰安妇下跪请罪，导演剃光头谢罪。参见图片 21。

图 21

帽和国旗的意义，表达出他们渴望中国足球队也能够像当年的红军一样坚持不懈、努力拼搏，最终取得胜利的意愿。

在图 22 中，符号作为军队的标志已经退位，球迷们赋予军帽的是军队的精神，这种精神与球迷建立对应关系，军帽便成了球迷的标志。这种符号共时性与历时性的纵横组合，使场外观众接收到现场观众想要传递的热情与渴望的信息时，除了激动也有些许惊奇，这两者都是球迷们希望的效果。因为现场这些中国球迷通过采用国旗图案和久已闲置、在现代社会已成为老古董、不合时宜的军帽，不仅表达了他们的心情——为中国队喊阵助威，也反映出在中国大陆走向多元化的现代生活中，能够唤起众人共鸣的符号没有产生，带有纯粹民族色彩的标志物也没有，有号召力的依旧是与政治意识密切相关的标记。最后，因为中国队的失利，这种符号所承载的政治元素转变成崇高的、带有悲壮民族色彩的沉默。由此可见，政治意识在大陆同时也成为民族意识，经过历史的积淀而内化在人们的潜意识中，即使是大众狂欢，也难以回避。

另外，选择军帽或者在脸上画国旗都有着追求新奇、彰显个性的狂欢元素。当带有颠覆快感的装饰与有强烈国家（民族）色彩的情感相遇，中国式的球迷的民族身份显现在比赛场上。

图 22

# 第2部分

# 媒介批评的实践范畴

媒介批评对象研究与批评活动

媒介批评工具与操作

媒介批评与传媒教育

# 第7章 媒介批评对象研究与批评活动

我们在第一部分的每一章都提到的有关媒介批评的概念，主要是从理论上阐释各种批评的立场、问题和话语体系。第二部分将转入对批评对象的专门研究。它将为批评理论的实践性叙述提供更加清晰和准确的分类项目。本章内容确立了它的目标：按照我们寻找概念的路线原路返回去，将已经被归纳入概念当中的媒介批评文本，重新清晰地还原出来，并加以整理，使其暂时独立，有助于我们认识媒介批评对象的谱系。

什么是媒介批评对象呢？从我们已知的各种大众传播媒介的形态看，它包括：广播、电视、报纸、杂志、电影、书籍、网络，或者分成平面媒介与电子媒介。从每一种媒介的内涵分类，大致可以分成：媒介产品、媒介表现、媒介组织、媒介制度、媒介环境等。虽然传统传播学也关注这些方面，但是，这种关注站在媒介立场上，从理论和实证两个方面为媒介服务，有组织地进行为媒介擦污点、做"美容手术"的活动。在大多数情况下只是划定在媒介的局部范围内，指向媒介个别问题（比如接下去内容中所论述的各个媒介批评对象），很少有针对媒介整体进行的批评和质疑。当我们在批评的立场上重新叙述这些类型时，并不是说媒介的对象发生了变化。批评是站在媒介使用者的立场，为媒介使用者提供认识媒介的步骤和思考的价值，这些对象将纳入到大于媒介范畴的文化领域被反思，被阐释。

## 一、媒介所在

同媒介批评对象概念的陈述顺序一致，大众媒介存在本身才是我们研究的对象。那些包罗万象的各种信息传播介质不在此列。由于大众传播媒介对人们日常生活的改观十分迅速，来势猛烈，人们还没有足够的机会和认识上的准备，就已经是"人在江湖，身不由己"了。不要说能够脱身出来对它进行客观冷静的观察和沉思，甚至连这种意识的出现都微乎其微。究其原因，媒介因为合着技术进步的步伐和消费时尚大张旗鼓地走近日常生活,人们夹道欢迎其日新月异的变化时,往往顾不上对其进行去粗取精的审视,甚至“全盘媒介化”。技术发展及其应用的物质实惠和配合这种现象形成的相关知识体系不断使人们看到其消费价值时,自然会轻视批评的价值。以广播电视为例,涉及媒介的教科书几乎都是这样来叙述它们诞生的历史的。

……进入20世纪后,无线电技术的研究和实验取得了长足的进展,尤其是1904年英国人弗莱明(J.Fleming)发明了二极管和1906年美国人德·福雷斯特(L.De Forest)发明了三极管对广播具有决定的作用。1906年德国的德律风根公司实验无线电电话成功。1907年,德·雷福斯特在纽约进行了音乐和语言的无线电实验广播。第一次世界大战期间,美国的阿姆斯特朗改进了无线电接收机的线路,1918年发明了超外差电路。1920年10月,美国匹兹堡市私人经营的KDKA广播电台取得政府发放的营业执照,开始播音,成为美国也是世界上第一家正式广播的私营商业广播电台。仅仅20年,美国家庭拥有的收音机量就达1300万台。美国KDKA广播电台开播后一周就及时报道了美国总统大选的竞选活动和结果。美国的大众媒体学者德弗勒描述当年美国人喜爱广播时说:“经济来源窘迫的家庭,收音机坏了后也要省吃俭用攒钱修好。他们也许把家具还给贷款公司或拖欠房租,但他们死抱住收音机不放。”直到今天,广播几乎已经覆盖了世界200多个国家和地区,其所发挥的社会作用可想而知。而电视也有着同样的经历。1884年,德国人尼普科夫(P. Nipkow)发明机械圆盘扫描方式。1927年,美国的全电子式电视通过有线网络把图像和声音从华盛顿传到纽约。1928年,英国科学家贝尔德(J. L. Baird)运用机械扫描方式成功地进行了伦敦与纽约间的无线播出实验,传出了静止图像。1930年实现了声像同步播出。1933年,美国的兹沃雷金(V. K. Zworykin)发明了具备光电转换和电子扫描双重功能的摄像管。1936年11月,英国正式开办电视广播。1941年,美国联邦通信委员会正式批准建立美国第一座电视台——全国广播公司的纽约WNBT电视台。到70年代,大多数国家都建立了电视台,至于电视所产生的影响就更是不言而喻的了……

这些字里行间充满技术韵味的用语,形象地概括出包括广播电视、报纸、网络等现代大众传播媒介历史的基本范式,同时也流露出强烈的技术倾向性和敬畏感——好像它们的历史只有以这样的追述方式才能获得不可动摇的合理根据和不容质疑的进步价值。所有这一切也恰好说明了,为什么在我们的提问中极少出现诸如电视到底是好还是坏,网络是进步还是退化之类的字眼,为什么人们会对面前出现的新媒介怀着坚定不移的喜爱和追捧等问题。正是此种坚定不移的态度阻碍人们及时从本质上审视和追问大众媒介对我们究竟意味着什么，对我们做了什么，是怎么做的。

**1.媒介是技术的所在**

在技术变革延续下来的思维模式和价值标尺在社会心理中仍旧占有优势的情形下，公众对以技术为其存在标志的大众媒介所持有的态度，或因为崇拜，或因为对技术中科学性的痴迷而失去批评的眼光。当高速运行的机械使原本平静的生活方式不复存在，甚至对生命造成威胁的时候，人们又开始回味农耕时代缓慢之中的悠然自得，并对如今孜孜不倦追求的速度作出新的评价。同样，当花样繁多的大众传播媒介信息铺天盖地迎面而来的时候，有关媒介技术的反省也在点滴发生着。

美国导演彼得·威尔(Peter Weir )所执导的电影《楚门的世界》(The Truman Show)，可以视为一次对媒介隐喻式的批评。故事讲述了主人公楚门·伯班从他呱呱落地开始，30多年以来一直是一部播映最久、最受欢迎的纪录片——肥皂剧的主角。他居住的理想小镇——海景镇是个超大的摄影棚，而他的亲朋好友和他每天碰到的人全都是职业演员。他生命中的一举一动、分分秒秒都暴露在隐藏在各处的5000多架摄影机镜头前，这个摄影棚中惟一不知道有摄影机存在的人就是楚门。全球上亿观众每天注意着楚门的一举一动，他自己却丝毫不知。30多年后的一天，由于天上掉下来一个灯，楚门终于感到有点不对劲，当他发现自己像是玻璃缸里的金鱼时，他决定不计代价逃离海景镇。但是，他必须面对“楚门的世界”的创始人、制作人兼导演克里斯托，才能逃脱藩篱，获得自由。这部发人省思的黑色喜剧提出了媒介时代中遇到的深刻课题，从侧面让我们这些身处已经被媒介浸透了的世界的人们感受到了和楚门·伯班一样的无助和担忧，担忧媒介最终会抹杀现实与虚幻之间的界线。

如果我们对大众传播媒介做一个剖面解析，媒介的存在是一个复杂的结构。首先，我们看到媒介活动是一种技术活动。技术是做什么的？为什么要有技术呢？如果不是谈论技术史，而是从技术与我们日常生活、生存样态的关系来回答问题的话，我们可以套用麦克鲁汉一句名言的格式说：技术是人体的延伸(麦克鲁汉说“媒介即人体的延伸”)。接下来还可以说出许多这样的句子：技术是人的创造欲望的实施；技术是改善我们生存环境的工具；技术是人类想像的描述等等。这都是以人为本的对于技术的理解。

如果以技术为本，技术要做什么，能做什么？以计算机为例回答问题是十分合适的。计算机的网络化使得我们一切的信息传送、各种交流都可以做到无纸化(从理论上讲是可以的)。无纸化的便捷和快速、准确、不受距离限制、容易保存与修改等，带来办公室革命、商务革命、信息资料管理革命、行政管理革命、甚至军事革命。随着技术革命的普遍性延伸,社会规则中技术规则自然会起到越来越大的影响。人们需要掌握新的技术,遵守技术规则。技术对于人的控制便油然而生。这时候我们应该看到当技术延伸了人们的某种器官之后,人首先要满足这种器官的需要,循环往复。例如视觉,当你自身的视觉功能被技术延伸后,它成了技术的结果(因为延伸部分借助技术),被延伸部分的功能又因为超过其他功能而处在优先位置,视觉的需要超过其他功能的需要。你的这种需要有一点是落在对这种技术的特别需求上。媒介对于人的影响,也依赖于技术对人的影响。媒介对于技术不是利用而是依赖,这样势必使其本身的发展宗旨和目标更具有技术优先的意义。

**2.媒介在商业和权力的近处**

媒介活动是商业活动。媒介作为一种全球化的产业吸引越来越多有着精明商业头脑的商人入足其中。今天,当我们谈到世界上屈指可数的传媒风云人物时,不再是那些在世界性重大新闻报道中作出优异成绩的记者、专栏作家、摄影家等,而是指经营传媒有道,规模甚大的传媒"巨无霸"们。例如,经常被人们提及的传媒大亨默多克,其主持下的新闻集团一掷千金获得了对新世界通信集团公司的完全所有权,成为美国全国性的大电视网。随着在美国利益的稳固和全球性购并的展开,默多克在世界各地急速地扩张其传媒势力。新闻集团在澳大利亚发家,它控制了澳大利亚70%的日报订户,随后又向英国发展,成为英国最大的报纸出版商。目前,新闻集团70%的收入来自美国市场,而且这一趋势还将持续至少10年,美国无疑成为默多克全球扩张的根据地。[1] 默多克是传媒商业运作的神话,它的成功鼓舞着更多的媒介老板扩充产业地盘,发展多种经营。今天,大众传播媒介的社会功能首先是服从其经济功能。媒介不再扮演那个单纯的"社会雷达"、社会管理、指导和提供娱乐的角色。[2] 关于媒介的商业运作逻辑,本书在分析费斯克关于电视两种经济模式的创造性思考与生产性文本的联系时已经探讨过。在这里一个新的"异化"[3] 现象出现:大众在颂扬了传播技术带来的革命性变化后,便积极地进入到信息技术社会,被传播技术培植起来的

---

❶ 新闻集团已成为当今世界上最大的综合性传媒之一,经营范围包括分布在美洲、欧洲、亚洲和大洋洲的报纸、杂志、图书出版和电影、电视节目的制作发行以及卫星和有线电视广播、数字广播、加密和收视管理系统的开发。截至2001年底,该集团的净资产已超过400亿美元,默多克的个人资产也已超过110亿美元。多元化的全球业务几乎覆盖了世界的每一个角落。然而新闻集团鲸吞全球市场的野心丝毫没有减弱——1997年,默多克在一次小范围的投资商会议上说:"我们并不认为自己是一个大公司。相对于全世界的媒体市场而言,我们只是很小的一份子。"被CNN创始人特德·特纳比作"传媒界希特勒"的默多克与新闻集团在全球传媒机构有:美国福克斯电视网;美国22家电视台,覆盖到美国40%的人口;持有fx、fxM、福克斯运动网(Fox Sports Net)、福克斯儿童频道(Fox Kids Worldwide)、家庭电视频道(Family Channel TV)等频道50%的股份;20世纪福克斯电影公司;Twentieth电视公司(Twentieth Television),美国乃至世界的电视节目制作和销售集团;130多家日报,包括伦敦的《泰晤士报》(The Times)和美国的《纽约时报》(New York Post);25家杂志,包括《电视导读》(TV Guide);HarperCollins出版社以及另外7家出版社;控股BskyB(British Sky Broadcasting)卫星电视公司;大量的空中电视(Sky TV)频道包括空中新闻(Sky News),覆盖了英国以及欧洲的部分地区;拉丁美洲电视频道,包括El Canal Fox和Fox Sport Noticias;部分持有与Televisa、Globo合资的拉丁空中广播(Latin Sky Broadcasting)的股份,该公司以卫星电视覆盖整个拉丁美洲;持有新西兰自然历史单元公司(Natural History Unit)80%的股份,该公司是世界顶尖级自然和野生纪录片制作公司;传统媒介公司(Heritage Media),美国一流直销公司,1996年的利润达5亿美元;持有同美国主要的有线电视公司合资的Primestar卫星电视公司30%的股份;亚洲卫星电视公司Star TV;多个覆盖亚洲的频道:ESPN,卫星体育频道Star Sports(在亚洲有4个频道),同主要唱片公司合资的Channel V音乐频道(在亚洲有4个频道),以及在亚洲有9个频道的Star World、Star Plus、Star Movies频道;持有印度电视频道Zee TV、El TV和Zee Cinema 50%的股份;部分持有印度有线电视公司Siti Cable的股份;印度卫星电视公司——印度空中广播(India Sky Broadcasting);部分持有印度尼西亚付费电视公司Indovision and Film付费电视频道的股份;与索尼、Fuji TV电视公司等共同持有日本卫星电视系统——空中广播(Sky Broadcasting)的股份;卫星中文频道(Star Chinese Channel)在台湾播出;持有凤凰卫视中文台(Phoenix Chinese Channel)45%的股份,该台是主要面向中国大陆广播的卫星电视台;持有与台湾运动发展公司合资的Golden Mainland Productions电视公司部分股份;澳大利亚电视频道FoxTel;部分持有与《中国日报》合资的ChinaByte网站的股份。资料来源:辽宁电视台网站——电视博览专栏"鲸吞世界的媒介市场——美国广播电视产业的全球化取向"。

❷ 参见威尔伯·施拉姆、威廉·波特著,陈亮等译:《传播学概论》,新华出版社1984年版,第33—34页,第38页。

❸ 异化德语为:Entfremdung,来自fremd一词,意为"异己的"。指某物通过自己的活动而与某种曾属于它的他物相分离,以致于这个他物成为自足的并与本来拥有它的某物相对立的一种状态。异化观念可以追溯到基督教的原罪说和卢梭的社会契约论,这个理论表明,自然状态的个人由于赞成公民自由以进入社会状态从而放弃天然自由。引自尼古拉斯·布宁,余纪元编著:《西方哲学英汉对照辞典》,人民出版社2001年版,第35—36页。

身体延伸部分的功能大于其他功能，并且已经无法脱离技术而存在。技术被发明并且迅速地得到推广的主要理由是追求丰厚的商业利润。微软技术的开发和使用过程，WINDOWS95、WINDOWS98、WINDOWS2000……使中国大多数人使用的电脑不断升级，促进技术的新一轮研发。数字技术启发的想像，使大众传播媒介从有线到无线再到有线传播；从一对一、一对点、点对点、面对面再到一对一（付费频道）；从线型编辑到非线型编辑；从专业传播到非专业传播（网民利用网络、手机用户用手机传播自己的信息）等。技术给传媒发展提供了一个又一个平台，平台的迅速搭建给技术产品创造一个又一个"安置"市场。

媒介本身不是一个静止的实体，它在运作中被接受，被认识。以上两种活动是媒介活动的重要构成部分，常常成为其他活动的最终理由。这样一来，媒介作为大众传播的专业机构，其元功能已经被各种活动所利用，我们看到这样一种逻辑：媒介能够传播信息，更重要的是生产和销售信息。因此，生产和销售信息成了传播信息的理由。在商品化的逻辑中，掌握和传播信息成为非常重要的事情，生产和制造信息也成为提高社会地位和扩大权力的重要途径，成为权力的象征。谁拥有更多的信息，谁就有更大的权力。权力越大，经费越多，就会有更多的可能获取和垄断更多的信息，就能够拥有数字众多的使用者。使用者永远可以成为技术和商业的市场份额——消费者。因此，对于媒介的解读也在媒介活动的"关系网"中才能获得。

例如，观看电视节目的人非常熟悉普遍存在于各类节目中的互动环节：体育赛事、故事悬念、各种知识、情节记忆（故事中的人的职业、年龄、喜好；新闻事件发生的地点；）等都可以作为问题留给观众回答，观众也十分熟悉回答的方式——发手机短信。甚至有媒介在涉及到灾难性的新闻事件报道时，会让观众猜死亡人数（好在这一做法立即得到观众网上批评和抵制，媒介也向观众认错）❶。在这样的互动中，非移动电话逐渐被排除在外。媒介这样做，不仅为移动通信的业务做间接广告，同时也与移动通信分成手机用户缴纳的短信费用。媒介在正常的节目设计中，已经将内容组合成许多可以穿插答题的文本。另外，还有奖品不断刺激观众发手机短信。

所幸的是对网络媒介的探讨，一开始就看到双刃剑的性质。与网络发展几乎同时开始的是人们的防范性回应，对网络文化与生存状况冲突的辩论，敏锐的思考在呼吁大家警惕数字化生存口号背后所隐藏的危机，开宗明义地指出，网络

---

❶ 2004年9月6日晚，央视4套"今日关注"栏目在关于俄罗斯北奥塞梯别斯兰市人质危机的报道中，滚动播出有奖竞猜信息，猜测人质危机死亡人数："俄罗斯人质危机目前共造成多少人死亡？选项：A.402人；B.338人；C.322人；D.302人。答题请直接发短信至：移动用户发答案至XXX；联通用户发答案至XXX。"摘自"雅虎"2004年9月15日。

的盛行或者是导致人性、人格、人际关系的“失落”,或者是助长了更加恶劣的资本霸权。

因此,面向媒介根本的思考正在被细致地和富有创见地分解到媒介与文化、媒介与民主、媒介与政治、媒介与国际关系等诸多带有哲学意味的标题之下加以阐述。从中我们也可以看出,对媒介存在本身的追究不是逗留在表面的描绘上,而是重估一切价值的一种领悟,比如对媒介与文化建设的重估,对媒介与人的存在关系的重估,对媒介与社会变革,对媒介与民主制度和权力体系运作的重估以及媒介作为一种经济力量或者媒介与市场的关系等等。正如我们在本书第一部分所谈到的,媒介被放在不同的思考维度下接受着拷问,从符号学分析到意识形态批评理论、女性主义批评理论、文化批评理论……例如,媒介在一个社会的运作中扮演着什么角色?媒介文本的意义是如何受制于现行的权力体制的?媒介以什么方式来维护既得利益集团的文化传统却忽略或排斥非主流的声音?它又怎么变成了经济、政治或者是社会机构中的一部分?媒介集团化以后对信息的垄断如何形成?从中我们可以发现,媒介实际上可以以不同的身份和概念出现,这里对于媒介存在本身的认识可以套用德里达的观点,就是媒介作为一个能指,对应于无限延异的所指。如媒介是意识,是文化,是技术,是讯息……这正是在批评理论视野下媒介的所在。

## 二、媒介产品

对于媒介产品的批评似乎比对于媒介存在的批评容易。任何一个接触过传媒的阅听人都具备对这种批评对象说三道四、表达意见的条件,媒介产品作为媒介落实身份树立形象的根本物质载体,是阅听人保持与媒介关系的核心环节,媒介双方的沟通内容和状态都由媒介产品生发和决定。失去了媒介产品的中介作用,媒介和阅听人都无从谈起。关于媒介产品的批评也是最有成效和初具规模的。

### 1. 针对媒介产品注意力的批评

各种传播理论在勾画传播过程路线图时,都毫无例外地将媒介搁置在大众和现实世界的中间,并且强调媒介在发挥信息传输功能方面的无可匹敌性,媒介便作为人们认识的延伸工具而被广泛地接纳。人们希望媒介能尽可能地协助他们对纷繁复杂的信息来源进行有效的、正确的筛选,以方便更快捷地追根溯源。两种愿望的不谋而合,促使媒介在信息的传输过程中充当着信息搜集、组织加工的主动角色,其完成角色功能的外化物质标志成果便是媒介产品。

根据媒介的形态差异,这些产品大体就是我们每天都能接收到的电视节目、广播节目、报纸、杂志、书籍、电影、网页以及相关衍生产品等等,在上述媒介产品的根目录下,又可以细分出许多子目录:新闻类广播电视节目、娱乐休闲类广播电视节目、文化教育类广播电视节目、生活服务类广播电视节目、专业类广播电视节目、报纸的新闻言论版块、文艺副刊版块、综合信息版块。如果还要具体的话,还可以再细致到某个有名有姓的栏目、版面、作品、站点、页面等。总之,媒介日常向大众提供的任何成型信息都可冠名为"媒介产品"。

之所以称其为产品,而不是普通的物品或是作品,有着双重含义。第一,既然要担当起名副其实的现实意义的转述者,那么媒介发布的任何一个信息就不是凭空而来,转手即得的。其中包含着媒介的介入工作,包含着从包罗万象的资讯中提前梳理出头绪、所要投入的时间和精力,包含着实践媒介传播功效的劳动付出。如:前期采访、拍摄等信息搜索过程,后期的修改、制作等信息组织加工过程,最后还有信息复制、播出、发行过程。这意味着我们从媒介那里获得的信息必定是劳动的成果,中间首先凝结着无差别的一般劳动,即马克思政治经济学理论关于产品的判断中所说的劳动。

第二,当作为产品的媒介讯息被送到阅听人中间供他们消费之后,公众因喜好媒介继而带来的对媒介产品的无止尽需求,这种需求经过市场规则浸染和锤炼转化成对媒介的忠诚度等。这样,大众传播媒介除了政治、社会属性之外,自身还具备着经济属性。于是,媒介开始注意开拓传播和经营的结合地带,考虑怎么在竞争的环境下依靠产品赢得阅听人,讲究起传播策略和产品的阅听人市场定位。所有这一切都促成媒介更加强化自身在信息传递过程中的参与活动,时刻顾及阅听人的兴趣、需求、癖好,想方设法调度人力、物力呼吁公众的关注,争取在目标公众的心目中占有一席之地。为了达到效果,媒介在信息传递中就越发多地运用选择、加工、包装等生产技巧,其产品也就更像个生产出来的东西了。

和所有产品一样,媒介产品也要同时接受生产者和消费者的挑剔眼光,虽然他们的出发点截然不同。媒介对自身产品的评价(通常也会使用批评这个词表达此意)标准和评价程序设计基本是出于完成政治任务、履行社会职责、实现市场价值的角度。它们一方面在系统内部的日常工作流程中设置了严格的程式化产品评测体系,比如,现在所有大众传播媒介内部都在执行的逐级审查制度和奖惩制度,从出品前到出品后对媒介产品进行把关,保证产品的安全、优质和市场竞争力。另一方面,媒体又委托特定机构调查阅听人对具体产品的反应和意见,从而掌握评价依据,对产品格局、种类和形式作出适时的规划调整。

中国大陆许多平面媒体定期公布大陆电视排行榜❶ 或者所谓电视黑名单。相似的排行(评价方式中最简洁明了的选择)——官方的、民间的、正式的、非正式的、综合的、单一的、正面的、反面的、有形的、无形的——针对了所有的媒介产品。甚至连我们自己的潜意识中都不由自主地存放着朦胧的媒介产品喜好单,这份名单从第一次接触到媒介产品就开始生成并逐步更迭。凭着这份名单,我们日渐形成了千差万别的对媒介的态度和收听、收看、阅读习惯,媒介及其产品也在公众的喜好评价中日趋分门别类。

当然,在实际操作中针对媒介产品的评价还有多种形式。因为这是一种评价式的批评❷,标准依然由媒介产品提供——样板。它先确认了一个代表极致的、理想的样板,这个样板来源于已经成型的各种标准,因此回避了对样板的合理性的质疑,所以说这种评价没有独立性。如果我们对媒介产品的生产及其传播过程进行寻访,这种质疑的意义就会显现出来。

因此,媒介自我进行的评价——收视听率、读者人数、网民数等,为这些数据提供内涵的实证调查与内容分析等,都不可能直接给我们揭示生产标准和评价标准如何受制于文化成规——政治、经济、观念价值体系等。这种评价本身也被纳入到批评对象的范畴。

**2.媒介产品质量的日常态度式解读**

媒介产品质量是指媒介供给的信息产品依照约定俗成的技术要求和品质规范展现出的高低优劣,其评价所凭借的准则来自长期的传播实践。具体讲,新闻报道是否真实生动、信息服务是否周到详尽、版面编排是否清新悦目、音响配合是否自然流畅、制作包装是否精致细腻、题材内容是否新颖丰满、目标阅听人是否定位准确等等细节,都可以构成媒介产品质量的标准体系。这其中有媒介共通的,也有媒介独自享有的;有经过日积月累传播效果检验而被业界和公众认同的基础技术规程和成熟理念,也有大量专业尝试的新探索和阅听人个体体验时的附加条件。

---

❶ 2003年《新周刊》(中国大陆对电视业跟踪调查的平面媒体之一)公布了自1999年以来的第四度中国电视节目榜单。差不多同一时期,《新周刊》又在全国7座城市进行调查,开出了一份所谓2003中国电视黑名单,颇具特色的是,这份名单和前一份不同,似乎没有刻意追求通常排名所强调的权威性,而是生动记录了来自不同行业、社会阶层、年龄段的观众的声音。他们中有的指明道姓提出部分节目低水平地复制了港台的综艺节目样式,很做作地传达着自然与幽默,充其量只是低劣的表演;有的则毫不隐晦地表明了对某些节目缺乏策划设计和专业水准的反感。背景迥异的黑红榜单在相同场合的出现证明了时下媒介产品评价活动已经达到的接受和开放程度。

❷ 在这种情况下所谓的批评与第一部分批评理论中的"批评"所指不同。这里的"批评"是在一种评价系统中展开的,它不对系统关系作揭示。实际的使用中,这两层意义经常用一个能指——"批评"。因此这里打引号以示区别。

例如,针对媒介产品真实性的解读主要是新闻类型的产品。这种解读需要的"文化能力",即特定代码基于职业性质以及职业定性的社会常规。真实性是在这样的话语中一再被强调并且成为常识:存在一个真实的自然世界,这个自然世界是可以被描述的。只要遵守一些基本的原则,描述的真实性是可以实现的。支持这些基本原则的还有人们生活的价值理念和经验积累——对是否真实的验证方式。2003年5月21日,新华网刊载了2002中国十大假新闻结果;同一天《青年参考》又推出湖北女大学生卖淫调查报告❶,3天后,《青年参考》又在《中国青年报》上发表致歉声明,表示这则报道并没有确凿的事实根据。这两个事件都与检讨新闻真实性有关,也是阅听人在日常生活中最普遍的容易掌握的对媒介产品评价能力,即针对质量的评价。之所以说这是最容易掌握的能力是因为它有明确的衡量标准。

中央电视台新闻频道❷ 试播不到1个月,网上就有观众洋洋洒洒罗列出其节目质量存在的问题:信息量太小、时效性太差、原创节目太少、广告量太大、宣传味道过浓、直播方式运用不充分、缺乏个性化主持人、栏目各自为政等八大软肋。同页有另一篇文章斥责古装戏粗制滥造成风、言情剧滥情成时尚、情景喜剧伪幽默、综艺节目男主持人中性化、综艺节目不娱乐、变相选美成风、电视剧中间插广告、非黄金时段全国人民都丰胸、经济服务节目公信度下降等九大屏幕恶习。至于什么新闻报道太生硬、儿童节目说教味过浓的批评更是屡见不鲜,可见阅听人关心媒介产品质量的迫切心态。公众直接消费媒介制造的信息产品,质量问题自然是他们首要留意和遇到的问题。从这个意义讲,这种针对质量的解读有理性功利的性质。从媒介批评的角度看,这种解读是发生在"家庭圈子内部对合法文化的熟悉是不加判断的,这样的获得过程倾向于鼓励对文化的迷恋经验,这意味着忘记获得过程"❸。关于大众对媒介产品的这种日常态度式解读与媒介批评式的解读的区别,皮埃尔·布迪厄(P. Bourdieu)做了更精彩的描述❹:

大众趣味把适用于日常生活情景的情理图式运用于合法的艺术作品,从而系统地将艺术之物化约为生活之物。这种趣味投入在虚构与表征❺ 作品中的

---

❶ 报告称:湖北高校女生8%—10%存在卖淫现象,25%从事陪侍活动。

❷ 2003年5月开播。

❸ 皮埃尔·布迪厄著,朱国华译:《区隔:趣味判断的社会批判·引言》,载于《文化研究》4辑,中央编译出版社2003年版,第10页。

❹ 皮埃尔·布迪厄著,朱国华译:《区隔:趣味判断的社会批判·引言》,载于《文化研究》4辑,中央编译出版社2003年版,第12页。

❺ 表征(representation)是通过语言生产意义。《牛津英语简明词典》给出此词两个相关意义:1.表征某物或描绘摹状它,通过描绘或想像而在头脑中想起它;在我们头脑和感官中将此物的一个相似物品摆在我们面前;例如,下述句子中的情形:"此画表征了该隐对亚伯的谋害。"2.表征还意味着象征,代表,做(什么)标本,或替代;如在下述句子中的情形:"在基督教里,十字架表征了基督的受难和受刑。"参见斯图亚特·霍尔著,徐亮、陆新华翻译:《表征》,商务印书馆2003年版,第16页。

严肃性(或说天真性本身),刚好反证了纯趣味起的作用是终止“天真的”感情投入,而这种投入又是它与必然性世界的“半透明”关系的一个纬度。知识分子可说是相信表征——文学、戏剧、绘画——更胜于表征之物,而普通人则主要期望支配着他们的表征和惯例能够允许他们“天真地”相信被表征之物。

**3.作为媒介文化实践的批评**

与其他消耗性的日用产品不同,人们在使用媒介产品的同时还保持着社会文化心理上的敏感和尺度,这跟大众媒介产品的文化本性有关,所以来自文化视角的批评成为媒介产品批评的另一个焦点。大众传播媒介是现代社会最具公众性和影响力的文化力量,媒介通过文化活动,以无孔不入的文化信息构建着人们对真实与虚假、美好与丑陋的认识,提供了民族、阶级、族群、性别等文化常识。继续套用麦克卢汉的精辟结论“媒介即信息”的句式,我们可以说:媒介即文化。布迪厄认为“获得文化的方式取决于使用文化的方式”。[1] 媒介既是文化的传播通道,也是文化的建构过程。凝聚着太多文化意义的媒介产品必然会激起阅听人的文化比较行动。在此基础上,人们对媒介产品进行文化比较行动还得到了出自其他系统文化经验的辅助。毕竟媒介不能替代丰富多彩的社会生活,更做不到完全主导人们的文化见识。家庭、学校、团体等媒介之外的社会机构和生活场景使不同立场的文化传统通过言传身教、人际交流延续下来,为人们开展媒介产品的文化批评提供了理由和参照点。

例如,面对媒介张扬男性的视点,在广告中大肆宣扬对女性的刻板印象和片面形象的现象,主张性别平等者会运用反对歧视的概念对媒介的表现进行批评;当《还珠格格》、《快乐大本营》、《欢乐总动员》、《玫瑰之约》等娱乐节目风靡时,维护精英文化的人们会通过话语抵制媚俗的复制品;在媒介传播消费信息时,人们逐渐学会对这种与市场接轨的消费文化的质疑,提出物欲的真实性与虚构性,媒介的物的世界和真实的现实到底有多少差距的问题;宏片巨制的新编历史剧正炙手可热时,观众要询问创作需不需要尊重历史;媒介出于政治和商业动机回避多元文化表现的作为,会招致阅听人对文化专制和狭隘的不满,林林总总,难以尽述。可以肯定,伴随着公众文化修养和媒介识别能力的提高,着重于媒介产品文化内涵的批评将会更加有声有色,而且将适应文化的进展在各层面上的调整。

布迪厄在论及文化实践——解读行为时说到“在某种意义上,我们可以说,看(voir)既是知识(savoir)或概念的功能,也是词语的功能,即可以命名可见之物,就好像是感知的编程(这里强调“编程”,可以理解为“看”本身就是已经在知

---

[1] 皮埃尔·布迪厄著,朱国华译:《区隔:趣味判断的社会批判·引言》,引自《文化研究》4 辑,中央编译出版社 2003 年版,第 9 页。

识或概念支配中的行动——作者)”。布迪厄认为:“只有当一个人有了文化能力,亦即拥有用以编码艺术品的代码(代码承担词语功能,词语包含概念或知识——作者),一件艺术品对他而言才具有意义和旨趣。有意识或无意识地将或隐或显的感知图式和欣赏图式付诸实施,建构了绘画或音乐的文化,并成为认同某个时期、学派、或者作者典型风格的隐含条件。并且在更一般意义上成为熟识美学享受所预设的作品内在逻辑的隐含条件。”❶ 那些不具备欣赏“文化能力”,不拥有用以编制艺术品特定代码的观赏者,在声音、节奏、色彩、线条构成的艺术品中完全迷失,找不到感觉,或者会表现出超出常识的行为,例如,将金粉涂在维纳斯的身上,在竹子上缀以五颜六色的假花,把机绣花边视为精美。甚至在追求高雅时总会被视为庸俗等。因此,作为媒介文化实践的批评总是和批评的知识——欣赏文化的能力相关。这种知识首先是被知识分子掌握的(掌握也包括了建构),知识分子有责任将这些知识以自己的方式讲述出来。讲述它不仅仅是培养大众的欣赏能力,因为这种被培养出来的能力往往会带有话语的支配因素,而这恰恰是批评理论的批评点。重要的是培养“批判意识,学会辩证地看问题”❷。

来自于媒介阅听人的感性的或者知性理论的评价,也是一种文化能力,一种承担词语的功能,它包含概念或知识的代码。由于评价者的生活背景、价值观念的多样性,使得公众整体对媒介产品的评价相对于媒介自身的评价更加壮观和有厚度。因此,公众对媒介产品的批评形式更具有明显的差异性,人们通过口头的、书面的方式,进行着严肃的或随机的、理论的或实际的批评。藉此,我们可以从针对媒介产品的不同层次的解读中,认识作为批评对象的媒介产品的意义。

## 三、媒介表现

媒介的表现不仅仅是指媒介传播的内容是什么,因为人们越来越感觉到媒介在传播各种信息时所遵循的价值准则,对待事件的态度,对于信息传播后果的考虑都会不同程度地影响社会集体意识和行为模式,会牵涉到具体的个人和文化群体。媒介表现既有其职业性,又包括了政治性、经济性和文化性。

### 1. 媒介的职业角色与社会期待角色

人类活动都不是孤立的,而是在与人、与社会、与自然的相互接触和联系中

❶ 斯图亚特·霍尔著,徐亮、陆新华翻译:《表征》,商务印书馆 2003 年版,第 16 页。

❷ 王逢振先生在接受《中华读书报》记者采访时谈到批评理论对自己最大的影响是:第一批判意识,第二辩证地看问题。摘自 2004 年 2 月 4 日《中华读书报》3 版。王逢振在 20 世纪 80 年代后期较早地译介了批评理论。

发生着,媒介的工作特性决定了它要比其他行业更频繁地处在这三方接触和联系之中。与三方发生关系的不只是媒介产品,媒介和媒介中人的举动言行也无时无刻地在媒介批评对象范畴之内。而这一点也来自于媒介的职业角色与社会期待角色的要求。

社会学理论把社会体系占有特定位置的结构单位称为地位,把该结构单位要履行的权利和义务的总体称为角色。“社会体系从结构上说是各种地位的体系,从功能上说是各种角色的体系。角色是连接个体与群体、社会的极其重要的概念,是他人或群体所期望的行为方式。”❶ 角色成为与某一特殊位置有关联的行为模式,自然代表着一套有关行为的社会标准。当社会成员进行活动而相互发生关联时,社会和成员自身都会依照双方的角色规则对其完成情况进行品评和约束,希望双方能遵照角色要求行事,由社会约定俗成的角色规则和对其完成情况进行品评的标准构成一个角色期待。在现实中,符合以上规则的只是标样,没有一个完全相符合的物体。但是,只有如此,社会各部分的运作才能有章可循,协调稳定。反之,则会出现角色与其相应的权利、义务、责任的不符。如果违背社会期待,我们称之为角色冲突,批评和制约多发生在这个时候。

同理,媒介依靠它们特有的功能和作用在这个社会构成中获得了地位,与地位相伴的是一套角色规范。当媒介参与到社会交往活动中时,社会当然也会对其角色内容的完成有所期待。问题是媒体的角色表现并不总是循规蹈矩,社会成员间对角色的理解也不能完全吻合,加上角色实践也在不断增添新的角色涵义,所以当社会感觉到媒介的表现偏离事先对它设定的角色期待时,这种偏离的原因就成为媒介批评的话题之一。

(1)职业角色

职业角色是职业各项特征的统一体,大体包括专业水准和职业道德两方面。像医生要有救死扶伤的能力和救死扶伤的动力,教师要有教书育人的水平和传道、授业、解惑的品质一样,媒介要有高效传输信息的专业特长和客观、公正、真实的专业修养。对媒介职业表现不足的批评多是集中于专业表现和职业道德这两点。

以专业表现而言,专业理念、专业技能、专业品质是人们批评时的多数着眼点。比如人们会批评时下许多国内节目主持人缺乏文化内涵和实际锻炼,现场驾驭节目显得生涩和笨拙;人们会批评电影界创新思维和热点题材捕捉能力低下,只会复制和拷贝;人们会批评文化出版业包装和炒作盛行,以至于《红楼梦》、《泰戈尔》诗集等学术思想著作都被翻版成以快餐化、浅阅读为特质的卡通读物;人们还会批评媒介在报道果子狸可能是 SARS 之源上显露出一棍子打死式的浮

❶ 青井和夫著:《社会学原理》,华夏出版社 2003 年版,第 65 页。

躁,缺乏独到的见地,不够稳重。由于大众传播媒介的工作不是简单手工劳动,而是对体力、智力和技术项目具有相当高度要求的工种,所以一旦媒介松懈自我业务追求和行业自律,公众就会立刻察觉到其专业水平表现和社会预想与期望的差距。

媒介的工作无法像制造零件那样靠牢牢控制几个数据指标就能按部就班完成的,媒介说什么、怎么说和为谁而说有着太大的弹性,所以很多情况下是需要职业抱负和职业道德从中协助润色的,以保证工作目标始终和社会整体利益的一致性。因为媒介是以公共性为本质、为公众谋福利的大众传播工具,公正客观等充满职业道德理想的形象已经被人们认可。当媒介的职业道德形象与媒介实践中的形象有出入时,职业道德形象成为人们批评媒介的“标尺”。例如,有文章直接以“媒体的三陪服务”为题,抨击媒介拿出场费陪企业吃喝、认干爹陪资本说话、捞好处陪黑老大玩完等搞有偿新闻的作为和“媒体公关”的弊端。❶ 另外,媒介自身也会以这种角色为标准进行自律。❷ 例如,拥有152年辉煌历史的美国大报《纽约时报》在头版显著位置刊登一篇长达7500字的文章“自曝家丑”,自揭该报27岁记者杰森·布莱尔编造独家新闻的老底。文章详细报道了布莱尔在36篇新闻稿中捏造、抄袭以及报道与事实有出入的行为。道歉信援引《纽约时报》公司董事长兼发行人阿瑟·奥克斯·苏兹贝格的话说:“这是大大的不名誉。这一事件会把报纸与读者之间的信任毁于一旦。”苏兹贝格还说:“虽然过去几周对我们来说日子很不好过,但我们坚定不移地对我们的雇员、我们的读者、我们的广告客户承诺:我们将以道德素养和新闻业务的最高标准来提供一流报纸。”台湾新闻记者协会在1996年新订立的新闻伦理公约中也特别强调新闻工作者应抗拒来自采访对象和媒体内部扭曲新闻的各种压力和检查,不应该在新闻中,传播对种族、宗教、性别、性取向、身心残障等弱势者的歧视。除非涉及公共利益,新闻工作者应尊重新闻当事人的隐私权;即使基于公共利益,仍应避免侵扰遭遇不幸的当事人。

各种迹象表明,在技术、技巧等外在硬件条件接近的状况下,媒介的职业道德蕴涵着的潜力和价值日渐强烈地被媒介和公众双方认识,并引起广泛的自发

---

❶ 千龙传媒,《媒体“三陪服务”论:媒体是不是金钱的奴隶》,2003年5月11日。

❷ 2003年11月8日是第4个中国记者节。人民日报、新华社、求是杂志、光明日报、经济日报、中央人民广播电台、中央电视台等7家中央媒体联合制定“弘扬职业精神、恪守职业道德、维护队伍形象”自律公约。其中规定:“反对一切亵渎新闻事业的行为;实事求是,出以公心,树立强烈的社会责任感,反对弄虚作假、不负责任……反对见利忘义、有偿新闻……不刊播危害国家安全、社会稳定的报道和有害人们身心健康的报道……坚决抵制低级庸俗之风。不刊播不健康、不文明、误导受众的广告。不利用采访报道之便,以任何名义和形式谋取私利,对以批评报道为名进行敲诈勒索要严肃处理。”职业道德自律公约的出现和近年来社会要求媒体提高道德水平的呼声相对应。资料来源 :2003年11月8日新华网。

监督。媒介希望通过对职业道德表现的批评,坚守职业精神和维护社会形象。公众则是为了保护他们的利益不因媒体道德缺失而遭受侵害。

(2)社会期待角色

1993年,南非"自由记者"凯文·卡特来到饱受战乱、贫穷折磨的非洲国家苏丹采访。一天他看到这样令人震惊的一幕:一个瘦得皮包骨头的苏丹小女孩,在前往食物救济中心的路上再也走不动了,趴在地上,而就在不远处,蹲着一只硕大的秃鹰,正贪婪地盯着这个黑乎乎、奄奄一息的幼小生命。凯文·卡特随即抢拍下了这个镜头并刊登在了《纽约时报》上。正是这张轰动世界的照片,为凯文·卡特赢得了1994年普利策"特写新闻摄影奖"。但凯文·卡特似乎并没有从这张照片里尝到成功的喜悦,相反,此后各方批评不绝于耳,人们纷纷质问他,为什么在悲剧发生的当场还能以一位创作者的身份脱身于悲剧的情境之外,进行冷静的拍摄?为什么不去拯救那个小女孩?《圣彼得时报》称凯文·卡特"是另一只秃鹰"。凯文·卡特深陷于职业与道德底线冲突的剧烈痛苦和煎熬中,就在普利策颁奖仪式结束3个月后,警察在南非东北部城市约翰内斯堡发现凯文·卡特用一氧化碳自杀身亡。

2003年3月第二次海湾战争爆发,此间,BBC、CNN包括中国媒体的战地记者们因为他们前后出色的报道工作使全世界及时了解到战争的境况。可谁也想不到,在纷纷扬扬的战地消息中,大陆男记者的职业精神竟然也会引起一次不大不小的争论。起因是战争正式爆发前,倍受瞩目的央视男性记者们撤离了巴格达,这本来可能是一次无可厚非而且是有策略的转移,可就在他们撤离的同时,凤凰卫视一名女记者却冒着危险进入巴格达,成为战争打响后进入巴格达的中国记者第一人。并不怎么相关的两件事,偏偏被人们自然地摆到了一起,结果掀起了一场异常激烈的有关中国男记者勇气的争论。❶ 和男记者受到的待遇不同,参与报道美伊战争的大众传播媒介却受到众多溢美之辞的包围。因为中国大陆媒体关于这次战争的报道,无论速度、容量还是报道方式都有创新之处,它使人们第一次如此近距离、清楚地目睹了战争的全过程,大众传播媒介的优势也"借助"战争得到充分展示。

但是,与此同时,我们还可以听到另一种针对媒介战争报道的批评声音,其内容包括:媒介不顾一切竭尽全力地将战争放在人们跟前的初衷经得起拷问吗?媒介能完整地诠释战争吗?如果不能,那又如何保障远离战火硝烟的众人能明白战争跟他们的关系?特别是当媒体喊着"某某品牌和您一起关注伊拉克战事"

---

❶ 千龙传媒200年3月26日推出了"战地记者闾丘露薇抵达巴格达,中国战地男记是否应该感到耻辱"的投票调查,其中选择"中国战地男记应该感到耻辱"和"我叹息、我无言、我失望、我悲哀"的网民占据了绝大多数。不知是否是受民意压力,央视记者3天后重新返回巴格达。虽说事后有文章醒目地质问:战地记者的使命就是去死?但大家还是感到一丝美中不足,也许不是因为这些男记者表现得不好,而是恰巧相比之下他们没有表现得更好罢了。

的广告语，将战争变成了连续剧时，媒介的行为又该担负何种历史责任？当媒体不厌其烦地传播恐怖分子对人质实施酷刑的照片（注意这些照片是恐怖分子拍摄后通过网络传播的），人们不仅要问媒体为何要为恐怖分子实施酷刑搭建公共景观？媒体对暴力甚至施暴者的尽情演示又怎么能避免使阅听人沦为鲁迅笔下一班没有同情心的看客？这些批评的声音证明了大众中许多人已经不再是“期望支配着他们的表征和惯例能够允许他们‘天真地’相信被表征之物”[1]的“普通人”，他们开始关注表征本身，因为在媒介环境中生存，真正直接影响我们观念的不是被表征之物，而是表征本身。

以上例子用来说明，针对媒介的各种评价不只是人们或者媒介根据其自身职业要求进行的好坏比较，它还包括了人们对于媒介的期待。这种期待有基于对媒介一贯性的认可，例如，对媒介是否客观、公正、真实的评价，这是职业性的评价。也有非职业性的要求，例如，满足观众看到大陆记者尤其是男性记者第一个进入伊拉克，第一时间发回关于美军空袭的报道。这种要求是要求者自己虚荣心的外延。而当香港的一位女性记者走进了人们期待的角色位置时（尽管香港回归，但是，由于其特殊政策和历史上造成的差异，人们在某种情况下，如与大陆记者比较时，容易将其视作他乡之人），这种虚荣心受到打击。这里也表露出社会一贯对于男性角色的期待值的被破坏。所以，媒介的社会期待角色的内涵意义已经超出媒介职业角色。

社会向度是衡量媒介表现时最常用的基本坐标。大众传播媒介的名字注定了它的举手投足和社会效应之间的紧密相关。媒介的超级社会影响力导致媒介的活动不可能仅仅徘徊于私秘空间，媒介的举止总是对社会开放，在社会的前进中落下或隐或显的痕迹，以致于社会学家不得不用媒介给这个时代命名。生活在“媒介时代”的大众在与媒介的全方位互动中，除了密切关注媒介职业表现之外，也要将更多的精力投向媒介表现的社会思考。需要像任何社会角色意义的生成过程那样，在与媒介的相互磨合中逐步构筑起与社会价值相符的媒介的社会角色。从上述的例子中我们还看到媒介的社会期待角色随着社会期待的变化，也发生改变。媒介与社会的关系越密切，媒介干涉人们日常生活的程度越深入，媒介的社会期待角色越复杂。这本身可以构成一个新的研究目标。

**2. 媒介权力的实践**

本书第二章从理论上论述了媒介权力的形成原因和权力的支配性。这里主要是讨论媒介权力的社会实践。如果我们承认了大众传播媒介的存在对于社会

[1] 皮埃尔·布迪厄著，朱国华译：《区隔：趣味判断的社会批判·引言》，引自《文化研究》4辑。中央编译出版社2003年版，第12页。

发展的合理性的话，媒介权力应该仅仅指媒介的一种职能权力，即职业范围内的支配和调度功能，其他职业也或多或少地拥有这种意义上的权力。但是，在媒介的权力实践中，我们看到媒介区别于其他职业的权力在于它能够动用“议程设置”、表达和引导舆论、监督舆论与社会发生非同一般的牵连。根据米歇尔·福柯的观点，实施着的多重力量关系的综合对比即产生权力。媒介正是在和社会互动的综合对比中将自身置于信息主导的位置，继而获得了与之相匹配的信息的控制权力——搜集、编辑、传播、制造效果。当一个社会处在官僚体制的控制之下，法律尚未健全，人们的维权意识刚刚萌芽，维权难以取道时，大众传播媒介可以依赖其广泛的渗透性和影响力，履行社会批评监督职责，甚至制造舆论压力帮助大众揭露和抗衡官僚的腐败。但是，当大众接受了这样的现实后，他们也同样要接受媒介权力在其他方面对自己的控制。

媒介表达权力的方式既不是通过力量也不是通过制度，而是符号，是构成大众传播媒介传播活动的文字、声音、图像等符号。这些符号遵循各自的语法规则和现实逻辑组合成文本、语言和图像传输信息，构成阅读、倾听、欣赏之物——话语。权力与话语的结合取决于话语生成的不同程度。由于信息传播要接受政治、经济、意识形态等控制，各种政治、经济、文化关系也自行设置入话语之中，来应付复杂的生活情景的需要。语言的开放，使得权力意志操纵话语揭示多种力量关系，并且“逐步唤起话语符号的意象以表露情绪”，展示“质询”、“评论”等话语权。困难的是，我们几乎无法将话语中说话者的主体意识和话语信息传达的两种功能明确地剥离开来，这使媒介的具体功能界线通常变得很模糊。应该说，传输信息基本代表了媒介的本质意义，但引人注目的是，话语权的频繁使用正变成媒介的一个经常性特征，这与媒介话语的关键性特点有关，即媒介话语对公众话语的影响，对意见市场的支配作用。

社会的发展和变化，要求人们对他们周围陌生的或者变化着的环境迅速作出决断，人们也更迫切地需要获得信息支持各种决策。由于信息主要源自媒介，公众对外界的了解，思想的触点也主要局限于媒介话语的界限之内。在缺乏更多的意见作为参照的情况下，大众传播媒介在诸种途径中扮演了主导性角色，备受公众的信赖。媒介控制了受众的看法，导演了受众的意见。正是因为媒介的态度往往能够在受众之中激发同向的反应，所以一旦事物成为媒介话语所谈论的对象，便同时被抛入公众的话语之中而被迫接受公共意见——舆论的处置。

当媒介获得大众的支持，并且透过话语的运用而拥有了大众赋予的这种权力时，媒介便不断地开始给发生在我们周围的各种境遇进行定义。实际上，“定义可能不像看起来那样中立，那些已经拥有足够权力和合法性的人可以控制词汇和定义的联系，他们可能利用定义来赤裸裸地服务于他们意在获得更多的权力和合法性的活动。”[1] 通过定义创造出来的媒介话语产品像所有语言产品一样都拥有着一个共同的属性:“这些语言形式都是原来没有语言创造、阐释和语义控制权力的权利群体设计出来反映自己的世界观和经验的。”[2] 大众必须承认,正是他们在履行权利过程积累起来的力量滋生出了媒介的控制权力。

如果大众对媒介的批评意识落后于媒介权力的积聚扩张,失去权力制衡的媒介对社会控制和操纵的欲望日益强烈地流露于行动当中,终于有一天,人们会感到媒介权力因无节制或缺乏约束而对人和社会权利构成的威胁和挑战,媒介运用权力时的过失和不当由此便进入批评的范畴。

例如,媒介审判概念的普及使人们开始在多个场合审视媒介权力与法治精神可能发生的冲突。“刘涌案”[3]等类似事件从披露、法律介入、审判结果都或多或少看到的媒介力量:它迎合社会情绪化的倾向,通过长时间、大容量的宣传和炒作,形成一种齐声挞伐的舆论氛围。这些由媒介掀起的受“义愤”驱使又掺杂着个人主观好恶因素的“民间审判”,是否真的有利于法治的昌明呢?[4] 媒介有什么权力不依据法律程序对被告或犯罪嫌疑人实施非法律的道义上的裁判?面对法的权利,司法机关能够中立于媒介鼓动起来的社会舆论吗?媒介利用道德体系作出的预先审判是否违背了“无罪推定”这个最基本的法律原则呢?这一系列疑问都因为媒介权力对司法的干扰被列入反省的行列。也许,在中国大陆法制尚待进一步健全的时期,媒介的介入在维护法律面前人人平等的原则上起到积极的作用,但是,这种影响决不能取代法律的公正审判。

媒介权力的无限放大同社会公共权力的抵触还表现在导演事件,让人们在毫无防备的情况下配合演练。媒介则可以以演练结果为内容,揭露或者批评他

---

[1] 罗宾·洛克夫著,刘丰海、郑保国等译:《语言的战争》,新华出版社 2001 年版,第 90 页。

[2] 罗宾·洛克夫著,刘丰海、郑保国等译:《语言的战争》,新华出版社 2001 年版,第 93 页。

[3] 2003 年 12 月 22 日,中华人民共和国最高人民法院对刘涌案再审后作出判决:以故意伤害罪,判处刘涌死刑,剥夺政治权利终身;与其所犯其他各罪并罚,决定执行死刑,剥夺政治权利终身。刘涌案的最后判决是在经历一波三折后作出的:2002 年 4 月刘涌一审被判死刑;同年 8 月,二审改判为死缓。舆论认为刘涌案审判与媒介的介入和舆论有关系,下面摘录两段代表性的言论:“当刘涌被从一审的死刑立即执行改判为死缓的时候,舆论一片哗然。我所供职的《外滩画报》发表的《对沈阳黑帮头目刘涌改判死缓的质疑》一文率先对改判发表了看法。当时最让我困惑的不是刘涌到底该当何罪,而是对案情的披露。”(引自陈涛文《刘涌案与公众知情权》,http:/www.sina.com.cn,2003 年 12 月 22 日)“在从死刑以语焉不详的判词改判为死缓后,媒体(指传统媒体——作者注)一度为之失语……相对具有自由、比较能够充分地反映民意的网络媒体上,质疑之声不绝于耳,这在很大程度上影响了传统媒体,传统主流媒体的介入,又反映、影响、引导了社会舆论,最终导致了这一体现正义的结果。”(引自肖余恨《判处刘涌死刑也是舆论监督的胜利》,http:/www.sian.com.cn,2003 年 12 月 22 日)

[4] 例如,在关于“刘涌案”、“哈尔滨宝马车撞人案”的公众舆论中是否有“仇富、仇官”的心理基础在网上引起争论。如果这种心理确实存在,“民间审判”只应该在舆论范畴产生效果,不应该影响法律审判的结果。

事、他人。这种社会监督作用同时也意味着媒介行为的无限性，甚至可以超越大众共同遵守维护公共利益的基本准则。[1]台湾的《独家报道》杂志曾以随刊附送偷拍光碟的方式（2001年底），将台湾政坛人物璩美凤的性爱过程公布于世，后来该杂志又对性爱光碟进行处理，制作了56分钟版、47分钟版等版本，根据统计，当时一张光碟黑市价达到了1000元（台币）。据民意调查，事发后两天之内，就有83%的台湾民众知道这件事，其中有一成的人已经看过这张碟片。不过，有88%的人，并不赞成当时《独家报道》杂志免费附送光碟的做法。

深入一步，人们还发觉媒介权力偏差并不总是就一般社会得失而言，有时可能仅仅局限于媒介与社会中某一个体的权力争端，之所以也将其纳入社会性范畴，是源于争端对其他社会成员构成潜在的、普遍性威胁。例如，近来谈论比较多的媒介暴力。称之为暴力，是因为媒介权力失控后悬殊的力量对比给对方造成的不能承受之重。媒介借助匿名的社会公众发力，能够以公众代言人的身份出现，媒介言论与舆论或媒介制造的舆论界限难以辨清。那些被媒介非自愿地设置为社会公众人物的对象，从进入媒介那一刻起所要面对的压力就不是发源于媒介本身了，而是被媒介成功树立为对立面的公众，媒介对私人空间的入侵也就变得名正言顺。该对象所受到的处置也可能要远远超出生活常规。

比较有说服力的事实就是现在被多数媒体热衷的隐性采访。从隐性采访工具的频繁使用可以看出媒介对这种权力效应的热衷心态，而社会个体的人格权、隐私权等权利尊严和防护措施却没有得到媒介的足够重视。虽然，现在媒介会采取隐蔽身份、模糊影像等方式减少不必要的伤害，但是，因为公众无法全面跟踪了解媒介给个人命运和处境带来的转变，更无从体会评估这种转变给个别生活价值解读造成的影响，对媒介权力尺度的掌握也就难有切实可行的督察，媒介权力在这方面仍然缺乏有效的管制。

如果说上述媒介权力的实践还带有一定的利好面——在言论交往尚未完全公开和平等的情况下，在法制尚未健全的社会体制中，媒介介入这些领域的事物发挥了积极作用——的话，媒介权力向媒介中人的流失则会造成腐败。这种腐败与政府官员的腐败相比有更大的欺骗性，它直接伤害社会的公信力和道德体系。事情的复杂程度恰恰在于“在言论交往尚未完全公开和平等的情况下，在法制尚未健全的社会体制中”，媒介介入的不得已同时给予媒介过多的权力和过当使用这些权力的机会。另外，社会生活给予信息的重要地位，也使得媒介在社会

[1] 《羊城晚报》曾经为了测试上海警方的快速反应能力，在得到有关部门的特许后，该报记者冒充遭抢劫的外地旅客，向上海“110”报警。山西阳泉的新闻媒体也曾作过类似的策划。他们在市有关领导和部门的配合下，汇集一地，同时拨打几家医院的急救中心电话，声称某处有危重病人需急救，请派救护车。不明真相的几家医院的救护车先后赶到。尽管媒介的自导自演没有造成什么实质性的损失，但不禁令人怀疑，媒介有什么权力要求社会为配合他们的表演付出代价？

职能部门中占据优势。尤其是国家控制的媒体由于资料来源、发布等优先权,先在媒介之间,继而在社会舆论方面形成优势。这种优势一旦与权力部门达成共谋,十分容易成为另一种腐败。倘若管理上稍有疏忽或存在缺陷,很容易给一些自律欠缺的媒介从业者攫取媒介公共权利资源提供可趁之机。❶也给媒介人员提供了挪用公共权力产生巨大利润的空间。

如何在给予媒介应该有的权利的同时,有效控制和监督媒介权力的滥用是媒介面临的急待解决的问题,也是维护媒介的公信力进而树立社会信心的重要问题。中国国务院新闻办、中华全国新闻工作者协会、人民网、新华网、中国网、国际在线、中国日报网、中央电视台网站、中央人民广播电台网站、中青网、中国经济网、千龙网、东方网、北方网、南方网等中央和地方重点新闻网站共同发起组织并共同承办的大型论坛——2003 中国网络媒体论坛,论坛的主题是:中国网络媒体的社会责任。这是媒介自己对自己监督的开始。

**3. 媒介道德伦理**

我们把面对人本身、人对他人、人对社会的种种行为准则称为社会道德伦理,是一种与人的品行、操守及人格有关的价值刻度,它们属于行为的规范,应视为制度、体制的一部分。社会生活中我们的更多选择是在是与非、对与错、好与坏、善与恶、美与丑、优与劣、义务与权利、公平与偏执、正义与邪恶之间作出的。苏格拉底在柏拉图的《理想国》一书中论及伦理时说:我们现在讨论的可不是小事,而是应该如何生活的大事。这句话概括出道德伦理是指导社会生活的一切理想和习俗。经验告诉我们,经过长期的磨合,社会伦理内化于社会个体心理行为之中,并凝聚着公众的认同力量。短期内社会伦理会跟随社会的变迁,而长期则相对稳定。媒介伦理批评就是指公众对媒介维护社会伦理稳定性和合法性表现出是与否的判断,它超出媒介职业道德的定义范畴,将眼光更多地投向加入到社会生活中后的媒介行为及其后果与主流社会道德体系的契合程度。❷例如,人们批评网络多媒体在打破传统的传播媒介中阅听人被动接受局面的时候,这种新媒介对个人化行为的鼓励和刺激也打破了约定俗成的伦理集体管理体系。由

❶ 2003 年 9 月 15 日,中国最大的官方新闻通讯社——新华社在报道山西繁峙矿难的进展时却出人意外地宣称:"11 名新闻记者在采访事故过程中收受当地有关负责人及非法矿主贿送的现金、金元宝,存在严重的经济违纪行为。"(资料来源:http://www.sina.com.cn 2003 年 10 月 08 日 01:28 东方早报)媒介从业者之所以成为被贿赂的对象,就是因为媒介的话语权可以使事件的责任者或者隐瞒真相,逃避责任;或者被问责,接受法律审判。这两种截然不同的命运似乎掌握在了媒介报道或不报道的权力中。

❷ 从第 4 个中国记者节人民日报、新华社等 7 家单位特定的记者"自律条例"中可以看出社会伦理道德成为考核媒介表现的一个重要层面。

于社会集体无法实施控制措施，导致网络上伦理教条放任自流。❶类似的讨论还包括媒介是否应该将私人话语大量带入公共领域，媒体应该如何正确使用关怀弱势群体的权利。在这些问题中，社会伦理和媒介越来越频繁地被人们放在一起考量。

媒介丧失职业道德不择手段地充当表现人性丑恶面的角色，其主要动力是媒介的收视率和收视率带来的广告收入。2004 年新年伊始，发生在台湾电视频道的“许纯美风波”成为对这种现象的最佳解释。“许纯美风波”与台湾政治选举在媒体上演政治口水战差不多同时兴起，出自许纯美之口的“偶是上流社会人”与许纯美本人火爆台湾媒体，被《台湾中晚时报》评为 2003 年度“金驴奖”最佳女主角。❷许纯美为什么能够迅速走红呢？原因是什么？我们先来看图 23❸。在这张照片的右上角有一行字：台湾媒体竭尽所能挖掘人性的丑恶面，携手制作炒作许纯美。就许纯美本人的表现而言并无人性丑恶之意，真正称得上表现丑恶的是媒体。我们看到伸向许纯美的 10 个话筒和代表 10 个媒体的两位记者，从他们的面部表情上我们读到的是对许纯美的嘲弄、耍笑。如果说许纯美正如长期给她看病的医生所言：长年为失眠等精神问题所苦，思维和行为有时会脱离常规的话，媒体讥讽、戏弄这样的人，并且引导公众一起看许纯美的笑话，那就是再丑恶不过的了。另一张照片(图 24)更是直言嘲弄许纯美：前排就座的她与主持人侃侃而谈，后面举出写着“鬼扯”的牌子，注解许纯美的话。不论她是否知道自己一直是个傀儡般的人物招人嘲笑，但是，媒体在作弄人方面已经不加任何掩饰，全无怜悯和同情之心。台湾广电基金会执行长官林育卉称这种事情“实在很残忍，又很悲哀，新闻人不再是新闻人，变成了综艺人，携手炒作这样没有新闻价值的事件”，可以说是新闻媒体向下沉沦的例证。❹

---

❶ 2000 年下半年，37 岁的上海浦东房地产展销中心副总经理陆幼青被医生预言只能活 100 天，他决定以日记的形式记载这 100 天的经历、生理和心理变化，并定名为《死亡日记》，结果这竟然成了当年大陆媒体的一大盛事。从 8 月 3 日“榕树下”网站(www.rongshu.com)刊出第一篇日记，到 8 月 11 日《北京晨报》在“晨报要闻”中发表了题为《记录生命最后的尊严》第一篇报道，再到 8 月 26 日和 9 月 4 日，中央电视台《东方时空》和《实话实说》这两个知名栏目的介入，本次《死亡日记》媒介事件的建构达到了高潮。到同年 12 月陆幼青去世，上海的《新民晚报》、《新闻晨报》、《青年报》、《上海星期三》、上海电视台，北京的《北京晚报》、《北京晨报》、《北京青年报》，广州的《南方都市报》，还有《人民日报·人文视窗》、《互联网周刊》、湖南卫视“有话大家说”栏目、香港《东周刊》等媒体也都参与进来。(参见《现代传播》2001 年第 2 期施喆文《死亡日记：一个媒介事件的构建和伦理分析》)虽然同情、钦佩，倡导面对死亡的坦然和对生命的乐观、镇定是媒体的主流基调，但仍阻挡不了喷涌而出的指责，指责媒介的“死亡直播”挟持了陆幼青和他的家人，将死亡演化成真人秀，在残酷的读秒中诱导众人一起围观死亡，违背常伦。如果说在这 100 天内出现了奇迹，陆幼青没有死的话(任何意外都会发生)，他必须处理来自媒介报道的压力。

❷ 关于许纯美走红台湾荧幕的原委参见本章附录。

❸ 图片资料引自 2004 年 7 月《新闻周刊》。

❹ 林如是文《许纯美 折射台湾传媒怪现象》，2004 年 3 月 1 日《新闻周刊》，第 62 页。

图 23

图 24

其实，台湾的许纯美风波并非一日之兴，在大陆许多频道播出的由台湾著名主持人吴宗宪主持播出的《综艺旗舰》、《猜，猜，猜》等节目中，吴宗宪、大小 S 姐妹等人都要装疯卖傻，都要互相嘲弄，使彼此丢丑，获取收视率。吴宗宪先后嘲弄过明星、美女、“丑女”[1],有趣的是当张菲(台湾另一位名主持)找到许纯美做搭档后,收视率超过吴宗宪,吴宗宪便质疑媒体被有精神病的许纯美耍着玩,丧失职业操守。张菲反唇相讥,称吴宗宪为始作俑者。电视媒体春节期间竞相安排访问许纯美,访谈不断加以调侃、讥讽、甚至戏弄的口吻,形成一股民众一起看笑话的许纯美风潮。当这些人所主持的节目受到对方挑战时,他们懂得用职业道德、传媒操守批评对方。一旦他们找到新的激活收视率的形式时,职业道德、传媒操守便不在话下。类似的传媒道德问题,在市场的冲击下,会变着法子出现,最后受到伤害的是媒体的使用者和媒体自身。

有媒体以“集体嗜血许纯美”(医师说:许纯美有病,别耍她。医师提醒新闻媒体,如果还有一点悲悯之心,不应再耍她)、“台湾媒体残忍,集体践踏许纯美”、“电子新闻媒体集体嗜血,竞相安排许纯美上节目”等标题斥责电视媒体的不道德行为。林育卉表示,希望这个事件赶快平息,如果电子媒体仍旧紧咬着许纯美不放,广电基金会不排除举行座谈会,公开批判那些已经走火入魔的新闻媒体。为什么民众热衷参与这起新闻事件?媒体观察基金会执行长顾玉珍认为,民众厌倦了政治口水,才会把许纯美事件当成另外一种娱乐,一起偷窥嘲笑新闻主角。顾玉珍从社会歧视女性角度来看待整个事件,她指出,电子媒体几乎每隔一段时间就会刻意炒作嘲弄某个所谓的“坏女人”,例如,偷拍色情光盘中的璩美凤、老少配的莉莉,现在换成了许纯美。光盘的璩美凤、老少配的莉莉,到现在的“上流社会”许纯美,台湾媒体下一个追逐的又将是谁呢?

## 四、媒介效果

2003 年愚人节傍晚过后,关心美伊最新战况的人们,突然发现战争这个自己最热心的话题几乎从所有媒体的主要版面上突然消失了。《北京晚报》、《中国青年报》、《解放日报》、《文汇报》、《新民晚报》、《羊城晚报》、香港《明报》等各地报纸,《凤凰周刊》、《新闻周刊》、《三联生活周刊》等刊物,以及各个电视台、广播电台,新浪等各大网站,甚至连新华社、《人民日报》海外版、中央电视台等主流官方媒体以及美国权威娱乐网页、《纽约时报》、日本 NHK 电视台等国际媒体都在播出一条新闻:香港著名艺人张国荣跳楼自杀。此后半个多月,“张国荣”3 个字就一直是媒体上最惹眼的,即便是数学家苏步青的病逝和物理学家袁家骝的辞世都被一扫而过了。但也就在这段时期,一些意想不到的事发生了。在张国荣自杀之后的短短 9 个小时内,香港有 6 个人也相继以跳楼的方式结束自己的生命。比起往年香港平均每天 2.7 人自杀的数字高出了许多。身家过亿的台北古董界

[1] 吴宗宪让一位长相丑的女孩把丝袜套在头上,脸部化妆。

老字号"干盛堂"的邱姓老板也在不久后上吊身亡。这不禁让人想起,在英国王妃戴安娜去世的头一星期,英国的自杀率也上升了44.3%,其中女性占了66.1%。虽然,我们无从证实媒介的报道和自杀风潮间存在着多大的因果比例,但从悲剧事件"峰值"出现的时间和媒介报道的重叠可以确认两者间的某种关联。对此,许多批评指向媒体诗意追捧明星自杀,营造、放大悲哀气氛[1],以致在特定的社会心理群体中诱发精神危机,给社会带来消极的暗示后果。这种媒介批评直接面对媒介的传播效果。

传播效果指传播者给传播对象带来的变化,是传播活动的目的所在,也是评价传播者、评价媒体业绩的重要依据。从大众传播媒介确立之日起,媒介效果始终占据着一席之地。媒介的发布信息功能、提供意见功能、服务功能和娱乐功能最终无不是落实到传播效果上,因此受到传播理论研究和阅听人的共同重视。传播效果的研究理论,从最初的靶子论、魔弹论到后来的个体差异论、有限传播论、社会关系论、两级传播论、顽固受传者论、使用与满足理论,不仅有微观的个体受传效果理论,还有传播的宏观社会效果理论,如"沉默的螺旋理论"、"议程设置理论"、"知识沟理论"、"大众传播效果依赖模式论"等等,层出不穷,至今尚无结束。但是,有一点是毋庸置疑的,即按传播套路模型,大众媒介的传播必将在阅听人那里或多或少留下印记,并通过阅听人的活动扩散到社会。由于阅听人和社会是媒介传播效果的直接承受者,所以他们对传播效果的好坏就格外在意。

媒介批评理论视野中的传播效果更多地注意的是在何以产生如此效果的问题,聚焦在传播的信息与效果通过什么路径达成默契。由于目标的差异,批评所关注的问题与传播效果的研究理论关注的问题形成差别。但是,批评研究并不脱离实践提供的认识资料。何以产生如此效果的问题为我们开拓的研究视野,是媒介的传播者与阅听人的文化身份如何成为建构效果的依据。任何一种传播内容到达的是一个能够编织意义之网的头脑,先验观念、社会团体组织的固有规则习俗、阅听人个体之间的差异,不同的社会类型等外部因素是编制网的经纬线。传播者也不例外。传播行为本身受到信息的来源、媒介的种类、媒介的态度技巧、传播的内容等"干扰"。我们在追问"何以如此"的问题时,传统传播效果理

---

[1] 2003年4月8日《北京青年报》刊出蔡方华的文章《对明星自杀的"诗意追捧"代价几何》。文章认为:明星的行为方式具有示范作用,这是一个不争的事实,发达的现代传媒在提供信息和娱乐的同时,也把公众人物的价值观作为"样板"提供给了世人,这被专家们称为"市场性格"。遗憾的是,明星虽然头罩着耀眼的光环,可也有着普通人的弱点,还承担着普通人无法想像的巨大压力,于是,吸毒、酗酒、自杀、顶包这类的怪事便也频频发生在明星的身上。当然,真正奇怪的并不是明星自身的反常行为,而是明星的这些举动和行为被普通人"膜拜"和效仿。在传媒的渲染之下,明星和名人的自杀行为经常被染上一层"诗意的色彩",导致一些人的精神世界严重失衡。美国著名摇滚乐队"涅槃"的主唱自杀之后,文化和娱乐圈为他的死亡大唱颂歌,一时间自戕竟然成为了时尚。而在我们这边,十多年前,青年诗人海子卧轨自杀,也受到了文化界的"诗意追捧",其后,不少文学青年竞相走上了不归路。

论所描述的结果成为描述的资料。

这样，媒介传播效果批评至少可以从两个层次到达目标。

**1.媒介微观传播效果**

这类批评基于社会针对个别零散的传播活动效果的现实表面感受。比如，针对各媒体流行的收视率、入户率、发行量调查的实效进行的政治分析。这种分析不针对效果的好坏直接作出判断，主要是研究效果的影响是如何产生的。美国前中央情报局局长史密斯曾搞过一个试验，他把当时美国公开发行的报刊、论文集、政府公报分发给军事、政治、经济等方面的情报专家，并出了这样一个题目：《苏联将从这些材料中如何评定美国的国防力量?》。答案很快送到了史密斯手里：假如苏联得到这些材料并进行分析，美国的国防力量情况将一目了然。杜鲁门总统得到这个报告后惊呼：我们的秘密95%被公开发表了。❶这就是为什么政府部门会一再地批评有些媒体报道细节上过分暴露而泄露重要机密。对贫富悬殊、下岗（现在叫作失业）、非民主的体制和腐败、治安、疾病等某些社会问题的集中披露也会被媒介管理部门认为缺乏政治修养，把关不严，影响社会安定团结和经济建设。

1998年印尼暴乱之后很长一段时间内，中国大陆媒体极为谨慎地低调淡化处理了印尼华人在中国的投资活动，尽管以招商引资项目为经济建设成果报道的现象极为普遍，其目的是防止再次加深当地华人和本地土著居民的疏离。❷刑事案件报道也因为信息播发不当、阻碍案件侦破遭到批评。大众还学会从效果剖析出发，观察妇女儿童以及普通民众在媒介中权益保护措施的落实情况，杜绝生活秩序被媒介侵扰。例如，电影分级制话题，也能从公众对电影血腥、暧昧的画面不利儿童健康成长的批评那里寻找到根源。类似实例提供我们认识个人、社会团体、政府机构如何尽可能地对照各自标准对媒介传播效果是否有利作出判断、发表意见、采取行动，利用和促使媒介朝着自己的利益方面发展。

---

❶ 赵东明著：《做好新闻保密工作》，引自《军事记者》第488期。

❷ 1998年5月印尼发生了主要针对迫害在印华人的暴乱。根据报道，这次反华暴乱是全国性的，它从华人集中的区域向分散的华人居住地扩散，从雅加达向外地扩散，全印尼共有1200多人丧生，1000多名妇女（多数为华人）遭到暴徒群体强暴，大小4000多家华人商场、商店惨遭洗劫和烧毁。有分析指出，当时印尼总人口超过2亿，其中华人不过600万，在经历了苏哈托政权32年的独裁统治和亚洲金融危机的背景下，印尼赤贫人口由1976年的2000万增长到1998年的8000万，占人口总数的40%，国内阶级矛盾空前激烈，为转嫁危机，将阶级冲突矛头引向民族问题，当局在舆论上通过媒体将印尼华人描述为"大中华经济"在印尼的代理人，其中最经常被媒介引用的一句话就是"占人口3%的印尼华人控制了印尼经济的60%乃至80%。"借此煽动反华情绪。这本身就是媒介效果的一个真实案例。为此，此后相当长一段时间国内宣传部门要求各媒体对印尼华人在华投资回避报道，以免进一步造成误解。

**2.媒介宏观传播效果**

所谓宏观媒介传播效果通常是就整体社会的长久利益而言,多数经过时间的沉淀和理性的总结才脉络清晰,对其批评要解决的是警示媒介传播效果中事关人和社会根本进程的重大课题。

大众传播媒介作为大众文化的实践者和引导者,通过传播的议题设置功能,让人们感觉到那些被媒介所关注的传播内容便是主流的或是值得肯定和仿效的,所以,当今天无处不在的大众传播媒介成功地将大众文化推销给人们,在学院、讲坛、书斋等特殊的文化场所之外,大众文化已经被塑造成公众最常见的文化"形象"。读同样的周末报纸,看同样的电视连续剧,听同样的流行歌曲,穿梭于铺天盖地的广告,追赶着风云变幻的时尚潮流。经过媒介传播的一些形象也很快成为青少年心中的偶像,甚至一些负面形象也被津津乐道(例如实施暴力的新闻人物或者连续剧中的暴力角色),被在现实中模仿。城乡之间、社会阶层之间和性别之间的差距消融在大众文化的攻势前,置身其中的人们不知不觉地习惯了它的氛围。

有社会责任的人们自然对于媒介与大众情趣中庸俗、低级的密切接触和过分渲染保持了强烈的抵制。批评大众传播媒介宣传庸俗、低级的生活内容,降低了社会的审美情趣;批量生产文化快餐,使思考的能力退化;兜售色情暴力,影响青少年身心健康;追求娱乐性,放弃建构知识、社会影像的职责等。当大众媒介使大众文化商业化,并且使商业化变成最终的目标时,大众文化的批判功能和否定功能经常力不从心。大众传播媒介的商业目标与经典文化的终极价值追求目标的对立性,使媒介成为依赖文化又丢失文化的"迷途羔羊"。大众传播媒介在大众文化发展过程中的失据成为批评的重要一面。

在论及媒介传播与大众文化的商业化、批量化、类像化和普及化时,引出媒介宏观效果批评的一个热点:传播过程中的媒介异化现象。在本书对媒介传播效果异化现象的排查当中,我们看到:媒介传播异化比起马克思在《1844 年经济学—哲学手稿》中所描述的那种发生在资本主义早期阶段、由"劳动产品"异化所带来的人性的异化要严重得多。尽管大众传播媒介传播的繁荣促进了信息沟通,在知识经济时代,媒介构成现代生产力系统不可或缺的组成要素,它协调统一社会思想,在社会整合中不可替代,同时还传承科学文化,供应消遣素材,功不可没。可媒介批评还是捕捉到了大众传媒与人、与社会、包括与自身终极意义渐行渐远的负面异化效应。例如,人与社会的媒介化。它使我们想起了米兰·昆德拉生活在摩拉维亚村庄的老祖母:"她对现实有一种亲身的把握。她的意识根源于这种把握。如果全家人揭不开锅,有人却想骗她粮食大丰收那是绝对办不到的。而邻居是与同事在办公室坐上 8 小时,然后回家看电视的人。当他听到播音员说，最近民意测验显示，他所在的国家是最安全的地方时，他会打开一瓶香槟。但他不知道，就在这一天，他居住的街上发生了三起盗窃和两起谋杀案。”❶大众传媒对社会生活的全面接手使人们把大众传播的内容当成生活材料的主要来源，按照媒介所呈现给我们的那个样子而与客观的世界生活在一起。媒介成为人与真实世界互动的中心环节，或者说真实世界已经被媒介世界替换，媒介左右了人们的政治态度、行为方式、价值理想等任何社会生活内容。

但是，媒介信息的聚集真的就能展示出全息的世界吗？谁又能断定和确保，这不是一个更大的信息假象。一位资深战地记者说：“媒体没有报道过的战争，就没有发生；哪怕是被媒体报道过的战争，很可能也并不是那么回事！”再例如，媒介权力的膨胀和滥用也是媒介传播中培养堆积起来的异化恶果。英国威廉王子在21岁生日时抱怨媒体变本加厉侵害他的私人权利，从这句抱怨上溯到6年前戴安娜王妃被狗仔队追赶命丧巴黎，两幅画面透露出媒介权力心理一如既往的目的，即仰仗世俗和政治的推崇成为权力的媒介，并竭力通过日益扩大的影响攫取更多的力量，从而消解公众凸显自身。媒介的权力欲求没有遭到社会的制止，一再得逞，结果便是权力的失范在媒介对外活动中，并肆无忌惮地蔓延开去，公共部门和个人的正当权利失去了和媒介权力对等谈判的地位。这已经离开创建媒介的本意甚远。

除了媒介化和媒介权力膨胀，技术理性的统治与人文精神的失落构成媒介异化的另一个问题。在轰动台湾的白晓燕撕票案中，主犯潜入武官官邸，绑架了武官一家人做人质。当时台北的大众传播媒介几乎全部到场，各种摄录机器都使用起来，对绑架人质过程进行现场直播，甚至用CALL－IN（直播过程接通观众的电话）。主犯成了谈话节目的“嘉宾”，他与打进热线的观众进行长达数小时的“谈话采访”。主犯在拿着枪控制人质的时候，一边看着实况转播的电视，一边在电话里为自己的所作所为辩解。电视台占了线路，以致于警方要办案电话都打不进去。在这样的现场直播节目中，媒介的技术以及由这些技术可以制造的直播效果以优先的姿态向观众作秀，绑架案、遭到威胁的生命充当了成全技术魅力的因子，生活的真实感觉也被技术化了。技术在延伸人的器官功能方面的一次又一次成功，不断助长人自以为是无所不能的幻觉。

另外，媒介的“能力”中技术无疑是决定性的支撑。与人的认识的提高相比较，技术的改进要快得多。这就造成媒介使用技术的智慧跟不上技术的发展创新。技术占据了“创新”的现代性特点后，技术的物理逻辑主宰了媒介思维。媒介只顾着能不能做到，却极少自问该不该做。技术理性追逐的实用功利主义挤占了价值美感和人文精神在媒介传播中的位置，当然也就阻挡了它们在传播效

❶ 李岩著：《大众传播过程中的异化现象》，载于《新华文摘》1998年第1期。

果中的落实。例如,网络技术帮助人们达成了瞬间无限联络的愿望,却也在颠覆道德,导致欺骗,放纵谣言。至此,媒介批评就媒介异化提出的主要方面已基本陈列出来。但这仅仅代表阶段性的批评成果,因为媒介异化现象是在变化的,人们对它的认识也有前后。就像非典型性肺炎疫情爆发后,有人认为大众传播媒介实现了信息传播公开、透明的理想。也有人认为媒介对死亡人数的全部透露加重了大众的恐慌,对他们抵制疾病没有好处。因此,媒介批评的进行有赖于人们批评意识的觉醒。

## 五、媒介组织

媒介组织是指专门从事大众传播活动以满足社会传播需求的社会单位或机构。组织是遵照一定宗旨和系统建立起来的集体。在大众传播的构成中,媒介组织是物质支柱。几乎所有的媒介活动及其媒介产品都要依托于媒介组织。飞速进化的大众传播业分工高度细化,个人贯穿通盘、发挥功用的可能性微乎其微,于是为了致力于传播事业且具备传播知识的众人的协同的需要,媒介组织便应运而生。现实中的媒介组织都是得到权威部门和社会的认定后成立的。组织内部定有规章制度,规范从业人员,划清功能权限,最终将日常媒介产品通过固定经营的媒介传递出去,完成社会和市场的任务。我们熟知的媒介组织有报社、电视台、广播电台、广告公司、电影制片厂、网络公司、出版社、音像公司、文化传播公司等等。❶

媒介组织构建了大众传播业的基本样态,表明了组织对传播的基础性作用。与其他媒介批评对象不同,针对媒介组织的批评强调专业性和行业背景。因此,多为专业和内部性质的批评。主要针对组织的人事构成、营销策略、职能安排、管理机制等条目展开,归根结底,以该媒介组织如何运转,组织结构之间的关系

❶ 据传媒研究网公布的我国新闻传播业统计数据:2002 年全国共有出版社 568 家,其中中央级出版社 219 家,地方出版社 349 家。2002 年全国共出版图书 170962 种。2002 年全国共出版期刊 9029 种。2002 年全国共出版报纸 2137 种,其中全国性报纸 212 种,省级报纸 771 种,地、市级报纸 893 种,县级报纸 261 种。2002 年全国共有音像出版单位 292 家,其中音像出版社 208 家,图书出版社音像部 84 家。中央级音像出版单位 125 家(音像出版社 74 家,图书出版社音像部 51 家),地方音像出版单位 167 家(音像出版社 134 家,图书出版社音像部 33 家)。全国共出版录音制品 12296 种,全国共出版录像制品 13576 种,全国共出版电子出版物 4713 种。我国已拥有由卫星、有线、无线等多种技术手段组成的世界上覆盖人口最多的广播电视综合覆盖网。截至 2002 年底,全国共有广播电台 306 家,电视台 360 家,广播电视台 1300 家。广播节目套数 1933 套,电视节目套数 2058 套,我国现有卫星广播接收站约 18.9 万座,卫星系统传输中央、地方电视节目和教育节目共 47 套,以及中央 32 路对内、对外广播节目和近 40 套地方广播节目。广播电视系统拥有国家光缆干线网 3.9 万公里,省级光缆干线网超过 11 万公里,市级以下光缆传输网超过 30 万公里,连通 2000 多个县级网,1000 多个企业网,3000 多个社区,全国光缆总长度超过 300 万公里,有线电视用户高达 1 亿。

模式,以及模式建构的成规为要。

**1.媒介组织的目标**

大众传播媒介的组织结构体现了一个国家在政治、经济和文化方面的全面发展规划。因为大众传播媒介早已不是一个独立于社会整体发展计划之外的系统,相反它既是这个系统的一部分,又成为系统整合的一部发动机。因此,对媒介组织的批评首先是针对其发展所追求的目标开始的。在过去社会发展中,大众传播媒介主要是用来传递信息,使人们认识社会发展带来的好处和为了发展需要作出的牺牲。通过对好处的认识培植对领袖人物的信任与崇拜,自愿追随领袖的意见行事。它使人们产生发展就是全面的、从上到下灌溉式的,全社会共同受益的"天真"认识。

今天,人们已经看到发展是选择的结果,不是自然的结果。发展的选择性决定了社会变化的优先秩序。这种优先位置的确定表现了一个社会的发展倾向,有其意识形态性。如:大众传播媒介对于传播事件的选择是有标准的。标准来自于社会发展的总体规划,标准的内涵自然要反映总体发展规划。在中国大陆大众传播媒介经常提到的"统一宣传口径"、"与党保持一致"证实了这一点。对于组织结构而言,必须使得大众传播媒介在选择事件方面体现一致性,就要有相应的检查制度给予保证。大众传播媒介的组织系统纳入到社会发展的总体规划中,它如何为这个总体规划的实施服务,这种服务所包含的政治、经济目标,造成的发展后果可以在针对媒介组织的批评中获得认识。由于社会制度的差异,大众传播媒介的意识形态呈现相应的差异,其组织形态也会在其所在的政治、经济和社会制度中找到一脉相承的特征。

**2.媒介的选择标准**

发展的选择性还表现在传播技术在大众传播媒介中的主导地位。技术在发展中的主导地位带来的直接后果有两个方面:一是为传播信息的个人权利成为现实提供了保证。技术的发展使人们在依赖大众传播媒介这些组织机构提供信息的同时,也可以利用越来越容易掌握的传播技术,获得信息资源,可以在人力所及的范围内进行局部性的表达(网上的BBS、聊天室等)。这种表达越来越引起人们的兴趣。二是产生为技术——商业市场服务的媒介机构。当技术发展已经不再基于"人体器官功能延伸"时,技术所提供的便利使人沉溺其中,幻觉不断。技术总是要让人以为自己能够"心想事成",成为拥有"幸运套鞋"(来自安徒生童话故事)的人。而媒介利用它已经深入到人们的日常生活的优势,一再展示这些新技术的魅力。新技术与媒介的商业目标不谋而合。大量的新技术产品上市(从各个城市迅速发展的电子一条街或者电子市场可以看到需要的力量)与媒介广告的配合，满足技术和媒介双方的经济利益。这时候，媒介的组织机构也在发生变化。广告部门在一个媒介组织中的统治地位使其不仅决定一切节目部门的工作选择，而且成为质量的评价标准。在新的一轮传播媒介的整合中，广告收入已经成为媒介能否继续生存的一项衡量指标。已经成为传媒巨头的集团利用已经积累的雄厚资金，将发展范围越过传统传媒的界限，打破业已形成的专业部门，以跨越专业的方式重新组织社会专业市场。技术的优越地位又使得国际传播的秩序出现两极分化的现象。富国拥有经济实力便拥有信息传播优先权（清晰的传播质量、不断更新的传播工具、遍布世界的传播网络等），穷国处在弱势。这种媒介组织的内部关系结构会给社会发展带来什么影响，将会在今后相当长的时间内成为批评的聚焦点。

另外，目前大陆正在积极筹备运作的付费频道，实际上是在选择更好地为有经济实力的群体服务的项目。付费频道实施在满足一些人的特殊信息需求的同时，也会加剧信息享有方面的贫富差距。加之媒介利用自已得天独厚的权力（中国大陆不允许私营媒介存在，也没有纯粹意义的公共频道——不做广告的频道），在没有竞争的情况下，可能导致以能够垄断信息为资本，向纳税人再次索要成本费用。❶

## 六、媒介制度

“一个是没有新闻的政府，一个是没有政府的新闻，如果让我来选择的话，我会毫不犹豫地选择后者。”❷托马斯·杰斐逊（Thomas Jefferson）的选择抛出了媒介批评一个关系重大的对象：媒介制度。政府与新闻同时列入选择对象时，实际上已经是在强调二者的对立方面。媒介制度往往是和政治制度一脉相承，因此，对媒介制度的批评常常遇到重重阻力又呈现纷繁芜杂的局面。现代汉语辞典将制度解释为要求大家共同遵守的办事规程或行动准则，那么媒介制度就是媒介需要遵守的办事规程和行动准则。这个解释包涵两层意义：指媒介组织内部运行的管理规范和代表特定社会政治、经济利益，服从于特定社会意识形态的控制媒介的原则性、强制性制度。媒介批评主要是针对后者的批评。

不同国家和地区的大众媒介都受各自社会政治经济制度、权威机构控制，任

---

❶ 在加强节目的互动性的口号下，电信、移动通信和小灵通与媒介共同分享手机短信费用。

❷ 约翰·基恩著，郤继红、刘士军译：《媒体与民主》，社会科学文献出版社 2003 年版，第 1 页。

何想要描绘出媒介制度的所有轮廓或模式都是困难的。❶1956年,美国新闻学专家施拉姆(W. Schramm)等人所著的《报刊的四种理论》中将世界不同历史时期的新闻体制与相应的新闻思想归结为集权主义理论;自由主义理论;社会责任理论和苏维埃共产主义理论。之后,又有学者在此基础上扩延其种类❷。之后,更是众说纷纭,可见媒介制度辨析的难度。

涉及到媒介制度的存在样态或者模式,谁都不否认媒介制度和社会制度唇齿相依的关系。媒介制度必是脱胎于所属社会,反映该社会制度价值形态。天然的渊源使媒介制度间的区别往往和社会制度间区别一一对应,因而对媒介制度的批评多和社会制度批评联系在一起。传统媒介制度批评议题主要有媒介的性质——该由政府还是由私人主办,媒介和党政的关系,媒介对民主法律的影响,媒介营利和为公众服务的对立等。

涉及到媒介制度在理论上的阐释,又不能回避关于新闻自由的思想观点,新闻自由是媒介制度的灵魂。因此,讨论媒介制度时,对新闻自由的批评是最具历史性和广泛性的。新闻自由的现代原则最早发端于英国。在神学、自然权利、功利主义等学说的影响下,约翰·弥尔顿在《论出版自由》(1664年)中首次提出这一理论,从此就一发不可收拾。经过3个多世纪的争论,现在各个社会制度都形成了新闻自由理论观的自我版本。

例如:我国大陆一直延续着"政治家办报"的媒介制度,党性原则是其核心。虽然政治因素的色彩在逐渐淡化,但是,其决定性影响没有削弱。媒介的首要任务是宣传党的政策和方针。按照1997年国务院发布的《出版管理条例》说,媒介的基本功能要"实现社会效益与经济效益的最佳结合"❸,该制度反对绝对的新闻自由观,认为自由是相对的,必须由国家掌管媒介,方能使媒介成为团结稳定社会的工具,成为有益于社会变革、经济建设、政府领导和社会公正的工具,成为维护统治阶级自由与权益的工具。

但是,和计划经济与市场经济的辩论一样,有批评观点认为这种制度阻碍了

---

❶ 用来自肖恩·麦可布赖德主持的"国际交流问题研究会"的一位成员的话来说"我们的世界在交流的所有制和控制权方面有着品种多得令人惊讶的工作模式。既有国家拥有并控制全部交流渠道的制度,也有宪法禁止国家干预消息情报流通的制度,同时,还有处于这两种极端之间的其他种种模式。"肖恩·麦可布赖德主持报告《多种声音,一个世界》,中国对外翻译出版公司、教科文组织出版办公室1980年版,第137—139页。

❷ 洛温斯坦-梅里尔的"五种理论"(1971年)包括:1)权威主义理论;2)社会权威主义理论;3)自由主义理论;4)社会自由主义理论;5)社会集权主义理论。麦奎尔的"5+1理论"(1983年)包括:1)权威主义理论;2)自由报刊(新闻自由)理论;3)社会责任理论;4)联理论;5)发展理论;6)民主参与理论。

❸ 1997年1月2日 国务院颁布《出版管理条例》,同年2月1日正式实施。其中第一章总则中第四条规定:"从事出版活动,应当将社会效益放在首位,实现社会效益与经济效益的最佳结合。"2002年2月1日国务院第50次常务会议通过新的《出版管理条例》,其中仍然作出了同样的规定。

意见市场的开放,给信息腐败铺垫温床,不利于信息的透明化,不利于公众的知情权和发言权,背离自由和媒介本质。宣传泛滥、隐报瞒报、思想审查成了这种观点的论据。在一贯以自由标榜的西方国度,新闻自由也处境尴尬。台湾自1987年全面解禁以来,以西方自由主义的意识形态为旗帜,建立市场化发展的媒介制度。可媒介批评者指出,所谓的新闻自由带给台湾媒介的是:各路政治、经济势力,甚至黑社会忙于强占市场,已经形成极其错综复杂的政治和资本交织的权力关系;媒介或是戏剧化地讲解政客们的内讧、打斗,或是绘声绘色地再现犯罪现场,或是堂而皇之的色情表演,煽(煽情)、腥(暴力)、色(色情)三元素构成的媒介生态的混乱和低劣程度令人瞠目结舌。尽管台湾学者将台湾的新闻自由作为台湾民主社会的标志谈论,因为这是在台湾全面解禁之后才出现的局面,可现实却逼迫他们重新审视并发问:新闻自由是否能够必然导致社会的客观与公正?新闻自由是否必然导致民主的实现?就是在正统的西方体制下,约翰·基恩在其《媒介与民主》中认为,单纯媒介自由市场也克服不了市场从自由走向垄断的宿命,市场的失灵将挑战新闻自由自身,危及公共服务媒体,政府控制又好像变得不可或缺。

美国在1984年通过"有线电视传播政策法"(The Cable Communication Policy Act),该法案规定,系统频道数超过36个,必须开放十分之一的"社区近用频道"(community access to channels)给民众、教育机构和政府使用。这个法案有效摆脱商业对媒介的全面垄断,也保证了政府对媒介的控制力。

如此看来,新闻自由好像让任何媒介制度都处于两难境地。媒体在制度上和经济上的独立是新闻自由的必要条件,可这个理想的实现除了媒体自身的道德追求和对社会责任感的自觉承担外,更重要的是,要靠媒体所在社会的制度来辅助。但是,现在没有哪个政府和哪种市场能做到这些,因为政府和市场都有自己的利益需要维护。新闻自由批评的困惑也弥漫在各种媒介制度批评中,因为它总也跳不出核心政治、经济制度的框架。

对于新闻制度的批评之所以总是围绕新闻自由旋转,是因为新闻制度首先要面对的就是这个问题,任何制度无法绕开它。针对媒介制度的批评涉及到媒介的所有制、控制权、经营管理和资金来源与调剂的轮廓或模式。不同国家采取不同的制度,各种制度的实施产生了多种多样的结果。由于制度的意识形态性,新闻自由的话题成为新闻制度的前奏,没有新闻的独立性,新闻制度与国家制度没有本质区别。即使新闻有自由,我们也要看到制度本身反映了不同的利益阶层的权利。在任何一种制度下运作的媒介都不可避免地体现出意识形态方面的统治与支配形式。这些交织在一起的点与线会随着社会的发展在局部松动或者抽紧,每一次的变化都将成为批评的话题。

# 七、媒介批评环境

如果说后现代对现代性的重要特征之一——专门化(专业化)进行颠覆性的解读,那就是去专业界限,追求交融与边缘是后现代的任务。而针对大众传播媒介环境的注意力,与这种颠覆有一种默契。因为,当代社会任何一种存在都在不在之处被认识,后现代的心态和思维模式是表达“不确定性”、“模糊”、“偶然”、“不可捉摸”、“不可表达”、“不可设定”及“不可化约”等,这些构成了现代生活的精神状态和思想品位❶。因此,环境问题的提出本身体现出后现代的观察视角,一切都在关系中存在,这也意味着只有在关系中才能够找到个别的真正存在状态,认识媒介环境就是认识媒介的关系系统。

**1.媒介环境**

社会环境是媒介环境的大背景,媒介环境就是指媒介传播活动赖以进行的多种情况和条件的总和。它虽然不是媒介的中心,但是,提供了许多关于媒介的知识。传统传播学理论从传播媒介为中心走出的领域,一再地强调着媒介的独立性。今天,无论从何种方向观察媒介都不难发现社会各个部门,文化的各种取向对于传播的发展尤其是大众传播媒介的发展有越来越重要的作用。用网络传播的时尚话语来描述,媒介是社会网络一个链接点,不是一条纲。媒介环境告诉我们媒介的非独立性。例如,媒介的商业化既是商业社会导致的结果,也促使了社会商业化进程的速度。一方面是媒介竞争的紧锣密鼓,一方面是媒介对收听率、收视率、发行量的你争我夺,大众传播媒介从各个渠道向人们的日常生活渗透。❷所以,媒介环境既是媒介生存的环境,也是大众的第二生存环境。❸从媒介内部到媒介之间再到媒介与社会,媒介环境问题引起了对媒介认识的更新,自然引入了媒介批评的视域。

媒介环境具体讲包括狭义和广义两种:首先,狭义的媒介环境是指某段时间某一区域内各种媒体竞争融合而形成的一种整体气氛,实际上是对当地、当时媒

❶ 参阅冯俊著:《从现代主义向后现代主义的哲学转向》,2003年12月31日《中华读书报》第15版。

❷ 例如,一直在全国报界竞争出了名的成都报业今年年初(2003年)又是风云际会。有报道说,当地一份新创刊的《城市购物导报》,70个职位竟吸引了700人角逐。其中,不乏《成都商报》、《华西都市报》和原《商务早报》等强劲媒体的骨干。从《华西都市报》打造成“中国第一份都市报”,《成都商报》“中国报业第一股”开始,近年来,成都报业大起大落、速生速死的悲壮情景,很难让人相信七八年前这里的媒体还是各守其土、相安无事。而就在成都报业战事正酣时,我们从媒体上还看到北京、广州、福建、上海、西安也都纷纷在用醒目的标题报道着媒体大战。

❸ 本文作者将其称作第二环境,以示与自然环境——地理环境的区别。

介市场环境的分析,这时谈到媒介环境,人们通常会考虑媒体的数量是多还是少、媒体的种类是丰富还是贫乏,媒体的规模是大还是小、媒体竞争的态势是激烈还是温和,阅听人对媒介产品的消费能力和兴趣爱好如何、媒体和媒体管理机构的观念是超前还是保守等等,此为媒介生存环境。由于受各地经济文化差异以及不同时间媒介和阅听人的发展水平差异影响,媒介狭义环境在不同区域和不同时间会有不同表现。对狭义媒介环境的批评一般也是就这些问题展开,批评的标准以是否有利于媒体的市场发展前景为主。这和媒介组织内部批评相似,都是从媒体的市场经营角度着眼,只不过一个是侧重媒介组织自身,一个是侧重媒介组织的外部。例如,有批评国营报纸、电台、电视台受政府特殊待遇过多造成市场竞争不公平,批评本地媒体独占市场、排挤外来媒体等。[1]这些对狭义媒介环境的批评更多的是从媒体自身出发,圈内利益的味道比较浓重。

其次,媒介宏观环境批评则将视线投向了公众和社会的短期和长远利益。媒介活动很少是独立于社会与人的,相反,媒介的巨大能量在社会和个人的生活中发挥着举足轻重的作用,媒介与社会、与阅听人进行着广泛的互动。在这种互动中媒介、社会、个人以及他们相互之间状态的综合就是我们所说的宏观媒介环境。对媒介宏观环境的批评旨在揭示构成媒介与社会互动关系的各种要素和状态。

媒介环境作为人们生存的第二环境在于媒介传播活动本身对于人们日常生活的影响,对于大众思想观念、价值取向的引导以及生活内容的构筑。例如,经过大众传播媒介传播的有关节庆活动的各种信息,把人们的注意引向节庆活动的所有项目:丝绸展览、茶叶展览、花卉展览、工艺品展览等,各种展览琳琅满目地在某一天相继出现在人们的面前。为了前去目睹或购买这些物品,许多人改变常规生活计划,走上街头。原来的道路一下子变得拥挤起来。走出家门的人们把家中的饭桌移植到各种餐馆,饮食业也乘机推出各种诱人的餐饮价格。火

---

[1] 媒中媒网站有文章披露,2003年4月中旬以来,有上百家深圳企业通过不同途径反映,因为向《南方都市报》投放广告,他们被列入深圳报业集团"黑名单",该集团不仅对列入"黑名单"企业采取价格制裁措施,还以集团下属所有报纸全面制裁该企业广告或对企业进行"批评报道"相威胁,迫使企业断绝与《南方都市报》的正常合作。《南方都市报》属于广州南方报业集团,是其子报之一。1999年进入深圳。2001年5月9日,深圳市报刊发行局曾联手深圳特区报、深圳商报等当地两家报刊,突然宣布属下的1000多个报刊亭不得继续销售《南方都市报》,酿成当年国内报界的最大丑闻。社会各界批评深圳媒体垄断市场,新闻法规缺失。(参见媒中媒网站:《南方都市报》事件)另如,台湾有上百个电视频道,但每年的电视广告市场却只有600亿元,在电视传媒"大混战"中,多数媒体获利大幅衰退,业界普遍认为台湾的电视媒体市场空间将会更加狭窄,为此台湾各行业流行的"西进大陆"热潮开始在电视媒体产业发酵。据悉,"台视"、"中视"、"华视"等3家无线电视台和"东森"、"年代"、"象山"等大型传媒集团,都已悄悄布局抢攻大陆市场。(参见2001年3月12日人民网:《台湾电视媒体恶性竞争盈利大跌》)

车、飞机、公路汽车骤然成倍增长。平静的生活秩序打破后，在媒介的喧嚣中人们的生活被改变着，就连平日里人们关注的事情也由媒介来决定。在商业活动中，媒介更是功不可没。除了每日播出、刊登的各类商品广告外，住房的广告将人们分成各种等级，将人们的情趣类型化之后又转移到居住房子的选择，情趣的高低对应居住环境的选择。人们不再去问谁有权利作这样的区分，房屋开发商怎么可以规定人的等级。没有了这种质疑，人们往往把房产广告所言当作既成事实对待，主动地选择“高级住宅”成为广告语中的“成功人士”。媒介思想、媒介价值、媒介行为模式，伴随着媒介制造的讯息，渗透到日常生活环境之中，总之，是所有媒介社会所产生的意义——虚假的和真实的总是混在一起，构成媒介环境的认知图。❶

**2. 媒介批评环境**

如果说一个社会的进步可以从它对批评的容纳程度衡量的话，社会批评环境就是一个社会文明进程的主要标志。同理，媒介批评环境是一个社会传媒事业发展先进与否的基础性环境。从环境的定义中，我们理解媒介批评环境主要包括与媒介批评有关的周围的情况和条件。如果把媒介环境比作一个硬币，媒介批评环境是媒介环境的另一面。它不仅可以作为一个独立的面，也是另外一面的支撑面。在过去的研究中，将阅听人放在单纯享受媒介环境的位置，是剥夺了他们作为“主人”发表意见的权利。

媒介和阅听人以及他们之间的关系构成媒介批评环境的基础。首先，所有的媒介批评对象都与媒介直接相关，由媒介生发。其次，阅听人既是媒介真正的传播对象，又是良好媒介环境的直接受益者。他们既有责任批评媒介，又承担着环境建设和保护的义务。在此特别强调突出媒介与阅听人的关系，以及这种关系构成的环境的主要理由是，既然媒介在建立自身环境的同时又构成了人们的第二生存环境，那么在媒介环境中，媒介和阅听人就不应该是主动与被动、权利与义务的单方面承担者，传媒双方应该共同担负起建设和维护媒介环境的责任。

(1)媒介与阅听人批评的互动

从对媒介环境的考察中，我们得出一个结论：媒介批评并不等于批评媒介也不是媒介对他者的批评，实际上，在媒介批评的过程中，没有一成不变的身份，媒

❶ 2002年10月的一天，当香港艺人罗文正在与肝癌做着生死搏斗时，香港商业电台突然在当天中午报道罗文病逝的消息，其他媒介包括电子传媒、网站以至两岸通讯社亦争相转述罗文死讯，有杂志更即时推出罗文的纪念特刊，令罗文逝世的消息如雪球般愈滚愈大，这比罗文真正辞世整整早了10个小时。关于香港艺人罗文病逝的虚假消息在罗文去世前10个小时就已经广泛传播，事后真相披露，引起人们对媒介的不满，继而又附带生发了社会对香港媒体表现的评论，批评媒介在恶性竞争中加倍牺牲社会责任，以至于香港媒介视听环境恶化，进而影响社会良好氛围和人们的诚实品质。

介和阅听人同时担当着批评与被批评的角色，而媒介批评也必然是他们之间的互动状态的继续。这种互动可以从已有的媒介互动理论中寻找到解释。这些理论认为大众传播是媒介和阅听人共同参与的过程，媒介和阅听人之间的关系已不再是简单的传递接受关系，而是媒介和阅听人之间的相互传播、相互反馈。媒介中有阅听人，阅听人中有媒介，这意味着每一个传播后果实际上都是媒介和阅听人合谋的结果——尽管可能他们在其中所起的作用会不同，传播过程中所处的地位也不同。所以，在现实生活中大众传播媒介发展的每一种状况都必须由媒介和阅听人共同来承担责任。尤其是网络媒介，它提供了无限链接和自由链接的条件，传播者与接受者的界限在网络的环境中已经很模糊了。传播者与接受者角色互换是时常发生的事情。根据这一理解，作为传播活动重要组成部分的媒介批评必定是同时指向传媒和阅听人双方。由于传媒和阅听人兼任批评者和被批评者，媒介批评互动开展的流程就无外乎传媒与阅听人之间的相互批评、传媒与阅听人各自的自我批评、以及他们对批评作出的回应这 4 条往复回旋的环流路线，从而构成了媒介批评互动的环境。

媒介批评互动环流路线

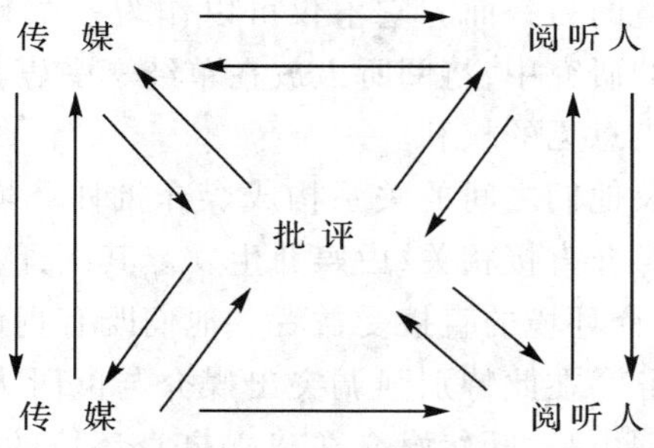


这个互动环流路线强调媒介批评不仅是针对媒介的批评，也是针对阅听人的批评（目前所谓针对阅听人的批评，主要表现在对媒介单纯追求商业利益用媚俗的方式取悦某种低级、庸俗趣味的行为。可以把这类批评视作间接的对阅听人的批评）。阅听人与媒介既是对立的两个方面，也互相依存。

例如，2003 年 7 月 5 日，一名贵州籍男子爬上了一座 30 多米高的广告塔，附近居民发现其神志不清楚，立即向公安部门报了警。很自然，这一消息瞬间即吸引了大量媒体的到场。尽管公安干警想方设法展开营救，但这名男子还是在僵持了 4 小时后突然从高塔上跳了下来。媒体因为已有事先准备，所以整个坠地过程全被镜头完整地捕捉了下来。在当晚的节目中，这条消息被当地许多媒体摆放在了突出的位置，尤其是电视媒体，它们按照音像传媒追求视觉冲击的规律和特点处理了这组图像，极力夸张了该男子从广告牌上坠落的这一过程。有的媒介运用电视特技，将坠落过程从不同角度做了连续剪切和回放。节目播出后不久，就有大量观众给负责报道的媒体打电话，抗议媒体缺乏起码的同情心，对一次不幸事件采取了过于冷漠的观望态度。[1]

由于大众传播中媒介是起点并且承担着促进沟通和交流的功能，而公众多数时间则是传播的终点和成果享有者，所以公众对媒介日常工作的评判在媒介批评中成为主体也在情理之中，这也是媒介批评能够健康发展的基本保障。在媒介批评互动的过程中，这种阅听人对媒介的批评是最为普遍的现象。在这个层面阅听人对媒介的批评，无论是批评者的层次、批评的方式、批评的内容都是最丰富的。正是由于阅听人对媒体冷漠对待生命消失瞬间的批评，才会教育媒介如何对待生命、尊重观众情感。在阅听人成熟的同时，大众传播媒介重视阅听人意见的价值，给予阅听人的批评越来越多的注意和积极的回应，甚至在多方创造条件和机会来搜集阅听人的声音。例如，前面已经提到关于媒体借人质危机死亡人数进行有奖竞猜的做法，很快就受到网民的批评，有观众留言道："传媒应有道德底线，不应借人质事件发财。"央视为此召开会议进行检讨，并及时做出对责任人的处理意见。[2]由此可见，大众对媒介批评意见的成熟是促使媒介进步的有效和重要方面。

与此相呼应的是大众传播媒介内部工作性的管理和业务批评已形成规矩。几乎所有媒体内部都已经制定了审核、评价制度，涉及采、编、播、人员组织安排，机构设立等整个运作体系各个环节的。这种媒体内部工作性管理和业务批评最重要的结果，就是保证了媒体工作的一般质量和经营管理的正常秩序。在媒体内部自我约束的同时，得益于外部环境的进一步宽松和媒体竞争的激烈，媒体之间的批评也越来越多地出现在公共的视野当中。例如，对假新闻的披露，对媒体炒作模式内幕的揭发等等，这种媒体间的批评，增加了大众传播媒介活动的透明度，丰富了阅听人观察媒体的履历。媒介也经常把这一点作为提高媒介公信力，提高媒介从业人员对职业高尚认知与荣誉感的基础。

尽管媒体之间批评有时不那么纯洁，例如，为了报纸的发行量在自称本报是当地发行量最大的一份报纸的同时，指责另一家报纸相同说法的虚假性，往往包含着彼此的竞争策略。尽管这种批评主要是在需要——满足关系层面上展开的，我们还是要对这种批评报以良好的解释，肯定它的批评价值。至少这种行为表现出了媒体在大众传播建设中勇于担当的责任感，也给了阅听人和媒体自己

---

[1] 据事后调查该男子当时神志不清。这名男子从广告塔上跳下，当地各级媒体都以最快的速度报道了这一消息，其中相当多的电视媒体在叙述过程中都刻意强调突出了坠落的一幕。这种做法在吸引注意的同时，也遭到了许多观众的抗议和批评。消息播出时，转载了这一报道的浙江电视台就曾收到观众的投诉。此后，宣传部门也向相关媒体提出了批评。

[2] 引自"雅虎"2004 年 9 月 15 日。

更加深刻认识传媒的机会。

虽然,媒介批评环境中大众传播媒介是批评的对象。但是,我们也看到阅听人与媒介关系的多面性。作为批评对象的媒介又要承担传播批评意见,甚至提高阅听人批评意识的责任。只要批评是一种社会声音,是一种社会信息资源,媒介就不能浪费或者压制这种声音。媒介的这种责任来自于社会确认的它的基本功能。作为阅听人虽然是传播过程的主动者,有权利拒绝或者批评传播内容。但是,阅听人来自一个被称作大众的群体。大众从某种意义讲永远是一个无法固定的存在,它没有中心或者类似中心的结构。它是一个随时可能聚集随时可能分散的群体。每一个人身上都存有所在群体的特质,特质规定了他们的身份。但是,他们每一个人都不能代表大众。大众和阅听人的区别是阅听人与媒介建立的关系,以阅听人的身份从事的活动需要掌握媒介知识。媒介能够提出面向大众的口号,是因为媒介可以依靠各种实证调查得来的统计数据给出“大众需要”的具体内容。对阅听人——大众这一群体的批评更多的表现在媒介针对自己的批评行为上,透过这种自我批评实践向大众提供反思的经验。

但是,当传媒向资本运作模式靠拢的时候,讯息传播遵循的准则是以市场逻辑为主导的,媒介更像是一个产品供应者,而阅听人则更像是一个消费者,没有哪家媒体能够完全满足市场供求。因为阅听人往往是可以被称作大众的群体,所以“大众的意见”成为一个概念——能指时,可以延异到任何一种意义上。也许这个意义更多地体现了媒介的意图,也许这个意见只是全部意见中与媒介意图最接近的。

大众意见的被盗用也是极容易的事情,媒介巧妙地通过信息供应以迎合的方式达到对阅听人隐蔽的信息消费控制,因此在媒介市场的竞争中,主角是买方市场和卖方市场,大众只是个配角或筹码。媒介与大众批评的互动很难实现。

为了弥补这种缺憾,也是维护阅听人——信息消费者自身在传播中的利益,阅听人内部的自我检讨活跃起来。这是大众传播中阅听人自我主体意识的自觉自醒,他们开始客观地评价自我现状并寻找与媒体关系中的正确定位。例如,当前在许多国家和地区兴起的传媒教育中,用于阅听人分析的力量占了很大的比重。传媒教育的出发点就是纠正阅听人认识和表现中的偏差,培养良好的阅听人媒介素质。传媒教育经常占用相当篇幅用来改变在阅听人头脑和潜意识中普遍流行的“媒介神话论”的观点和阅听人经常呈仰角观望媒介的方式,倡导传媒和公众的平等相处,倡导客观批判地解读媒介信息,而不总是对媒介言听计从,反对公众囫囵吞枣式地接受媒介的讯息。鼓励阅听人在媒介发展进步中担当责任,同样也是当前阅听人自我批评的重点。

当人们深陷于诸如网络新媒体道德缺失的困惑时,媒体不再是惟一的归咎点,新传媒挑战下暴露出的公众道德自律诉求被越来越多地提及。对于大众传媒的不足之处,单方面追究媒体的做法也不再得到认可,反而公众在其中的导向和作用在媒介分析中成为强调的一个侧重点。例如,2002 年 10 月 30 日出版的香港娱乐杂志《东周刊》第 521 期于封面刊登被虐女艺人裸照,引起社会公愤。随后香港青年协会就"东周刊事件"进行了有关调查,共访问 548 名年龄介乎 15 至 34 岁的青年。结果发现,有 82.8% 被访者同意读者对助长传媒歪风有一定责任;另有 73.3% 被访者认为,香港社会存在着"边骂边买"的双重道德标准。舆论从一边倒向媒介批评到与阅听人内部剖析兼顾的过渡证明了阅听人自我批评观念的形成,明确了传媒建树中阅听人同样需要承担相应的义务。阅听人对媒介的批评视角从一致对外到部分向内的转移,体现出了批评更加客观全面的进步,也更加利于批评本身去揭示本质和真相。阅听人对自身行为和认知的调整必然在与媒介的相互作用过程中,媒体、媒介批评互动在这里又寻找到了新的方式。

例如,珍妮·杰克逊在美式足球超级杯中场演出时的"露胸风波"[1]发生后,观众针对珍妮·杰克逊和媒介的批评以及媒介对这种批评的回应,是一次媒介与阅听人批评互动的实践,它引出的结果如下:[2]

全美国震惊。震惊被愤怒取代。各电视台晚间新闻节目反复播放这段录下来的镜头,不同的是珍妮·杰克逊裸露的右乳已被作了画面处理。报纸和杂志记者惊呼:美国娱乐界的水准已经跌至不能再低。《华盛顿邮报》第二天电视评论家评论道:鉴于超级杯的广告如此之脏,以致让做父母的和孩子一起看感到很尴尬,也许超级杯应该从电视网挪到花花公子台了。

珍妮·杰克逊两次向公众道歉。当晚进行独家转播的哥伦比亚(CBS)广播公司发表声明向观众道歉:CBS 事先不知情,这样的一刻不符合 CBS 一贯的广播标准,CBS 向所有被冒犯的观众致歉。CBS 当晚接到投诉电话的数量超过了自美国在伊拉克开战以来的投诉电话的总量。各个电视机构纷纷出来洗刷自己。

第二天,美国政府主管广播电视的最高机构——联邦通讯委员会(FCC)的主席打电话给美国足球联合会主席,指责中场音乐会表演让观众有色情联想的节目,穿插男性药品广告,恐怖片的放映广告等。FCC 主席称整个表演为"低级

---

❶ 2004 年 2 月 1 日珍妮·杰克逊在美式足球超级杯中场演出时,歌手贾斯汀猛然伸手扯下珍妮·杰克逊右胸胸罩似的演出服,使其裸露乳房。珍妮·杰克逊此举立即遭到现场和通过电视观看现场直播的观众的抗议。这件事也导致了 2 月 9 日(北京时间)第 46 届格莱美音乐奖颁奖会珍妮·杰克逊的缺席。珍妮·杰克逊原本是作为颁奖嘉宾出席这次音乐盛会。

❷ 根据"网易"娱乐版提供的资料整理(2004 年 2 月 11 日搜集)。

趣味的、粗鲁的、可恶的小丑表演”，整个是“一头闯进了客厅的猪”。[1] FCC一星期接到对CBS的投诉20万件，去年全年投诉是24万件。他警告CBS和转播节目的200家地方电视台面临被罚款的可能性。

田纳西州一名在银行任职的卡林女士于2月7日入禀法院，控告珍妮·杰克逊上周日在美式足球超级杯中场演出时露乳，导致其“精神受损”。她说，在电视直播中看到珍妮·杰克逊突然露乳后，“感到被侮辱，气愤、尴尬，严重受到伤害”。她将代表自己和数百万名观众提出数十亿美元的赔偿。卡林指出，广播业者有一项不成文的规定，就是不在超级杯比赛的黄金时间段向公众播出“露乳”场面，但这次他们却违背了该守则(尽管媒体认为他们也是猝不胜防，观众认为媒体有不可推卸之责任。有观众指责媒体这样做是对儿童健康心理的伤害。他/她们是在不知情的情况下看到儿童不宜看的内容，尤其是他们崇拜的明星作出这样的事情，伤害更大。贾斯汀的突然撕扯，透露着让人震惊的暴力。刹那间，仿佛不仅仅是珍妮的胸衣被扯了，而是让现场和电视机前的观众毫无选择地成了一个暴力的目击者)。

2月6日负责转播格莱美颁奖典礼的CBS公司已经宣布不邀请珍妮·杰克逊出席格莱美颁奖典礼。2月8日，格莱美颁奖典礼主办单位又表示封杀是CBS公司单方面的决定，格莱美仍然邀请珍妮·杰克逊按照原计划在典礼上担任颁奖嘉宾，条件是她必须在电视上再次向全球观众致歉，只要珍妮·杰克逊可以接受，她就会出现在格莱美颁奖现场。

小甜甜布兰妮的主打歌“TOXIC”以及新专辑内的其他12首歌近期内都不准在MTV频道播出，原因是布兰妮在MTV中的表演和珍妮·杰克逊“露胸”一样有伤风化。尽管这个行为也遭到布兰妮歌迷的抗议，他们表示要抵制这个电视台。但是，解释自己这样做的理由是：经过珍妮·杰克逊“露胸”事件后该台形象大损。原本答应他们去扮真人实况秀的加州一所高中的家长们却因为MTV参加了“露胸”事件，决定不让他们的孩子去参加拍摄，担心MTV频道的粗俗格调，会影响到他们的孩子。MTV频道不得不接受这种指责，并且要有改正的表示。

珍妮·杰克逊“露胸”风波发生后，导致当事人和媒介公开道歉并且立即反思的主要力量来自阅听人的正义感。不论是媒介，还是明星、观众都可以从这个事件中获得关于公众道德底线原则的认识。即使“露胸”在某种意义上讲可以吸引

---

[1] 裸露事件不是该不该露，而是在哪里露的问题。如果露的不是地方，就是违规的。对此一个经典的案例是1926年当时美国最高法院法官乔治·苏瑟兰德的定义：“一个正确的事与物出现在错误的地方。比如，一只猪出现在客厅里面，而不是猪圈里。”从此，“客厅里的猪”成为不体面的社会行为的隐喻。资料来源：程晓鸿著：《一“点”都不可以》，2004年第6期《新闻周刊》。

观看目光，但是，如果这种观看目光的低俗和夸张地放大观看物，都是违背自然的。观看者对“露胸”者的谴责实际上也是对媒体低俗格调的一种批评。既然阅听人在媒介批评环境中是一个主要的构成部分，良性的媒介批评环境需要有良好媒介素养的人（关于媒介素养问题将在传媒教育中再次论述）。美国的观众对于这个事件的批评，基于他们作为阅听人同时也是公民的权力的维护。他们认为媒体在不该表现色情内容的地方播放色情表演，实际上就是对他们的自由权利的践踏，因为他们被迫在这里观看了裸露表演。阅听人的这种媒介素养是媒介批评话语不可或缺的元素。如果说批评理论今天已经成为学术研究和社会心理基础的话，媒介批评意识也应该是媒介社会人们的社会心理基础。

(2)体制和知识的制约

由于目前媒介批评活动仍然处在媒介所营造的环境中，批评的主要工具——话语难以逃避渗透其中的社会传统、权利结构、制度安排以及定势思维的制约。因此，在媒介批评环境研究中，我们也需要将这些因素如何影响媒介批评的进程和方向列入到思考中。

首先，影响批评话语的因素来自周遭的社会传统体制。批评可能会对现成的利益划分格局提出挑战，既然权力的争夺从某种意义上已经演变成了对话语权的争夺，那么批评就可能会受到已有权利话语的控制。权利通过操纵话语，给出现实的观念。长期以来，我们，当然也包括批评，会不由自主地透过这些观念的棱镜观察“现实”——比如说媒介——已经囿于这一观念的批评，稍不留神就会将眼前的现实当成是惟一可以理喻的，批评对象也变得理所当然起来，导致批评经常在一些看似深刻的表面文章上徘徊，甚至根本就迷失了方向。有时候批评的话语还会受到来自权威机构的直接干涉，确保批评不超越体制和传统的界限，批评本应具备的功用因此大打折扣。

面对固有体制和传统给批评设置的话语困难，不断用批评的立场清理已经形成的概念，将新的或者更加多元的认知引入批评话语，使知识的更新尽量摆脱权力的支配，或者不放弃对权力支配的对抗，是我们能够想像到的和通过努力实现改善媒介批评环境的工作。媒介批评对知识的依赖，表现在批评的视点、批评的视野、批评的理念等方面。媒介批评之所以在今天看起来还这么生疏，就是因为此前有关媒介和媒介批评的知识话语铺垫不足，未被知识梳理过的媒介不是被神化了，就是被轻描淡写地理想化了，媒介批评因缺乏知识的氛围而长久没有进入公共议程，进展缓慢。

提出体制和知识对批评话语的制约问题不是要寻找如何解除制约的一劳永逸的办法，而是提醒人们在进行批评的时候重要的是坚守反思和揭示的批评立场，质疑不仅是对他者的，也是对自己的。

**附　录**

2003年年底，台湾报纸报道了一条消息：流浪女孩小云因为无家可归睡在大卖场。媒体起初本着人道关怀的角度寻找小云的家人，发现小云的妈妈叫许纯美，一个自称有23亿身家，成日出入于上流社会的富婆。

许纯美说话反反覆覆，起初拒不承认是小云的母亲，一会儿又变成"深爱小云，希望她回家"，后又改口说，"小云不是调皮，而是毒，毒蛇的毒"。她上节目时永远带着一顶夸张的宽边帽，不断变换华丽俗气的礼服，操一口台湾普通话，表现欲极强，仅仅走红一个月，她的语录已经广泛流传：

"偶是上流社会人。"

"(上流社会要)穿马靴喝咖啡。"

她说话的口气被台湾人模仿，成为调侃常用语，其制造的收视传奇让电视台惊喜连连。

本来注意力集中在小云身上的公众因为许频频在媒体曝光，终于转为观赏她的表演。许纯美由当事人成为综艺节目主持人，甚至还登上新闻节目主播台，主持新闻节目。

许纯美争取观众的主要手段：大曝与前男友某演员的隐私；攻击名人；胡说一气：许纯美公开征婚非俊哥不嫁，如果嫁给黎明，愿把所有财产给他。在遭到黎明公司的严辞拒绝后，又说："我是觉得刘德华比较矮，才说嫁给黎明的，其实他们俩一样帅。早知道我就说刘德华了。"

东风等电视台请来许纯美后，收视率飙升4成，最高曾达65点(有超过一半的台湾人收看这个节目)，她的身价迅速涨到每30分钟6万元，现在自己开价到15万元。

资料来源：林如是文《许纯美　折射台湾传媒怪现象》，2004年3月1日《新闻周刊》，第62页。

# 第8章 媒介批评工具与操作

在分析了媒介批评产生的现实背景、媒介批评的各项功能、媒介批评的效果与环境研究等诸如此类的问题之后，关于媒介批评的讨论话题就自然而然地进入如何使用工具和操作的领域。这样做的结果未必能解决我们在梳理思路中的全部困惑，但是，至少它开辟了一个新的思考维度，使继续的论证变得丰满立体起来。实在的依据甚至能带来值得琢磨的兴奋点。

本章的内容就是朝着这个方向努力的，它的注意力集中到了如下问题上：媒介批评是通过什么途径和凭借什么物质条件成为可能的；它遵循着怎样的规则，受到怎样的约束；媒介批评是如何实施的；在特定的执行程序中，它又会呈现什么具体的特征；当媒介批评开展以后，它又是以何种方式被接收或是被拒绝了。本章按照如下的逻辑依次铺开：媒介批评文本工具——现行的媒介批评机制——媒介批评操作过程中的典型分析。

## 一、媒介批评文本

正如开始所铺叙的，在考虑媒介批评实际运用中的各种表现时，我们首先要交代的便是这种批评是通过哪些与众不同的渠道，凭借什么物质基础将其自身完整地呈现出来，为我们和批评对象所感知，从而使批评活动能够发挥作用而变得有意义。总而言之，就是对媒介批评成就自身存在以及预期目标的工具给予清晰的展现。

谈到工具，仅靠日常的生活经验大家也能得出结论：在千差万别的工具中作出适当的选择，需要根据千差万别的活动内容和活动目的而定。就像地处不同地方的人们要实时同步地看到美英联军在伊拉克边境的军事行动进展状况，就要利用现代通讯卫星、传媒传输视频、音频信号；而如果只是一个急于要处理掉过期游戏卡的soho一族，那么他所需要的就只是一台电脑、畅通的网络和现成的网上交易区，如此简单而已。由此推断，媒介批评也一定拥有着一套独有的工具系统,来完成批评的各项任务。接下来刻画媒介批评工具样式的工作看起来轻松了许多,可当我们真正到现实的场景中一一落实和对照媒介批评使用的工具时,就会感觉到事情远远不像我们起初想像的那样容易。相反,媒介批评直接可以罗列出来的工具种类就已经十分丰富。为了说明这种感受的来源,可以香港《东周刊》事件[1] 为例证。

香港《东周刊》在封面位置刊出香港知名女影星刘嘉玲多年前被黑社会绑架时被迫拍摄下的裸体照片,引起公众义愤。编辑部随后又就刊登"女星被虐裸照"发表声明,认为决定登出有关裸照是基于大众传媒披露事实真相的精神。这项略显牵强的声明没有能遮掩住该刊物过于露骨的利润追求,公众也不买账,仍然异口同声,口诛笔伐。回顾事件全过程,尽管其中夹杂着些许激愤的群情,但也不乏鞭辟入里的批评声音。就在裸照刊出的第二天,香港演艺界十大团体联合举行"天地不容"声讨游行大会,强烈谴责《东周刊》为求促销,埋没传媒良心,毒害青少年,呼吁市民不要购买传阅《东周刊》,制止女星裸照在网上流传。次日,香港特区行政长官董建华在公开场合指责《东周刊》这种做法与香港社会的道德价值观抵触。此间,香港立法会八大党派、香港记者协会、香港报业评议会等社会团体也纷纷批评该周刊罔顾新闻业操守。当地市民也广泛参与行动,发表观点。短短几天,香港影视及娱乐事务管理处就收到300宗投诉。除本港平面音像媒体积极加入之外,台湾、大陆等各种媒体也充分介入到反思媒体行为的讨论之中。网络媒体上更是盛况空前,一时间,贯以"传媒操守与社会普治"、"在真相与真知之间"、"媒体的道德和惩罚"这样标题的评论文章布满网页,最终迫使《东周刊》停刊,员工遣散,11位高层管理人员被捕,批评声势可见一斑,当然,这其中还不包括大量散落在民间的人们随机的批评。

在截取的事件片断里,能够搜集到的参与批评活动的媒体有:广播、电视、网络、报纸、杂志、书刊、声明、公告、投诉信、热线电话、标语口号、文章、节目等等。这些媒介进行批评活动时主要的批评文本是什么呢?回答问题之前,有必要再次重温媒介批评的基本内涵。媒介批评是对大众传播媒介及其所有相关要素的批评。它包括了分析、判断、思考、反思在内的主体性活动。它通常是基于个人的社会体验和价值理想,所以强烈地显示出主观评判色彩。但是,与遭遇到劣质传媒产品最初发自内心的讨厌、反感等相对朦胧地潜在于意识里的主观感受等情绪不同,作为价值判断的批评必然存在一个组织立场,表明取舍的理性整理过程,它的根本点在于将内在的主观体会,以我们大家都可以接受和理解的方式向外界延伸凸现出来。因此,关于批评诠释的落脚点必然是归结为表达,批评必然

[1] 2002年10月30日,香港娱乐刊物《东周刊》在封面位置刊出香港知名女影星刘嘉玲多年前被黑社会绑架时被迫拍摄下的裸体照片。

是对事物进行评议并加以表达的行为,没有了最后的表达,批评也就无从谈起。能为我所用、有效表达意义的就是文本,媒介批评的核心工具就是文本,就是和文学批评、理论批评等一样,在批评行动之后用语言符号凝固起来的同样可以叫作批评的那个东西。

文本是针对特定需要而编排固定下来的语言符号有机体。文本不是零散的词句,它被当作语言符号作品看待的理由,缘于它是一个建筑起来的意义整体。这个整体不能还原为个别的语言符号,本着共同的社会经验和思想共识,所有人都通过文本这个意义载体与现实世界相处,文本成为传达、沟通、交流的首要工具。媒介批评主要依靠文本来确立自身的存在。

为什么媒介批评的核心工具是文本,而不是构建起文本的语言符号,或者是将文本传播开来的报刊、电视等媒介呢?首先,文本是保持意义——媒介批评意义也不例外——的最小单位,根据法国精神分析学家克里斯蒂瓦的叙述,文本是超语言学的意义生成装置,尽管文本使用语言,位于语言之场,但又是将语言秩序重新分配并生产新的意义的超语言学装置,在他的文本观中贯穿着的“生产性”观念与批评内容必有承载物的说法不期而遇了,证实了媒介批评是“文本”的批评。其次,至于说将书籍、大众媒体排除在媒介批评核心工具之外,答案更是浅显易见。正像所看到的那样,开展媒介批评要涉及的方面颇多,借助的工具也各种各样,它们不会是在同一个层次的。事实上,批评文本一旦成型,批评的价值权衡、理论探讨等意义活动就终止了,以后用来交寄的信笺、转载的报刊、播发的电台等等媒介,不过是支持、复制、散播既定的文本,本身却不扩充、改变现成的文本,没有了意义的再创造。

文本作为我们日常生活中承担意义传达功能的工具,因为表意行为差异而有所区别。辞藻的切割、格式的排列可以是诗歌的文本,旋律的跌宕起伏可以是乐音的文本,线条和色彩的搭配融合可以是图像的文本。那么,媒介批评的文本是以什么方式呈现的呢?除去大家口头断断续续而又闲散地流露出来的媒介批评内容,根据符号的大致类别看,有两类基本的媒介批评文本——文字文本和音像文本——是现在为我们所熟知并被实际采用的。

**1.媒介批评文字文本**

中央电视台在中国农历年三十都要搞一台春节联欢晚会,在具有浓厚的民俗化味道的节庆日举办这样的晚会,既顺应了民俗、民意,也传播着意识形态的信息——演出的节目都要经过审查说明了它在政治上的重要性。由于民俗传统的延续,也由于政治与观众生活关系的密切程度,关于春节联欢晚会成败得失的批评也成为时下最具影响面和规模的媒介批评案例。下面一篇关于中央电视台春节联欢晚会变相插播“软性广告”的批评文章，提供了媒介批评文字文本的样式❶：

今年春节晚会有一个颇为精彩的相声节目《说广告》，嘲讽了当下文艺节目中极其普遍的乱插广告，干扰正常艺术表演的现象。虽说春节晚会没有频频插播广告，但是隐性广告仍是遍地开花，商业广告无孔不入。暂举一例，魔术《梦幻天空》前，一位男主持人为了引出这档节目，先用一块手绢表演了一个小魔术，结果变出了一瓶“非常可乐”，主持人还不忘为“非常可乐”说句好话。明眼人立刻就有一种被愚弄的感觉，想不到，一年一度的春节晚会一边在播放批评乱插广告的节目，一边自己却以一种更为隐晦的手法做广告，真是绝妙的反讽。

所谓文字文本，就是指这种通过书写而固定下来的语言。秉承文字符号一贯性格，文字文本同样具备意义的明确性、稳定性和深邃性。批评者通过文字的有意识编排，机智地将个人看法、见地，以书面形式外化，公之于众，达到发言、交流想法以及和批评对象对话的目的。因为对文字的熟悉程度和文字的普及，易于掌握和操作，文字文本成了媒介批评观点展示最为大众化的工具。直观地考察目前我们已有的媒介批评文字文本，大体上可以概括为5种类型。

一类来自媒介管理机构的各种文件或通报。媒介管理机构涵盖了政府机关，媒体的直接管理部门如：宣传部、新闻出版署，记者协会等专业团体组织，司法机关等行政机构。由于我国大陆特殊的宣传体制，这类发自媒介行政监管和行业监督部门的批评，因为通过已有的行政系统从上到下的贯彻，具有强制性和命令的作用。批评产生后能在所管辖内有关媒体的一线业务人员的执行上收到比较快的效果。

此类文本一是党委宣传部门，或是媒体自身行政部门的内部通知、公告、通报、文件、会议纪要等。它针对所属媒体或下属部门在一定时期内的运行或某个时段内出现的差错，进行监听、监看之后，提出批评意见和建议。例如2003年春天，广东河源地区出现小范围非典型肺炎蔓延势头，经过媒体报道后，在广东、浙江等全国许多地区都引起了大面积恐慌，各色传闻一时兴起，导致出现市民抢购药品、食品风潮。为此，宣传部专门下文，责令媒体停止炒作，以免造成更大社会不稳定因素，要求各媒体对疫情报道保持审慎态度，防止媒介的无端夸大。可见，这类媒介批评文本多从维护政府宣传口径和政治社会秩序出发，主要针对媒介活动中涉及宣传制度原则性、政策性和纪律性问题。批评的标准相对而言比较清楚，即与党的宣传规定、政府和领导人的目标一致。这些批评意见自上而下传达的同时，还肩负着行政处置的任务，通常没有讨价还价的余地，媒介必须严格对照，有则改之，无则加勉。

❶ 引自《“年夜饭”没有惊喜》，2003年2月2日《文汇报》。

二是媒体管理部门创办的内部刊物或定期的工作简报。这类文本通过登载各种体裁的批评文稿，对媒介产品、工作状况的好坏进行归纳总结。据了解，现在国家的媒体管理机构都定期发布内部动态材料，刊载批评文章，指出报道中的失误，帮助提高媒体传播质量。我国大陆的国家级和相当部分的地方媒体，或诸如电视学会之类的专业协会、委员会，也都自办《内部通讯》、《内部动态》、《报道情况》、《中国电视》、《编播导刊》、《视听纵横》之类的特刊，其中不乏批评文章。此种媒介批评文字文本大多是媒介从业人员或研究人员对工作实践的反省，业务探索、争论和指导的特色比较浓重。对批评对象没有强求的效力。例如，中央电视台主办的《电视研究》中辟有多棱镜小专栏。❶ 新华社传媒在线上刊载的《南方周末：请不要让生命遭到冷落》、《看看我们的媒体都说了些什么》等文章，批评之声均来自媒介内部。这些批评内容的视点越来越广泛，标准也开放了许多，但鉴于身处媒介内部的局限性，完全超脱的反躬自问的批评还是比较少。

三是来源于学术界的媒介批评文字文本。随着现代社会大众传媒影响的日趋深入，人们对媒介的了解和思考日趋透彻。对媒介的深刻审视、评判的举动首先在富有社会责任感的学术研究者那里得到了积极的响应，促使近年来大量媒介批评文本的问世。我国大陆纯粹的批评媒介专著较少，但批评媒介的文章已开始见诸众多的学术期刊以及专业学术网站。这些批评文字，有的强调主观感受，有的则启用学术手段，作解剖式品评。虽然批评路径不同，因为批评者的学术背景和丰富的媒介知识，文本规范，批评更具深度和科学性。在批评课题选定上，得益于学术研究的立足点，受到的限制较少。❷ 但是，由于学术界媒介批评文本播发的语境和对阅听人知识水平都有着不同寻常的要求，致使这种文本“圈里圈外”的地域界限十分明显，流通的范围相对狭窄，接触上的困难造成与公众的疏远，削弱了学术批评的启蒙价值。这种批评对大众媒体意识的培养功能要小于它参与学术研究(包括提供个人业绩积累)和为媒体提供智力支持的功能。

四是来源于社会的非专业媒介批评文字文本。媒体是面向大众的，所以更多的媒介批评主体应该是分布于媒介从业者和专业研究者之外的公众。他们直接消费媒介产品，受媒介活动影响，与媒介共处。在社会舆论环境逐渐成熟，公

---

❶ 2002 年第 8 期上，有文章批评《新闻联播》僵化遵守“先国内，再国际”的风格定势，在中国和东帝汶建交的报道上削弱了组合报道的整体性。另外在一些记者的现场报道上，后期加工的痕迹太重，破坏了现场感。同期还有文章指责许多电视综艺类节目，不满足于搞哗众取宠的伎俩，还请孩子学唱爱情歌曲，模仿谈恋爱小品，认为这模糊了孩子成长的价值取向，拿孩子作噱头，有悖于社会公德。观点鲜明、文笔犀利。除此之外，在媒体自己的常规报道中也常夹杂着对媒介不良表现的批评稿件。

❷ 中央电视台东方时空改版推出新栏目《直播中国》不久，《现代传播》上就刊出《诗刊》杂志社叶延滨的文章《直播排演》，批评该节目内容空洞，特别是作为一个新闻节目，排演、预谋和虚假的场景抹杀了直播应有的进程性和突发性魅力。

众媒介素养不断提高的形势下,他们看待媒介的理智成分在增加,统一全盘接受的在减少,侧重批评的思考逐渐活跃起来。我们如今能见面的批评文字文本已经不再局限于以往大家经常采纳的观众、听众或读者来信,在此基础上,各种纸制媒体中阅听人批评媒介的言论占有的篇幅越来越醒目。总体来看,这种媒介批评文字文本,无论是批评者社会层次的复杂程度,还是文本关涉内容的包容程度,文体的多样程度都是媒介管理者和研究者的文字批评文本所不能比拟的。从综合人文思想杂志中各学科知识分子对媒介针砭时弊的宏篇大论,到市井小报中普通群众评价的只言片语;从司法报道追溯"媒体暴力"思想根源的理性思辨到对错别字、发音不准进行中肯指正;从论述扎实的述评到形态自由的随笔杂谈,稍微留意一下便随处可见。一般阅听人是此类媒介批评话语的把持者。虽然批评大多肤浅,很难有系统性,但是,这些批评基本是由纯粹的感触而发,见解朴素、自然,既不被媒介左右,又极少涉及功利。美中不足的是,如果这些批评文字想要超越人际传播和组织内传播的界限,跃升到大众传媒,继而走向公共议题,就要面对现有媒体的衡量和选择性接受,最后能够出线的民间批评文字文本在观念的新颖、生动和全面性上都会大打折扣。不过,好在现在一种新兴的传播技术带来了前所未有的改观——它就是网络。

五是来源于网络的媒介批评文字文本。谈及媒介批评文字文本,网络是非常值得关注的、不容遗漏的景观。尽管网络被许多人称作超文本结构——多媒体,至少在文本的传输上,它的优势无可辩驳。网络相比于传统印刷媒体转载文本的能力,以其不可估计的容量,操作的便利,准入门槛的无差别、虚拟身份的保护性,为媒介批评者们创造了高度自由的空间,形式的开放已在抵消内容上的无形障碍。以下摘录署名淡然一丁的网络媒介批评文字文本:《中央电视台新闻联播辞典》,足以看出这类批评文本的自由度:

……会议没有不隆重的,闭幕没有不胜利的,讲话没有不重要的,鼓掌没有不热烈的,领导没有不重视的,进展没有不顺利的,完成没有不圆满的,成就没有不巨大的,工作没有不扎实的,效率没有不显著的,反对没有不强烈的,路线没有不正确的,气氛没有不友好的……

这篇批评文章是对所有政治宣传和会议报道的嘲讽式批评,它的幽默、直截了当和尖锐非网络文字文本莫属。网络传播就是利用近乎无限的链接和难以数计的信息生产,使得网络文本能够自如游走在传统格式和不断创新的边界上。网络的自由属性带给媒介批评文字文本最突出的改观是文本格局的重组。专业和非专业、传媒和阅听人不同批评之间泾渭分明的布局在多个层面上被突破了。形式上的不拘一格,保证了内容方面的畅所欲言。所以针对权威、传统和规矩的调侃与嘲讽成为网络文本的一大特点。这种特点对于没有经过写作专业化教育

的网民来说,恰恰是合适的。❶

**2.媒介批评音像文本**

音像文本是指利用声音或图像符号构成的文本模式,形象真实是它区别于文字文本的标识。在实践中以音像文本为工具的媒介批评很少。例如,人们私下里就记者滥用暗访侵犯隐私权的口头意见表述;课堂教育、公开发言、学术演讲中对媒体漠视弱势群体的追问;偶尔有广播电视媒体自办的热线、对话节目里听众对节目娱乐化、媚俗化的现场点评;还有难得一见通过漫画对皇宫戏泛滥的讽喻等等。虽然采用的媒介批评音像文本外在形式多样,但数量、力度都要落后于文字文本,原因在于音像文本,特别是声画一体的音像文本不易保存,制作成本高,方法烦琐,而且传播渠道对现有音像媒体的依存度大,发挥的可能性受到制约,即便是想通过网络多媒体,批评者要懂得的网络技术也远非敲敲键盘打几个字那样简单。

音像文本善于说文解字的长处,在批评观点的生动阐述上帮助很大,透过媒介传播时,独具的亲和力能够便捷轻松地将意义送达批评双方。在传媒批评很有起色的地区和国家,音像批评文本一直是个不可忽略的坚实阵地。香港电台电视部制作并播出的《传媒万岁》系列节目,为观众提供大众传播媒介批评的常识,收到理想的效果;台湾媒体观察基金会自1999年建立以来,就拥有自己的媒体通道,制播媒体观察的广播及电视节目,在教育电台,每周五晚上6点到7点播出《媒体观察站》,还邀请专家或媒体工作者批判媒体,制成节目每周六在台北之音播出,致力于传媒环境改善;创立于1984年的美国媒体观察基金会,为了挑战媒体内容的刻板和偏见,初期也大量播送媒体批评音像资料。❷最著名的美国全国性媒介监督组织Fair也制作广播节目Counterspin, Counterspin每周播出一次,每次播出半小时,它的内容主要是在批判性地检视每周重要新闻报道,揭露主流媒介所忽视的报道角度。Counterspin与其他电台节目的兴趣点相差悬殊,它结合生动的讨论和严谨的评论,注视的焦点一般是偏差或不正确的新闻,新闻报道中的政治光谱,对言论自由的侵犯等。在加拿大,以祛除媒介中性别歧视为己任的媒体监督组织National watch on images of women in the media(简称

---

❶ 许多中央和地方媒体已经或正在筹建自己的网站,收录批评、构筑意见论坛成了网站建设的经常性项目。中国新闻研究中心网站(简称CDDC)设有媒体批判专栏。与此同时,媒介学术网站的进展也突飞猛进,批评文章几乎都能在网上查找到,还有新建的网站重视传媒批评和媒体监督。其中最热烈的当属普通网站。网络促成了来自社会各个方面媒介批评文字文本的整合,而得到的结果又不是机械的1加1等于2。不同出处的批评篇章在同一平台上相互映衬,客观上塑造了相对全面的意见市场,强化了批评文本的传播效果和社会效应。

❷ 统计资料来源于台湾政大传播学院媒体素养研究室(Center for Media Literacy in Taiwan)

media watch)也出版了相当数量英语、法语媒介批评影音制品。如 *What's wrong with this picture?* 解码媒介影像,教导民众媒介识读能力,提供实践运动的建议,[1]可谓是如火如荼。音像文本在媒介批评中具有的广泛的适应性,将会吸引人们的更多关注。

## 二、媒介批评机制

即使是技术支持下的硬件设施使我们以文字和音像作为文本进行媒介批评变得轻而易举,要在社会实践中实施媒介批评,并且使其常规化还需要一种社会机制对媒介批评的呵护和宽容。无论这种机制是已经完善的,还是需要完善的。一切媒介批评又是遵照它的规则的活动,很难独立于它。

机制作为一项活动的既定路线,它反映活动的常态。对于"机制"一词,《现代汉语词典》的解释是:一个系统内的组织或部分相互作用的过程和规则。此段释义,将机制概念的理解平均在四个递进的支点上,即:什么系统?哪些部分?怎样的过程?何种规则?四个问题搭建起了"机制"面貌的基本轮廓。套用这种表述,媒介批评机制也形成四个类似的问题:什么样的媒介批评系统?哪些媒介批评者(批评对象是确定的)?媒介批评怎样进行?媒介批评遵循的规则是什么?考虑到解析的渐进性,我们不妨先从第一个问题入手,以现实中的媒介为分界线,将媒介批评系统划分为内部和外部两个方面,分别描述各自的状况。

### 1.媒介批评内部机制

媒介内部系统由大众传播媒介各种实体和媒介管理机构组成。不管单独看待大众媒介这个名词时,它被赋予了多少梦想,期待它是个多么中立、大公无私、服务于大众的工具,人们可以通过它进行多么平等、毫无保留的和公正的沟通。可是,当它真正像部机器开动的时候,我们必须清醒地意识到,媒介根本不会是中性的,根本不可能维护所有人的利益。任何社会资源——信息资源也如此,它们都不会在社会成员之间平均分配。媒介有目共睹的影响力使它天生就和社会优势集团结缘,首当其冲的便是国家(政府)统治机构。政府控制媒介,将媒介纳入统治轨道,因势利导对媒介施加符合权力意志的管理。所不同的是有的媒介管理是公开的、强制性的,有的媒介管理则是非强制性的、隐蔽的。为了有效地引导媒介沿着政府预期设置的政治议程从事传播活动,媒体各级管理部门经常性召集会议,下达书面意见或者通过谈话授意政治计划,并对媒体传播工作作出

---

[1] 萧苹文撰:《介绍国外媒体监督组织 fair 和 media watch》,载于《台湾新闻学研究》,1999 年第 60 期。

评价,提出修改意见或禁止报道的意见。

英国威斯敏斯特大学政治学教授约翰·基恩在其《媒体与民主》一书中,考察了当今西方民主社会的"新闻自由"理论与国家公开限制舆论过程所做的干涉进行妥协的五种类型:(1)紧急状态权力。政府企图通过命令、威胁、禁令和逮捕这些方式威胁各种媒体,让他们屈服于政府的愿望,承认政府的做法。政治约束有两种形式:一是事前约束,包括正式的和非正式的程序。例如,与一位政府发言人友好地闲聊,或者通过电话接受简单的询问和警告。发布强制性和处置性标准,由国家权威机构审查新闻;二是事后审查。审查包括刚刚通过新闻发布的材料,包括针对在公民社会中已经得到的材料所采取的法律行动。它会导致对书籍或者音像制品进行禁止、销毁、重新分类或没收充公等。也会延伸到关闭媒体。(2)秘密滋生的军事权力。军事秘密问题在西方民主国家是官僚机构永久性地位的保证。加强秘密警察和秘密军事机构的地位,导致政治审查在国家权力的心脏有了永久性的、很好的组织形式。政府可以定期控制官方的新闻发布,定期核准有关"国家安全"的新闻发布会等。(3)说谎的政治艺术。政治是一种制造假象,又让人们相信这种假象的艺术。政治说谎采取的是公共关系艺术:找不到批评痕迹,让记者保持愉快心情,细心为大众消费准备故事以便让他们信服等。(4)国家做广告。政府做广告是一项大的、重要的商业活动。媒体涉及竞选运动的每项政策;政府利用部分大小媒体散布小道消息;官方委托支持政府观点的专家,使官方消息合法化,使媒体舆论易受政府控制等。通过广播电视对政治领导人进行有倾向性的积极采访,是国家做广告的一个不太明显,但是很重要的例子。(5)社团主义(corporatism)。大量公共决策不是由行政部门,也不是由立法部门和市场作出,而是在社会组织的代表们之间进行讨价还价,或者这些公民社会组织的代表与国家讨价还价之后作出的。社团主义程序源于国家有考虑把自己的大量功能推卸给非国家的公民社会组织,这些有影响力的社团组织也要求分享政治权力。国家和公民社会的边界在这里互相缠绕在一起。西方这五种互相联系着的妥协方式,是"新闻自由"与国家限制互相对立、妥协,不断处理当下矛盾,获得暂时共识的过程。这个过程的不可避免性正在引起人们的担忧。这种日益增长的权力是对政治社会的一种约束,它回过头来又在自己建立的权力基础上,既不向公民或者大众媒体负责,也不受法律约束。[1]

我国大陆明确强调,大众传播媒介是中国共产党领导下的国家宣传教育工具,一切传播活动都要与党和政府在政治上保持步调一致,无条件地接受各级党委政府领导机构督察同级或下级媒体的运转情况,对不符合党的思想和领导人

---

[1] 参阅约翰·基恩著,邵继红、刘士军译:《媒体与民主》,社会科学文献出版社 2003 年版,第 86—97 页。

意见的报道都要批评，甚至是处分。必须服从政府的对内、对外政策，保证政策顺利贯彻执行，不存在媒体可以放任自流的说法。政府以行政手段和官僚机构形成对媒介从宏观到微观的监控。媒介处在高度宣传控制下，这是我们的媒介批评系统——无论是内部还是外部——的事实。

这个事实认定了媒介的内部批评首先是来自管理层自上而下的批评，是国家传媒管理部门对媒介行为评价，制定颁布管理规范的指导性批评。与媒体管理机构的垂直系列相对应，媒介内部系统批评对立双方便浮出水面。按照媒介管理机关排列图谱，媒体内部系统的批评者也呈现出严明的上下级科层序列。各级党委政府都设立了宣传部、新闻出版署（局）、广播电视电影厅（局），负责宣传的官员都居于重要的位置，方便党和政府对媒体，特别是机关党报、党刊、党台的监管，方便快速处理执行宣传政策中的失误。就媒体本身而言，大部分已经虽然不再享受政府财政拨款，它们在“事业单位，企业管理”的原则下，日趋像个经济实体，任用人员的构成也不再单一，但是，领导层仍然要求政治可靠，并通过党政组织对媒体负责人进行人事任免，配以相当的干部级别。这些媒体的负责人也因为了这层关系，心知肚明尽量做到对上级负责，形成“不要给一把手添麻烦”[1]这样的共识。这样，一个纵向、横向并存的体制便支撑起了我国大陆媒介管理的框架。纵向是指上级宣传部门、媒体对下级宣传部门和媒体及媒体内部上下级的领导。横向是指同级宣传机构对媒体的领导。这种官员化的新闻体制，造就了媒介内部系统批评者往往和行政关系相结合，凡是管理者一般都同时扮演着批评者的角色。

因为上述媒介管理批评关系的特色，所以此时媒介内部批评过程简单明了。比如，某省级电视台在地方召开两会换届选举全国人大代表期间，播出了一条经济新闻，其中涉及到某位候选代表的个人采访。节目直播途中，宣传部领导电话联系到电视台相关负责人，批评报道容易在选举期间产生贿选的不良感觉，要求在重播时撤换该节目；一条指向交警部门乱收费、乱罚款的负面报道，也被批评妨碍了两会良好气氛，只好停播。对于多数媒体来说，经历这样的口头批评好像已经是家常便饭，因为是长官负责制，媒介管理者必须对所属媒体的问题负责，所以利用管理权直接传达批评意见的非正式方式反而收效甚快。

除此之外，为了防止出宣传事故，避免事后的无谓批评，各级媒体管理者更习惯于依照宣传规划的底线，将批评工作做到前面，像媒体日常的审稿、审片制度就可视为前置的批评。当然，若发生违背宣传意志事件，媒介管理机构在调

---

[1] 对于省一级的媒体而言，“一把手”就是省长或者省委书记，依此类推。“一把手”之所以十分重视媒体的言论，因为这些言论在法制尚待健全的社会系统中，往往会与他/她的政治业绩、政治地位紧密相连。为什么会出现这样的联系，已经超出本书的研究框架。

查、会议之后通过文件、通报、简报对媒体优劣的批评也是屡见不鲜的。媒介管理部门不仅要适时地提出指导思路，而且要对舆论导向的偏差积极把关纠正，对违反宣传纪律的媒体，以书面结论批评，直至惩罚，与口头批评大同小异，都以管理层的想法为准。

媒介管理机关排列图谱

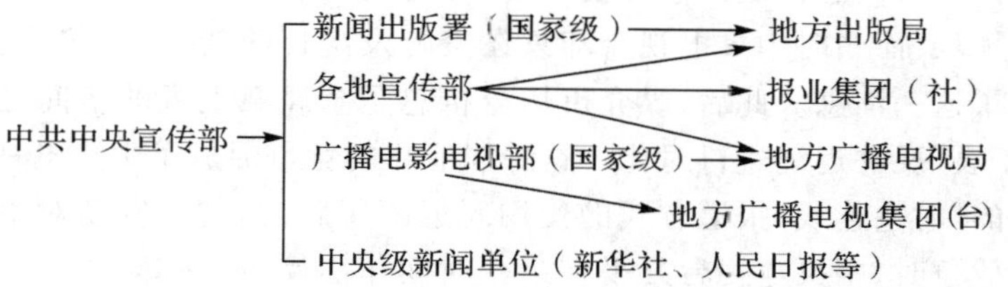


注：箭头左边为管理机关，右边为被管理机关

既然管理层的想法在整个媒介管理批评中起到了举足轻重的作用，那么这些想法就蕴涵着作出批评的基本依据。这些依据能让我们看到批评的立足点，从而判断出为什么批评和批评什么。虽然在实际批评中，主管者或领导对政府政策和宣传口径的把握，是决定批评与否的主观尺度，弹性比较大。媒介言论的空间在很大程度上取决于当地宣传部门和当地一把手的政治文明程度。但整理起来，仍然有五条是必不可少的原则：(1)“喉舌”原则。媒介必须根据党和政府的要求，在思想和行动上不折不扣地为政府领导营造好同向的舆论环境。遵守党和政府在宣传上的所有指示和布置。(2)维护国家主权和社会秩序原则。传播内容不能有辱国家尊严，不得鼓吹民族、种族、宗教仇恨、冲突和分裂。不能煽动暴力，破坏社会安定团结。(3)保密原则。关系到重大事务，如领导人的重要活动、科技发明、重大建设工程等可能事关机密的，要得到批准，防止泄密造成损失。(4)维持社会公共价值原则。媒介传播内容要代表社会普遍价值，与社会支柱观念匹配，保护公共权益，杜绝宣扬封建迷信，低级趣味，不健康生活方式等。(5)遵守法律法规原则。媒介的行为必须在宪法以及各项法律、法规赋予的权利范围内开展，不得逾越法律法规的条款设计。五条原则大致勾勒出了媒介内部管理批评的标准。

媒介对管理批评应该是深有感触，但是，这还不足以概括出媒介内部批评机制的全貌。媒体在受到行政部门层层管辖之外，还要进行常规的业务批评，这种批评越来越多地基于职业范畴，兼顾政治考量。对传媒产品、传播形式、传播从业者表现的业务水平方面的批评，旨在提高、优化媒介形象和收益。在市场化竞争的局面中，媒介的双重属性——反映和影响意识形态的政治属性和体现交换价值的商品属性——已取得广泛共识，媒介与市场不协调的矛盾不断暴露。为了继续掌握舆论阵地,政府已经感到调整宣传策略的必要,局部引入市场机制。媒体自己在市场问题上的态度更是明确无误,即便在政治主导没有太大松动的境况下,已经不由自主地从边缘上突破,争取政治正确和市场份额占有的双赢。媒体管理者还肩负起了经营者的职务,迫切感到"吃透两头"的压力。媒体不再单纯追求上层和内部认可,市场也被摆在了显眼的位置上。

当美国"9·11"恐怖袭击事件发生时,香港凤凰卫视中断正常节目播出,全程直播美国现场,而当时中央电视台却只在当晚及次日的新闻中"按部就班"一般性地报道了这一消息。此后,媒介市场分析总是拿凤凰卫视的新闻敏锐和央视的"无动于衷"反映迟钝进行对比。这种职业化的竞争促成了中央电视台在阿富汗战争后的"时空连线"报道方式的使用。近两年后,当美国发动对伊拉克的第二次海湾战争时,中央电视台几乎在第一时间作出反应,一套、四套、九套、央视国际分别做了直播,大量后续报道、专家分析、同声传译等应用齐全。与此相配合的是中央电视台新闻频道开播,在新闻传播方面可谓令人耳目一新。随之而至的市场效果更是让人信服。[1]索福瑞公司调查显示,央视的收视率短短几天就上升了 28 个点。媒体要适应市场的规律,就要向信息市场化靠拢,因此,改进传播品质和传播技巧的检讨在这样的空间中找到理直气壮的说法。正因为如此,媒体商业化对媒体本身存在的质疑也一并产生。

媒介内部业务批评系统同管理批评一样,依旧是处于宣传控制模式之内,媒体还是需要小心翼翼地绕开"敏感地带",不过涉及业务水平方面的批评,限制要少得多。批评者除了管理层之外,业界精英、学术界相关学者也被吸收进来,或设立评议会,或不定期地抽查,而且还根据业务类别成立了许多专业委员会、协会。批评内容和标准基本是以经验总结、理论归纳和阅听人的需求为参照系。例如,有对报刊文风呆板的批评,有对广播电视节目主持人语言不规范的批评,有对媒体公关活动影响公正的批评等等。媒介具体操作中的各种问题都在媒介业务批评中体现。批评过程为业务主管人员自上而下,以口头方式提出批评修改意见,也会以文字方式下发给前沿工作人员,或者是综合的研讨。业务批评制度化、组织化的程度高,例如,现在多数媒体都在实行的评稿、评片制度,不少媒体还成立内部专职业务批评机构,批评的结果与从业者的工作奖惩挂钩,或者成为内部购买作品的依据。当然,这些内部制度化的业务批评,不涉及由宣传部门布置的政治宣传的内容。[2]不可否认,良性的批评风气会为媒介自我更新和提升

---

[1] 有人称在美国发动对伊拉克的第二次海湾战争中媒介是第二个战场的赢家。

[2] 《人民日报》等新闻媒体现在都有新闻阅评和分析机构,一些审读刊物也扩大了发行区域。在新闻出版总署主办的刊物之外,一些地方审读媒体《新闻出版导刊》、《视听学评》等也加大了审读力度。据人民网消息:2002 年中共陕西省委宣传部和新闻出版局主办的《报刊之友》,首次在封面上标明"报刊媒介批评杂志",成为国内第一家以"媒介批评"为标志的新闻出版专业刊物。

注入活力。可反观媒体与政治的亲密关系，我们就更关心媒介的内部批评到底能走多远？因为由媒体所在当地宣传部门要求媒体完成的宣传报道工作总是与当地的政治业绩有密切的联系，甚至一些揭露性的报道，也因为牵涉到政治管理的责任问题，往往会受到来自媒体主管部门的直接干涉。在一些重大的社会问题出现时，媒体处于地方政治的位置考虑漏报或隐瞒实情，也将受到来自社会的"问责"。[1]这是造成媒介批评不能成为有效监督媒介、促进媒介朝向"三个代表"、"三个贴近"[2]方向发展的主要障碍。

另外，大众对于每天与他们的日常生活不期而遇的大众传播媒介并不完全了解，对媒介还存有敬畏和神秘之感，大众的媒介素养处在较被动接受的低水平上。况且媒体融入市场的程度不高，特别是一些媒体原来是在政府的直接控制下运作，其政治背景在某种意义上获得特权垄断，削弱了市场竞争的紧迫感。因而对媒介批评难有发自内心的兴趣。总之，媒介不可能超越混杂在自我批评中的私利，真正产生揭示作用，对媒介完善作出贡献的绝不会是来自媒介的自律，媒介内部机制使然。以上来自管理阶层的媒介批评由于首先是为管理阶层负责，其目的、立场和环节与本书所言媒介批评有较大的区别。但是，其中也不乏相对独立的媒介反思与揭示性的批评元素。随着媒介责任的独立性的加强，符合后者的批评会得到发展。当然，这需要耐心和努力，会有较长的过程。

在美国传媒批评网络 FAIR 的网页，我们比较容易地查阅到批评文章，例如，标题为 *In Iraq Crisis, networks are Megaphones for official views*（在伊拉克危机中，网络成了官方立场的麦克风）的文章，质疑被官方控制的网络将对入侵伊拉克持反对意见和怀疑态度的美国人民排斥在外。*Do media know that war kills?*（难道媒体不知道战争的伤害吗?）批评美国 ABS、CBS、NBC 等主流媒体在报道中，总在与政府随声附和介绍海湾战况，却让人们极少听到战争的基本事实：平民的伤亡、基础设施的被毁、战后恶化的公共健康等等人道主义灾难，扭曲了战争的面目。这些批评已经从一般传播技术、效果批判上升到社会哲理的批判，成为有别于媒介和政治本身，代表阅听人利益的社会意见，也是本书写作时的一种期待。这种针对媒介的批评有赖于成熟的媒介环境，

---

[1] 2003 年中共中央政治局讨论了《关于进一步改进会议和领导同志活动新闻报道的意见》，要求中央和国家机关要带头，各级领导机关和领导干部要严格自律，自觉支持新闻媒体改进报道工作。这条消息从反面说明了为什么长期以来新闻围着领导转的状况难有改观。再以央视国际网站开设的《电视批判》为例，尽管在众多的国家级媒体中，常设论坛容纳专家和普通观众的较开放批判空间还是少之又少，《电视批判》的探索有其前瞻效应。通过历次焦点话题的整理，我们能阅读到不少有水准和主见的批评。但总体看，开诚布公的批评还是难成主流。

[2] "三个代表"：代表中国先进生产力的发展要求，代表中国先进文化的前进方向，代表中国最广大人民的根本利益。"三贴近"：贴近生活、贴近群众、贴近事实。

**2.媒介批评外部机制**

在讨论了媒介批评的内部机制后,我们有一个结论,即媒介批评的内部机制导致该过程中存在着批评不充分的天然缺陷,突出表现就是批评走不出政治和媒体自身的名利场,不能与普遍价值理想诉求吻合。那么,媒介批评外部机制是否能被寄予厚望呢?代表普遍价值的媒介批评是什么?

今天媒介对于我们每个现代人生活的重要性是不言而喻的。媒介的不尽人意和它的好处一样多。它与社会优势阶层的攀结,以公器谋取集团利益,职业的、族群的种种偏见仍然存在,媒介引发的负面效果,直接间接地对公众利益造成威胁,迫使公众警觉并付诸行动——批评媒介,以使媒介恢复人们设计它的初衷。由此可见,符合普遍价值的媒介批评应该是使之成为名副其实的社会公共资源(尤其是针对社会发展的各种意见作为一种社会资源,谁也无权力去浪费它),为最广大的公众谋福利。言下之意,公众此时应该是媒介批评的最大受益者,同时也是批评的伸张者,是批评力量的外部源泉。就当下的媒介状况而言,这个定义不免有些理想的成分,但这也正好是需要媒介批评的真正理由。

现实中媒介批评的外部机制是否是理想媒介批评的有力保障呢?

我国大陆媒介批评起步较晚,媒介批评的外部机制尚处于发育阶段,虽然整个机制线条模糊,不甚清晰,我们还是依稀可见一个松散的媒介批评外部机制。媒介外部批评系统由媒介和媒介环境中的阅听人构成。媒介外部批评与媒介内部系统中批评秩序和行政序列高度统一不同,外部批评双方——作为批评者的阅听人和作为批评对象的传媒——在字面上是对等的,没有上下级领导与被领导的关系。这使得外部批评较少直接受到行政机构的控制,它更加社会化、知识化、公众化。当然从严格意义上讲,媒介大多代表了政治、经济、社会和文化的强势,加上大陆媒介的国营性质,公共权利又常在不经意间运用于媒介的对外活动,抬高了媒介地位,所以非单个普通民众所能抗衡。但是,外部机制的建立是在悄无声息中姗姗到来。随着社会进步,政治文明度的提高,公共舆论气候改善,公众参与媒介批评的通道也逐渐在拓宽,一个被越来越多的知识界层、大众阶层认可的媒介批评外部机制一旦形成和成熟起来,会对内部机制产生积极的冲击作用。

目前,正在扩大的批评自由和继续稳固的监控两者之间构成的媒介批评外部系统,决定了批评过程中媒介和阅听人之间若即若离的关系。客观地评价,公众对媒介的批评处在初级阶段。总体上个别的、分散的政治批评或者好恶式的批评使可贵的批评资源的分散,发挥不了应该有的、提供新的知识的作用。常见的抱怨式批评:娱乐节目没有幽默艺术,弱智的搞笑破坏了大家的胃口;机关党报官样文章,都是会议和看不懂的领导政绩;媒介只顾赚钱,不管百姓,虚假广告害人匪浅等。抱怨之后又无奈地接着选择这些媒体。阅听人频繁地使用这种自发的感性批评，往往在没有传递给媒介时就随着情绪的低落自然消化掉了，除非获得相当规模群体的声援，否则很难被媒介感知和了解。稍微热心点的个人会通过写信、投稿、打电话、参加媒体安排的见面会、研讨会等方式提出较为规整的批评见解，鉴于与媒介沟通麻烦、极少得到回应，应用面积狭小，谙于网络的大众在网络蓬勃发展以后，更偏好在网络上开办的传媒观察批评栏目内，通过讨论社区分享批评。

综合这些松散的媒介批评文本发现，其内容覆盖了媒介职业技能、职业道德、社会伦理等等层面，跨度宽广，表述真诚，可惜受制于知识不足，沉思不够，有建树的批评凤毛麟角。于是，身兼阅听人与学者双重身份的学术专业人士所进行的批评做了有益的补充。受盛行于西方的媒介批评理论影响，越来越多的媒介问题进入研究者的视野，他们以积累的知识和实地调查为基础，以富有批判精神和思考深度的文字为途径，发表对媒介缺陷的看法。可他们也遇到了体制的阻力，因为他们批评思想的最后成果只有通过官办的媒介方能进入公共空间，实现研究价值。这意味着媒介审查，意味着批评不能越轨，意味着不是所有价值都能拿来充当批评的标尺。媒介批评因此在学术界也变得不冷不热。尽管现在媒介也在加强和研究者的联系，让智力成果为我所用，但批评是否对媒介产生作用还得媒介说了算，多半批评更像是学术圈子里填补空白的自给自足。媒介更愿意从调查公司上交的收视率、发行量数字中揣摩阅听人的短期态度，不屑于从零散的批评中获取意见。

媒介批评外部机制的现状是：一方面需要得到政策扶持，媒介的响应；一方面是没有批评的凝聚力，作为批评主体的阅听人尚处在启蒙阶段。两者之间进行着随意的、可有可无的、没有什么互动的批评和被批评。分析其原因主要有四个方面：

首先，阅听人没有形成和媒介平等的媒介意识，媒介或是被神圣化，推崇备至，或被淡漠化，权且当作生活的调剂。媒介怎样塑造了我们的生活？媒介怎样剥夺了我们的权利等思考缺乏广泛的有媒介素养的心智。媒介环境基本以媒体为中心，阅听人的参与过程没有在媒介环境中得到重视。只有当媒介环境中阅听人的利益成为主题时，媒介意识才能够成为阅听人对媒介的意识，而不是媒介给予阅听人的媒介意识。

其次，阅听人的批评缺少沟通和社会责任感。对媒介的意见主要在身边熟识的人群中散播，一闪而过，构不成影响力。而专业学者的批评出现场合特殊，难以在阅听人那里引起共鸣。

其三，媒介批评缺少行动压力。“媒介批评是种带有性格的行动实践，它不是道德召唤，不是理论诉求，不是学术研究，也不是政策建言，它以阅听人为本位，直指媒体背后的权力结构，揭露媒体文本的误现，最终的目的是颠覆既有的权力支配关系，寻求更加合理的媒体秩序的重建，它可能引发争议，但绝非制造对立，而是带起更广泛的对话。”❶

在台湾媒体观察基金会开展的全民监督电视媒体活动中有一份详细的行动表：与媒体做事前沟通——每月、季度、年发布电视监看评选结果表——发函新闻局做沟通——发函通知媒体改善——观察报告发送观察员——如拒不改善，发动消费者抵制运动。这张行动表强调媒介批评不是言论自由的标志，它的意义终点在于修正媒介，将意见转化成压力，传递给媒介。

已有的批评集中在传媒工作者、传媒内容、传播效果上。对阅听人的权益、传媒制度、环境等批评甚少。对报纸、广播、电视批评居多，电影、广告、传媒附加产品、网络批评较少。例如，美国 NBC 电视台在第一次海湾战争期间，大力鼓吹战事，其重要动机来自于 NBC 后台老板奇异电气公司的巨大商业利润——奇异公司是美国首要军事工程承包商，从生产原子弹与进行星际战争研究计划获取利润，因此 NBC 极力回避在新闻报道中说明这种关联，媒介批评也难以直接触及这方面的内容。❷ 既然媒介与社会是全方位接触，对它的批判也应该是多向度的。现在传媒研究者先行动起来了，但法学、政治学、社会学、经济学等其他跨学科的加盟还没有什么动静，媒介批评景观相对单调。

其四，媒介批评缺乏专门组织引领和专业媒介的辅助。专门的媒介批评组织是调集批评力量，形成媒介批评舆论压力，普及媒介批评思想，规范媒介批评行动的载体。而我们现在的批评主要是孤立的，或是掺杂在社会团体的附带功能中，单靠社会自已酝酿出一条行之有效的媒介批评外部机制，短时间内不可能实现。此外，媒介批评还应该有独立的传播媒介，批评声音才能更真实、清晰地进入公共视听，达到掷地有声的效果。在我国香港、台湾和西方国家，创办了许多杂志、报纸、网络及专业媒介批评组织的媒体，而大陆的媒介批评要想面向公众，就必定依靠官方媒介。这种既当球员又当裁判员的现状，无法保证媒体不会以公谋私。实际上媒体在转发筛选后的批评时，顾及多的也确实是它的点缀和装饰作用，来为其树立媒体公信力服务，难怪公众对媒体做秀式的自我批评置疑

---

❶ 倪炎元著：《对实践媒体观察的几点建议》，引自 1999 年 7 月第 60 期《新闻学研究》。

❷ 中国新闻研究网 www.cddc.net 2002 年 7 月 28 日 turtle 文章《有人问我关于媒体批判》也是个典型范例。文章以台湾传媒批判现状为批判对象，指出台湾媒体批判在媒体产业、媒体内容、新闻工作者、阅听大众这 4 个领域缺乏结构视野、专业认知、同理心与历史感，使得媒体批判往往见树不见林、张冠李戴、过于苛责与缺乏自省。比如，过去台湾媒体批判尚能聚焦于“党政军退出三台”（尽管这是相当粗糙的表述）之上，在结构视野上揭露政治力的不当操控，现在，政治力操控媒体力量虽已消退，经济力主宰媒体思维的力量却有过之而无不及，但媒体批判在揭露经济力操控方面却明显不足。许多媒体批判的结论，仍然是将某篇新闻直接推定为媒体立场、将某个标题直接等同于媒体意识形态、将某个新闻事件或照片处理直接断言为媒体原则，但现实情况却很可能远比媒体所呈现出的更为复杂或更为简单。

颇多。

罗列出媒介批评外部机制的不足，并非想否定它对传媒进步的推动作用。恰恰相反，直面不足是为了使它的完善有章可循和富有成效。不少观点也认为，要抵制传媒生态恶化，传播媒介的异化靠媒体自律和国家管制成功的机率很小。媒介改造的起点应由第三条道路——社会力量集结出的媒体批评监督力量来催生。建筑起好的机制是降低批评成本、提高效率的环境基础。

## 三、媒介批评的操作

媒介批评的操作是具体的、琐碎的。这里选择四个操作角度：媒介批评机构、行政干预与媒介批评的关系、媒介批评的社会性和个人性以及媒介批评反馈系统讨论，使媒介批评从理论到"这种带有性格的行动实践"之间能够搭建一条通道，以寻求更加合理的媒体秩序的重建。

### 1.媒介批评机构

在谈到媒介批评外部机制时，我们介绍了已经工作着的国内外媒介批评的机构，这里将这些机构分类分析，以确认不同类型的机构所具有的功能。媒介批评机构分作专门机构和非专门机构。媒介批评机构大都有着这样的建设经历：开始于偶然的、不定期的、不确定批评载体的批评活动，然后成立机构专事批评事宜。与此同时，非专门化机构也继续批评活动。例如，新加坡政府在 1999 年宣布开放大众传媒市场。经过约半年的观察，当局却发现，自由竞争后，媒体素质不是像预期那样提高了，于是有议员在国会上呼吁政府设立一个媒体专业审查组织，以避免媒体专业水平走下坡路。而一批知识分子也感于媒体的弊病，决定成立一个名为"新加坡媒体监督社"的独立团体。

(1)媒介批评专门机构

比较典型的专门的媒介批评机构有美国新闻仲裁委员会、英国报业投诉委员会等等。下面主要分析[1]美国的 Fairness & Accuracy in Reporting（简称 FAIR）和加拿大的 National Watch on Images of Women in the Media（简称 MEDIA WATCH）两个成功由社会力量办成的专门性媒体监督机构。

总部设在美国纽约的 FAIR 成立于 1986 年，是一个全国性媒体监督组织。它的主要工作是针对媒介的偏差和内部审查，提供有具体资料为根据的批评，以

[1] 参阅萧苹关于"美国的 Fairness & Accuracy in Reporting（简称 FAIR）和加拿大的 National Watch on Images of Women in the Media（简称 MEDIA WATCH）两个成功由社会力量办成的媒体监督机构介绍"。1999 年第 60 期《新闻学研究》。

监督媒介是否边缘化了公共利益、少数族群的声音以及异议的观点。它相信独立、批判的媒介是发展民主的必要条件,希望通过监督撼动主流媒体,将被忽略的重要新闻重新展现出来,并认为必须通过结构性改革,才能打破主流媒介集团合并的现象,建立独立的公共传播,并促成强大的非营利导向的信息资源来源的出现。从 FAIR 的网络资料(What's Fair)可以得知,它运作的构架有 5 部分。1)媒介批判杂志 Extra,这是双月刊,重心放在新闻事件的议题上,检视偏颇的报道,广告商与媒体拥有者的影响力。在没有发行 Extra 的单月份,订户会收到一封新闻信 Extra! Update。这两份刊物均不接受广告赞助,只依赖读者的订费存在。2)自制的广播节目 Counterspin 每周播出一次,每次播出半小时。它结合生动的讨论和严谨的评论,揭露报道中企业对报道的影响,性别歧视,对言论的侵犯等。Counterspin 播送范围涵盖了全美各州 100 多个地方电台,并呼吁听众向地方电台推荐播出这个节目。听众可以在 FAIR 和 Extra 杂志中查到各州播放该节目的电台名称、频率以及播放的时间。其中大量的节目还上网播放,网民可以在线收听。3)媒介监督立即行动。FAIR 不希望大众只是阅读 FAIR 所发出的批评,更鼓励他们成为行动者,反映给大众媒介。FAIR 时常通过广播节目 Counterspin,社区专栏 Media,e-maillist,连带提供所批判大众媒介的联络方式,包括姓名、电话号码、传真号码、网站等,动员阅听人与该媒介负责人联络,指出其内容不当之处,并表达对节目内容的意见。FAIR 还教导大家有用的媒介批评方法,以达到全民共同监督媒体的理想。FAIR 还联络批判性杂志 Zmagazine,建立网络讨论区,欢迎网民参加讨论。4)与媒介工作者的接触对话。FAIR 一直保持着与全国媒介新闻从业人员的沟通和对话。他们建议媒介从业者如何去扩展、改进并促进媒介议题的多元化,而 FAIR 的许多内部人员还参加媒体节目,发表文章,增加与其他媒体互动的机会。5)研究与监督。FAIR 监督全国性的新闻媒体,并且定期提出研究报告,研究选题包括媒介产业制度、社会歧视、经济贸易和国际性问题等,而且还和媒介工作者合作对特定的议题进行监督。

Media Watch 是加拿大的全国性媒介监督组织。1983 年正式确立。领导成员来自学术界、媒介运动者、女性运动者等。它的目标是祛除媒介中所存在的性别歧视,期望能将媒介环境从一个对女性视而不见或是女性被刻板看待的情况,转变为从实质的、经济的、种族的、文化的多元观点真实、平等地描述和再现女性。它采用 6 种挑战媒介歧视的方法。1)进行传播研究。Media Watch 先后开展了全球性媒介监督参与计划、新闻中的女性参与、电视中女性再现、杂志分析等研究项目。2)教育公众。Media Watch 在国内针对学生和老师举办了众多的研讨会,并让他们和媒介代表见面,提出改善媒介环境的建议,研讨会的讲师由 Media Watch 内受过训练的义工组成。为了达到教育的目的,Media Watch 还提供组织内多种类型出版品，供大众租用或选购，还出版英法双语音像制品。3)鼓励公众参与。Media Watch 鼓励民众不管是正面还是负面的观感，都直接以电话、信笺或传真的方式向媒介反映。提供写作范本，教导公众如何拟写一封具有改革效力的建议信。设立网上讨论专区，教会阅听人演讲和媒介技巧。4)促进媒介产业的改变。5)进行广播电视政策立法的改革。6)加强国际交往。目前 Media Watch 已和菲律宾、法国、新西兰、南非、美国等国家建立联系，希望共享彼此的努力。Media Watch 也不断扩充组织成员与义工的网络，推动两性平权。

FAIR 和 Media Watch 展示出了专门媒介批评机构的两层含义：以专门批评媒介或以专门的媒介批评话题为中心。FAIR 和 Mecia Watch 共同之处在于不相信大众媒介的自我规约和控制能确保媒介改革的正确方向，媒介改革也是公众的事情，必须有公众的参与。它们推行积极的媒介批评和监督，并想方设法地倡导公众介入。这两个媒介批评机构的观念、准则和方法都渗透着深厚的媒介批评理论。不同于常识性对媒介的批评，FAIR 和 Media Watch 根据理论，持续地进行各项传播研究，以研究成果作为媒介批评的证据。作为全国性的组织，FAIR 和 Media Watch 不是孤独地工作，而是与各种媒体监督组织相互援助。FAIR 认为社区是推动媒介改革的关键，因此它常与地方媒体合作。Media Watch 则关心许多国家祛除媒介里性别歧视的具体行动，因此它积极与世界各地女性主义团体联结。FAIR 和 Media Watch 不是自限于精英式批判，而是推行媒介素养教育，为了防止监督成果无法发布，它们都掌握着自己的表达渠道。从 FAIR 和 Media Watch 的发展过程看，专门的中立的媒介批评机构，是需要社会意识、社会制度和物质基础等多重扶植的，所以期待这样的机构出现需要长时间的磨合，但它确实值得期待。

(2)媒介批评非专门机构

我国大陆媒介批评才刚刚预热，因此直到现在还没有一家专门的媒介批评机构。批评媒介的只能多由媒体主管和衍生机构承担。如宣传部对媒介政治宣传任务执行情况、传播不健康内容和违法广告等进行的批评；媒体内部业务主管部门对自身日常工作成败的批评；还有记者协会、电视艺术委员会等专业协会、委员会就行业规范的批评；以及高等院校、科研单位开设的媒介批评专刊、网络、研究计划等。批评宗旨、目的、分工都很模糊，不成型，因为这些机构原本就不是为了单纯的媒介批评而设的，批评媒介只是工作中的片段，也不是主打项目。至于民间的非专门媒介批评机构几乎为零。在我国港台和西方国家相当多的传媒教育机构，经常借用媒体反面教材对公众进行媒介素质教育，客观上担当了批评媒介的工作，也可以算作非专门的媒介批评机构。

**2.行政干预和媒介批评的关系**

在伊拉克战争爆发的第四天,卡塔尔电视台播出了在伊被俘美军的录像。随后,美国哥伦比亚广播公司在采访美国防部长拉姆斯菲尔德时,插播了录像片段,遭到了拉姆斯菲尔德强烈谴责,并在美国有线新闻网上强调,要严惩那些播放这些录像的媒体。之后,有线新闻网、霍士电视台和微软美国全国广播公司都纷纷表示,不播放该录像,称录像太恐怖,不能播放。碰巧的是,早在伊拉克战争爆发1个多月前,我国大陆各媒体就已经收到中央宣传部下达的关于伊拉克报道的宣传注意通知。要求报道要适度、平衡,不许炒作,不许干扰外交大局,强调我主张在联合国框架内政治解决伊拉克问题,强调伊拉克应与联合国合作,主动配合核查。客观报道欧洲、中东国家在伊拉克问题上的反应,简要报道美国态度及其备战消息。这两件事表明了同一个现实,任何国家和地区的媒介都不可能超脱于所属社会权力架构之外,而且几乎都毫无例外地主要受到政府统治层的管制。媒介在今天就像一个舆论的策源地,它的话顷刻之间能在人们的思想和行动上烙下印记。这对于急需靠人心向背立足的统治阶层来说是个绝佳的机遇,但也隐藏着极大危险。为了赢取机遇规避危险,政府动用政治压力,通过行政干预,使媒介朝着有利于统治的方向发展就是意料之中的。

对媒介的行政干预是指政府在某一特定时间内为使媒介服从政府意志而对媒介采取的临时性的行政管制措施,不同于一般的规章管理。在这一点上,行政干预很像媒介批评。当我们对媒介不满的时候,我们就批评媒介,当政府不满的时候,它也会批评,只不过是因为政府手里还掌握着行政权力,可以把批评上升为命令,强制媒介纠正批评中被认定的错误。那么行政干预和媒介批评究竟是什么关系呢?

从内涵上看,行政干预和媒介批评存在交叉。对媒介的行政干预必须是以政府对媒介的潜在批评为根据来制定干预项目的。这种批评就是我们已经指出过的媒介内部的管理批评。例如,香港《东周刊》事件发生后,香港行政长官董建华表示愤慨,并责成警方跟进调查。香港政府影视及娱乐事务管理处也将该期《东周刊》递交淫秽物品仲裁处评级,最终逮捕《东周刊》11位高层管理人员,罪名成立还将被判入狱3年和100万港元的罚款。不过,有些时候行政干预并没有批评在先,其实这是为了防止预见的批评真正发生而实施的干预。例如:国内发生重大安全事故之后,为了杜绝因媒体报道给事故调查和处理带来麻烦和引起社会不安定,政府部门一般都提前关照媒体,要求按照政府规定组织报道。由于行政干预和媒介的内部批评都来自政府,所以行动的目标和想达到的结果都一样,媒介内部批评也成了行政干预的前奏。但是,媒介批评不仅指媒介内部管理机构的批评,更多的是指反映公众心声的媒介批评,那么这种媒介批评和行政干预又是什么关系呢？

想要弄清楚它们的关系，只需要衡量、对比一下媒介批评和行政干预各自的出发点就可以了，因为无论是阅听人对媒介的批评还是行政干预，最终都是为了使媒介更符合自己的意向。当阅听人和政府不同的意向聚焦于共同的对象——媒介时，从效果看，最后他们之间可能的关系只有两种：正相关和反相关。

2002 年 1 月 8 日，保加利亚国家电子委员会作出决定，要求保加利亚 M-SAT 有线电视台立即停播电视新闻节目《裸露的真相》（这档节目才推出 1 个月，每天晚上 11 点播出，时长 15 分钟）。该节目播音员为 18 到 23 岁的女性，她们在播报新闻的同时，从外到里脱去衣服，直到一丝不挂，这引起了保加利亚国内观众的强烈反感和批评。大陆一位影视演员在时尚杂志《时装》上刊出一张类似日本军旗服装的照片之后，批评之声风涌潮起。于是国家新闻出版署下令《时装》杂志停刊整顿。以上就是行政干预和媒介批评正相关的体现。政府管理社会综合事务，必然要从维护社会公共道德、民族感情、宗教信仰、文化传统等社会整体利益出发，对大众传媒个别低劣行为进行干预，实际上是代替大众批评媒介，并作出处置。但问题是，公众的批评并不总和政府的想法一致，所以有了媒介批评和行政干预的反相关。❶作为行政干预行为之一的采访限制，剥夺了媒介的监督权，相应也就剥夺了公众的舆论监督权。除此之外，民众的知情权、发言权、参与权都可能因为政府为保全局部利益进行行政干预而丢失，公众和政府的利益不可能如出一辙，所以行政干预和媒介批评的不办调透露出的是政府和民众利益上的矛盾。可是行政干预有强制效力，往往能产生实质性后果，一旦行政干预是以牺牲公众利益为前提，或是来自并不科学的行政决策，或是某个行政官员的个人意志，那么它与媒介批评的冲突就是实质性的。

不同媒介制度下，这种媒介批评和行政干预的对立程度和解决方式也是有差异的，但在决定行政干预是否背离公众媒介权益的诸种原因中，关键都在于政府权力部门在运用它时的政治智慧，最终还在于有没有守护终极价值。❷

---

❶ 《焦点访谈》曾经曝光甘肃省敦煌市“学生停课捡棉花”。为此，该市对新闻单位的采访作出规定，其中一条就是，对涉及全局及副科级以上的领导的批评报道，要征求当地宣传部门的意见，并与当事人和有关领导通气。2002 年 7 月 26 日，兰州市公安局向《兰州晨报》、《西部商报》、《甘肃青年报》等媒体发出《关于个别记者涉警曝光失实的函》，称有 16 位记者的报道经调查“完全失实”，以后这些记者不得到公安机关采访，各县分局和市局机关不予接待。引自 2003 年 2 月 13 日中国新闻研究中心网李启咏：《愚蠢的限制采访》。

❷ 所谓终极价值是指人类共同遵守的一些规则的制定理由。如制定人权宣言，是因为它可以使人生而自由平等的终极价值得到体现和推行。如种族屠杀之所以被定为反人类，是因为它违背了人类的终极价值。肯定终极价值也意味着承认人类有普世伦理道德。

### 3. 媒介批评的社会性和个人性

诠释媒介批评社会性和个人性最便利的方法就是从批评的开展范围上来展开。浙江大型文学双月刊《江南》(2003年)第一期上发表中篇小说,新版京剧样板戏《沙家浜》。在这篇3万余字的新作中,家喻户晓的阿庆嫂形象被描写成了“风流成性,可以令人丧失理智”的女人。风流版《沙家浜》立刻在社会上掀起了波澜。人民网、新华社、《新闻晚报》等全国众多知名媒体纷纷刊载文章批评《江南》杂志将阿庆嫂戏说成潘金莲所传递出的危险信号,指出这是媒体哗众取宠的伎俩。“网易”也开出专题讨论区,批评之声不绝于耳。剧作原型沙家浜镇人则联名写出《致江南杂志社抗议书》,要求《江南》杂志社道歉,否则将提起诉讼,一时沸沸扬扬。批评《江南》进入公共话语成为集体批评事件。

众口一词的媒介批评终归是媒介批评的一种少数状态,更多的是个人化的批评。个人媒介批评发端、结束于阅听人本人,不会在大的社会范围内得到响应。正如有的人在批评娱乐节目幼稚化,而有的人却不以为然。发动社会性媒介批评和个人性媒介批评之间存在着质的差别,从两者所能产生的社会压力就能看出。个人化的媒介批评倘若得到社会舆论声援,批评的落实就会有效率得多。某种程度上,社会批评是个人批评的递进和联合,而个人批评是社会批评的元素。从个人性的媒介批评上升到社会批评的诱因很多,像批评对象的知名度,媒体在批评中的涉入度等。其中最突出的因素就是,但凡能形成社会批评的,都是批评者容易达成共识的,而不是大家各执一词。这里面让我们看到了诠释媒介批评社会性与个人性的另一个侧面——批评的标准:可以是公共的也可以是私人的批评标准。

批评的成立需要标准,否则批评便失去了根基。媒介批评标准的范畴很广,是非标准、伦理标准、法律标准、审美标准,不一而足,在我们审视媒体构成自己的批评过程中,这些标准都作出了贡献。可在生活中,人们对同一事件给出不尽相同的意见,标准处理上的差异是存在的。生活背景、教育经历、社会环境等方面的微妙距离,都会在人们主观使用标准上导致天壤之别。当媒体大张旗鼓地报道全国(大陆)首例艾滋病感染者结婚的消息时,有的批评者认为这是媒体以良知为代价的炒作,而有的批评者则认为不应对媒体进行道德拷问,它反而更有助于社会学会文明地看待艾滋病。媒介批评中的褒贬不一是社会价值观体系多元化的表征,它不仅可以丰富批评,也可以促进批评的自我修正。

在什么样的情况下,个人的批评与社会的批评形成默契,何以能够形成默契呢?这要看社会价值的刚性,即价值原则在社会成员间的普遍适用,这是社会价值保持稳定的支撑。在媒介批评标准中存在着不可动摇的公众心理底线,比方说,信息真实,真善美,尊重人格等基本标准。在这样的标准下,对电视节目庸俗化，假新闻，媒体炒作等，公众的批评会形成一致的气候。总而言之，标准和范围上的社会性与个人性是健康的媒介批评的真实写照，缺一不可，媒介批评的个人性揭示了我们在媒介批评中的权利，而媒介批评的社会性则揭示了我们在媒介批评中的责任。

**4.媒介批评的反馈系统**

香农(Claude Shannon)传播理论中的反馈原理，如今被广泛地应用于大众传播媒介。大多数媒体都懂得要尽可能搜索公众的反应和口味，根据反馈重新设计传播内容，优化传播效果。批评尽管不直接给出建议，但也是不可多得的反馈信息。在大众的媒体素养提高之后，人们批评的动力会更充沛，批评内容会更有提示作用，因此批评可以被开发成为促进媒介进步的资源。如何使这样的批评快捷、方便地送达媒介，建立畅通的批评反映渠道是媒介批评反馈系统需要考虑的第一个层次。[1] 由于媒介拥有庞大先进的传输体系，利用自身优势在日常传播活动中接受批评也是目前常见的方式，比如现在很多媒体开设的观众热线、读者意见箱、网站留言版等。但是，因为接受批评的同时还在向公众传播，所以批评多是经过剪裁。总体而言，中国大陆除了媒介内部自上而下的批评和阅听人对媒介的行政投诉渠道相对成型外，公众要将批评意见转达给媒介并不是很容易，批评的表达还没有一个畅通体系的支持。

说到媒介批评系统还有一点不容忽视，即媒介批评环境的建设需要批评双方的投入，而不是批评的单边行动。要利用好批评，促进批评机制的长期有效，还要求被批评的媒体加强和批评者的互动，从制度和机构上保障能将对批评的反应传达给公众，及时沟通交流，完善批评反馈系统，打破批评与被批评的单向结构，从而培养起善意的、忠诚的对立面。这是媒介批评反馈系统的第二层内涵。但是，我们看到由于受技术、人力、媒介的习惯思维以及优越感限制，直到现在，媒体对来自阅听人的批评还无法细致地回复。比较频繁的方法仍旧被沿用着，如择取部分意见，或通过群联部这样的媒体内部机构对外回信、回电反馈结果。或是占用版面、时段播发批评内容以及改正措施，这只是各种批评中的冰山一角，大部分的批评都被束之高阁了，而且对批评的回复也基本是一次性给个交

---

[1] 有报道介绍，南京电台某新闻节目改版时曾全面铺开信息反馈工作，听众可以通过热线电话、上网、写信等方式，把建议、褒奖、批评的信息及时告诉电台。《南京日报》为了了解读者想看什么样的新闻、觉得某个栏目需要怎样改进、或者对增强宣传舆论功能有些什么想法，专门开设"金点子"栏目，接受读者评议，然后选择合理可行者进行改版。通过具体一段时间的活动搜集受众的想法是媒介比较常用的批评传达方式。像上海广播电视电影局还建立反馈内部和外部网络。组织媒体离退休老同志和专家学者、广大通讯员、爱好者组成监视网，并出版反馈材料以供参考。除此之外，有的媒体为了获得受众感受的第一手资料，还建立长期的评议制度，定期召集专家观众对媒介产品进行评审。

代,循环往复的意见交换无法实现,所以对批评的反馈很多时候更像是出于媒体的礼貌,而并非出于对批评揭示功能的充分挖掘。当然,我们还是通过部分媒体用他们尚不成系统进行的媒介批评反馈中获得了经验和提示。

利用大众传播媒介日常传播的作品对媒介批评进行回馈是个不错的想法。香港电台电视部制作的10集电视节目《传媒万岁》,其中包括《新闻与故事》、《电视格格千千岁》、《恋爱世纪 谁是丘比特?》、《美丑男女》等等。从这些标题我们就能约略猜测出节目的主题,与往常不一样的是,这些节目并不是将媒介自圆其说的现成概念交给观众,而是带着观众深入到媒介具体的活动场景和过程当中,将他们关心的问题和批评的话题与媒介的表现和观点摆在同一平面上,从而讨论孰是孰非。比如在《新闻与故事》一集中,观众被直接邀请到《苹果日报》、《明报》社,看他们在天气降温和公务员贪污两条新闻上是如何判断和编排的,从而揭示媒介的新闻价值观和媒体是如何给公众设置话题、生产并制造意义的。在讲述漫画被公众批评格调低俗时,节目不忘引入业界人士想法:媒体有权创造、公众有权选择。节目还通过选美等活动,剖析媒体怎么界定美。几乎所有内容都围绕时下媒介批评的热点展开,将媒介和公众的观点同时呈现,进行对比,形式新颖。它给我们的提示是,可以通过大众传播媒介将媒介和受众连接,现场解答各种媒介批评意见。除了《传媒万岁》一类的专题节目,还可以向固定的版块、栏目延伸,甚至可以开辟频道和版面,搭建起媒介批评意见交流的公开窗口。在港澳台以及国外许多媒介监督组织和媒介教育组织的工作中这已经比较常见,但要得到媒介的投入还要取决于媒介的认可程度。

利用网络开展批评并反馈意见对当前众多传统媒体来说是个相对简便易行的办法。网络媒体兴起之后,国内许多媒体在扩大传统业务的同时,也都或深或浅地涉足网络。根据CNNIC(中国互联网络信息中心)调查显示,中央电视台、人民日报、新华社都进入了网站排行前20位,而各类网络门户的新闻和内容服务,都与传统媒体建立了日益密切的合作关系。与此同时,全国互联网用户数量已经突破2250万户。伴随着网络的普及,网络可以为媒体和公众创造一个在正规场合之外的见面机会。[1]

[1] 这方面中央电视台央视国际网站开办的《电视批判》专栏、新华社开办的《新华传媒》专栏在国内媒体网站中是比较突出的。媒介研究专家学者、媒介从业人员和普通受众经常可以通过这些栏目在线实时就某一问题展开讨论,表达各方见解,部分相左的观点也允许碰撞,气氛要宽松得多,方便公众了解媒介和更深入地理解媒介批评。如果说有遗憾的话,仍然是因为媒介把持而极大地削弱了对话的批判和建设功能,这可能是媒介批评反馈系统建立滞后的症结。

# 第9章 媒介批评与传媒教育

米歇尔·福柯说过这样一句话："我忍不住梦想一种批评，这种批评不会努力去评判，而是给一部作品、一本书、一个句子、一种思想带来生命；它把火点燃，观察青草的生长，聆听风的声音，在微风中接住海面的泡沫，再把它揉碎。它增加存在的符号，而不是去评判；它召唤这些存在的符号，把它们从沉睡中唤醒。也许有时候它也把它们创造出来——那样会更好。下判决的那种批评令我昏昏欲睡。我喜欢批评能迸发出想像的火花。它不应该是穿着红袍的君主。它应该挟着风暴和闪电。"❶这段话实际上是为我们正在进行和将要进行的批评寻找到了一个正确的立场和出发点。媒介批评不只是理论上建立的话语体系，也不只是针对大众传播媒介提高传播质量的分析研究，媒介批评作为一种知识真正地被大众接受，成为他们在媒介的话语语境中，对普遍的支配权力进行有效的抵触，获得公正、公平待遇的依据。媒介批评作为一种建设性的揭示活动，它用点燃的火观察事物的规律、关系以及各种已经产生的结果和可以预见的趋势，激活思想，这是批评自始至终维护的责任。落实这种富有责任感的真正批评工作所必须解决的一个前提条件：通过社会运动——类似启蒙运动的传媒教育，将媒介知识名正言顺地写进社会知识的谱系。

在西方传播学中强调一个媒介认知力(media literacy)的概念。这个词形式上与 media illiteracy(文盲)相对，所以我们能够比较容易地看出它们之间在内涵上的差别和我们应该作出的选择。毫无疑问，认识传媒是我们开始和媒介正常交往的最根本保障，同样，熟练地运用和真挚地批评媒介，发挥批评的作用，也必须依靠知识的力量，认识媒介是开展媒介批评的必要条件。

在传媒教育中，媒介知识并不是诸如媒介从业人员或是研究人员独自分享的特有权利，媒介批评也是在多个层次实现的，从媒介成长的环境因素看，大众对媒介日常活动和表现的经常性、自觉性批评会为推动媒介的进步创造条件，更

❶ 包亚明主编，严锋译：《权力的眼睛——福柯访谈录》，上海人民出版社 1997 年版，第 104 页。

为关键的是,获得媒介知识是大众正确使用媒介的一种权利,如同他们需要获得语文知识、数学知识一样。大众作为媒介的直接接受者和受影响者,没有谁比他们更有权利对媒介进行批评了。因此,培养大众的媒介认知力,是我们生活的时代社会必须提供的一种基础教育。为了使这种教育成为社会教育的一部分,并且引起更多的人的关注,将其命名为“传媒教育”。因为在知识的传输上再没有什么比教育更系统更成熟的方式了。

## 一、传媒教育是媒介批评知识的教育

传媒教育对于很多人来说是经验空白,而顾名思义的做法导致了许多关于它的错误解释。随便上网到中文站点搜索一下,就会闪现出这样的字眼:“北京广播学院是传媒教育的专业院校”,“网络是传媒教育的新形式”,仅此,传媒教育就有了两个定义,而且都没有完全准确地反映出传媒教育现行的真实定义。传媒教育既不是指对媒介从业人员的职业化教育,更不是指通过现代传媒进行教育的渠道,那么传媒教育究竟意味着什么?

1973 年联合国教科文组织曾这样定义过传媒教育:传媒教育指的是对于现代传播媒介的研究和教学,它具有独特而专门的知识范围,作用与利用传媒达到其他教育目标有所区别。[1]从目前已经开始进行传媒教育的国家和地区的实践经验来看,这个概念只是部分解决了关于传媒教育的浑沌理解,因为,它虽然从字面上排除了利用传媒进行教育的说法,却还没有把专业传媒教育同一般大众的传媒教育剥离开来。现实中,作为公民教育的传媒教育和传媒职业教育的差别是显而易见的。

本书序言部分引用了利奥塔关于知识的功能的论述,传媒教育正是如利奥塔所说是进行一种“批评的、反思的或者阐释的知识”的教育。

### 1. 传媒教育的意义

在一个传播媒介为主要特征之一的现代社会,在一个接受传媒已经成为日常生活习惯的环境中,有人根本不懂 CPU,但是,很少人会对 Internet 感到陌生;虽然贵族式的高尔夫球运动能够轻而易举地划分出经济差异并剥夺相当部分人接近它的愿望,但是,只要愿意,人们都可以围坐在电视机前共同为世界杯呐喊;爱因斯坦的相对论或者从康德以来哲学永远在有限的学术或者专业话语空间里传授,但是,大众传播媒介可以为社会方方面面的人(各种领域)设置一个发言的

---

[1] Legitimating Media Education :from social movement to the formation of a new social communication PHD thesis University of British Columbia Y. L. A(1997)。

位置。不论你对它充满了厌恶，还是漠视，你却阻止不了你的亲人和朋友在你耳边侃侃而谈“9·11”每个纪念日的最新消息，更难以抵挡变幻奇异的广告吸引你的“注目礼”式的关注。更不消说那些占据网络、报纸版面，拥挤在广播电视播出频道的爆炸性的、严肃的、重复的、猎奇的、“小资式”的、造谣的、辟谣的等鱼龙混杂的信息洪流滚滚而至。如果说对大众传播媒介还不熟悉，恐怕只有“桃花源”中人了。

关于媒介的知识与通过频繁接触后发生的条件反射式的熟悉不同，知识包含着更加透彻的理解、分辨、判断甚至是理想化的认识过程。知识应该像对我们熟悉的水所进行的深入化学分析，它需要在琐碎的缺乏头绪的现象片段中归纳整理出一条思考的线条，或是一个思考的角度。如果我们重新回到没有大众传播媒介的社会，哪怕是暂时的回归，然后再进入媒介社会，两种对比也许可以使我们更清醒地认识媒介在今天社会生活中的位置，它带来了什么？改变着什么？通俗地讲传媒教育是向所有使用大众传播媒介的人进行如何批评地接受媒介的知识教育。

1974 年 2 月 13 日深夜，在大西洋海岸法国的布列塔尼半岛，位于莫尔莱市附近的法国广播协会 218 米的电视高塔轰然倒塌。这是由一群自称是“布列塔尼解放阵线”的民族狂热分子所干的，因为他们不满法国政府为加强中央集权在少数民族地区强行推行法语。从电视塔倒塌到重新建起足足花了 1 年时间，这 1 年间布列塔尼半岛上的 30 万台电视机成了废物。但是，事后调查发现，孩子们更多地参加户外活动，患感冒的减少了；婚丧嫁娶，各种宴请也恢复了自然过程，人们不再急于回去看电视而必须草草结束它；书店成了大家经常光顾了解讯息的渠道，读书又成了生活的乐趣。人们也从最初的愤怒到后来坦然地过起了没有电视的生活。重要的是人们并没有觉得无法忍受，好像生活本来就是这样，什么也没有发生过。

1985 年菲律宾叛军占领了一家政府电视台，他们通过电视屏幕宣布叛乱成功，观看者几乎没有人去验证，对关于成功的说法确信不疑。一场被宣布为成功的叛乱，可以被理解成事实上的成功，它随即便获得“事实的力量”影响了马科斯政权的命运。

从布列塔尼人在电视塔被炸之后所经历的变化到菲律宾电台与国家政治命运的微妙关系等，使我们必须提出“什么是媒介”、“媒介给我们带来些什么”、“如何与媒介相处”等一系列问题。

为什么在日常生活中我们与媒介的频繁接触并没有生出类似的问题，这些问题是如何被隐藏起来的呢？归根结底在于我们与传媒长久以来的关系模式。究竟从什么时候起，我们以何种方式被交给了媒介，这段记忆就像生命的最初两年一样，似乎是一片空白。我们从一开始就将媒介的存在当作像空气一样自然的东西接受了,或是因为我们的自大,一直把大众传播媒介当成一种由人们控制的纯粹的信息通道对待,犹如煤气管道只运送煤气一样。媒介技术的进步速度的确是让人们总是处在接受新鲜的状态中,来不及品尝就被迫换代。从雕版印刷的发明到现代报业的诞生耗费了近千年,从电波的发现到第一声广播电台的呼号历时就不到一百年,而从电脑的问世到如今能将所有人"一网打尽"的国际互联网络几乎就是在一代人眼前完成了;或是我们与它的关系过于密切,甚至难分彼此,难辨真假。犹如我们很少怀疑自己一样,也很少怀疑媒介。而伴随着技术进步的支持和人类无休止的好奇心的鼓动,大众传播媒介用迎合和满足人们的资讯要求,提高传播对人们的报偿程度,以及不断降低人们获取传播服务的单价,包括时间、精力和费用的付出(之所以称为单价是因为获取一个信息的时间、精力和费用减少,不等于花费在获取更多信息上总体付出的减少。单价的降低与商品的薄利多销同理)等,多种途径扩大自己的影响力,尤其是与商业社会拜物心态的"联姻",使大众感觉不到媒介是一种异己的力量。

关于媒介的知识正是在针对上述各种问题的询问过程中被建构起来,它旨在让人们依靠自己把自身从媒介设定的、被传播成的"现实"中解放出来,能够正确处理媒介传播的各种信息,不再把这些信息当作真相,而应该当作辨别真相的资料。根据自己的实践行为重新组织这些资料,作出富有个性特征的判断和解释。自主地在各种实践中检验判断,提高自己的媒介素养。

因此,传媒教育正如其他诸如国防教育、公德教育等全民性教育一样,是一种普及性的知识传播过程,是一种体现社会文明化进程的教育。它可以帮助人们建立起以阅听人的主动行为为主导的媒介意识。

**2.作为新社会运动的传媒教育**

(1)新社会运动与"第三部门"

新社会运动一般是指第三部门的运动。这种运动不是在已经形成的社会结构的主要方面发生的运动,例如政治方面、经济方面。新社会运动是在原有社会结构中留下的空白处(组织空白、话语空白)重新形成的一种社会力量——第三部门的运动。第三部门的形成本身就是对原来的主导社会发展方向的政治、经济部门的一种反思和批评。

第三部门的概念是在20世纪70年代西方开始流行的,现在已经影响到广泛的领域。有学者认为现在世界上全球化进程有两种趋势:一种是经济的全球化,用左派的观点说就是资本全球化。另一种是"反市场的全球化",就是以非政府组织为代表的针对第一种全球化的跨国行动。这本身也印证了全球化不是一个一元化的过程,而是多元化过程的观点。❶所谓的"第三部门"就是多元化背景下的一种力量,或者社会运动,关于"第三部门"有人称作"志愿者部门"或者"非政府组织"(所谓的 NGO),有人称作"非营利机构"(NPO)。这些不同的称谓其基本性质是一致的,即第三部门是非政府非营利的社会组织。从社会的组织形成——运作机制和功能目的来看,现存的所有组织可以分成两大类:公益性和私益性。从其运作特点划分,可以分出 4 个部门。如下图所示❷:

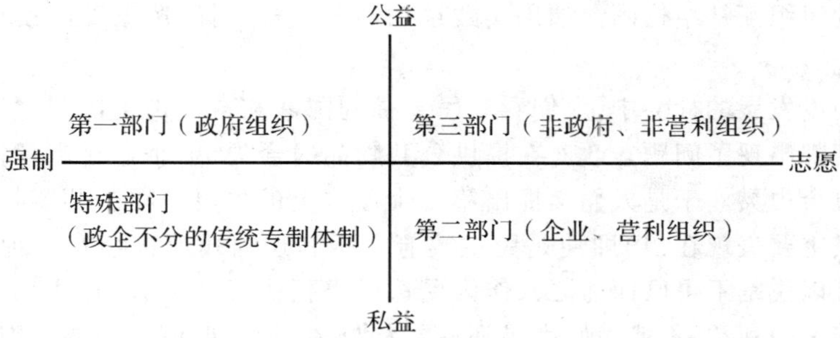


第一部门是指政府。政府作为公益部门,不是为某个人或者某个利益集团服务的。政府是通过民主程序受公众委托为大家提供公共服务——公共物品的部门。政府运用这种授予的行政权力征税获取资源,用以维护公共秩序、提供公共服务,从事外交和国防事业。这种行政运作带有强制性特征。

第二部门是企业。在发达国家,经济活动的主体是市场中的企业组织。企业追求最大程度的自身利益。追求和行动是在自由选择、自愿交易、凭借契约合同彼此履行承诺,进行商业活动。所以可以说企业是通过自愿机制提供私人物品的组织。

第三部门是非政府、非营利组织。它与第一部门的相同之处在于公益性。不同之处在于政府的公益性是通过强制手段。如纳税一项必须执行。第三部门完全在志愿基础上获得资源。与第二部门的不同在于目标的相异。第二部门是以营利为目标的。第三部门是非营利组织。相同之处在于两者都是自愿的。不受行政的强制执行条款的约束。

第三部门出现的原因首先是社会发展的高度现代化后出现的制度危机和经济危机,这种危机迫使人们重新考虑社会的发展趋向和可行的道路。所以许多研究者把第三部门的出现当作是"政府失灵"和"企业失灵"导致的结果。

关于"政府失灵"和"企业失灵"可以在两个层次上认识。第一层次通常指政

❶ 秦晖著:《全球化进程与入世后的中国第三部门》,引自《跨文化对话》第 11 期,上海文化出版社 2003 年版。

❷ 图表来自秦晖著:《全球化进程与入世后的中国第三部门》,第 3—9 页。

府在提供私人物品上的“失灵”,比如政府办企业不仅没有效应,还会导致腐败,出现“权力寻租”的现象。因此,企业改革要走市场的路,遵循市场运作规律,而不是相反。企业“失灵”是指企业在提供公共物品的时候是失灵的。因为,企业是以营利为目标的,公共物品很难对付出提供相应的回报。也就是说,在提供公共物品方面市场是失灵的,在提供私人物品方面政府是失灵的。于是就达成公益靠政府,私益靠市场的共适。政府与市场恰好形成互补关系。这是经典的也是理想的组织互补结构图。如果实践也如经典结构一样,第三部门没有出现的必要。

在高度发展的社会中,人们看到民主福利国家和自由市场体制两种主要的国家制度都出现了问题。政府在提供公共物品时会失灵,企业在市场提供私人物品时也会失灵。于是人们又提出第二个层次上的失灵。在公共事物方面,政府的失灵主要表现在:1)即使是民主政府它所制定的政策也会有一种“中位取向”(也可以说是不得已而为之),作为受选民委托执行公务者,它往往只是代表大多数选民的利益,不能很好满足那些弱势群体、特殊群体的需要。因此,政府提供的公共服务会有忽略或者遗忘的角落,如妇女、儿童、残疾人、赤贫者等。这些人在市场的竞争力较弱,最需要依靠政府的关切。有人认为即使政府也会对提供的服务计较效率与成本。2)不管是何种性质的政府,作为雇员机构并且有提供物品的权力,具有一般官僚组织的弱点,运作成本高服务效率低。容易导致贪污、浪费和文牍主义。

企业在提供私人物品时也会出现失灵。由于市场经济条件下的信息不对称,企业追求营利之本性,消费者无法有效地识别商品的质量。消费者的权益仅靠时常交换不能解决。于是出现消费者协会等机构,保护消费者的利益。

对于非现代的国家来说,政府的强制机制并不是只能用于公益,行政权力在传统专制条件下也会成为私人利益或者小集团利益的提供者,而不是公共利益的提供者。因此,强制手段可以用来提供私人物品而非公共物品,私人物品也可以通过强权而非公平交易获得。这就形成了上图中的“特殊部门”。

第三部门出现的前提就是现代社会第一部门、第二部门的失灵。第三部门以“志愿求公益”的机制,避免政府部门工作人员因受雇而缺乏热情或者人浮于事的现象。通过志愿者提供公益服务(NGO 或者 NPO)可以在任何一处失灵造成的空缺处发挥作用。1)志愿服务有特殊的热情,不是冷冰冰的态度。其服务可以是针对具体个人的,没有歧视或者计较得失。2)志愿者的人力服务和自愿的公益资金捐助以提供公共物品为目标,不存在商业动机。服务存在成功与否的问题,不会有害。3)它可以解决第一、第二部门解决不了的问题。

第三部门是一个不同于传统模式的全新组织形式,它被称作是“现代民族国家之后的'全球社团革命'",是工业发展模式之后的可持续发展模式的组织形式。[1]在传统左派运动陷入低潮,现实资本主义体系存在诸多弊病的情况下,国际第三部门有发展成新社会运动——另类左派运动的势头。香港学者李月莲将传媒教育归属到新社会运动的一支。她认为,新社会运动的特点在于它在民间社会开展,争取的并非是政治经济利益,而是个人生活方式和价值观的自主权,类似的运动如环保运动、消费者权益运动等等。它与传统社会冲突源自阶级利益矛盾完全不同。新社会运动是主题性的,而且这些主题都属于社会及文化范畴,它通常要改变的是民间文化价值观,促使社会进步,而非政治经济制度的改变。所以带有新社会运动特色的传媒教育工作,它的基调等同于公民教育,它的目的是要提高公众的媒体素养,不会盲目去附和与全盘接受媒介信息,以期能够认识媒介社会的机制,懂得媒介工业的规则,形成多元独立的批判思维和价值标准,来监督媒介,力争传媒制度和表现的改善。总之,传媒教育就是要造就有能力有责任心的公民,并借助他们的进步,构筑人与媒介的和谐关系,防止媒介成为异己的力量。

中国大陆第一次在传媒中听到"非政府组织"这个词是在1995年北京召开的"世界妇女大会"中名为"非政府组织论坛"。关心WTO的人们会发现近年来凡是与WTO有关的国际会议召开,总是有NGO的抗议声相伴。2001年在西雅图召开WTO会议,NGO组织联合抵抗。以后在布拉格、热那亚、巴塞罗那与曼谷召开的与WTO进程有关的国际货币基金组织、世界银行等机构的历次会议都不同程度地受到来自各国的NGO组织越来越强烈的压力。越是现代化程度高的社会,第三部门的活动越积极。这种活动不仅在本国开展,同时也是全球性的。例如,发达国家志愿者在非洲等经济落后国家进行的扫盲教育、卫生教育、文明生活习惯的教育等,说明了第三部门在全球政治、经济、文化秩序中越来越显示出其存在的力量。

(2)传媒教育作为新社会运动的实践

第三部门最大的意义不在于理论上建树新的认识体系,而是通过新的组织机制实现其各种目标的过程。所以说是传媒教育作为新社会运动的实践,是一个实践持续发展理论的组织。

首先,传媒教育作为新社会运动在于它是一种教育实践活动。这种教育不同于已经形成的教育机制的地方,在于它没有一个表示完成某个阶段教育的证书(各种文凭)。因此,它既没有强制性的手段要求必须完成某种学业以获得证书,也没有市场营利目标,不需要直接的效益回报。

---

[1] 秦晖著:《全球化进程与入世后的中国第三部门》,引自《跨文化对话》第11期,上海文化出版社2003年3月版。

其次,传媒教育是一种志愿者提供公益服务的活动。这种活动的合理性有三个方面:1)鉴于大众传播媒介对于大众日常生活方面的渗透和越来越广泛的影响,提供传媒知识使大众从被动接受到主动使用,并且在使用过程中维护自己的合法权益。保持对传播媒介的清醒认知是每个现代生存环境下的个人必须具备的基本生活常识和技能,因为能否正确认识传媒决定了能否与传媒和谐相处。2)提供传媒知识与政府提供公共物品和企业提供私人物品的不同之处在于,传媒教育是影响和建构新的知识的公共服务,在已有的组织机制中,这种提供公共知识教育的内容因为涉及面广,没有一个部门从逻辑上讲是必须承担的专门性的责任。只能是第三部门的"职能"。3)传媒教育是没有行业概念面向全社会的教育运动,类似已经开展过的科普活动。当我们发现媒介的许多表现是与设计初衷背道而驰时,需要外在力量的参与以便对媒介的错误予以及时的纠正。在力所能及的各种措施中,营造一个良性的舆论制约氛围是长期的活动,因而也是具有相当空间的,但这很大程度上依赖于公众对媒介进行监督和批评的愿望和能力。

其三,传媒教育可以有效地把媒介批评理论的诉求从专业研究者的书斋中拿出来,成为与大众共享的知识资源。建立在理智标准之上的批评实践,能够为人们提供智力支持。虽然进行传媒教育仍然需要借助学校、媒体的人力资源,但是这些人在进行传媒教育的时候已经进入一个新的机制中,目标与原来的职业不同。(关于这个话题后面还有详细的论述)

其四,在传媒教育这个偏正结构的词汇中,教育是中心,代表了工作活动的形式。传媒则规定了日常教育当中所讨论话题的范畴,大体上包括电影、电视、广播、报纸、书刊、网络等一切现代传播媒介以及和他们相关的领域。教育的对象为所有与现代传媒接触的人。教育的形式是面向大众的,通过社会多种渠道开展实施。它的任务就是要以社会化普及的教育方式,来帮助人们建立起认识传媒的系统方法,形成理智对待传媒,维护自身合理权益的价值观。

以香港为例,受传播环境、传播科技和国外传媒教育思潮引进的影响,截至2001年,香港地区已经有超过70个机构投入到传媒教育运动当中,这其中包括43个中学、20多个青少年服务机构及社区中心、3个政府部门、3个宗教团体,此外还有传媒机构、香港传媒教育协会和议员办事处等等。事实上,除此之外还有多所大学教育学院、志愿者团体和社团联盟未被统计入内。香港回归后,香港大学教育学院在1997年开设了《传媒教育》选修科目,这是一门师资培训课程,培训了一群关心传媒的中学老师。此外,在各大院校也设有与传媒教育相关的课程,如新闻分析、批判大众传媒、普及媒介文化等科目。在中学方面,有许多中学在校内开设校园广播和电视台,鼓励学生接触及善用媒介。有不少学校还申请了各类资金发展传媒教育,也有不少老师将传媒教育非正式地渗入他们所教的课程之中,而将传媒教育列入课外活动的学校也很多。许多小学现在也加入传媒教育的行列,一批幼儿教育工作者更积极地筹备将传媒教育编入幼儿教育课程之内。

在社会层面,许多青年机构都积极展开传媒教育工作,突破机构❶就是其中的一个,它已经出版了多套传媒教育教材。香港社会服务联会认为有必要为年轻人提供一个健康的媒介成长环境,所以除了举办传媒教育活动外,还在寄出的邮件上贴上表示关注传媒影响的贴纸,以唤起社会人士对传媒不良资讯的关注。不仅如此,举办传媒教育活动的包括香港基督教服务处、香港家庭福利会、青少年艾滋病教育中心等。同国外一样,宗教团体在香港也是推动传媒教育的一股重要力量。基督教记者团举办小记者驻校计划,进行媒体制作方面的传媒教育。香港电台、教育署也为老师举办传媒教育的讲座。一群教育工作者在2000年还组成了香港传媒教育协会,联系传媒教育倡议者进一步推进传媒教育,该会除了每年举办大型的传媒教育研讨会外,还向有兴趣进行传媒教育的学校和社团提供支援。这些机构有的采取防疫式的传媒教育,力抗传媒的负面影响,有些以分析为主导,着重批判传媒的意识形态及价值观,有些则以制作为主导,鼓励欣赏传媒及培养创意表达,主张透过传媒教育培养有责任感和批判力的公民。传媒教育内容有新闻分析、广告解构、漫画批判、电视剧和电影赏析等,形式方面有工作坊、读书课程、课外活动、学校试教课程、研讨会等。❷

从香港传媒教育的实际操作情况来看,传媒教育的目的显然不是为了造就媒介的专业人员或者精英,确切地说,是要造就对媒介拥有明确思想和自主意识的阅听人,因而传媒教育更类似于一种素质教育,力求达到的是知识的普及和观念的进步。

尽管存在文化背景的差异,社会发展水平也有所不同,但传媒教育目前已经在世界上许多国家如英国、美国、荷兰、日本广泛开展起来,这段经历少说也有30年了,我国香港和台湾地区的传媒教育近年来也呈现出生机勃勃的态势。而我国大陆的传媒教育至今还尚未起步。这主要是受多年来我国特殊新闻体制下惯性思维的限制,总以为主流媒体是各级政府开办的,自然也就是政治权威的代表,引入传媒教育就可能出现批评的声音,不利于维护宣传口径的一致性,因此传媒教育长期被排斥在官方的教育体系之外,只允许经过审定的传播理念在专业教育中教授。这种在专业领域被确定的统一知识,没有或者很难成为公众作

---

❶ 突破机构是香港最早有计划地推广传媒教育的机构,在20世纪90年代中期成立"文化楼"以来,一直聘有全职人员推广传媒教育。他们多年来不断和学校进行伙伴合作,举办了很多传媒教育的师训班、学生传媒工作坊、探讨传媒影响的音乐剧,还先后出版了多套传媒教育教材。

❷ 李月莲著:《香港传媒教育运动:网络模式的新社会运动》,引自:新闻学研究(台湾)2002年,第71期。

为媒介对等角色所能发挥的批评制约作用。没有公众介入的媒介批评活动,不仅使媒介本身因为缺少监督而"失职",也会放纵媒介侵犯私人或者公共利益,导致社会道德的失范。

## 二、传媒教育的内容

一个阅听人应该具备哪些和传播媒介打交道的能力?这提出了传媒教育的范围问题。传媒教育不是一个纯粹的技术教育,而是着重在于价值标准的讨论,所以在教什么的选择上面临着多样化,并且常常存在争议,但不管怎么争执,有几个目标是无论如何都要在传媒教育的教案中写入的:通过传媒使阅听人能够认识媒介、分析媒介、善用媒介和批判媒介,提高他们的传媒识读能力和传媒素质。

### 1.认识媒介

认识传媒是传媒教育的基础和核心。鉴于大众传播媒介业已成熟,它们利用各种传播工具向阅听人推销"产品",阅听人接触媒介获取自己所需的内容和愉悦。对于广播、电视,报刊、杂志等媒介类型的感性认识经验已经是十分丰富了。关于传媒如何依赖文字、声音、图像等符号系统,制作"产品"的生产过程,主要是操作层面上的知识,是容易表达清楚的。如何使大家正确认识传播媒介的基本功能,认识传播媒介和社会与人的关系,这是传媒教育十分重视的内容。

(1)关于媒介的基本功能认识

传播信息,提供意见决策,传承文化知识是媒介的基本功能,也是大众传播媒介的基本义务。我们如何判断媒介是否忠实地履行了它的职责呢?所有参照指标的底线便是人的基本权益和终极价值追求。

首先,传媒教育必须让阅听人明白他们有权要求尽快、尽可能详细地了解真相,而媒介也必须予以回应。人类社会设立传播媒介的首要任务是要尽快地在尽可能大的范围内搜集到各种有效信息。因为伴随着社会的进步,每个人更要及时对其变化莫测的外部环境采取适当的对策,否则就面临着不安全。在我们时刻和环境进行交往互动的过程中,能否适应环境取决于我们的行动正当与否,而我们的行动又以我们的认识为前提,认识的取向和正确程度最终又来源于接受到的信息构成。个人直接获得信息的方式和能力极其有限,需要借助媒介来弥补。倘若媒介在讯息的传达过程中不能恪尽职守,甚至借此通过拖延、隐瞒或是制造假象来左右公众的认识,结果将造成人对于现实的误解和行为的偏执。尽管由于信息的传播并不一定都会在大众之间激发起正向的反应,无序和庞杂的信息有时会引起混乱,媒介对信息传播的进行筛选和管理有一定的合理性。

但是，这依然不能成为媒介设计安排社会与人发展进程的理由。传媒教育达到的首要目的恰恰是使每一位接受传媒信息的阅听人不断地要求传媒正确反映现实，不要塑造现实，甚至干扰它。

例如，2002年，广西南丹"7·17"重大透水事故的消息被当地政府封锁了近半个月之久，在非本地媒体将事故披露后，引起人们对于社会信息环境安全度的思考。针对封锁重大灾难事故的行为，政府和媒介都有深刻的反思。重新认识环境信息的真情实报，对于公众的社会安全感和政府与媒体的"公信力"树立有十分重要的意义。此后，山西的小煤矿爆炸，山东的轮渡沉没，大连的飞机失事等安全事故相继被报道，这种报道范畴的突破并不是说明短时期内安全生产水平的急剧下降，只是说明在此之前媒介为规避"政治风险"隐瞒事实真相，重大灾害事件成为人们信息链接的视觉盲点，造成了环境信息失真。

如果这些消息不经由媒介传播，公众获得的生活环境的预报就是非真实的[1]。在一个文明社会，生存环境的安全不仅仅是社会歌舞升平，更重要的在于公众对于环境真相的了解渠道是否畅通，他们是否知道在他们的周围正在发生什么事情。如果说公众是社会环境安全的受益者，那么他们也是维护社会安全的活动者。充任这两个互相关联的角色，都需要知道环境真相。媒介有意或者无意隐瞒重大事故与政府官员隐瞒事实真相从另一个角度讲，就是侵犯公众维护社会公共安全的权利，一样都要承担责任。尤其是在中国大陆，媒介与政治的直接关系把媒介放在责任主体的位置，高官问责与媒体问责一样重要。

其次，传媒必须是不同利益阶层发表意见的平台，信息的客观、公正、平衡和准确永远是保障大众获得真实信息而不是虚假信息的前提。大众在把传播信息的权柄交给媒介以后，还需要时刻监督媒介，防止它一旦在握这把权柄就会借此滋生新的媒介权力，并且反过来控制大众的声音。成为大众的异化力量。媒介所有权高度集中和媒介的市场化运作（媒介已经像煤矿生产矿产资源一样成为生产信息资源的企业，也成为全球经济的一个增长点）的现实提出了新的问题：真正自由的思想市场是否存在？是否所有观点都能得到反映？如果把大众传播媒介看作社会各种关系的一个点的话，它自然也会折射出现存的不均匀社会关系。媒介传播效果的益处当然不会让大众平均分配，只能是部分群体享受到了更多的传媒资源，部分群体承担了更多的传播的后果，媒介会成为一方控制另一方的中介。

用经济学的原理来看这个问题，我们暂时将大众传播媒介看作是一个信息资源供应和消费的交易市场，它的运行规则类似于自由经济市场。对于传媒意

[1] 生活环境的预报和天气预报一样需要真实准确。天气预报今天有雨，你出门带伞，就可以避免被雨淋，这是一个最简单的知识。

见市场,我们已经度过了执迷于绝对自由观念的天真时代。正像自由经济市场所揭示的那样,任何行为都会对旁观者的福利产生好的或坏的影响,我们称之为外部性❶,“只要存在外部性,市场均衡就不是有效率的,这就是说,均衡并没有使整个社会的总的收益最大化。”❷比如纯粹自由经济的短期行为、盲目地对资源的竞争性浪费等等,所以政府必须以直接通过政策和管制介入或是为私人提供政策咨询的方式干涉。由此推及意见市场,也就不难理解,为了防止意见在各自寻求绝对自由过程中的莫衷一是或鱼目混杂,适当的媒介控制——无论是媒介自身实施的还是来自外部压力——都是合理的,但这决不能成为媒介一劳永逸的目标。就像对预定式的计划经济的反思,强制的、单调的意见控制将会违背传媒的设计初衷,而缺乏多元性的意见市场的自我纠正功能是脆弱的,它增加了我们辨别真理和谬误的难度,导致了“意义民主”的丧失,通常的表现就是不断地以一种倾向掩盖另一种倾向。

那么,怎么样才能确定大众传播媒介控制的合理限度呢?这里有关自由经济市场的类比仍然是值得借鉴的。福利经济学家的见解都不约而同地提到这样的意见:政府通过税收、政策等约束方式控制市场,其目的应该是集中于公共物品和共有资源的管理上,福利的制造和市场调节的动力还是要依靠私人的自由交易产生,即在市场解决效率的基础上,政府无非是要树立公平、正义的原则。套用此程式,媒介这个意见市场的管理者同样首先应该成为各种观点的自由展示场所,它的每一项控制才应该仅仅是为了公众的利益而存在。诸如基本社会伦理规范、价值理想、法律法规的维护等等,从而为社会和大众作出正确的符合实际的判断提供媒介环境保障。虽然这个简单的道理在媒介创立之初已经成为目标,但是,时至今日它却越来越像一个理想。因为媒介在纯粹传播效果研究上越来越不遗余力了,在获取商业利益方面越来越雄心勃勃。媒介组织的不断重组和规模化集团的建立,在某种意义上讲是为了在市场的竞争中战胜对手获得更高的利润,不是为了新闻事业本身。所以传媒教育必须强调,既然大众传播媒介是应大众对信息的需求而生的,它就应该永远把大众的利益放在首位,而不是把大众当作能够换来广告市场份额的数据。媒介是面向大众说话的,那么它就应该传递公众的声音,而不能剥夺其中任何一种积极意见和建议的平等表达机会。意见不仅能指明我们各自是站在哪一方的,而且是划分社会舆论的基础。

---

❶ 外部性是经济学中的一个概念,大意是:私有财产者有权独自占有该财产及运用效益,同时必须承担运用成本。但是当其他人能分享产权所界定的效益和成本时,这些效益和成本具有外部性,也不可能被“内部化”。比如一个工厂主只部分地内部化他所引发的成本,还有一部分成本要影响外部主体(例如:环境污染);而另一个工厂主则必须承担其工厂的全部成本,因为他必须向污染的受害者提供补偿。这样,前一个工厂主将比后一个厂主生产得更多。

❷ 昆曼著,梁小民译:《经济学原理》,生活·读书·新知三联书店 1999 年版,第 207—209 页。

获得的意见越完整,辨明真相的几率越大。意见代表了对事物接受的角度,只有不同意见的综合对比,才能使事物更像它原来的样子被呈现出来。

所谓媒介的"把关"意识更多地体现了媒介的态度,而不是维护社会公共利益。媒介在转述客观现实时注意力的布置、意义的界定、评判的角度是媒介实施传播行为的经常性考虑。可是,一旦在提供决策意见上流露的强制性欲望过于强烈,在包容其他意见表达上的度量过于狭窄,媒介就会把它的偏执、主观意图输入信息中,复制到阅听人身上。

例如,传媒在讲到食品安全时经常提到盐酸克伦特罗(俗称瘦肉精)。大量关于瘦肉精的报道,使人们对这种能使猪肉长得红润精瘦却同时也能使人的心脏加重负荷的兴奋剂类化学药品保持了足够的警觉。当我们感谢媒介及时提供决策意见的时候,如果联想到早几年,媒介还曾经将盐酸克伦特罗称作致富的科技成果加以广泛宣传的事情,我们就会反思为什么同一件事情会获得来自媒介的两种评价。反思给我们提供了这样的知识:媒介在处理这类信息时,如果不受宣传科技成果(这种宣传往往因为好大喜功的功利而改变初衷)的语境控制,诱导的误差就会减少。例如,山西绛县在媒体曝光其富裕真相之前,同样是被媒体连续几年吹捧成农业科技示范园区建设典型,一直到当地公众将政府"借牛充数"、"买瓜展览"等一幕幕滑稽行为编成流传的段子讽刺媒体的报道,这种吹捧才得以停止。在这一连串事件上,面对人们更及时更全面了解真相的要求,媒介仅以当地政府相关部门干预为推脱之辞是难以逃避责任的。尽管媒体在此类事件发生后到现在还极少面对公众检讨和承认失误,但从中可见,传媒教育的实施可以从提高公众处理媒体信息的能力方面有效减弱媒体失责造成的损失。媒体也会在面对普遍提高了媒体素养的公众时,更好地履行大众传播媒介的社会职责。

其次,媒介产品的平面化。博得最大数量大众的接受是媒介的期望。为了弥补大众之间的层次差距,传媒往往以降低其产品品质——文化和智力的含量的方式,用简单的、直白的符号语言进行传播。这样虽然能取得立竿见影的效果,但长此以往,人们面对传媒的反应会趋向简单、平面,缺乏纵向的思考。另外,传播产品的虚拟化问题也开始引起人们的警觉。虽然反映现实是媒介存在的基本前提,但是,今天大众传播媒介真正的影响力已经不是单纯提供信息、影响公众的意见和社会舆论层次了。传播媒介的意识渗透到了一般社会心理和个体思维行为当中,许多人习惯性地对照着媒介所展示的现场来参与到客观环境中去。这就使媒介在某些方面塑造现实成为可能。当媒介利用技术越来越偏向于利用它,在人为的虚拟场景中含混地讲述真真假假的故事时,表面上节省了考察真实世界,探索真实缘由的繁复手续,回避了来自现实的拷问,实际上无形中埋下了"现实错位"的诱因。那些密切留意社会事物的大众,那些将大众传播媒介看作代表公共利益的机构的人们,会在这样的虚假中受到伤害。媒介的公信力也会随之下降。

媒介产品的平面化另一面是媒介品质的下降。大众传播媒介产品首先表现出快餐化的特点。为了迎合社会需求,商业化的传播更加讲求倾听、阅读的快感,助长了文化上的平庸,易于即时吸收和理解的资讯快餐以拷贝的方式出品。媒介产品与消费行为的共谋,建构了潜藏着诸多商业利益的观看视点,注意力集中投放在娱乐动向、娱乐人物、娱乐活动的传播上,制造和满足并举,刺激大众新的消遣需要。

传播产品的边缘化也不容忽视。为了公众的“点击率”,一种鸡毛蒜皮式的炒作模式在媒介被应用,结果导致传播的中心偏离对重大社会进程的关注,深邃的思想、独到的见解正在媒介中失去阵地。

媒介和大众是相互依存的共生物,但他们之间却从来没有平等过。正如在本书前一章已经谈到的,传媒能够游刃有余地利用自身的优势条件来套取公众的身份,以大众的口吻对社会和私人生活发号施令,而大众就像他们的名字,自始至终是一群没有真实姓名,没有凝聚力,没有主动能力的媒介追随者,在媒介与人的对话平台上,大众长期缺席,丧失了抗衡传媒负面影响的自我保护方法。究其原因,在于公众缺乏认识媒介的动力,缺乏审视媒介的态度和评价媒介的思维、价值标准,自然就不知道怎么维护自己的权益。要改变局面,使公众能够理性地面对媒介,就不能凭空等待受众自我意识的觉醒,必须提前给予引导,向他们传授理解媒介的知识和方法。传媒教育不仅改变公众与交往时的被动处境,也是要培植社会的批评力量,为大众传播媒介发展提供良好的社会环境。

其三,从媒介中得到健康的、体现社会主旨的传统和现代文化知识也是大众的权利。传媒教育中不能遗漏这项内容。文化是社会生活的共同经验,社会的基本价值和游戏规则都是通过文化的形式潜移默化地内在于人的。文化环境的优雅和粗劣会对社会整体格调和品位的高下产生作用。媒介因为拥有不可替代的传播优势,而被人们寄予厚望,义不容辞地承担起了传播文化的任务。但让我们感到比较棘手的是,当前媒介表现出来的文化修养、文化视野、文化观点要远远落后于我们的想像。娱乐成了各家媒体最青睐的名义,娱乐性成了衡量传播成功失败的模式,似乎就要把媒介装点成一个只贪图享乐消遣不思进取的地方。虽然这种急功近利的做法能博得不少喝彩声,但是,它却以牺牲公众文化进步的利益为代价。在这一点上,传媒教育就要让受众懂得这些不满和忧虑的根据,并站出来争取自己的文化需求。

认识媒介的社会功能,传媒教育不是简单地告诉公众传媒会做些什么,而是要公众明白传媒应该做些什么。

(2)关于媒介与人和社会关系的认识

麦克卢汉说媒介是人的延伸,施拉姆说传播是人的本性,他们都无一例外地将人视为传播的核心。毋庸置疑,此种立场务必在传媒教育中得到肯定和贯彻,大众传播媒介的一切活动必须围绕人这个中心展开。自从媒介相对独立以来,它就有了区别于大众的单独利益,在媒介与人之间利益和权利分布的调整中,媒介为获取更多的利益,会与大众的意愿产生矛盾。传媒教育是在大众的立场上,反思现实中人与媒介的关系位置,为这种关系的更加合理提出有价值的思考。

首先,媒介不应该超越现有社会权力结构,形成控制人的传播权力。虽然在谈及大众传播媒介的作用时,经常将其描述为第四种权力,但是它的这种权力只能是建立在大众在媒介面前应有的权利基础之上,后者是根本。河北灵寿县为征收提留款曾发动万名干部进村入户,惊扰当地公众日常生活秩序。此事引起了有关媒体的关注,得知媒介采访后,为掩人耳目,当地政府领导进京,希望与记者“面谈”,对于记者来说,非常清楚这“面谈”背后可能暗含的交易,其实到此为止,事件本身已经明白无误了,“面谈”无非是新闻外的一种交易——故事。媒介却利用了希望“交易成功”的贿赂心理,积极策划让这次可能的交易变成现实的交易。于是,在一个完全处于监视的场地内,这几位领导被引入画面,记者的“诱导”终于让他们掏出了一包钞票,这一幕后来在荧屏上再现,收到了预想的收视率。记者的初衷可能是维护正义,但其行为的目的却不单纯。因为事件的结局还有其他的可能。媒介利用权力把一个事件的多种可能扭转成一种结局——媒介期待的结局。于是媒介参与了结果的形成。

在这个媒介行为中,人成了媒介制造产品的材料。因此“无冕之王”这个对传媒职业的美誉,变成了许多媒介从业人员的权力心理支柱。如果大众没有意识到这种权力一旦形成会对自己媒介权利的实施形成威胁,反而任其强大,让这种权力在大众的意识中转换成“畏惧”、“崇拜”、“迷信”等概念。媒介的公共利益部分就会变成媒介的集团利益。

不仅如此,传媒教育还应提醒大众对媒介的另一种所为的警惕。为了赢得与广告收益直接挂钩的收看、收听、阅读人数,媒介往往采用迎合的手法,这种迎合虽然有愿者上钩的解释,但是,吸引注意力是为了谋求媒介的利益不是大众的利益。犹如媒介可以制造事件一样,大众利益也可以经由媒介制造转交给大众。所以从根本上讲它还是媒介利益。例如,被媒介十分重视的“时尚”话题,在迎合了追求时尚的年轻人对新生事物和潮流的好奇心后,也毫不含糊地使这些人从发型设计、时装搭配、日常行为,甚至是口头禅都跟在媒介的后面流行。在此,传媒教育中对媒介揭示性的知识显示出重要性来。通过传媒教育,大众维护自己的利益对传媒活动进行评价,学会从媒介的控制下摆脱出来。在“主导符码范围”的解读的同时，也应该学会在“对抗式的符码”范围进行解读。[1]

**2.分析媒介**

一位多年从事主流传媒工作的专业人员这样描述过她采访中的一段小插曲。在一次颇具规模的农村扶贫工作现场会议上，当她准备拍摄时，发现这个贫穷山村简陋的会场外面停满了各地前来参加会议代表们的小轿车。根据会议新闻的“规矩”，她毫不犹豫地将这些车放在了镜头的外面。为什么媒介从业人员会自然采用这种“取镜”方式，“规矩”又是因何而定呢？

媒介不是孤立的，更不是中立的，它总是处在某种关系中确定说什么和怎么说。媒介的偏颇和倾向性不仅无法避免，同时也极有可能被放大。为此，公众在使用时需要与媒介保持距离——洞察传媒的意向，解读传媒符号的引申内涵，寻找出传媒倾向的各种原由，接受传播信息。虽然一经如此表述，大众在与媒介发生关系时显得很吃力，但是，从保证信息安全角度讲，这是必要的。

如果说在现代社会运作过程中，信息已经成为一种主要的资源并且商业化，那么，信息安全——准确度、完整性、偏好度、广泛性等因素都凸现出来。基于大众传播媒介在社会中发挥的巨大作用和潜质，媒介不仅提供信息资源，它也成为政治、经济方面极力获取的一种社会资源。为了主导社会舆论，使公众按照既定的路线进行生产生活，政治要素是最迫切地需要向媒介渗透的。政治通过媒介的覆盖面宣讲政治观点，灌输意识形态，进行思想层面的管制。由于政治体制和文化环境的差异，政治与媒介结合在世界各地都有不同的表现。在我国大陆，媒介的一项功能是做党和政府的喉舌。身为官方媒介，必定要传递党和政府的意愿，维护党和政府的形象，所以媒介的镜头、声音和文字中不允许出现与之相冲突的内容。有了这个认识的基础，大众就可以更有针对性地认清媒介背景中的政治动向和意图，决定自己究竟该在什么立场上来选择媒介提供的信息。

每种社会资源在分配过程都会偏向优势群体，媒介也是如此。媒介还会集中表现那些在社会中占据经济优势地位的利益阶层的意愿，并且把这种意愿转化成大众的梦想或者社会的主导性意愿（在这种转换中尽量遮蔽优势阶层利益的印记）。不管媒介怎么想方设法使自己的言行看起来更平民化，它的商业利益使它十分重视利益集团的社会地位。在播放广告方面，媒介会根据制造商的要求为广告配置合适的节目，因为制造商的产品往往有特定消费群。这些消费群又是某类节目、报纸的目标收视率或者阅读率的基础。在商业化时代，占有经济优势的人主要是生活在城市中的。于是经济落后地区和生活在这些地区的人们，自然会被媒介冷落，或者说他们很少有在媒介说自己话的机会。

---

[1] 霍尔著，王广州译：《编码，解码》，中国社会科学出版社 2000 年版，第 356—358 页。

我们看到媒介的语调是都市的、白领的、流行的，即使牵涉到普通民众、弱势群体，也多是以关照、保护的姿态出现，缺少交流对话。媒介的话题也总喜欢徘徊在时尚前沿，不屑于普通体裁的深度挖掘，他们的见解也多出自于自我优越感。媒介会想当然地教导下岗工人改变作风、转换观念，却较少体会在生存和生活双重压力下的改变有多少实际困难。

如果我们不懂得对媒介信息进行分析的步骤，就很可能就把这种局部的展示看成是整体的面貌。传媒教育就要让公众学会辩证地解析媒介，分辨幕后关系，懂得追问信息的出处，追问传播的动机，追问媒介代表的对象，不要放弃你身体力行接触信息的任何机会。这时候，信息使用的安全系数也增大了。即使在大众传播媒介如此普及的今天，我们与生俱来的对世界亲身感知的能力还是实用的。曾经流行的台剧《流星花园》讲述四个富家子弟和一个贫穷姑娘之间的友谊和爱情。剧中主人公几乎没有常规生活中必不可少的苦闷，只管呼风唤雨、一掷千金，无忧无虑地享受缠绵的情感风波，世界被简化成一个幻觉中的场景。有“亲身经历”的人只会把它当作茶余饭后调剂的现代版辛德瑞拉，沉迷于媒介又缺少阅历锻炼的台剧迷会将它视为生活的榜样，倾注期望而恋恋不舍。对待《流星花园》的不同态度再次证明“亲身经历”能为我们剖析媒介的真伪提供多样的证据和补充材料。

**3.善用媒介**

使媒介资源能够为我所用是人类创立传播媒介最起码的愿望，但是，要运用好媒介却不是一蹴而就的事。对于媒介要有“拿来主义”的魄力，更要有“拿来主义”的能力。媒介到底是个破坏者还是个建设者，取决于我们运用它的智慧。传媒教育在这里包括两个递进的层次。

第一是要会使用媒介。媒介产业有其特有的运行规律，每种媒介类型都有其特有的存在样式和关注点，他们在市场分工上也明确不同。比如报纸、杂志是利用印刷符号的媒介，逻辑辩证是它的长项，而广播电视是利用音像符号的媒介，线性的平面展现是它的优点，网络则是利用现代通讯工具的媒介，包罗万象是它最吸引人的地方。从包括的范畴看，媒介还可以分为综合性的和专业性的；从面向的社会层次分，有党政类和大众化的；从资讯供应方式分，有消息类和调查类的等等。我们要能根据自己的需要从众多的媒介中迅速找到适合自己的媒介，这是一个现代人的基本技能。

使用媒介不只是个技术操作问题，最根本的是要善用媒介。一字之差，意味着从纯功利的满足到包含价值观的取舍。拿互联网络来说，这个让我们对e时代充满憧憬的新型媒介，在我们使用伊始就遇到烦恼。美国一家大学发表了一份对利用国际互联网进行儿童色情活动的调查结果，透露国际互联网络中共有各种不同的儿童色情图像45000多张,在半年的时间里仅美国就有64亿多人次调看过这些儿童色情图像,那么在素以无国界而著称的互联网上,实际观看过的人数就可想而知了。❶

以电视为代表的大众传播媒介在考验现代世界、考验生活在其中的人们。它使我们看到自己的视力所不能及的东西,不得不"臣服"于它。这种"臣服"更多地是被一种无限延伸的能力的震慑,甚至是对自己可能落后于技术时代的恐惧造成的。一旦"臣服"成为习惯,我们将因此发现人生活需要的安宁——体验和回味过程将经常受到难以忍受的干扰。如果我们不能自觉抵制低劣的媒介产品,不能依靠我们的正确选择给媒介发展一个正确的信号,那么几乎可以说,倒下去的就不仅是我们自己,还有媒介。我们反省的深度决定了我们与媒介是否和平共处。

今天,当我们谈论任何一个领域的问题时,都会发现每一个问题都牵涉到其他方面。媒介的素质与社会素质也是密切相关的。第三部门的存在正是基于这种现实。所以说,媒介素质的高低不仅是媒介自身的表现,也是阅听人素质高低的折射。在这一认知点上,传媒教育作为社会公共素质教育,是在社会公众认可的真、善、美的行为底线上有着良好愿望的社会活动。真正有效抵制传媒负面效果的底线在我们每个阅听人身上。

以上大概列举了传媒教育的核心内容和原则,当然,传媒教育的实际内容要超过这些,而且这些内容主要是用于处理人与媒介的直接事务,教给公众实用的技能。实际上,媒介作为存在,许多现象还深刻触及社会各种领域,引发了许多社会学、哲学上的延伸,类似的议题诸如媒介与政治权力的转移、传统社会的变革、国际关系的建构、人的存在意义等等,虽然这些话题不会经常在传媒教育中谈及,但是,因为这些内容可能事关媒介的整体建树和发展趋势,纳入传媒教育也是正常的事情。

## 三、传媒教育的实践

传媒教育作为一种社会教育——公益性教育如何在社会公共领域中获得认可,通过什么样的途径达到预期设想。已经开展传媒教育工作的国家和地区积累了可以借鉴的成功经验。

❶ 田杰著:《传媒、权力与权利——现代青少年社会问题的媒介背景及防护策略分析》,引自《当代青年研究》1999年第5期。

### 1. 关于传媒教育的设想

加拿大传媒教育家普赞天(Pungente, 1985),在研究过世界各地的传媒教育计划之后,提出传媒教育的八大成功要素:1)传媒教育必须是一个由下而上的"草根"运动;2)编写适合老师及传媒教育者使用的本地传媒教材及教科书;3)有足够的相关师训课程提供给在职教师及传媒教育者;4)制订评估传媒教育成效的基准,及运用调查研究去探求如何改良传媒教育的教学法;5)成立传媒教育专业团体,负责举办研讨会和工作坊,出版通讯期刊、联络社群及游说有关当局推广传媒教育运动;6)说服教育界,尤其是教育当局,把传媒教育列为学校正规课程的一部分;7)发行由教育部订定的传媒教育指引;8)在教育学院或大专设立正规的传媒教育师训课程。❶

普赞天的归纳取材于多种社会条件下的传媒教育经验,其中有的适合我们的国情,有的则不然。尽管如此,这仍然不妨碍我们对传媒教育有个初期的设计和预想,既然是教育就应该有前瞻性,方才能为传媒教育的正式起步作好准备。

关于传媒教育的开展线路,通过正规的教育体系、组织和机构实施会是一个比较符合我国国情的做法。我国民间社团并不活跃,第三部门在社会发展中的积极作用也未得到社会的公开、广泛认可,所以民间宣传教育作为辅助性工作还可以,想要完全由自下而上的"草根"运动达到目标,很有可能会事倍功半。相对而言,官方教育体系力度大,覆盖范围广,组织便捷,虽然目前的教育资源紧张。更为关键的是,对传媒缺少了解和见解,对媒介缺少抵抗能力的主要是儿童和青少年,通过学校教育就会使传媒教育的针对性更强,收效更快。有资料显示,欧美许多国家已经有数十年在正规教育体系内开展儿童的传媒教育的历史了。联合国教科文组织早在1962年就提出,教师应教导学生如何建设性地使用媒体。1980年代起,则更加积极地在非洲、亚洲、拉丁美洲、欧洲、大洋洲等地共20个国家广为推行媒体教育课程模式。像英国已经自1980年起将媒体教育纳入正式教育体系中。澳大利亚在20世纪70年代便在罗马天主教会赞助下,发展出从幼儿园到十二年级的完整媒体教育课程与教材;法国于1982年正式宣布将媒体教育纳入国家课程系统;北欧等国则均已实施媒体义务教育。美国正从技艺教育、媒体艺术教育及民主教育三方面进行整合,以期更有系统地推行媒体教育。日本媒体教育则主要由个别教师或私人机构推动。

除了学校教育之外,通过社会途径推行传媒教育❷。虽然我国的民间社团

---

❶ 朱顺慈著:《传媒教育——外国经验》,参见(香港)拓思德育期刊2000年9月第31期。

❷ 浙江省社会科学联合会2003年在"社会科学普及月"中邀请高校老师,向社会进行大众传播媒介的知识讲座活动。

和组织并不活跃,尤其在传媒教育上更是鲜为人知。但是,可以通过介绍和宣传,逐步带动社会各方力量的参与。比较可行的就是利用媒介进行推广,逐渐树立起传媒教育的观念。在这项工作当中,主流媒体和知识界应该承担起积极推动的职责。媒体本身就具备教育功能,加上又拥有良好的信息传输渠道,在公共话题中发挥着主导作用等一系列优势,传统媒体在传媒教育中会有不凡的表现。像中央电视台国际网站上开设的《电视批判》专栏,对于增进公众更加理性地对待媒介就是有益的尝试。新华社和人民日报开办的官方网站上也专门设置了传媒视点、传媒研究等专栏,不乏与传媒教育异曲同工的内容。与此类似,新浪、千龙、搜狐等非官方的主流媒体上,也纷纷开辟生动和具有活力的传媒版块。在媒体行动的同时,学界可以利用其在知识领域的地位,对传媒和传媒教育的知识进行整理、传递和交流,不仅有利于传媒教育概念的树立和普及,还潜在地培养起一大批活跃在教育一线的师资,他们对传媒教育的理解会潜移默化地通过日常教育活动,走向课堂,或者是通过他们的各种发声通道走向社会。❶

在传媒教育的内容上,不必非要等待一个严密的知识系统成型,传媒进入社会个人生活方方面面,思路尽可以打开,话题可根据教育对象的年龄差别,知识水平差别,甚至是社会热点的变化随机抽取。比如新闻分析、电影欣赏、网络安全、传媒与意识形态、记者的错位、媒介的异化、如何抵制不良信息等等,凡是和媒介有关的都可以成为传媒教育思考的题目。

要取得良好的教育效果,主要是在教育形式上推陈出新,要彻底摆脱我们一贯以来模式化的"填塞式"教育方法。传媒教育应该是在开放的沟通之中进行,达到价值观上的梳理和澄清。传媒教育不必单独成科,可以融合到综合素质教育类课程当中,通过主题班会、小组讨论、观摩课、课外调查等我们现在已经采用的方式,给受教育者更多现场感受以及个人社会价值观点相互磨合参考的机会。老师们也要尽量减少主观强制性,要使受教育者在亲自到场体验和思辨当中掌握正确的理念,而不是总在压力下,猜测老师想要听到的答案。所以它不需要统一的答案。也许纳入正规教育体系,又采取不同于正规教育的评价体系会是一个比较可取的方法。

**2.国外及港台经验模式**

英国、美国、澳大利亚和加拿大等国已经有了较成熟的传媒教育经验。传媒

❶ 根据抽样调查,目前许多教育机构都设立了对外的网站,如清华大学国际传播研究中心、中国社会科学院新闻与传播研究所网站、九州传媒研究中心、中国人民大学新闻研究所、浙江大学新闻学院的中国新闻传播学评论等等,另外,许多致力于传媒研究的知识分子也相继创办了传媒研究组织,如第四媒体、紫金网等,这都加快了媒介知识的社会化过程,一定程度上,也是对公众的传媒教育。

教育在这些地方已经获得教育工作者的认可。他们在大专院校和中小学积极推广设立传媒教育课程。在英国,中学课程设有独立的媒介研究课程供选修,并设相应的公开考试。媒介教学同时包括在英文课程当中。在美国,各个州的传媒教育都不同,截至 1999 年,有 46 个州在语文课中加入传媒教育,30 个州在社会、历史和公民教育中引进,30 个州在健康和消费权益课中得到穿插,另有 7 个州开授相关专科教育,在加拿大,安大略省于 1989 年将传媒教育列为必修课,主要通过语文课教授。在奥地利、丹麦、法国,则鼓励传媒教育以跨学科形式出现,老师可自行决定在已有的科目中引入传媒教育元素。在德国,传媒教育融合在政治教育和社会科目当中。在意大利,传媒教育包含在一个名叫语言、声音、音乐及动作的科目中。在荷兰,传媒教育包含在艺术教育中。这些只是部分在正规课程中推行传媒教育的,还有不少是地区的教育工作者,在非正规课程中推动传媒教育。例如,在菲律宾、日本都是志愿机构和民间团体主动组织有关教育活动。综合而言,传媒教育或者跟语文科目相配合,或者以跨学科模式出现,或者跟其他相关科目连结,能独立成科的例子相当少。传媒教育主要目标是向所有使用大众传播媒介的人提供知识,采用正式的教育方式或者社会运动的方式并不是关键。❶

在我国香港和台湾地区,近年来传媒教育也方兴未艾。香港还没有将传媒教育排入正规的教育系统,但许多正式教育机构、民间组织和教育界人士都在热心于传媒教育,也有不少剖析传媒的节目和书刊发行。在台湾地区,传媒教育也以相当于媒体素养的名称进入个别院校的讲堂,在课程内容设置上有媒体消费经验分享、媒体素养的核心概念和学理、全球地方化的媒体景观、解构台湾媒体党政军商复合体、看穿媒体权势、媒体与大众化、如何制衡媒体霸权等等视角的研究成果拿出来供阅听人分享。

在传媒教育方面取得成果的国家和地区提供的经验主要有:

首先是开展全民传媒教育。传媒教育是培养大众对传媒现象、活动、机构等所有要素认知的素质教育,意在增强大众辨别传媒劣质信息的能力和面对媒介的理智。传媒教育是一种普及性教育,同时又必须依赖有组织的活动取得理想效果。我们注意到,传媒教育与媒介批评的历史几乎同步,都是最近 30 年的事情。根据台湾政治大学传播学院媒体素养研究室——其本身就致力于传媒教育推广的机构——大致统计,我国香港、台湾地区以及西方国家的传媒教育网站、组织、刊物就有近百个。

其次,建立传媒教育机构。常设机构有助于动员社会知识和人力,扩大影响面,成为阅听人了解媒介的视窗。我们发现传媒教育背后一般都有一个机构作

❶ 朱顺慈著:《专媒教育——外国经验》,参见(香港)拓思德育期刊 2000 年 9 月第 31 期。

为支柱，通过对教育内容的分析，我们还能发现这些传媒教育机构很多时候是利用媒介的反面教材，或开展传媒批评来进行工作的，因此他们承担起了部分媒介批评机构的作用。在西方许多国家都设立了“新闻评议会”(press council)、传媒观察(media watch)之类的媒介批评组织或实行了“媒体观察人”(press ombudsman)制度。例如，美国的新闻仲裁委员会或新闻评议会为例，其功能“首先是独立自主地向公众提供有关传媒运作的解释，其次则为解决媒介争端提供了法院之外的又一种选择”；英国报业投诉委员会的职责在确保报界享受新闻自由的同时，保障公共利益，专业守则确认为16条：包括准确报道，受访者答辩权，隐私权，不得拉拢受访者，乔装窃听等。台湾由学界、新闻界和关心媒体的社会人士成立台湾媒体观察教育基金会(在1999年)。其工作内容之一就是以月、季度和年为时间段，开展全民监督媒体调查，对本地TVBC、东森新闻台、中视、三立台湾台等各档电视节目审看，并且公布优劣节目单和推荐节目单，同时还发行媒体观察电子报，进行媒体观察主题讨论，网上申诉、讲座等不拘一格的媒体观察活动。香港报业评议会于2000年7月，由11家香港主要报刊和两家专业新闻团体共同发起。

国外和港台在传媒教育上的经验可以总结为几点：第一，他们都将传媒教育和传统的学校教育结合起来；第二，传媒教育多纳入人文学科领域，但很少单独成科；第三，传媒教育不像一般科目那样有着严格的操作流程，相反，它的教育内容、施教方式和评判体系都要开放得多；第四，社会动员的范围相当广阔，各种社会力量甚至是媒介自身都在以不同的方式，通过不同的渠道推动传媒教育理念的传播，加入到传媒教育的行列之中。

**3.我国大陆进行传媒教育的可行性**

大陆由于没有传媒教育的先例，加上中国目前的国情，要开展这项工作会遇到比较多的问题。首先是新闻体制的限制。传媒教育主要在于给公众传授正确的传媒观念，使他们能够批判地理智地保持与媒介的关系，维护自身权益。由于媒体的国营性质，又受中宣部的政策限定，对媒介的批评范畴有限。就媒介而言，自身作为独立的新闻事业运作机制并不成熟(新闻尚未立法)，一直是依附于各级政府。现在又走向市场，在经费来源上靠市场运作获得经费。任何针对媒介的批评影响到其商业利益的话，接受程度会大打折扣。要让传媒教育的讨论达到开诚布公，有待于舆论氛围的宽容。

其次，现存的教育体制缺乏接纳类似传媒教育的公共素质教育的空间。虽然，近年来社会和教育界关于素质教育的呼声越来越高，学校也在增加素质教育内容，但是，只是在学校已经有的教育模式中开展，主体还是沿袭应试教育的套路，这与传媒教育从内容到形式都是截然不同的。传媒教育既然是一种有理想价值的启发式教育,就不可能像多数科目那样以严格的测试体系来评估,那么在紧张的教学安排当中,它该怎样出现?对于注重分数的学校、家长、学生三方而言,他们怎样与不可能带来升学率和就业等额外收益的传媒教育达成共识呢?

由于不同的社会发展阶段总有不同的社会思想焦点与之相配合,大陆经济虽然保持着高速增长的态势,但人均生活水平并不高,特别是城镇和农村低收入人口比例仍然比较大,社会整体水平只是越过温饱线,就业、报酬等需要依然是第一位的。加之长期以来人们根据生活实践形成的思维模式——对现实情形的关注大于对终极价值的思考、个人的维权意识不强、威权的心理状态等,妨碍对传媒教育的理解,传媒教育在我国大陆真正走入公众视线还有待时日。

**4.传媒教育组织分布**

台湾政大媒体素养研究室(http://www.mediaed.nccu.edu.tw)成立于1999年,有鉴于当代媒介对个人和社会整体的影响力,该机构希望经由研究、教学、课程发展、媒介观察与延展性推广等途径,以促使媒体更能服务于公共利益,发展资讯社会个人的媒体素养,并以促进传播公民权为主要目的。主要工作项目包括举办学术研讨会、工作坊、公共演讲,发展适合不同读者的媒体教育教材。举办论坛,邀请知名的媒介学者、评论家、社会行动者与实务界人士参与加强媒体素养的对话。不定期发行新闻信刊登资讯和活动信息,并传送给相关的教师、学生、媒体专业人士、学者、研究者和一般公民。落实远程教学计划,建构资讯平台。设立网站以利推广,并征集媒体教育资源、教学与训练课程与视听教材,此网站将发展和维护资料库和资讯交流区域。

媒体识读推广中心(http://www.tvcr.org.tw)成立于1992年,前身简称电视会之中华文化复兴与运动总会电视文化研究委员会。工作重点为出版媒体素养刊物、媒体素养教育教材研发以及媒体素养教育教师的培训。目前媒体识读推广中心提供媒体识读教育、媒体文化研究资讯检索以及研究书刊,并出版媒体识读教育月刊。

媒体观察文教基金会(ttp://www.mediawatch.org.tw)于1999年由学界、新闻界与关怀媒体环境与发展人士组成,是一个长期监看、评论媒体表现的团体。该基金会同时也推动媒体工作人员的在职训练和媒体公民教育。媒体观察文教基金会拥有自己的媒体通路以进行媒体观察工作,如发行媒体观察电子报,制播媒体观察的广播和电视节目,并定期发表媒体观察的评估报告,在媒体素养教育的推动上,媒体观察文教基金会致力于推动媒体公民教育,培训校园和社区的媒体观察员。

富邦文教基金会(http://www.fubon.org/Media/index.asp)成立于1990年,近年来有感于媒体对社会影响既深且广,自1999年起即全力投入媒体素养教育推广行列,希望社会大众都能成为拥有解读媒体信息能力的聪明受众。目前在媒体素养推广成果包括在政策推动上协助教育部颁布《媒体素养教育政策白皮书》,并进行教育宣导活动,如教师培训、儿童征文活动、社区推广研习、校园巡回讲座、儿童影视观摩展等。另外发行相关出版品如媒体素养教学手册、媒体 See See 看双月刊、媒体素养推广节目单季刊、监督媒体 DIY 书籍等。

香港传媒教育计划 (http://www.hkbu.edu.hk/alicelee/media-education) 网页由香港浸会大学新闻系李月莲博士编制,内容包括传媒教育书籍、网站和影音资料,此外还包括大众传媒的网站及香港传播研究目录。

传媒教育是 MILE(http://mile.bt4u.com/mile/mile-news)一个为期两年的传媒教育计划,是一个让中小学师生讨论传媒教育的公开园地。网站以轻松的手法带出传媒教育的严肃话题,让师生可以同步认识传媒资讯,继而相互交流。MILE 提供了一个渠道让双方增加机会沟通。老师可以认识青少年对传媒资讯和现象的反应。而学生可以透过游戏及论坛来学习以理性态度阅读传媒,避免被传媒牵着鼻子走。这个网页是由突破机构制作的,由优质教育基金赞助。内容既有教育意义也富有娱乐性。通过游戏、论坛及资源链接等带出传媒教育的重点。讨论分 4 期,有流行曲、广告、电视及新闻。

传媒透视(http://www.rthk.org.hk/mediadigest)由香港电台制作,一本有关传媒动态、现象和文化的网上月刊,包含了专题、解读及传媒素养书籍介绍,也列有传媒教育教材和其他辅助资料。

财团法人公共电视文化事业基金会是台湾一个独立经营的民间电视传播机构。1998 年 7 月 1 日正式开办公共电视,立志建立传播公共服务的电视和电视节目,主动提供多元的公共服务,监督施政,提高全民教育和文化。它的公共电视台制播了岛内惟一的媒体教育常态节目《别小看我》,以 10—14 岁的儿童为目标观众群,借助电视的影响力,将媒体素养的概念送入各个家庭中。除了以亲身体验的方式讨论儿童生活经验中的媒体对象或议题外,更将各个单元设计为“做中学”的潜在课程。《别小看我》涉猎的主题非常广泛,包括解读媒体资讯、认识广告说服技巧、认识新闻消息来源及守门人角色等,并且也带领观众探索各种媒体节目的“幕后”,深具教育性与娱乐性。此外,公共电视台也以《别小看我》为内容,设计媒体素养教学手册,并于网站提供每集节目的简单教案及教学指引,让有心推广媒体素养教育的教师可立即用于教学。

Action for Media Education(http://www.tv4kids.org)为美国一个非营利组织机构,主要的工作目标在于提倡和推广媒体素养教育,利用专门的推广活动和计划,对于父母亲和照顾儿童的工作者提供相关的资讯。

AdBusters culture Jammer's Headquarters (http//www.adbusters.org/home)是一个媒体基金会,其发行广告克星(Adbusters)双月刊杂志,主要揭发广

告的不实之处，反讽与说明商业行销手法，该媒体基金会也经营网站，其目的在改变现有的商业谋体所导致的生态与社会文化的现象，使大众察觉媒体的影响力，并有所改变。

Alliance for a Media Literate America(http://www.nmec.org)是美国本土的媒体教育联盟，成立宗旨为促进美国媒体素养教育发展。负责组织与提供全国的媒体教育领导人士、提倡者的网络资料与相关资讯的交流，搜集与建立档案以供查询，每年定期举行全国性的媒体教育研讨会，目标在于使每个人都能运用科技工具，并且有批判分析与创造讯息的能力。

BFI (British Film Institute)(http://www.bfi.org.uk)是英国最早投入媒体教育的机构，早期以荧幕(screen)的电影教育为主，提供爱好电影者研究电影的入口网站，并建有全国电影资料库图书馆，定期做电影评选，教导一般民众如何看电影，解读电影。

Canadian Association of Media Education Organizations (CAMEO) (http://interact.uoregon.edu/MediaLit/CAMEO)成立于1992年，是加拿大的全国性媒体素养团体，成立的目标是希望透过他们的组织成员，推广与发展加拿大的媒体素养。CAMEO是俄勒冈尤金大学教育学院所承办Media Literacy Online Project的相关研究计划之一。

Center for Media Education(CME)(ttp://www.cme.org) 成立于1991年，美国的非营利机构网站，透过研究、教育与政策的努力，致力确保媒体产业服务公众利益与监督媒体组织的服务，并提供电子媒体对儿童影响的研究报告，相关研究报告与出版刊物已上载于网站中。

Center for Media Literacy(http://www.medialit.org)网站提供媒体素养相关书籍、教学录影带、教学工具，并开设工作坊举行教师训练与研习会议，教学方法研习。参与的成员为公私立学校教师、社区领袖、家长、政府、社会人士代表等。媒体素养中心透过刊物出版与网络方式供应媒体教育材料，其任务是将媒体素养能力教育带给北美的每个儿童。

Child & Family(http://www.cfc-efc.ca) 为双语网站，是加拿大惟一的公共教育网站，非营利性质，提供英语和法语两种语言服务，建有图书馆资料库，储存超过1300册以上的相关文献，提供家长教育用的小手册，借由家庭教育融入更多的媒体课程。

Citizens for Media Literacy(http://www.main.nc.us/cml) 为一非营利的公众组织，其任务是将媒体素养教育与美国公民参与体验相结合。提供民众对于媒体素养问题的解答与新闻工作者实务上的援助，且倡导资讯行为与资讯公开法的推行。出版以媒介分析与批判为主的刊物，并致力于推动透过有线媒体与网络媒体的传媒教育，使其成为公众参与和媒体素养教育的管道。

Educational Resources in Media Literacy/Studies(www.cln.org/subjects/media.htm) 网站提供数千个以上的媒体教育网站链接。

Just Think Foundation (http://www.justthink.org) 是一个非营利组织，负责教育21世纪青少年所具备的各种素养，提供青少年成为具有批判思考者与有创意的制作者的各种技能。在过去的6年中，此基金会提供一系列的课程，分为校内课程、校外课程以及网上教学等，并与媒体素养基金会合作，定期进行研究与教学。设有工作坊训练与研习，鼓励学生与教师思考媒介，以从中获得更宽广的眼界，目的在于期望青少年能了解媒体产制的信息意义、媒体与科技工具，有效地表达青少年自己的意见。

Listen Up (http://www.listen-up.org) 组织旨在帮助青年制作自己的媒体，实施媒介教育，帮助年轻人发掘和表达自己的声音，也提供年轻媒体制作人彼此作品的交流和批评园地，因此网站汇集了青年制作的媒体作品、资源、新闻等资料库的链接等资源。

Media Awareness Network (http://www.media-awareness.ca) 于1995年成立。网站提供英语和法语两种语言版本，是加拿大目前最具规模与资料最丰富的媒体教育网站，提供媒体素养的综观性介绍、教案与各种教育资源，服务对象包括教师、家长、学生、社区领袖等，主要的任务是增进与支援加拿大地区的家庭与学校的媒体教育，并建有英语和法语资料库提供搜寻。网站中加拿大著名媒体教育学者 Barry Duncan 每月定期提供不同教育议题于 Barry's Bulletin 专栏。

Media Education Foundation (http://www.mediaed.org) 媒体教育基金会为美国一财团法人，是一个非营利性的组织，该组织致力于媒体研究、媒体教育与生产媒体教育教材的工作；MEF 同时在网络上提供各种媒体研究的参考书籍与即时的美国媒体议题的教育教材。

Media Literacy Clearinghouse (http://www.med.sc.edu:1081) 网站源于南加州中等学校对媒体素养技巧和青少年健康相关风险的研究，包含48个州媒体教育组织丰富的资讯和链接，以及与其他一般性媒体教育网站链接。

Media Literacy On-line Project (interact.uoregon.edu/MediaLit/HomePage) 是一个网络资讯资源平台，提供资讯给全球教师。可由网站中连接 Media Literacy Review，提供更完整详尽的资讯。网站中包含各种媒体素养机构相关网站的链接、线上电视期刊、学校媒体教育课程与教案、其他相关研究报告以及未来的规划方向等，并针对广告与宣传开设一个特别的讨论区，且提供一个广大的资料库与全球媒体教育组织的查询名录。此外，每一期出版的 Media Literacy Review 中均着重不同的焦点作探讨，以求有更广泛的观点。

Media Matters (http://www.pbs.org/wnet/mediamatters) 网站为美国公共电视 PBS 所建构。服务对象针对成年人，免费提供成人媒体教育教材给大众使用，网站中关注与探讨的议题以最前线的记者与媒体议题间的关系为主，除议题描述外也提供记者实地拍摄的影音资料作为参考。网站中提供教学计划与学习单供教师免费下载，提供各地区的公共电视节目表，并设有资料库查询系统与其他搜寻工具的链接。

Media Watch（http://www.mediawatch.com）美国媒体观察基金会成立于1984年，媒体观察基金会的宗旨是挑战媒体内容的刻板印象与偏见。初期是以播送教育影像资料为主，目前则定期公布媒体观察资讯，并将媒体素养资讯以新闻信送给读者，建立媒体消费者对媒体的了解。

MediaEd（http://www.mediaed.org.uk/home.htm）是英国的媒体教育网站，由BFI(British film Institute)赞助，属于官方网站，提供综合性的整合资源，服务对象为教师与学生。网站中定期更新电影讯息，并有相当完整的电影资料库。也设有远距离教学系统，针对不同年龄层学生的课程需求，提供教师免费的教学资源。该机构研究理论方向主要以媒体产业讯息为主。

National Institute on Media and the Family（http://www.mediaandthe-family.org）媒体与家庭国际组织是一个非营利、非党派、非宗教的组织，成立宗旨在于借由对媒体的探索，进而教育大众，并促进政府立法保护媒体消费者。媒体与家庭国际组织同时也提供媒体素养相关知识给家长和老师，以便利家长和教师的媒体教育工作，此组织尤其关注媒体中的暴力问题对儿童的态度与健康的影响。

New Mexico Media Literacy Project（http://www.nmmlp.org/Welcome-UP.htm）新墨西哥州媒体素养专案计划中心在美国是一个相当成功的媒体教育机构，该组织专门从事新墨西哥州各种媒体教育活动规划和课程设计，同时也提供媒体教育训练课程，加强教师群的教学训练，此外该组织也从事媒体研究，是一个媒体素养教育的实践者，创立的终极目标为使新墨西哥州成为全美最具有媒体素养的州。

Project Look Sharp（http://www.ithaca.edu/looksharp）是纽约州Ithaca College所主持的一项计划，其网站的任务是针对美国各地区的教学与各年级的媒体素养教育进行评估，以行动推广并支持媒体素养的整合。教育内容主要教导儿童如何观看电子媒体，并发行推广手册免费提供给学校教师和家长，也出版刊物协助教师进行教育与教学工作，在寒暑假举办个别的教师教育训练。此外，并定期寄发新闻信给读者，在网站建有资源图书馆提供搜寻。

The Center for Media Studies（http://www.mediastudies.rutgers.edu）School of Communication, Information and Library Studies, Rutgers, The State University of New Jersey所属的媒体研究中心，关心媒体对当代社会的影响，通过研究、教学与公共推广运动和教育推广服务，以期使媒体服务公共利益。目前

该中心研究与推广的重点包括媒体全球化影响、媒体与文化多元关系、媒体与健康、媒体与政治、公共政策、新媒介影响、青年的媒体教育。同时本网站附有最新合作的计划、教师训练与新泽西州的媒体素养教育课程纲要供参考,近年来,该中心将健康传播列为媒体素养未来研究与发展的主要方向。

The'Media Workshop (http://www.mediaworkshop.org) 媒体工作坊成立于纽约市,该组织专门从事于纽约市的媒体教育工作,其教育内容包括如何批判媒体、整合新媒介以及儿童媒体素养教育之工作,该组织同时也针对幼稚园到中学阶段的媒体教育课程做一系列的规划,并提供教学训练和研习活动开放给有兴趣的教师参与。

# 主要参考文献


1. 佛朗索瓦·利奥塔著,车槿山译:《后现代状况——关于知识的报告》,生活·读书·新知三联书店 1997 年版
2. 莫瑞·克里格著,李自修等译:《批评旅途:六十年代之后》,中国社会科学出版社 1998 年版
3. 索绪尔著,高明凯译:《普通语言学教程》,商务印书馆 1999 年版
4. 罗兰·巴尔特著,王东亮等译:《符号学原理》,三联书店 1999 年版
5. 罗兰·巴尔特著,许蔷蔷译:《神话——大众文化诠释》,上海人民出版社 1999 年版
6. 尼古拉斯·布宁、余纪元编著:《西方哲学英汉对照辞典》,人民出版社 2001 年版
7. 伍蠡甫、胡经之主编:《西方文艺理论名著选编》,北京大学出版社 1987 年版
8. 特伦斯·霍克斯著,瞿铁鹏译:《结构主义和符号学》,上海译文出版社 1987 年版
9. 俞平伯著:《唐宋词选释》,人民文学出版社 1979 年版
10. 林庚、冯沅君主编:《中国历代诗歌选》上编(二),人民文学出版社 1979 年版
11. 《青年时报》
12. 《新闻学研究》
13. 《新华文摘》
14. 中国社会科学院语言研究所词典编辑室编:《现代汉语词典》,商务印书馆 1978 年版
15. 《作家文摘》
16. 《浙江大学学报》
17. 罗钢、刘象愚主编:《文化研究读本》,中国社会科学出版社 2000 年版
18. 《马克思恩格斯选集》(第二卷),人民出版社 1972 年版
19. 罗伯特·C.艾伦编,麦永雄、柏敬泽等译:《重组话语频道》,中国社会科学出版社 2000 年版
20. 陆学艺主编:《当代中国社会阶层研究报告》,社会科学文献出版社 2002 年版
21. 古斯塔夫·勒庞著,冯克利译:《乌合之众》,中央编译出版社 2004 年版
22. 《钱江晚报》

23. 尼克·史蒂文森著,王文斌译:《认识媒介文化》,商务印书馆 2001 年版
24. http://jczs.sina.com.cn 中国日报网站
25.《新闻周刊》
26. 大卫·宁等著,常昌富译:《批评模式与方法——当代西方修辞学》,中国社会科学出版社 1998 年版
27. 福柯著,严锋译:《福柯访谈录——权力的眼睛》,上海人民出版社 1997 年版
28. 伯格著,姚媛译:《通俗文化、媒介和日常生活中的叙事》,南京大学出版社 2000 年版
29. 米克·巴尔著,谭君强译:《叙述学:叙事理论导论》,中国社会科学出版社 1995 年版
30. 杰拉尔·日奈特著,杨志棠译:《叙述话语研究》,中国社会科学出版社 1989 年版
31.《南方周末》
32. 马克·柯里著,宁一中译:《后现代叙事理论》,北京大学出版社 2003 年版
33. 麦克卢汉著,何道宽译:《理解媒介——论人的延伸》,商务印书馆 2000 年版
34. J. 希利斯·米勒著,郭英剑等译:《重申解构主义》,中国社会科学出版社 1998 年版
35. 包利民著:《生命与逻各斯——希腊伦理思想史》,东方出版社 1996 年版
36. 斯坦利·费什著,文楚安译:《读者反映批评理论与实践》,中国社会科学出版社 1998 年版
37. 迈克·费瑟斯通著,刘精明译:《消费文化与后现代主义》,译林出版社 2000 年版
38. 西美尔著,刘小枫译:《金钱、性别、现代生活风格》,学林出版社 2000 年版
39. 约瑟芬·多诺万著,赵育春译:《女权主义的知识分子传统》,江苏人民出版社 2000 版
40. http://www.google.com.
41. 弗洛伊德著,林克明译:爱情心理学中《性学三论》一书,作家出版社 1986 年版
42. 汪民安、陈永国等主编:《后现代性的哲学话语——从福柯到赛义德》,浙江人民出版社 2000 年版
43. 王力主编:《古代汉语》,中华书局 1981 年版
44. 伽达默尔著,刘杰译:《文化与传媒》,《世界哲学》
45. 约翰·费斯克著,王晓珏等译:《理解大众文化》,中央编译出版社 2001 年版
46. 尼克·史蒂文斯著,王文斌译:《认识媒介文化》,商务印书馆 2001 年版
46. Representation: cultural representations and signifying practices. Stuart hall

SAGE Publications 97
47. 麦克·费瑟斯通著，刘精明译：《消费文化与后现代主义》，艺林出版社 2000 年版
48. 康纳著，唐维敏译：《后现代文化导论》，五南图书出版公司 1999 年版
49. 《中华读书报》
50. 马克斯·霍克海默、西奥多·阿多诺著，渠敬东等译：《启蒙辩证法——哲学片段》，上海人民出版社 2003 年版
51. 徐贲著：《走向后现代与后殖民》，中国社会科学出版社 1996 年版
52. 佟景韩译：《巴赫金文集》，中国社会科学出版社 1996 年版
53. 《文化研究》
54. 威尔伯·施拉姆、威廉·波特著，陈亮等译：《传播学概论》，新华出版社 1984 年版
55. 《新周刊》
56. 斯图亚特·霍尔著，徐亮、陆新华翻译：《表征》，商务印书馆 2003 年版
57. 青井和夫著：《社会学原理》，华夏出版社 2003 年版
58. 千龙传媒
59. 罗宾·洛克夫著，刘丰海、郑保国等译：《语言的战争》，新华出版社 2001 年版
60. http:/www.sian.com.cn
61. 《羊城晚报》
62. 《北京青年报》
63. 《军事记者》
64. 传媒研究网
65. 约翰·基恩著，郤继红、刘士军译：《媒体与民主》，社会科学文献出版社 2003 年版
66. 肖恩·麦可布赖德主持报告：《多种声音，一个世界》，中国对外翻译出版公司、教科文组织出版办公室 1980 年版
67. 媒中媒网站
68. 网易娱乐版
69. 《文汇报》
70. 《电视研究》
71. 《人民日报》
72. 央视国际网站
73. http://www.cddc.net 中国新闻研究网
74. 中国新闻研究中心网
75. Legitimating Media Education : from social movement to the formation of a new social

communication PHD thesis University of British Columbia Y. L. A(1997)
76.《跨文化对话》,上海文化出版社
77.昆曼著,梁小民译:《经济学原理》,生活·读书·新知三联书店 1999 年版
78.《当代青年研究》,1999 年第 5 期
79.《拓思德育期刊》,2000 年 9 月,第 31 期
80.《当代青年研究》,1999 年第 5 期

**作者近年发表的相关论著:**

1.《全球文化认同过程中"文化身份"的妥协与抵制——美国总统布什清华演讲事件的透析》,《浙江大学学报》2004 年第 1 期
2.《揭开电视新闻图像的"神话"面纱:图像意义生成过程演示》,《中国传媒报告》2004 年第 1 期
3.《视觉传播中的技术理性批判——来自麦克卢汗"冷媒介"的思考》,中国首届视觉文化传播研讨会,2004 年 5 月,《新闻与传播研究》2004 年第 4 期
4.《意识形态下的大众传播话语秩序——主导性话语与职业性话语共存现象分析》,"传播与秩序"国际学术研讨会论文。2004 年 4 月,杭州;《中国传媒报告》2004 年第 4 期,《传播与新闻评论》2003 年卷,武汉大学新闻传播学院、武汉大学媒体发展研究中心主办,2004 年 10 月出版
5.《大众传播中心的不确定性和意义的延搁——对传统大众传播学研究体系的解构》,全国第八届传播年会 2004 年 11 月,北京
6.《大众传播媒介不要将恐怖分子提供的"酷刑"图像搭建成公共景观》,中华传媒网 2004 年 9 月;《选择》周刊 2004 年 11 月
7.《"部落鼓"的永久魅力——论麦克卢汉的广播观念》,《中国广播》2004 年第 12 期
8.《符号学视野下的广播电视新闻》,《中国广播电视学刊》1995 年 10 月
9.《大众传播过程的异化现象》,《中国广播电视学刊》1997 年 10 月,《新华文摘》1998 年 1 月
10.《当代夫妻的范式是什么——对电视剧〈牵手〉的夫妻模式和夫权—女性意识的批判》,《北京电影学院学报》1999 年第 4 期
11.《电视现场新闻的事件建构》,《浙江大学学报》2000 年 4 期,《人大报刊复印资料》转载
12.《论当代传播实践中的道德责任》,《中国传媒报告》2002 年第 1 期
13.《电视新闻图像符号的文化差异》,《中国传媒报告》2003 年第 1 期
14.《从广告创意看大陆、香港两地文化观念的差异》,《浙江大学学报》2003 年第 2 期

# 后　记

记得第一次看到电视是在 1966 年,地点北京。当时我作为小学生与一些中学生一起免费乘火车到北京串联,目的是“革命”。下车后由首都红卫兵大串联接待站统一安排住宿,我们住在北京无轨电车二厂北京前门附近一位工人家中。厂区有一台电视供大家观看,我只看过一次。电视中播放京剧《节振国》,依稀记得是讲游击队打日本鬼子的故事。真正令我惊讶的是一个长方形的像收音机的物体居然能放电影。自己是个电影迷,想到如果自己有了电视机,可以在家里看电影,是再美不过的事情了。在看到电视之前是听广播,主要是听新闻。“文革”前听“小喇叭”节目,只留下对片头的记忆,内容都忘了。“文革”中听过的广播回忆起来的有广播“批林、批孔、批宋江”。父亲说这个“宋江”是有所指的。父亲当时是靠边站的一类人,基本赋闲在家,但是,对政治很敏感,注意研究两报一刊的各种新的提法,因为当时政治上的风吹草动都是通过它们传递出来的。我是一个很信任各种传播媒介(当时没有媒介一说)所讲的一切的人,广播、报纸说什么我都相信。因为我认为人无法说谎话,尤其是大人们。广播是大人说的事情,像课本一样在我心中有权威性。广播自然也不说谎。

后来报名去农村插队落户,一天报社通知我去参加“五一”游园大会,我没有去,也不知道为什么不去,大概不愿意出头吧。没有想到当天的广播和第二天报纸都讲到我作为积极报名去农村的先进分子(中学生的代表)参加了游园会,我在会上有激动人心的发言,还有我写的一首小诗(我没有发言,诗是以前写的)。在农村插队,一天省报报社派记者到我插队的地方,记者组织知青和“贫下中农”学习王安石变法的文章,记者给我们读文言文,我听得不是十分清楚。第二天这家报纸头版头条介绍我们学习的情况,其中一段是我的发言,大讲王安石的“三不惟”(当时强调造反精神)。事实是我在会上一句话也没有说过。再记得是半夜起来围着 9 吋黑白电视机看世界杯足球赛,虽不是球迷,却记住了鲁梅尼格、普拉蒂尼、苏格拉蒂、拉什这些球星的名字,尤其是鲁梅尼格一头金发(在黑白电视上看到的是白发)留下深刻印象。和许多同时代的人一样,媒介在我的心目中首先是一种权威、一种理想,后来发现媒介也可以被用以说谎或者编造什么。尽管如此,做一名新闻记者是我很长时间的一个理想。“铁肩担道义,妙手著文章”的口号仍然会燃起我的激情。

从一个媒介的使用者到一个媒介的研究者,自己是从对媒介的崇拜开始进入到对媒介的反思,甚至近似虔诚地维护媒介批评的立场,在这个过程中媒介提供给我许多知识,这些知识也造就我对媒介的揭示和批评态度。当我进行本书的写作时,也是在与自己进行一场对话,我写的每一句话都同时在心中发出声音,都是被我说过的。书中涉及到的各种理论不仅仅是来自西方思想大师的灵感,它们也以十分亲切的方式进入我的思考,清理或者澄清了我的世界观,确定了个人的价值取向。

当本书付梓出版时,我要感谢许多在完成此书的过程中给予我真诚帮助的亲友、同人以及学生。

首先要感谢夫君徐亮,如果不是他在理论上为我答疑解惑,我可能还会在阅读的过程中走许多弯路,甚至走不出理论的"迷宫"。我经常会为一个问题,不论大小,打断他的工作和思考。我们在饭桌上、旅途中,也在共同感兴趣的话题里探讨问题。这些谈论直接或者间接地为书稿提供宝贵的思想,也启迪我的思路。书中涉及到的理论主要是根据译稿理解,碰上翻译差异无法沟通的问题时,徐亮帮助我寻找原文一一核实,力求准确。没有他在学术上的关心和帮助,自己完成这部书稿会更加艰难。

感谢本书的合作者刘斌同学。刘斌是浙江大学新闻与传播学系 95 级的学生。他在学校读书时表现出对理论研究的浓厚兴趣,当时发表在学术刊物上的文章已经展露他的研究才能。刘斌同学毕业后曾经在中央电视台、浙江经济频道工作,可贵的是他一直没有放弃对理论的执著追求。当我邀请他参加本书的写作后,他立即动手工作。本书第二部分初稿是由刘斌同学承担的。我为了书稿的统一性,增加了部分内容,并作了整体修正。

感谢胡晓梅同学。胡晓梅是浙江大学传播研究所 00 级研究生。她完成了本书第六章第四部分的初稿和部分资料整理工作。也感谢我所在传播所 99、00、01、02、03、04 级的研究生,书中许多思想是我在给他们上课的过程一再清晰和完善起来的,他们无疑给了我许多灵感,包括对有些问题的质疑,使我在追求叙述的合理性与逻辑性,分析过程的严谨与生动方面获益多多。

感谢参加本书鉴定的各位专家。他们对于本书的肯定和提出的修改意见,以及从这些意见中体现出治学严谨、追求完美的学者风范,不仅使本书受益,也将在作者今后的治学路上永为激励。

感谢浙江大学新闻与传播学系朱菁、邵志择副教授在本课题完成的初期做出的工作。

最后感谢浙江省社科联给予本书如期出版的资助,感谢浙江大学出版社的支持。他们的集体智慧和精心编辑为本书增色添彩,使之得以最终问世。

虽然本书的理论不是原创的,但是个人的阅读和理解具有个别性,自然也保持了认识的差异。正是无数的差异融合成人们可以彼此欣赏和深入的见解。在解读这些理论的时候,我个人的思考方式和追寻的问题都表明了本人的治学态度和在治学中体现的个人的精神追求，也希望能够给读者提供有价值的思路。这些一并有意或者无意间流露出来，希望获得与读者共享的快乐。

李　岩

2004 年 1 月于杭州“双羊斋”

# 附录:国家社会科学基金资助项目专家鉴定意见摘录

**鉴定意见之一:**由李岩教授负责的这项《媒介批评》,是一部具有创新性和高质量的理论研究成果,也具有极强的现实针对性和当代意义。对于我国的传媒学学科建设、媒介批评理论,以及文艺学方法论改革等,都具有切实的现实意义和理论价值。课题本身的选题就很有价值,是一门方兴未艾的新兴科目。课题负责人显然已做了大量前期准备,自身具有新闻传播学、文艺学、文化批评理论等多方面的知识储备与理论素养,从而很好地完成了这项极具现实感和理论挑战性的课题。课题的内容十分丰富、视野开阔、功底扎实、分析问题到位。在从开阔的各个理论侧面展开研究后,能层层推进,仔细阐释,通过深入梳理各个理论,充分结合典型案例,很好地论述了媒介批评的基本规律和操作原则。尤其可贵的是,这项课题既是一个理论研究的新课题,又具有极为突出的实践性。如何妥善而有效地把握住这两者间的结合环节,处理好思辨与经验的关系,这对于本课题的最后成功有着决定性的意义。也正是在这个方面,课题负责人显示出了自己良好的学术眼光与能力,很好地处理好这个难题,保证了本课题的高质量高水准。

**鉴定意见之二:**媒介批评是近几年在国内开始展开的新闻传播学一门分支学科,国内已有四五本专著。本书有自己的特点和创新,主要是:视野宽,从符号学、意识形态分析、叙事理论、结构主义及读者反应理论、女性主义理论、大众文化批评理论等角度对媒介批评展开较为全方位的分析;把媒介批评分为理论与实践两部分,无偏废,说明媒介批评既是理论问题,又是实践问题。因此,本书表明作者的学术兴趣是广泛的,作者的理论修养也是好的,作者从目前的书的架构看,是全面的、重点突出的。本书的学术价值是:从更为广泛的角度架构媒介批评这一课题的理论、逻辑体系,从而使媒介批评的研究有了更为开阔的研究思路。这一研究拓宽了新闻传播学的学科范围,提供了一种新的研究方法。其应用价值是:推动目前尚待规范的媒介批评有新的思路和新的方法,并且有新的学科支持,本书恰好在这几个方面给学界与业界以新的理念与新的方法。

**鉴定意见之三:**国内首部系统分析媒介批评的有份量、有创见的学术成果,成果第一步部分介绍了当代批评理论的几种主要形态,包括符号学、意识形态分析、叙事学、解构主义、读者反应批评理论、女性主义以及大众文化研究等,以及这些理论在媒介批评中的应用与实践。第二部分细致地探讨了媒介批评的实践活动,对媒介产品、媒介表现、媒介组织、媒介环境、媒介制度、媒介的批评环境等进行了深入的分析;第三部分则探讨了媒介批评知识普及的必要性与可行性。这三部分构成了本书既相对独立又相互关联的理论体系。

本书的重要特点不仅体现在系统性强,而且体现在理论阐释与个案分析的紧密结合上。书中有大量的第一手资料,用以论证自己的观点,从而避免了许多同类研究中存在的空泛之弊,极大地增强了理论的可信性。比如成果中对于英国媒介对9·11事件的报道的实证分析就相当精彩。另外对于体育运动的报道的分析也十分具有启示性。这样的成果在把媒介理论介绍给读者的同时,也把媒介批评的具体方法演示给读者,使理论具有了可操作性。

总而言之,这是一部非常出色、有份量的媒介研究著作。

**鉴定意见之四:**近年,我国对媒介批评的研究越来越多,成果也越来越丰富。李岩教授的《媒介批评——立场、范畴、命题、方式》是近年来这方面研究的成果之一。对媒介批评的理论从符号学、意识形态、叙事理论、解构主义、读者反映、女性主义理论、大众文化批评理论等方面进行了比较系统、全面的论述,并从立场、范畴、命题和话语四个层次进行分析。在理论探讨的基础上,作者又研究了媒介批评的实践活动。该成果的突出特色是理论色彩比较深厚,特别是有关符号学的分析和论述更为透彻。作者在研究媒介批评的时候,摆脱了就事论事的传统模式,从哲学、心理学、社会学、传播学等学科的理论高度,对媒介批评这一社会现象进行理性审视,因此视野开阔,涵盖面广,中外融合,对我国媒介批评研究理论会起一定的推动作用。

该成果的另一个特点是理论与实践相结合。本著作的第一部分理论色彩比较浓厚,第二部分则把重点放到了媒介批评实践上,从媒介产品、媒介表现、媒介组织、媒介环境、媒介制度、媒介的批评环境等诸多方面分析了媒介批评的实践活动。无论是成果的第一部分还是第二部分,作者运用了实践中许多事例、图片、图表,从而增加了理论叙述中的直观性、互动性、可信性。这种研究方法值得提倡。

**鉴定意见之五:**本项目成果从三个方面对传媒批评问题进行了全面研究:第一部分"批评理论与媒介批判"相当细致全面地梳理了自索绪尔以来的现代符号学、意识形态批判理论、叙事理论、结构主义—解构主义观念、读者反应理论以及文化研究和各种后现代理论关于传媒及其作用的理论,这些理论为建立中国自身的媒介批判学提供了学理基础,也展现了本项研究所取的深广理论背景和视野。第二部分"媒介批评的实践范畴"在上述理论基础上,力图通过对媒介批评的具体实践活动的分类描述,界定媒介批评对象、方法及范畴,使得本项研究的成果具有可操作性。本项研究特别考虑到普及和推广媒介批评的观念问题,在第三部分“传媒教育理论与实践”中阐释了传媒教育的意义、内容,并借鉴港台及海外的传媒教育实践,对在我国大陆进行传媒教育进行了可行性论证。

本项媒介批评学研究与已有的新闻理论研究的主要区别是:(1)新的研究对象:建立在大的媒介概念上的对媒介批评的理论与实践的研究。(2)视野不同。过去新闻理论主要研究新闻的内部生产性运作过程(采写编评等);而媒介批评学关注传播的社会后果,因而从整个社会文化大循环来考虑。(3)打破行业界限,因而能对新闻甚至传播行业以外的整个社会文化研究产生影响。

在我国,媒介批评尚处于起步阶段,尽管本项研究有待完善,有些问题尚待进一步探讨,但作为学术探索,我认为这项研究无疑为起步中的中国媒介批评事业提供了一个很有分量的成果,具有很大的理论价值和学科建设价值。